U0617505

晚清史专题研究

郑剑顺◎著

人民出版社

目　录

福建船政局研究

晚清人物研究

晚清问题研究

学术研究综述

前　言

2004年1月，岳麓书社出版了我的文集《晚清史研究》。该文集重印了一次。此文集出版后至今，十多年来，我又陆续发表了数十篇晚清史方面的研究论文。此次自选了35篇，分目编排结集，名曰《晚清史专题研究》，由人民出版社出版。收入本书的论文都是在期刊杂志或专题研讨会论文集上发表的论文，均在每篇文末注明刊载出处。可以说，此次结集的文集是本人《晚清史研究》文集的续集。

将这些发表过的研究成果汇集一册，期望能便于学界查阅、参考和交流，并进一步发挥“申以劝诫，树之风气”的历史社会功能和作用。

晚清史，指清道光二十年（1840年）至宣统三年（1911年）72年历史。这一段历史，外国列强大肆入侵中国，发动一次又一次武装侵略中国的战争，签订一批又一批不平等条约，中国领土被割占，主权被侵犯，经济被掠夺，人民受欺凌，中华民族遭受前所未有的耻辱，中国人民陷入苦难的深渊。先贤先进先烈先民们为了抵抗侵略、救亡图存，为了民族振兴、强国富民，前仆后继，不懈奋斗，英勇悲壮，可歌可泣。全面了解、正确认识这一段历史，是爱国主义教育、民族精神教育重要内容，是国民素质必须具备的重要素质之一。本书论文就晚清史重要事件、问题、人物作研究，厘清史实，阐明观点，总结历史经验，昭示启迪后人，对全面了解、正确认识晚清史是有裨助的，对爱国主义教育、民族精神教育是有益的。

书中的论文有鸦片战争、虎门销烟研究；中法马江战役研究；反对割让台湾研究；辛亥革命研究；福建船政局研究；有林则徐、沈葆桢、严复、孙中山、吕文经等人物研究；有晚清对外开放问题、传统精神文化在晚清的传承演变问题、中国传统经济思想的近代化问题、抗粮与械斗问题、不平等条约对中国海防的破坏问题研究；有林则徐研究回顾、中法马江战役研究回顾、中国近代经济思想史研究述评、中国近代史史料学研究综述等学术研究考察、梳理和总结。

“中国近代史”是传统称法。高校中国近代史教学以往都是 1840 年至 1919 年这一段历史教学，即晚清史 72 年加民国初年 8 年的历史教学。所以，说中国近代史教学主要是晚清史内容的教学。本书的出版，对晚清史学习、研究和教学仍不失参考意义。

虎门销烟包括林则徐研究，看似老课题，却仍有重温考察的必要，因为有否定销烟和林则徐的声音，有将鸦片战争原因归咎于虎门销烟的极端片面认识。本书前三篇文章正是回应这种杂音和不当认识。

中法马江战役是中法战争重要战役，清朝新创建的福建海军（轮船水师）在此次战役中全军覆没，使晚清海防建设遭受严重损害。书中的论文《近代国际法与中法马江战役》，以当时国际法的相关规定，评判法国侵略军在马尾军港挑起战争的违法，及在战争中无视国际法规定，枪杀船沉落水的福建海军官兵等，严重违反国际法相关规定，显示马江战役研究的新视角。吕文经是马江战役参战管带之一，研究吕文经的论文，对吕文经的表现作出肯定的评价，发前人所未发的见解。

台湾自古以来就是中国领土不可分割的一部分。日本侵略者通过发动甲午中日战争，妄图割占台湾，遭到包括台湾人民在内的中国人民的强烈不满和反对。书中的《乙未反对割让台湾的声浪》反映的正是这种情况。

福建船政局研究文章在本书中收录了 7 篇，比其他专题多，体现本人多年来对此课题的关注。研究严复的文章在书中也有多篇，同样是本人研究关注点在成果上的体现。

晚清对外开放问题研究、经济思想研究、史料学研究、林则徐、沈葆桢等人物研究，都是本人十分关注的研究。重新检阅这些研究成果，觉得还有些亮点，能凑得上是构筑晚清史学术大厦的砖块，不失学术价值和现实意义。

选入本书中的论文基本保持刊发时原样，汇总、整理、编辑时主要作文字上、引文上的核对、校正，并将注释一律整理为页下注。研究孙中山、严复、吕文经的论文，由于他们生平跨越晚清，延续至民国时期，所以，论述这三位人物的内容就有超越晚清范围的内容，收入本书时，不作超范围的内容删节，以保持论文原样和人物研究的完整性。有的论文在论述中有重复之处，也不作删除修改，以保持论文原貌。

中共中央总书记、国家主席、中央军委主席习近平在致中国社会科学院中国历史研究院成立的贺信中指出："历史是一面镜子，鉴古知今，学史明智。重视历史、研究历史、借鉴历史是中华民族5000多年文明史的一个优良传统。当代中国是历史中国的延续和发展。新时代坚持和发展中国特色社会主义，更加需要系统研究中国历史和文化，更加需要深刻把握人类发展历史规律，在对历史的深入思考中汲取智慧、走向未来。"读了习总书记这一席话，倍受鼓舞，深感振奋，也体会到作为一名史学工作者所应承担的职责，应该牢记使命，继续努力，勤于探索，为晚清史研究作出新贡献。

鸦片战争研究

虎门销烟的历史地位与启示

清道光十九年四月二十二日(1839 年 6 月 3 日),时任查办广东海口事件的钦差大臣林则徐领导将收缴的 237 万多斤鸦片在广东虎门海滩公开销毁,至五月十五日(6 月 25 日),全部销化完毕,这就是著名的虎门销烟,也称“六·三”销烟。

学界对这场销烟历来是肯定的,极少有不同声音。2009 年是虎门销烟 170 周年,6 月 3 日至 4 日,由福建省禁毒委员会、福州市政府等单位主办,在林则徐的故乡福州举行“纪念左海伟人禁毒先驱林则徐系列活动”,包括“林则徐纪念馆新馆开馆典礼暨全国禁毒教育基地授牌仪式”,“纪念左海伟人禁毒先驱林则徐论坛”等,场面十分隆重。在“论坛”会上,与会专家学者都充分肯定林则徐虎门销烟的重要意义和伟大地位。笔者也是与会者之一。6 月 26 日至 27 日,笔者又出席在广东虎门召开的“纪念林则徐虎门销烟 170 周年学术研讨会”,为此,笔者撰写此文,就虎门销烟的历史地位与启示作论述,以志纪念,并供交流。

一、虎门销烟的历史地位

历史地位,就是历史评价,所具有的历史成就、历史意义、历史贡献、历史作用和影响。虎门销烟具有空前的辉煌成就,伟大的历史贡献和深远的历史影响。

第一,虎门销烟销毁毒品数量之多,组织之严密,销毁之干净,是世界禁毒史上空前的,是禁毒史上一座重要里程碑和灯塔,光耀全球和后人,令世人赞叹。

此次销化鸦片烟土数量为二百三十七万六千二百五十四斤①。以当代计量算,约为 1188127 公斤,1188 吨。如用载重量 5 吨的卡车运载,需要 237 部多卡车。据林则徐奏报:“查道光十七年间,臣邓廷桢等曾经奏明,奸民向夷船购买鸦片,从前每个价值洋银三十余圆,近来止须十六、十八圆不等。今即以贱价核算,每箱亦须六百余圆,合计二万余箱,不下一千数百万圆之值。”②以每箱六百圆、两万箱计,价值 1200 万元。以洋银 1 元重 0.7 两算,约 840 万两库平银。这是“贱价核算”。如按高价核算,则翻倍为 1680 万两。由此计算得出,此次销化鸦片烟土案值至少在 840 万两白银以上。如果这批鸦片走私得呈,将使中国漏银 840 万两。20 多年后,清政府投资创办的福建船政局,创办费是 40 余万两;创办的江南制造总局,创办费是 54 万余两。840 万两可办 20 多家闽局,10 多家沪局。可见此次销毁鸦片成效之可观,称其为空前绝后,毫不过分。这也是世界禁毒史上罕见的成绩。

如此巨额的毒品收缴、销毁行动,没有严密的组织、周到的谋划、细致的安排,是很难想象有完美结果的。根据林则徐奏报,销烟从四月二十二日开始,至五月十五日“销化全完”③,历时 23 天。据《林则徐日记》记载,这 23 天中,五月初五日是端午节,“暂停化烟”一天,五月十二日至十五日,均无化烟记录④,可能在做清理现场工作,所以,实际销烟 18 天。就这 18 天的销烟,时间也是破纪录的。如此大量、长时间销烟,最大问题是防“偷漏”。正如林则徐所指出:“伏思销毁烟土,弊窦最多,必须在在严防,庶可免于偷漏。缘此物流行已久,利之所在,众庶争趋。”⑤林则徐“会督文武员弁逐日到厂看视稽查”,“执事员弁多人留神侦察”,当场拿获“乘机图窃”的人夫前后共十余名。“并有贼匪于贮烟处所,乘夜爬墙,凿箱偷土,亦经内外看守各员弁巡

① 林则徐等:《虎门销化烟土一律完竣折》,《林则徐集·奏稿》中册,中华书局 1965 年版,第 656 页。

② 林则徐等:《销化烟土已将及半情形折》,《林则徐集·奏稿》中册,中华书局 1965 年版,第 646 页。

③ 林则徐等:《虎门销化烟土一律完竣折》,《林则徐集·奏稿》中册,中华书局 1965 年版,第 656 页。

④ 《林则徐全集》第九册,日记,海峡文艺出版社 2002 年版,第 394—395 页。

⑤ 林则徐等:《销化烟土已将及半情形折》,《林则徐集·奏稿》中册,中华书局 1965 年版,第 646 页。

获破案。”①由于林则徐的“在在严防”，周密布置，所以避免了“偷漏”。包括销烟地点选择、从趸船驳运烟土到岸上再到销烟点的安排，烟土的收贮、看护、各环节的清点、编号，销烟方法的研究等，都十分费心，处处确保万无一失。如收缴趸船上的烟土，林则徐拟了《收缴趸船烟箱章程七条稿》，严格按规定操作。②“销烟之方”，林则徐“熟筹屡试”，改变向来用火销化的老办法，而用盐卤加石灰的浸泡销化法，不使“残膏余沥渗入地中”，“不任涓滴留余”，使二百多万斤鸦片烟土成功干净销毁。

第二，虎门销烟是一场禁毒的壮举、义举，表明中国政府和人民抵制毒品侵害的严正立场和坚强决心，在世界禁毒史上谱写了耀眼的一页，具有深远影响。

对鸦片毒品，主权国家缉毒、禁毒是理所当然的事，是正义之举。包括英国、美国等国家，鸦片在其国内都是禁止的。“外夷烟土流毒中原，本天理所不容，人心所共愤”，论“天理”“国法”“人情”③，禁烟、销烟都是合理合法合情的。清政府禁止鸦片贩卖、吸食的态度是明确的，立场是坚定的，政策是一贯的。虎门销烟是清政府长期禁烟的一次“严打”行动，是清政府禁烟决心最大、委派查办大臣最得力的一次行动，因此成效也最卓著，影响最深远。

第三，虎门销烟的直接组织者和领导者林则徐立下了丰功伟绩，是中国人民禁毒的伟大先驱，为中国禁毒和世界禁毒树立了光辉榜样。

林则徐廉洁奉公的高尚道德情操，认真负责、一丝不苟的工作作风，对毒品疾恶如仇的爱民精神，维护民族利益和国家主权、抗拒外国侵略的爱国精神，为后人树立了光辉榜样。

道光十八年（1838 年）十一月十五日，林则徐奉谕旨：“着颁给钦差大臣关防，驰驿前往广东查办海口事件，所有该省水师，兼归节制。”奉旨 8 天后，林则徐则出京赴广东，“经由直隶、山东、安徽，皆无停滞，惟江西途次，连遇大雪，间有未能趱行之处，旋即加紧前进，以速补迟”，于道光十九年（1839 年）正

① 林则徐等：《虎门销化烟土一律完竣折》，《林则徐集·奏稿》中册，中华书局 1965 年版，第 655 页。

② 《林则徐集·公牍》，中华书局 1963 年版，第 78 页。

③ 《示谕外商速缴鸦片烟土四条稿》，见《林则徐集·公牍》，中华书局 1963 年版，第 64—65 页。

月二十五日行抵广东省城。行程历时2个月多,春节都在路上过。[①] 这是很快的行程。第一次鸦片战争期间,派往浙江主持战事的钦差大臣奕经,从北京至杭州,一路接受迎送,花天酒地,走了四个多月。林则徐以钦差大臣之尊,一路轻车简从,"无随带官员供事书吏,惟顶马一弁、跟丁六名、厨丁小夫共三名,俱系随身行走,并无前站后站之人"。他通知沿途州县"不必另雇轿夫迎接",州县驿站"尤不得用燕窝烧烤,以节縻费"。[②] 在广州,他的办公之所,"公馆一切食用,均系自行买备,不收地方供应;所买物件,概照民间时价给发现钱,不准丝毫抑勒赊欠"。对那些不是"因公禀谒"的"游人术士",林则徐概不接见。"倘有混称打点关说在外招摇者,所在地方官立即严拿,彻究重办"。[③] 可见林则徐时时处处注意官场不良习气的影响,防范"游人术士""打点关说"的侵袭,以清正廉明自守。

林则徐对鸦片流毒深恶痛绝。他说:"臣十余年来目击鸦片烟流毒无穷,心焉如捣。"在江苏巡抚、湖广总督任上,他都严厉禁烟,取得了不凡成效。奉命到广东查禁鸦片,他在《谕各国商人呈缴烟土稿》中指出:"此次本大臣自京面承圣谕,法在必行,且既带此关防,得以便宜行事,非寻常查办他务可比。若鸦片一日未绝,本大臣一日不回,誓与此事相始终,断无中止之理。"[④]表明他坚决禁绝鸦片的决心。他不畏艰险,认真负责,坚决采取措施,将外商囤积在22艘趸船上待贩卖的鸦片全部收缴干净。所以,没有林则徐,就不可能有虎门销烟的巨大成效。林则徐不仅是中国人民引为骄傲和自豪的伟大民族英雄、禁毒先驱,也为世界人民所敬仰。

二、虎门销烟的启示

从虎门销烟这一划时代的历史事件中,我们至少可以得到如下重要启示:

---

① 林则徐:《报告抵粤日期并体察洋面堵截趸船情形折》,《林则徐集·奏稿》中册,中华书局1965年版,第625页。

② 《奉旨前往广东查办海口事件传牌稿》,见《林则徐集·公牍》,中华书局1963年版,第46页。

③ 《关防示稿》,见《林则徐集·公牍》,中华书局1963年版,第50页。

④ 见《林则徐集·公牍》,中华书局1963年版,第59页。

启示之一，禁烟与吏治密切相关，禁烟要靠清正廉明的官吏，才能有良好的收效。在林则徐之前，鸦片“例禁愈严，流弊愈大”，为什么？因为执法官员与走私鸦片的奸商，包括本国“洋商”（行商）、烟贩和外国“夷商”通同作弊，徇私枉法，所以鸦片走私难于禁绝。只有“林青天”之称的林则徐，才能有虎门销烟的巨大成效。

在林则徐之前，清朝厉行禁烟至少有五六十年、百余年历史，但是都没有禁绝。林则徐之前，几任两广总督想禁鸦片都毫无收效。广州成为鸦片走私进口的重要源头。造成如此局面的重要原因就是吏治腐败。正如马克思所指出：“中国人在道义上抵制的直接后果是英国人腐蚀中国当局、海关职员和一般的官员。浸透了天朝的整个官僚体系和破坏了宗法制度支柱的营私舞弊行为，同鸦片烟箱一起从停泊在黄埔的英国趸船上偷偷运进了天朝。”①

作为中外贸易中介和直接管理、经营中外贸易的洋商，对鸦片走私负有直接责任。林则徐在《谕洋商责令外商呈缴烟土稿》中，严厉指出洋商种种与夷商串通作弊，对夷商夹带鸦片视而不见，“取银给单”的劣迹。他说：“广东华夷互市，已历三百余年，彼岂不能自相交易，所以必设洋商者，原为杜私通而防禁物起见也。”每次夷船进口，皆经洋商与夷商具结，称并无携带鸦片，是以准令开舱进口，并未驳回一船。“今鸦片如此充斥，毒流天下，而该商犹混行出结，皆谓来船并无夹带，岂非梦呓！……况夷馆系该商所盖，租与夷人居住，馆内行丁及各项工役，皆该商所雇，马占等皆该商所用，附近银铺皆该商所与交易者。乃十余年来，无不写会单之银铺，无不通窑口之马占，无不串合快艇之行丁工役。并有写书之字馆，持单之揽头，朝夕上下夷楼，无人过问。银洋大抬小负，昼则公然入馆，夜则护送下船，该商岂能诿于不闻不见。乃相约匿不举发，谓非暗立股份，其谁信之！”②除洋商之外，巡洋缉私的水师官兵，广东主管官员，都串通作弊。有鉴于此，林则徐采取不追既往，严惩现行的策略，使作弊走私者悔罪畏刑，痛改前非。他以清正廉明的作风，使作弊者无机可乘，收到良好成效。

① 马克思：《鸦片贸易史》，《马克思恩格斯选集》第二卷，人民出版社 1972 年版，第 26 页。

② 见《林则徐集 · 公牍》，中华书局 1963 年版，第 56 页。

启示之二，禁烟要杜绝来源。杜绝来源一要靠牢固的"国门"，二要有国际社会的配合和合作。清嘉道时期，国门已不是坚固的国门，而是脆弱的国门，体现在海防武器的陈旧落后，如岸炮、战舰等的落后，军事制度的落后和将官才能的落后、素质的差距等。这些在鸦片战争中都暴露无遗。国际社会上，近代西方资本主义列强为本国利益所驱使，不顾毒品对中国人民的毒害，不仅没有配合中国政府禁烟，反而支持不法商人贩烟。英国商务监督义律不配合禁烟的表现就是例证之一。英国的印度殖民政府竟容许大量生产鸦片，非法贩卖到中国。英国政府甚至动用武力侵略中国，发动鸦片战争，以保护鸦片走私。16 年后，英国伙同法国又发动第二次鸦片战争，强迫中国政府接受鸦片贸易合法化，这是国际禁毒史上不可思议的，是非常可耻的行为，罪恶的行为，是对号称传播"西方文明"的侵略者一记响亮的耳光和莫大讽刺。

当时英国的态度是：既要茶叶贸易，又想鸦片贸易。许乃济的弛禁论给英国政府传递一个错误信号，以为清政府要改变政策。实际上清政府不仅没有改变例禁政策，而且更加严厉禁烟。所以，鸦片完全是在英国等西方政府支持下，强行打入中国市场，强迫中国接受的，是非常不道德的，有悖世界禁毒公理。

启示之三，禁烟要靠国民的觉悟和国民素质的提高，要做到全民禁烟、围堵毒品、消除"毒"害，才能有彻底、持久的成效。林则徐在江苏、湖广、两广任上的禁烟，都很注重这一点。他发布告示，广为宣传，"悉心开导"，"剀切晓谕"民众禁烟。因此，有较满意效果，"湖广之人，有积瘾三十年日吸一两而居然断去者"。① 他还拟定章程，倡导各县地方行"保甲"制度，由"邑中公正绅士为之总理"，督查本乡禁烟事宜。②

新中国成立后，在党的领导下，彻底消除黄、赌、毒祸害，我们在这方面更有成功经验。

---

① 林则徐：《晓谕粤省士商军民人等速戒鸦片告示稿》，见《林则徐集 · 公牍》，中华书局 1963 年版，第 53 页。

② 林则徐：《札发编查保甲告示条款转发衿耆查照办理》，见《林则徐集 · 公牍》，中华书局 1963 年版，第 55 页。

总之，虎门销烟是晚清抵制毒品侵害的辉煌事件，是世界禁毒史上空前的壮举、义举。我们要弘扬虎门销烟的禁毒精神，弘扬林则徐的清正、廉明、严厉禁毒精神，爱民爱国精神和高尚品德，把好禁毒的“国门”关和“流通”关，人人远离毒品，自觉抵制毒品，彻底、持久地清除“毒”害。

（原载纪念虎门销烟一百七十周年《学术研讨会论文集》，广东人民出版社 2009 年版）

吏治·关防·海防与禁烟

——解读“虎门销烟”

2012年6月3日，是虎门销烟173周年。在此解读“虎门销烟”具有纪念意义和现实意义。通过解读，回顾、了解虎门销烟，客观、正确认识虎门销烟。

虎门销烟是清政府严禁鸦片烟毒害的一次“严打”行动，取得了很大成功。此次的成功和此前清政府禁烟禁了100多年没有禁止，充分说明吏治、关防、海防与禁烟成效密切相关。本文通过回顾虎门销烟始末，阐述虎门销烟地位，就相关问题进行总结、分析，以供交流，并求指教。

一、虎门销烟始末

虎门在广东东莞县（今东莞市）。销烟就是销化、销毁鸦片，不是用烧。鸦片也叫烟土。清道光十九年四月二十二日（1839年6月3日），时任查办广东海口事件的钦差大臣林则徐将收缴的237万多斤鸦片在广东虎门海滩公开销毁，至五月十五日（6月25日），全部销化完毕，这就是著名的虎门销烟，也称“六·三”销烟。

虎门销烟是清朝严禁鸦片的一项重大工程、重大举措，一次禁毒严打行动。鸦片问题的严重性，使清政府下决心进行一次严打行动。

鸦片是哪里来的？为什么会发展到严重的地步？鸦片是输入的，由来华贸易的外商偷偷夹带进口，非法贩卖。清雍正七年（1729年），清朝开始颁布禁烟谕旨。[①] 至道光十九年（1839年），清朝禁烟110年。嘉庆、道光年间，更是持续

---

① 萧致治：《鸦片祸害与林则徐禁烟的辉煌成就》；曲庆玲：《鸦片战争前清政府颁布的主要禁烟法令评析》，见张建雄主编：《纪念虎门销烟一百七十周年学术研讨会论文集》，广东人民出版社2009年版，第6页，第276页。

加大力度,三令五申禁鸦片。道光元年(1821年)至道光十九年(1839年),共下90道禁烟谕令。仅1838年一年中就下了60道禁烟谕旨。[①] 清朝在禁烟政策上是一贯的,不存在“时禁时弛”的情况,只是一直没能禁绝。

鸦片流毒不仅没禁止,而且愈益严重。其严重性表现在:第一,吸食者增多,波及人群广。1835年吸食者约200万人,不仅民间吸食,而且官、兵甚至宫廷太监也吸食,严重败坏风气,危害健康。第二,严重漏银,冲击财政。据奏报,1834年至1838年,每年因鸦片走私漏银三千万两白银。清政府年财政收入约五六千万,漏约一半的财政收入。如果此数字有疑问的话,那么,虎门收缴的鸦片案值约1600万两则是实实在在的数字。因为这些鸦片是正在待走私贩卖的鸦片。这说明1839年国内至少会有1600万两白银花在购买外商夹带来华的走私鸦片上。当时清政府在广州的茶叶、大黄、湖丝、瓷器出口,每年货值约“七八百万”两,出现严重贸易逆差,使财政危机。同时,国内贸易失衡、失调,贩卖鸦片猖狂,使正常的贸易衰败。第三,严重腐蚀官僚机构,不法奸商行贿,执法官员受贿,中外勾结,上下串通,关防、海防形同虚设。

在如此严重局势下,林则徐临危受命。林则徐为官清廉,办事认真,极端负责,政声口碑很好。他同鸿胪寺卿黄爵滋都主张禁烟不仅不能松弛,而且要以比“例禁”更严的法律禁烟,要严禁鸦片。他在江苏巡抚和湖广总督任上都严厉禁烟,取得很大成效,有吸烟30年、日吸鸦片一两的烟民戒掉了吸烟。道光皇帝非常赞赏、看重林则徐。道光十八年十一月十五日(1838年12月30日),林则徐奉谕旨:“着颁给钦差大臣关防,驰驿前往广东查办海口事件,所有该省水师,兼归节制。”[②]为什么只查办广东海口?因为广州是当时唯一的对外通商贸易口岸,是中外贸易货物集散地,也是走私鸦片的集散地。鸦片趸船都在广东。外商携带鸦片到广东,将鸦片卸到停泊在虎门口外伶仃洋的趸船上,再将正常货物通关进口。陆上的“窑口”用小快船到趸船上取鸦片,转手贩卖各地。因此,时有如下之说:“凡各省之贩鸦片者,不曰买自广东,则曰

---

① 萧致治:《鸦片祸害与林则徐禁烟的辉煌成就》,见张建雄主编:《纪念虎门销烟一百七十周年学术讨论会论文集》,广东人民出版社2009年版,第7—8页。

② 《林则徐全集》第九册,日记,海峡文艺出版社2002年版,第364页。

广东人夹带而来也。吸鸦片者,不曰传自广东,则曰广东人引诱所致也。”①查办广东海口是实施“拔本塞源之道”。②

林则徐奉旨后被召进京“陛见”。在北京的几天内,林则徐8次被道光皇帝召见,谈禁烟对策,说明道光帝对此次林则徐广州之行的重视和寄予的厚望。

奉旨8天后,林则徐于十一月二十三日(1月8日)出京,轻车简从,“经由直隶、山东、安徽,皆无停滞,惟江西途次,连遇大雪,间有未能趱行之处,旋即加紧前进,以速补迟”,③于道光十九年正月二十五日(1839年3月10日)行抵广东省城。行程历时2个月多,春节都在路上赶路,顾不上过春节。

林则徐到达广州后,花一个月时间,饬令外商缴出非法夹带来华的鸦片烟土。从22艘趸船上盘运烟土到岸上,又花了一个多月时间,才全部收清。

四月二十二日(6月3日),林则徐将收缴的二百三十七万六千多斤鸦片在虎门海滩开始销毁。至五月十五日(6月25日),除留8箱作样土拟送北京外,共销化一万九千一百七十九箱,二千一百一十九袋,除去箱袋重量,实共二百三十七万六千二百五十四斤鸦片。④

二、虎门销烟地位

地位就是历史地位、历史评价,所具有的历史成就、历史意义、作用和影响。虎门销烟的地位表现在如下几方面:

其一,虎门销烟数量巨大,销毁毒品数量之多,组织之严密,销毁之干净,是世界禁毒史上空前的,是禁毒史上一座辉煌里程碑和灯塔,光耀全球和后人,令世人赞叹。

---

① 《林则徐集·公牍》,中华书局1963年版,第52页。

② 《林则徐集·奏稿》中册,中华书局1965年版,第637页。

③ 林则徐:《报告抵粤日期并体察洋面堵截趸船情形折》,《林则徐集·奏稿》中册,中华书局1965年版,第625页。

④ 林则徐等:《虎门销化烟土一律完竣折》,《林则徐集·奏稿》中册,中华书局1965年版,第656页。

此次销化鸦片烟土数量为2376254斤。以当代计量算,约为1188127公斤,1188吨。如用载重量5吨的卡车运载,需要237部多卡车。这批烟土的价值是多少?据林则徐奏报:“查道光十七年间,臣邓廷桢等曾经奏明,奸民向夷船购买鸦片,从前每个价值洋银三十余圆,近来止须十六、十八圆不等。今即以贱价核算,每箱亦须六百余圆,合计二万余箱,不下一千数百万圆之值。”①以每箱六百圆、两万箱计,价值1200万元。以洋银1元重0.7两算,约840万两库平银。这是“贱价核算”。如按高价核算,则翻倍为1680万两。由此计算得出,此次销化鸦片烟土案值至少在840万两白银以上。这是很可观的禁毒成效,是世界禁毒史上罕见的成绩。

如此巨额的毒品收缴、销毁行动,没有清正廉明官员的严密组织、周到谋划、细致安排,是很难想象有完美结果的。

根据林则徐奏报,销烟从四月二十二日开始,至五月十五日“销化全完”②,历时23天。据《林则徐日记》记载,这23天中,五月初五日是端午节,“暂停化烟”一天,五月十二日至十五日,均无化烟记录③,可能在做清理现场工作。所以,实际销烟18天。就这18天的销烟,时间也是破纪录的。如此大量、长时间销烟,最大问题是防“偷漏”。正如林则徐所指出:“伏思销毁烟土,弊窦最多,必须在在严防,庶可免于偷漏。缘此物流行已久,利之所在,众庶争趋。”④林则徐“会督文武员弁逐日到厂看视稽查”,“执事员弁多人留神侦察”,当场拿获“乘机图窃”的人夫前后共十余名。“并有贼匪于贮烟处所,乘夜爬墙,凿箱偷土,亦经内外看守各员弁巡获破案。”⑤由于林则徐的“在在严防”,周密布置,所以避免了“偷漏”。包括销烟地点选择、从趸船驳运烟土到岸上再到销烟点的安排,烟土的收贮、看护、各环节的清点、编号防控,销烟方

① 林则徐等:《销化烟土已将及半情形折》,《林则徐集·奏稿》中册,中华书局1965年版,第646页。

② 林则徐等:《虎门销化烟土一律完竣折》,《林则徐集·奏稿》中册,中华书局1965年版,第656页。

③ 《林则徐全集》第九册,日记,海峡文艺出版社2002年版,第394—395页。

④ 林则徐等:《销化烟土已将及半情形折》,《林则徐集·奏稿》中册,中华书局1965年版,第646页。

⑤ 林则徐等:《虎门销化烟土一律完竣折》,《林则徐集·奏稿》中册,第655页。

法的研究等，都十分用心费心，处处确保万无一失。如收缴趸船上的烟土，林则徐拟了《收缴趸船烟箱章程七条稿》，严格按规定操作。[①] “销烟之方”，林则徐“熟筹屡试”，改变向来用火烧毁的老办法，而用盐卤加石灰的浸泡销化法，不使“残膏余沥渗入地中”，“不任涓滴留余”，使二百多万斤鸦片烟土成功干净销毁。

其二，虎门销烟是一场禁毒的壮举、义举，表明中国政府和人民抵制毒品侵害的严正立场和坚强决心，在世界禁毒史上谱写了耀眼的一页，具有深远影响。

对鸦片毒品，主权国家缉毒、禁毒是理所当然的事，是正义之举。包括英国、美国等国家，鸦片在其国内都是禁止的。“外夷烟土流毒中原，本天理所不容，人心所共愤”，论“天理”“国法”“人情”，[②]禁烟、销烟都是合理合法合情的。虎门销烟是清政府长期禁烟的一次“严打”行动，是清政府禁烟决心最大、委派查办大臣最得力的一次行动，因此成效也最卓著，影响最深远。

其三，虎门销烟的直接组织者和领导者林则徐立下了丰功伟绩，是中国人民禁毒的伟大先驱，为中国禁毒和世界禁毒树立了光辉榜样。

林则徐廉洁奉公的高尚道德情操，认真负责、一丝不苟的工作作风，对毒品疾恶如仇的爱民精神，维护民族利益和国家主权、抗拒外国侵略的爱国精神，为后人树立了光辉榜样。

林则徐奉谕旨后，从北京出发到广东省城，行程历时只用 2 个月多，[③]这是很快的速度。第一次鸦片战争期间，派往浙江主持战事的钦差大臣奕经，从北京至杭州，一路接受迎送，花天酒地，走了四个多月。北京至广州更远，林则徐才用 2 个月多，可见他的高度责任感。林则徐以钦差大臣之尊，一路轻车简从，“无随带官员供事书吏，惟顶马一弁、跟丁六名、厨丁小夫共三名，俱系随

① 《林则徐集·公牍》，中华书局 1963 年版，第 78 页。

② 《示谕外商速缴鸦片烟土四条稿》，见《林则徐集·公牍》，中华书局 1963 年版，第 64—65 页。

③ 林则徐：《报告抵粤日期并体察洋面堵截趸船情形折》，《林则徐集·奏稿》中册，中华书局 1965 年版，第 625 页。

身行走,并无前站后站之人。”他通知沿途州县“不必另雇轿夫迎接”,州县驿站“尤不得用燕窝烧烤,以节糜费。”[①]在广州,他的办公场所和下榻之处不是官府衙门,而是越华书院,“一切食用,均系自行买备,不收地方供应;所买物件,概照民间时价给发现钱,不准丝毫抑勒赊欠”。对那些不是“因公禀谒”的“游人术士”,林则徐概不接见。“倘有混称打点关说在外招摇者,所在地方官立即严拿,彻究重办”。[②] 可见林则徐时时处处注意抵制官场不良习气的影响,防范“游人术士”“打点关说”的侵袭,以清正廉明自守。

林则徐办事之认真、周密、一丝不苟,有许多表现,下面再具体举几个事例说明。事例一,林则徐拟订了《收缴趸船烟箱章程七条稿》,规范操作:鸦片烟土由趸船上卸起,盘到岸上,按22艘趸船户名制就棕印,收缴时,在烟土箱面先戳船名棕印,“以资辨验”。起出的箱验明是否开动,如无开动,加盖“原箱”印章,如非原箱,即行剔出,“俟全船起完,再行查点加封”。使收缴趸船烟箱有序进行。每起尽一船,即将各层舱底逐一查验,“不任稍有留遗”。起到岸上的烟箱如何转运到虎门销烟地点,如何储存看管,林则徐作了同样周密安排。他派文职佐杂、武职千把总各20名,分管烟箱,每2名(一文一武)派管一百箱,逐一标写号码,画押验收,督视挑夫转送到集中地点,经委员验收无误,在刊印之小封皮上填注该委员姓名,逐箱粘贴,交与看管之人。日后如封皮破损,惟看管之人是问,若封皮完好,查出箱内有抽换情弊,则惟经收委员之问。在储存烟箱的棚屋周围安设木栅,只留一处出入,内派文职正佐12名,分棚看护,外派武职10名,带领弁兵100名,昼夜巡逻。当时林则徐亲自驻扎虎门,指挥、督查鸦片收缴和销毁。于此可见林则徐办事认真、周密、一丝不苟之一斑。要不是如此,那么多鸦片,经月余起卸,几经盘运,再经那么多天的销烟过程,偷漏就难以避免。事例二,林则徐对缴出鸦片的外商赏给茶叶,“凡夷人名下缴出鸦片一箱者,酌赏茶叶五斤,以奖其恭顺畏法之心,而坚其改悔自新之念”。所需茶叶十余万斤,价值约三万两,由林则徐等捐办,没有向朝廷报销。说明林则徐安排之周到和办事之清廉。事例三,鸦片销毁方法的认真

---

① 《奉旨前往广东查办海口事件传牌稿》,见《林则徐集·公牍》,中华书局1963年版,第46页。

② 《关防示稿》,见《林则徐集·公牍》,中华书局1963年版,第50页。

周密考虑。如何销毁鸦片？林则徐请示朝廷是否将收缴的鸦片运送北京让皇上过目？道光帝批复："林则徐等经朕委任，此次查办粤洋烟土，甚属认真，朕断不疑其稍有欺饰，且长途转运，不无借资民力。着无庸解送来京，即交林则徐、邓廷桢、怡良，于收缴完竣后，即在该处督率文武员弁公同查核，目击烧毁，俾沿海居民及在粤夷人，共见共闻，咸知震詟。"①销毁鸦片的方法，以往都是用火烧毁，拌以桐油，点火燃烧。林则徐认为这种方法不可取，因为会有残膏余沥渗入地中，那些会熬炼鸦片的人会去掘地取土，十得二三，"是流毒仍难尽绝"。经过广泛调查研究，林则徐得知鸦片最忌者二物：一盐卤，二石灰。"凡以烟土煎膏者，投以灰盐，即成渣沫，必不能收合成膏。"所以，林则徐决定在虎门海滩高处挑挖两个大池，轮流浸化。池底铺石板，池壁钉木板，"不令少有渗漏"。池前设涵洞，后通水沟。车水入池，排销烟水入海。采用此法，取得了很好效果。销烟前，林则徐还作祭海神文，于四月二十日(6 月 1 日)早晨祭告海神，"以日内消化鸦片，放出大洋，令水族先期暂徙，以避其毒"。② 这说明林则徐还考虑到排放入海的销烟污水对海洋的污染，所以事先通知海里生物躲避。

以上事例说明林则徐在办理缴烟、销烟事宜上的认真、周密、清廉，一丝不苟。这是虎门销烟成功的重要保障。

林则徐对鸦片流毒深恶痛绝。他说："臣十余年来目击鸦片烟流毒无穷，心焉如捣。"在江苏巡抚、湖广总督任上，他都严厉禁烟，取得了不凡成效。奉命到广东查禁鸦片，他在《谕各国商人呈缴烟土稿》中指出："此次本大臣自京面承圣谕，法在必行，且既带此关防，得以便宜行事，非寻常查办他务可比。若鸦片一日未绝，本大臣一日不回，誓与此事相始终，断无中止之理。"③表明他坚决禁绝鸦片的决心。他不畏艰险，认真负责，坚决采取措施，将外商囤积在 22 艘趸船上待贩卖的鸦片全部收缴干净。所以，没有林则徐，就不可能有虎门销烟的巨大成效。林则徐不仅是中国人民引为骄傲和自豪的伟大民族英

---

① 林则徐等：《销化烟土已将及半情形折》，《林则徐集·奏稿》中册，中华书局 1965 年版，第 646 页。

② 《林则徐全集》第九册，日记，海峡文艺出版社 2002 年版，第 391—392 页。

③ 见《林则徐集·公牍》，中华书局 1963 年版，第 59 页。

雄、禁毒先驱,也为世界人民所敬仰。

三、虎门销烟启示

从虎门销烟这一划时代历史事件中,我们至少可以得到如下重要启示:

启示之一,禁烟与吏治、关防、海防密切相关,禁烟要靠清正廉明的官吏,要严把海关关门和海防巡缉,才能有良好的收效。在林则徐之前,鸦片"例禁愈严,流弊愈大",为什么?因为执法官员与走私鸦片的奸商,包括本国"洋商"(行商)、烟贩和外国"夷商"通同作弊,徇私枉法,所以鸦片走私难于禁绝。只有"林青天"之称的林则徐,才能有虎门销烟的巨大成效。

在林则徐之前,清朝厉行禁烟有百多年历史,但是都没有禁绝成功。林则徐之前,几任两广总督想禁鸦片都毫无收效。1826 年两广总督李鸿宾设巡船缉私,结果是"巡船每月受规银三万六千两,放私入口"。1832 年,总督卢坤裁巡船。海上走私船更通行无阻。1837 年,两广总督邓廷桢复设巡船,而水师副将韩肇庆,专以护私渔利,与洋船约,每万箱鸦片送数百箱给水师"报功"。海上缉私防线形同虚设。广州成为鸦片走私进口的重要源头。造成如此局面的重要原因就是吏治腐败。正如马克思所指出:"中国人在道义上抵制的直接后果是英国人腐蚀中国当局、海关职员和一般的官员。浸透了天朝的整个官僚体系和破坏了宗法制度支柱的营私舞弊行为,同鸦片烟箱一起从停泊在黄埔的英国趸船上偷偷运进了天朝。"①

作为中外贸易中介和直接管理、经营中外贸易的洋商,是海关关门的重要把门者,对鸦片走私负有直接责任。林则徐在《谕洋商责令外商呈缴烟土稿》中,严厉指出洋商与夷商串通作弊,对夷商夹带鸦片视而不见、"取银给单"的劣迹。他说:"广东华夷互市,已历三百余年,彼岂不能自相交易,所以必设洋商者,原为杜私通而防禁物起见也。"每次夷船进口,皆经洋商与夷商具结,称并无携带鸦片,是以准令开舱进口,并未驳回一船。"今鸦片如此充斥,毒流天下,而该商犹混行出结,皆谓来船并无夹带,岂非梦呓!……况夷馆系该商

① 马克思:《鸦片贸易史》,载《马克思恩格斯选集》第二卷,人民出版社 1972 年版,第 26 页。

所盖，租与夷人居住，馆内行丁及各项工役，皆该商所雇，马占等皆该商所用，附近银铺皆该商所与交易者。乃十余年来，无不写会单之银铺，无不通窑口之马占，无不串合快艇之行丁工役。并有写书之字馆，持单之揽头，朝夕上下夷楼，无人过问。银洋大抬小负，昼则公然入馆，夜则护送下船，该商岂能诿于不闻不见。乃相约匿不举发，谓非暗立股份，其谁信之！”①除洋商之外，广东主管官员，都串通作弊。有鉴于此，林则徐采取不追既往、严惩现行的策略，使作弊走私者悔罪畏刑，痛改前非。他以清正廉明的作风，使作弊者无机可乘，收到良好成效。

启示之二，禁烟要杜绝来源。杜绝来源一要靠牢固的关防、海防，二要有国际社会的配合和合作。清嘉道时期，海防的国门已不是坚固的国门，而是脆弱的国门，体现在海防武器的陈旧落后，如岸炮、战舰等的落后，军事制度的落后和将官才能的落后、素质的差距、吏治的腐败等。这些在鸦片战争中都暴露无遗。海关关防也不牢靠，如前所言及，行商与外商串通一气，取银给单，有杜私通而防禁物之名，无防鸦片走私进口之实。海防是关防的前卫，没有坚固的海防，关防缺乏有力保护，海上鸦片走私势力无法受到打击；关防是“杜私通而防禁物”的关口防线，把关的官员不清正廉明，就起不到防鸦片夹带输入的作用。

国际社会上，近代西方资本主义列强为本国利益所驱使，不顾毒品对中国人民的毒害，不仅没有配合中国政府禁烟，反而支持不法商人贩烟。英国商务监督义律不配合禁烟的表现就是例证之一。英国的印度殖民政府竟允许大量生产鸦片，非法贩卖到中国。英国政府甚至动用武力侵略中国，发动鸦片战争，以保护鸦片走私。16 年后，又伙同法国发动第二次鸦片战争，强迫中国政府接受鸦片贸易合法化，这是国际禁毒史上不可思议的，是非常可耻的行为，罪恶的行为，是对号称传播“西方文明”的侵略者一记响亮的耳光和莫大讽刺。

当时英国的态度是：既要茶叶贸易，又想鸦片贸易。许乃济的弛禁论给英国政府传递一个错误信号，以为清政府要改变政策。实际上清政府不仅没有改变例禁政策，而且更加严厉禁烟。所以，鸦片完全是在英国等西方政府支持

① 见《林则徐集 · 公牍》，中华书局 1963 年版，第 56 页。

下,强行打入中国市场,强迫中国接受的,是非常不道德的,有悖世界禁毒公理。

启示之三,禁烟要靠国民的觉悟和国民素质的提高,要做到全民禁烟、围堵毒品、消除“毒”害,才能有彻底、持久的成效。林则徐在江苏、湖广、两广任上的禁烟,都很注重这一点。他发布告示,广为宣传,“悉心开导”,“剀切晓谕”民众禁烟。因此,有较满意效果,“湖广之人,有积瘾三十年日吸一两而居然断去者”。[①] 他还拟定章程,倡导各县地方行“保甲”制度,由“邑中公正绅士为之总理”,督查本乡禁烟事宜。[②]

新中国成立后,在党的领导下,彻底消除黄、赌、毒祸害,我们在这方面更有成功经验。

总之,虎门销烟是晚清抵制毒品侵害的辉煌事件,是世界禁毒史上空前的壮举、义举。我们要弘扬虎门销烟的禁毒精神,弘扬林则徐的清正、廉明、严厉禁毒精神,爱民爱国精神和高尚品德,把好禁毒的“国门”关和海关“流通”关,做好关防和海防建设,人人远离毒品,自觉抵制毒品,彻底、持久地清除“毒”害。

原载《明清海防研究》第六辑,广东人民出版社 2012 年版)

---

① 林则徐:《晓谕粤省士商军民人等速戒鸦片告示稿》,见《林则徐集·公牍》,中华书局 1963 年版,第 53 页。

② 林则徐:《札发编查保甲告示条款转发衿耆查照办理》,见《林则徐集·公牍》,中华书局 1963 年版,第 55 页

鸦片走私与中外茶贸易

——鸦片战争前后的考察

清代的中外贸易，至清道光二十年(1840年)时，至少已有150多年历史。一百多年的中外贸易，中国出口的产品主要是茶、丝、瓷器，而茶在出口产品中又是最主要的产品。因此，其时的中外贸易，特别是18世纪后，主要是茶贸易。中外茶贸易是中外友好的象征。而鸦片走私则是非法的、不道德的，影响、破坏了中外茶贸易的良好秩序，为清朝政府所抵制和坚决反对。杜绝鸦片走私，维持中外茶贸易，这是清朝政府的明确态度。但是，来华贸易的当事国家如英国等却与清政府的这一态度明显相左，并不惜动用武力、发动侵华战争来维护其利益的最大化，严重侵犯了中国的主权，也在世界禁毒史上写下了罪恶的一页，留下了深深的污点。本文拟就此状况作考察，并就相关问题阐述管见。

一、清朝廷对鸦片走私的态度

鸦片战争前，清朝廷对鸦片走私的祸害认识比较清楚，所以，禁鸦片吸食和贩卖是一贯的，没有“时禁时弛”。说清朝廷对鸦片走私“时禁时弛”①，是不符合史实的。英国政府为了发动侵华战争，编造借口说，中国政府对禁烟“反复无常”，“对外国人设置圈套”，使烟贩的鸦片被收缴，他们有理由对此“提出控诉”，要求赔偿等，②完全是胡言乱语。

---

① 《中国近代史》，中华书局1994年版。

② 英国外交大臣巴麦尊致义律函，见胡滨译：《英国档案有关鸦片战争资料选译》下册，中华书局1993年版，第524—525页。

只要查查《清实录》或《鸦片战争档案史料》，就不难发现，清朝在雍正年间已有禁鸦片贩卖的谕旨，到嘉庆、道光年间，更是三令五申颁谕禁止鸦片贩卖和吸食。如嘉庆十八年(1813 年)七月初十日上谕指出："鸦片烟一项，由外洋流入内地，蛊惑人心，戕害生命，其祸与鸩毒无异。奸商嗜利贩运，陷溺多人，皆由各处海关私纵偷越。前曾降旨各省海关监督等严行查禁，乃数年来，迄未遏止。"①嘉庆十九年(1814 年)五月的一个上谕说：鸦片"辗转流传，最为人心民俗之害，其来由于番舶，先至广东，进关后渐贩往各省，若粤海各口，查禁认真，不许丝毫透入内地，则外夷商人皆知鸦片烟为中国厉禁之物，不能售卖获利，自必不复携带。如仍有违禁私与中国商民交易者，查出按例治罪，杜其来源，较之内地纷纷查拿，实为事半功倍。"②道光二年(1822 年)十二月初八日上谕称："鸦片烟流行内地，大为风俗人心之害。民间私贩私食，久干例禁。节经降旨严饬稽查，而此风未尽革除，总由海口守巡员弁卖放偷漏，以致蔓延滋甚。"③道光九年(1829 年)正月二十五日谕旨写道："至鸦片烟一物，流毒尤甚，……若不极力严禁，弊将何所终极。"④道光十一年(1831 年)五月二十五日谕旨指出："鸦片烟流毒最甚，前已屡降谕旨，通饬各直省督抚各就地方情形设立章程，严行查禁。惟鸦片烟多系来自外洋，实聚于广东，若不杜绝来源，是不揣本而齐末。虽内地严定章程，于事究无裨益。"⑤道光十八年(1838 年)九月初八日谕旨说："各省鸦片烟渐染日深，流毒甚巨。倘该地方官早能认真查缉，净绝根株，何至锢习相沿，浇风日炽。……著各直省将军督抚，趁此整顿之时，同心合力，不分畛域，上紧查拿，毋得稍形松劲。其贩卖开馆等犯，固应从重惩办，即文武官员、军民人等吸食，不知悛改者，亦著一体查拿，分别办理。"⑥初九日，道光帝上谕又强调指出："鸦片烟流毒内地，实堪痛恨。……著步军统领衙门顺天府五城各饬所属，严密访查，无论王公旗民，一体严拿，分别奏咨办理。不准瞻徇观望，致干咎戾。总期湔除积习，俾文武官

① 中国第一历史档案馆编：《鸦片战争档案史料》(1)，上海人民出版社 1987 年版，第 7 页。
② 中国第一历史档案馆编：《鸦片战争档案史料》(1)，上海人民出版社 1987 年版，第 12 页。
③ 中国第一历史档案馆编：《鸦片战争档案史料》(1)，上海人民出版社 1987 年版，第 48 页。
④ 中国第一历史档案馆编：《鸦片战争档案史料》(1)，上海人民出版社 1987 年版，第 56 页。
⑤ 中国第一历史档案馆编：《鸦片战争档案史料》(1)，上海人民出版社 1987 年版，第 88 页。
⑥ 中国第一历史档案馆编：《鸦片战争档案史料》(1)，上海人民出版社 1987 年版，第 390 页。

员军民人等，共知敬畏，用副朕力挽颓风除恶务尽之至意。"①由此可见，清朝廷对鸦片走私是"痛恨"的，认为鸦片烟"渐染日深，流毒甚巨"，"蛊惑人心，戕害生命，其祸与鸩毒无异"，"最为人心民俗之害"，因此，嘉庆皇帝、道光皇帝都"屡降谕旨"，要求各地"严行查禁"。至鸦片战争前几年，他们不仅认识到鸦片对民命的"戕害"，而且对"国计"造成侵害，白银在鸦片走私中外流，对赋税、粮饷冲击巨大。所以，禁烟的决心愈增，禁烟的措施升级，由"例禁"发展为"严禁"。在量刑上，贩烟者和吸食者都处以极刑。以宝贵的银子换来害人的毒品，这是明智之人所不为的。清朝廷在这一点上认识是清楚的，所以，禁鸦片是不含糊的，禁毒的立场没有改变过。直到鸦片战争爆发的1840年，我们找不到清朝廷有"弛禁"的谕旨。由于"各处海关私纵偷越"，"海口守巡员弁卖放偷漏"，各地官员未能认真"查缉"，致使鸦片毒害未能"遏止"，"浇风日炽"，"蔓延滋甚"，这不是"禁"和"弛"的问题，而是禁烟法令实行的问题。

道光十七年(1837年)，许乃济的"弛禁论"只是官员的一种不同声音，没有被清朝廷采纳。道光十八年(1838年)九月十一日的上谕说得很清楚："鸦片烟流毒内地，官民煽惑，传染日深。前年太常寺少卿许乃济奏请弛禁，朕即以为不得政体。……朕于此事，深加痛恨，必欲净绝根株，毋贻远患。并于召见内外臣工时，详加察访，从无一人议及弛禁者。许乃济冒昧渎陈，殊属纰缪，著降为六品顶戴，即行休致，以示惩儆。"②道光帝惩处"弛禁论"的提出者，而采纳"严禁论"主张，这不是心血来潮，而是体现清朝廷禁烟的一贯立场。此前，清朝内外臣工，"从无一人议及弛禁者"。

道光十八年(1838年)鸿胪寺卿黄爵滋奏请"严禁"，道光帝降旨饬令直省将军督抚各议章程，并令大学士等会议。在议奏中，议奏官员都主张严禁，已不存在"严禁"与"弛禁"的分歧，只存在严禁量刑上"重治吸食"与"严惩兴贩"的不同见解。③ 道光帝完全赞同严禁主张。

---

① 中国第一历史档案馆编：《鸦片战争档案史料》(1)，上海人民出版社1987年版，第390页。

② 中国第一历史档案馆编：《鸦片战争档案史料》(1)，上海人民出版社1987年版，第391页。

③ 参见郑剑顺：《鸦片战争前的鸦片论议新探》，《晚清史研究》，岳麓书社2004年版，第75—76页；鸦片战争博物馆主办：《明清海防研究论丛》第二辑，广东人民出版社2008年版，第150页。

虎门销烟是清朝一次严厉打击违禁行动，是清朝廷禁烟决心最大、委派办事最得力的林则徐实施杜绝鸦片来源的一次严厉禁烟行动，是清朝数十年、上百年禁烟成果最辉煌的一次。这次战果的数字：销化收缴鸦片烟土2376254斤。这一数字说明几点：第一，说明禁烟成效巨大。第二，说明当年鸦片走私输入量至少是这一数字。因为有的烟贩疏散他往一部分，所以，实际鸦片走私数量只会比此数字多，不会比此数少。第三，说明白银外流数量至少与此次销毁鸦片的案值相等。此次销毁鸦片的案值，以低价算是840万两库平银，以高价算则翻倍为1680万两。① 据林则徐奏报："本年以来，收缴已化之烟土值银千余万两"。② 可见案值当在1000多万两左右。案值的高低，是对烟贩处罚量刑的重要依据。如此高的案值，说明外国烟贩犯下的贩毒罪责之重之大。

二、中外茶贸易是中外友好的象征

广东"华夷互市，已历三百余年"。③ 此处所说"三百余年"，应是从澳门的对外贸易开始算。中外茶贸易，至鸦片战争时，至少有100多年历史。④ 茶贸易在中外商品贸易中是最主要的贸易。正如道光十八年(1838年)，两广总督邓廷桢等在奏折中所指出："查向来外夷入口之货五十余种，内地出口之货二十余种，以茶叶丝斤为大宗。每年出洋茶叶，自四千万至五千万斤，丝斤自六七十万至一百余万斤，大黄自十万至十余万斤不等。"⑤茶叶出口量是4位数，生丝、大黄出口量只有2位数。可见茶叶是鸦片战争前清朝中外贸易中出口量最多的产品。道光二十年(1840年)，钦差大臣林则徐与粤海关监督豫堃、广东巡抚怡良等奏报中说："惟茶叶历年所销，自三十余万担至五十余万

① 参见郑剑顺：《虎门销烟的历史地位与启示》，载《纪念虎门销烟一百七十周年学术研讨会论文集》，广东人民出版社2009年版。

② 《林则徐集·奏稿》中册，中华书局1965年版，第712页。

③ 林则徐：《谕洋商责令外商呈缴烟土稿》，《林则徐集·公牍》，上册，中华书局1963年版，第56页。

④ 从清康熙二十二年(1683)开海禁算起。

⑤ 中国第一历史档案馆编：《鸦片战争档案史料》(1)，上海人民出版社1987年版，第340页。

担不等。”①这一数字与邓廷桢等所报数字基本相同。魏源也指出:“茶叶出洋,自明季荷兰通中国始。及康熙二年,英吉利商又自荷兰购归百斤,饮而甘之,国人饮者岁增一岁。”具体数量是:康熙四十九年(1710)至十四万斤,雍正二年(1724)至二十八万斤,乾隆二十四年(1759)二百二十九万斤,三十七年(1772)五百四十七万斤,五十年(1785)遂至千三百万斤,嘉庆十八年(1813)二千一百二十八万斤,道光二年(1822)二千三百七十六万斤,十年后三千余万斤。至道光十七年(1837年),广东出口茶叶三十余万石,其价银千有四百余万圆。美国在道光十七年(1837年),购茶价银三百六十九万两(共茶十二万石)。荷兰岁需茶二百八十万斤不等。“是西洋之饮茶,亦犹中国人之吸鸦片,虽损益悬殊,皆始自近日,非古昔所有。”②在来华外商中,英国商人做茶的生意最大。茶是中英最主要的贸易商品。道光十七年(1837年),英国商人所购出广东之货21816000圆,其中茶叶价银14000000圆,占64%多。③ 学术界的已有研究成果也证明这一点。如陶德臣在研究论文中指出:“清代是旧中国茶叶贸易的鼎盛时期,茶叶在贸易结构中长期占据首位。”18世纪20年代后,中西贸易的“核心商品”是茶叶。1817—1833年,茶叶占中国出口总值平均比重高达60.8%。1838年,英国自华购买的土货中,茶叶占73.38%;美国输入华茶占自中国进口货值的比重,1837年为65%,1840年达81%;18世纪法国、瑞典、丹麦等其他欧美国家从事茶叶贸易,茶叶所占各国自华输出货值保持在65%—75%不等。④ 苏全有在论文中的研究结论是:鸦片战争前的中英贸易中,中国的茶叶出口在出口产品中所占的比例,从1760—1833年间,一般都在80%以上,甚至达90%以上。⑤ 吴建雍根据《东印度公司对华贸易编年史》等资料,在论文中写道:“英国每年购买茶叶的投资,在1817—1823年间,占其进口中国货总值的92%—96%。自1826—1833年间,购买茶叶的投资占到

① 《林则徐集·奏稿》中册,中华书局1965年版,第796页。

② 魏源:《筹海篇四》,《魏源集》下册,中华书局1983年第2版,第882页。

③ 魏源:《筹海篇四》,《魏源集》下册,中华书局1983年第2版,第880—881页。据魏源记载数字统计。

④ 陶德臣:《论清代茶叶贸易的社会影响》,《史学月刊》2002年第5期。

⑤ 苏全有:《论清代中英茶叶贸易》,《聊城大学学报》(社会科学版)2004年第2期。

99%—100%。特别是自1830年始,连续四年对华贸易投资100%用于进口茶叶。"[①]这些研究成果中的统计数字虽然不尽相同,但说明茶贸易是中外贸易中最主要的"大宗"贸易,却是一致的。

在英国国内,有午时茶习俗,饮茶成为人们生活中不可缺少的爱好,成为时尚。因此,对茶叶的需求量日益增长。茶税成为英国政府的重要财源。

来华贸易的各国商人都从茶叶贸易中获得不菲的利润,"茶叶是驱使他们前往中国的主要动力"。[②] 林则徐在奏报中指出:"至茶叶大黄两项,臣等悉心访察,实为外夷所必需,且夷商购买出洋,分售各路岛夷,获利尤厚。"[③]

清政府允许茶贸易,认为是对来华贸易国的"恩惠",这当然是片面的认识,但至少可以说明,清政府对来华贸易国是友好的,满足他们对中国茶等产品的需求,有中华大国的博大胸怀,显示礼仪之邦"柔远"的中华文明古风。这种认识,在林则徐拟的《著各国商人呈缴鸦片谕稿》中作了充分表述:"照得夷船到广通商,获利甚厚,不论所带何货,无不全销,欲置何货,无不立办。是以从前来船,每岁不及数十只,近年来至一百数十只之多。我大皇帝一视同仁,准尔贸易,尔才沾得此利,倘一封港,尔各国何利可图。况茶叶大黄,外夷若不得此,即无以为命,乃听尔年年贩运出洋,绝不靳惜,恩莫大焉。尔等感恩即须畏法,利己不可害人,何得将尔国不食之鸦片烟带来内地,骗人财而害人命乎?查尔等以此物蛊惑华民,已历数十年,所得不义之财,不可胜计,此人心所共愤,亦天理所难容。……我中原数万里版舆,百产丰盈,并不借资夷货",如果因为尔等不知改悔,继续走私鸦片,那么必有"暂则封舱,久则封港"的严重后果,"恐尔各国生计,从此休矣"。[④] 这种认识,其局限之处在当代人看来是显而易见的,如外夷不得茶叶大黄,即"无以为命",封舱、封港,各国生计就会"休矣"等,有夸张之嫌,但体现"感恩即须畏法,利己不可害人"的精神则是

---

① 吴建雍:《清前期中西茶叶贸易》,《清史研究》1998年第3期。

② 姚贤镐编:《中国近代对外贸易史资料》第1册,中华书局1962年版,第273页。

③ 林则徐:《外商已缴鸦片请暂缓断绝茶叶大黄片》,《林则徐集·奏稿》中册,中华书局1965年版,第632页。

④ 中国第一历史档案馆编:《鸦片战争档案史料》(1),人民出版社1987年版,第513—514页。

主流思想。林则徐在示谕中强调的意思是：我大皇帝准许各国来华贸易，准许各国很需要的茶叶、大黄出口，这是有“恩”于各国的，是友好的表现，可是你们却利己害人，把鸦片毒品带来中国骗财害人，这是“人心所共愤，亦天理所难容”的，你们应该“悔罪畏刑”，天朝“尚可不追既往”。这是很友善的劝告。

林则徐在收缴鸦片后，以茶作为奖赏，“凡夷人名下缴出鸦片一箱者，酌赏茶叶五斤。”[①]也说明茶是珍贵的，是中外交往受欢迎、被喜爱的好礼品，是中外友好的象征。

三、中外茶贸易的两种不同态度

清政府对中外茶贸易的态度是：允许茶贸易，拒绝鸦片走私。二选一，要茶贸易，就要保证不夹带鸦片来华；不保证不走私鸦片，就封舱、绝市，断绝茶贸易。

这是合情合理的态度。清朝廷和有关官员反复对外商阐明、宣示这一态度。理由是：第一，尔等来华贸易，不能我给你茶——人人喜欢的茶，你却给我鸦片毒品——你本国也不允许贩卖吸食的毒品，这是“天理难容”，“人心所共愤”的。第二，来到我国贸易，就要遵守天朝法令，尊重天朝习俗，“奉法者来之，抗法者去之”，这是常规常理，“至公无私之义”。[②] 走私、贩卖鸦片是中国政府所明令禁止的，任何外商都不能违犯，谁违犯，谁就不受欢迎。第三，“既往不咎，严儆将来”。以虎门销烟为界限，既往的鸦片走私不追究，但从此以后，如再走私鸦片，则严惩不贷，将按新律严办。

林则徐在虎门缴烟、销烟后，要求所有来华贸易的外商都要“具结”，作出不夹带鸦片来华的保证，声明“嗣后来船永不敢夹带鸦片，如有带来，一经查出，人即正法，货尽没官。”[③]把“二选一”以保证书的形式加以确认，以强化责任和督察。“以此杜外来之鸦片，实足以昭信守”。[④] 如不遵式作出保证，就说

① 《林则徐集·奏稿》中册，中华书局1965年版，第631页。
② 《林则徐集·奏稿》中册，中华书局1965年版，第705页。
③ 《林则徐集·奏稿》中册，中华书局1965年版，第639页。
④ 《林则徐集·奏稿》中册，中华书局1965年版，第688页。

明存心要继续走私鸦片，那么，就要断绝茶贸易。这对“奉法”的外商来说，只不过履行一道手续而已，“不带鸦片，则虽具结不至加刑”①；而对不安分守法的外商来说，就担心如果没做到就将受到“货尽没官，人即正法”的严厉惩罚，所以，不愿意“具结”。如英国商人，在商务监督义律的策划支持下，竟借口“人即正法”恐“自陷于死”而拒不如式“具结”。② 不具结，就不能维持茶贸易的继续，断绝中英茶贸易是必然结果，是“二选一”的当然结果。

其时英国政府的态度是：既要茶贸易，又要鸦片贸易。一明一暗，明的是茶贸易，暗的是鸦片走私。

许乃济的弛禁论给英国政府传递了一个错误信号：他们以为清政府要改变政策了，要放开鸦片进口。他们说，是中国人需要鸦片，所以他们才做鸦片贸易生意。但是，他们看错了，弛禁论只是某些官员发出的一种声音，不代表清政府和中国人，清政府的禁烟政策没有改变，中国人是长期抵制毒品的，吸食鸦片的人需求鸦片是违法的。正如外国人士笔下所指出：四十年来，中华帝国政府“一向反对吸食和贩卖鸦片的声音是一致的、坚定和强硬的。”③

英国律师塞缪尔·华伦在 1840 年 1 月伦敦出版的《鸦片问题》一书中写道：“印度英国政府，虽然明知中国当局禁止鸦片贸易，但还声名狼藉地用尽各种手段，鼓励鸦片贸易，以致发展到今天如此庞大的规模；目前鸦片对中国的输出，占孟加拉和孟买输出总额的三分之二以上。它不放过任何一个机会，焦急地探询中国人对鸦片品质的需求愿望，以致口味等等。……其实政府是有意识地在这个鸦片贸易上打算，而且非常关心地扶植这个贸易作为它主要的收入，并从这个贸易获得了庞大的税收，每年收益由一百万镑至二百万镑，几占印度总税收十分之一。……从广州不列颠贸易公司公开数字来看，就发现印度对中国贸易的重要价值，和从广州到英国的直接贸易，具有何等重大的意义。而印度对中国的贸易价值，主要也得自鸦片贸易，没有鸦片贸易，东印度公司董事会就不可能这样顺利地为‘国内开支’取得他们大量的汇款。英格兰的商人也不可能买到现在那么大量茶叶，而不需要向中国送出大量的白

① 《林则徐集·奏稿》中册，中华书局 1965 年版，第 698 页。
② 《林则徐集·奏稿》中册，中华书局 1965 年版，第 697 页。
③ 《鸦片战争资料选译》，广东省文史研究馆译，中华书局 1983 年版，第 200 页。

银。拿鸦片去换取银条,对贸易是有很大好处的……所以输出鸦片是促进商务的,就是把那个人口最多、资源最富的中华帝国的财富吸收过来,而用鸦片换来的白银,则使英属大片土地喜气洋洋,人丁兴旺;也使英国的工业品对印度斯坦输出大为扩张,更使得这方面的海上航行与一般商务大为兴盛,并且还给英属印度国库带来一笔收入,其数超过整个孟买的田赋总额。"①从这段引文中,我们可以看出,英国政府对在中国的鸦片贸易是"鼓励"的,"是有意识地在这个鸦片贸易上打算,而且非常关心地扶植这个贸易作为它主要的收入",因为鸦片贸易给英国及英属印度政府带来"很大好处",用鸦片换来大量茶叶,还"换取银条",并"促进商务"等,这是完全符合事实的,是连英国公民都知道的明白事实。

由于鸦片走私给英国商人和英国政府以巨大利益,所以,他们必然抱住不放。这就严重破坏了正常的茶贸易和中外友好关系。"直接公然造成已被中国人斥之为罪恶的行为,又在中国政府一再明白抗议下,仍将鸦片运入中国,那就充满祸根了。在同情中国政府的老实人眼里,这只能是非常不友好,而且是含有敌意的。"②

中国的清朝政府坚持友好的正经的中外贸易,包括中英贸易、中英茶贸易,友善地再三劝告包括英国商人在内的所有外国商人不要夹带鸦片来华,不要把鸦片走私混进茶贸易中,以免影响茶贸易或导致茶贸易被断绝。但是,尤其是英国商人,在英国政府的支持下,公然违抗,不满足于茶贸易的获利,不顾"不合法不道德"的舆论谴责,采取各种手段图谋维护鸦片走私。一则外国人士的评论说得好:"我们指名英国,因为它是第一位和几乎独占鸦片生产的国家。英国号称开明的、基督教国家,竟然种植一种罪恶的媒介物,甚至以此牟利;中国是黑暗的、异教的国家,但她不屑以鸦片的收入来充实她的国库。这真是最奇怪的道德对比的一个展览。但我们不大相信,一个在基督教国度里居于首位的、以博爱和宗教教文为依归的国家,会长久地处于和她的责任和荣誉相比较如此不相称的地位。"③

---

① 《鸦片战争资料选译》,广东省文史研究馆译,中华书局 1983 年版,第 195—196 页。
② 《鸦片战争资料选译》,广东省文史研究馆译,中华书局 1983 年版,第 143 页。
③ 《鸦片战争资料选译》,广东省文史研究馆译,中华书局 1983 年版,第 140 页。

四、"缴烟"和"闭市":鸦片战争爆发原因

"缴烟"、销烟是对鸦片走私的严厉查办。"闭市"是对中外茶贸易的断绝,封闭茶贸易市场的出口。

鸦片战争是否是虎门销烟引起的?有的认为是。清朝廷认为,缴烟、销烟"办理不善",才启"边衅"。林则徐指出:"若谓夷兵之来系由禁烟而起,则彼之以鸦片入内地者,早已包藏祸心,……鸦片来则以渐而致寇,原属意计中事。"[①]《中国近代史》中指出:"中国禁烟成为英国政府发动侵华战争的借口。"[②]有的认为不是。魏源指出:沿海激变,"不由缴烟,而由于闭市","绝不由缴烟,而由于停贸易"。[③] 鸦片战争不是缴烟引起的,而是"闭市"、停贸易的结果。

我们认为,缴烟和闭市都是鸦片战争爆发原因,知其一执一端,不知其二不执另一端,是不全面的。依据是:

其一,鸦片战争是英国政府既要茶贸易,又要鸦片贸易的态度决定的。茶贸易和鸦片贸易都是英国政府所要看到和追求的,缴烟就是拒绝鸦片贸易,闭市就是断绝茶贸易,英国不甘愿,所以使用武力解决。"盖逆夷所不肯灰心者,以鸦片获利之重,每岁易换纹银出洋,多至数千万两"。[④] 在华贸易的英国商人,在向外交大臣巴麦尊投递的"请愿书"中说:"鸦片贸易之特殊意义,已在一八三〇年众议院特别委员会的报告中,及一八三二年再次报告中,清楚地承认。委员会的意见是:'鸦片贸易是收入的重要来源,放弃东印度公司对孟加拉的鸦片垄断,似非得计'。我们想,英国人民从事此种贸易,是得到他们的政府公开或非公开许可的;并且同时,对英属印度财政收入,近年获得一百万到一百五十万英镑的利益。"[⑤]英国商人说得很清楚,鸦片贸易对英国来说有

---

① 林则徐:《密陈办理禁烟不能歇手片》,《林则徐集·奏稿》中册,中华书局 1965 年版,第 884 页。

② 《中国近代史》(第四版),中华书局 1994 年版,第 16 页。

③ 《魏源集》,中华书局 1983 年第 2 版,第 185、884 页。

④ 《林则徐集·奏稿》中册,中华书局 1965 年版,第 883 页。

⑤ 《鸦片战争资料选译》,广东省文史研究馆译,中华书局 1983 年版,第 160—161 页。

“特殊意义”,这“特殊意义”就是发财的巨大“利益”。而且,1830 年和 1832 年,英国众议院曾两次表态不能放弃鸦片贸易,英国人民从事这种贸易是得到他们政府公开或非公开许可的。英国商人向政府请愿的目的就是要求英国政府解决他们的处境,“对中国人采取强有力的措施”。[①] 而要解决维护“不合法不道德”的鸦片贸易问题,英国政府除了动用武力外,是不可能达到目的的。

其二,中英《南京条约》中规定,清政府“偿补”被收缴、销毁的鸦片“原价”洋银 600 万元,[②]说明鸦片战争的目的之一是英国政府想索回虎门销烟案值。

其三,16 年后,英国通过发动第二次鸦片战争,实现对华鸦片贸易合法化,在英国武力胁迫下于 1858 年签订的《中英通商章程善后条约》中规定:“向来洋药、铜钱、米谷、豆石、硝磺、白铅等物,例皆不准通商,现定稍宽其禁,听商遵行纳税贸易。”[③]“洋药”即鸦片,说明鸦片贸易合法化是英国政府始终追求的目标之一。由此可见,16 年前的“缴烟”,当然是他们不能接受的,所以发动鸦片战争。

总之,缴烟、闭市、战争三者是相关联的,既要维护鸦片走私,又要维持茶贸易、扩大茶贸易,这是英国发动两次鸦片战争的重要目的。清政府缴烟、抵拒鸦片走私,在英方不保证不走私鸦片的情况下断绝茶贸易,这与英国的意图相矛盾,所以爆发了鸦片战争。用战争为茶贸易包括鸦片走私打开道路,用战争获取鸦片贸易合法化,这是英国的意图,是英国的罪恶行为,其在世界禁毒史上写下了很不光彩的一页。英国律师塞缪尔·华伦在《鸦片问题》一书中说得好:“没有任何事情会像现在鸦片贸易的情况这样,危害着不列颠帝国的形象的。这简直就是走私加上最恶劣的暴力。”[④]

(原载纪念虎门销烟一百七十周年《学术研讨会论文集》,广东人民出版社 2009 年版。与朱蔚合作)

---

① 《英国档案有关鸦片战争资料选译》下册,中华书局 1993 年版,第 522 页。

② 《南京条约》,见梁为楫、郑则民主编:《中国近代不平等条约选编与介绍》,中国广播电视出版社 1993 年 8 月版,第 19 页。

③ 梁为楫、郑则民主编:《中国近代不平等条约选编与介绍》,中国广播电视出版社 1993 年 8 月版,第 106 页。

④ 《鸦片战争资料选译》,广东省文史研究馆译,中华书局 1983 年版,第 198 页。

中法战争研究

近代国际法与中法马江战役

近代国际法作为国际共同规则，起着规范近代国际关系和国际行为的作用，在国际上理应得到认同与尊重。但世界强国凭借其优势国力，往往践踏国际公法，以强凌弱。晚清中法马江战役期间，法国和中国对近代国际法持有大相径庭的态度。深谙公法的法国屡屡干犯国际法，推行“强权即公理”的外交路线，背约兴兵、讹诈勒索、滥施杀戮，为所欲为，公然蔑视公法的道义与权威。与此同时，清朝却是诚实而谨慎地应用国际法处理国际关系，努力恪守国际法外交、战时条例，并引用公法有关规定，严词谴责法国各种违反国际法原则的侵略行为，试图争取国际公论与主持公道者的调处。由于公法输入中国的时间仅十余年，还没有被全面吸收与贯通，清王朝在运用公法的初步实践中表现得过于拘谨，甚至亦步亦趋，被动受制，在法方严重损害中国主权利益的关键时刻却不知如何用国际法捍卫主权、维护利益。总的说来，从中法天津议和到中法马江战役期间，中法两国对国际法的遵守和尊重、态度和行为都是截然相反的，值得深入探讨，总结经验教训。

一

工业革命不仅给人类带来了技术文明，同时也滋生了绵延不止的野蛮征伐。法国正是在工业革命这股强大内驱力的驱役下，为了抢夺商品销售市场和原材料产地，不惜远洋跋涉，将战火从越南烧至中国。

早在中法马江战役爆发前三个月，法国就已公然背约弃信，恶意制造武装冲突的“观音桥事件”。1884 年 5 月 11 日，李鸿章与福禄诺就中法越三国关系达成了《中法简明条款》。其中第二款规定：“中国约明将所驻北圻各防营即行调回边界”;第三款规定法国“不向中国索偿赔费”,“中国亦宜许以因毗连越南北圻之边界所有法、越与内地货物,听凭运销,并约明日后遣其使臣议定详细商约税则”。可见,战后撤军协议与制定通商税则的具体时间根本没有在这次条约上以法律条文的形式加以确定下来。为防止争议,该约第五款对此问题加以特别规定:“此约既经彼此签押,两国即派全权大臣,限三月后悉照以上所定各节会议详细条款。”①法国政府还特别声明草约“彼不能改易一语,无可再商”。② 按近代国际法条约解释:“战时议立条约如休兵、投降等款,必当谨遵勿背”。③ 敌对双方立即停止军事行动,“停兵之约既立,凡平时所可为之事,在己境皆得为之,惟敌国所能阻滞之军务则否,如战境之内,军旅进退,……等事,均不得行之”。④ 据此,中法两国既立和约,自当在越南北圻边界按现状立即停兵勿动,三个月后双方再议定撤军方案并同时按约行动。可是,在签约后的第三天即 5 月 14 日,福禄诺接到茹费理的指示,要他向清政府提出中国兵由东京立即撤退的要求,该指示还分别通知法国政府和东京远征军总司令。⑤ 17 日,福禄诺向李鸿章提出对第二款的重大修改:“该国应保护北圻全境。提督朱禄拟二十日后即派法兵或越兵前往高平、谅山;四十日后前往保胜至红河两岸。无论何处,宜调置法兵或越兵前往攻击黑旗或其他匪营,中国兵营应限时退出。”⑥随后,东京远征军总司令米乐在法国政府的授意下,派出军队提前接收谅山等地。这支队伍全然不顾国际法关于“凡奉官执白旗前来会议者均作为公使论以免伤害”⑦的规定,杀害中国军使,强行进逼桂军驻地,以致酿成“观音桥事件”。所以,法方先背约弃信,继而擅改条约、杀害军使、挑起兵衅,严重违背了国际法关于守约息兵的条约精神。

接下来的交涉期间,法国曲解国际法中的索赔权利,有意滥用“强占之

---

① 中国史学会编:中国近代史资料丛刊《中法战争》(七),上海人民出版社 2000 年版,第 419—420 页。以下简称《中法战争》。

② 《中法战争》(五),第 349 页。

③ 丁韪良译:《陆地战例新选》卷一,载梁启超:《西政丛书》,清光绪二十三年慎记书庄石印本,第 1 页。

④ 丁韪良译:《公法会通》卷八,光绪六年同文馆聚珍版,第 10 页。

⑤ 《中法战争》(七),第 216 页。

⑥ 《中法战争》(四),第 100 页。

⑦ 《陆地战例新选》卷一,载梁启超:《西政丛书》,第 2 页。

权”。“观音桥事件”之后,茹费理于 7 月 11 日正式向中国驻法公使李凤苞提出要中国照约退兵及“赔留兵调船费二万五千万佛郎”,①还要求限期答复,否则法国“必当径行自取押款,并自取赔款”。法公使“日在总署并复辩论索赔款一千万及占据福州为质之说,不惟出之于口,且形诸往来文牍”。②

在遭到清政府的断然拒绝之后,为了达到讹诈勒索的目的,法国开始部署“占地为质”计划,蓄意挑起马江战役的战端。

1884 年 7 月 16 日,法国舰队司令孤拔座舰以“游历”为名开进福建马尾军港。随后,又有几艘军舰相继停泊马尾军港。会办福建海疆事宜大臣张佩纶急忙开始交涉,“遵旨照会该国领事,阻止多船入口”,但未取得丝毫成效,“而法果成谋,断非笔舌所能阻止”。③ 为了配合“占地为质”的计划,法国全然不顾中国官员的“告禁”,决意将军舰强行进驻马尾港。这种情形在中法关系已处于非正常关系的特定背景下明显侵犯了中国的主权。

关于军舰停泊他国港口问题,国际法有严格的法律解释。兵船驶进他国港口,无论是默准,抑或明许,均“不归他国管辖”④。而不归地方管辖的前提在于:“该船(即军舰)在此和平行事”。⑤ 换言之,外国兵船绝对不能为所欲为:“盖默许友国兵船来海口,不归地方管辖,此例断不可误解,致令该船或有干犯国权之事。”⑥

由于驻守马尾港的官员并未强硬下令禁阻法舰进港,法方则认为得到默许,可以自由出入马尾港。然而,法舰在马尾港并非“和平行事”,而是以武力相胁迫,监视同在马尾军港江面的华舰,不给华舰移动自由,“声言动则开炮”。⑦ 8 月 23 日,在绝对掌握主动权的情况下,法军向清军发出挑战,公然下战书,并迅速摧毁马江江面的福建海军军舰。次日,又炮轰船政局。从 8 月 25 日至 29 日,法舰撤离闽江口期间,还先后摧毁了闽安南、北岸炮台、金牌炮

---

① 《中法战争》(五),第 411 页。
② 《申报》1884 年 7 月 16 日。
③ 张佩纶:《涧于集·奏议四》,民国年间丰润张氏涧于草堂刊本,第 16 页。
④ [美]惠顿撰:《万国公法》卷二,清同治三年刻本,第 33 页。
⑤ [美]惠顿撰:《万国公法》卷二,清同治三年刻本,第 35 页。
⑥ [美]惠顿撰:《万国公法》卷二,清同治三年刻本,第 38 页。
⑦ 张侠等编:《清末海军史料》,海洋出版社 2001 年版,第 302 页。

台三座沿江炮台，仅长门炮台得以保存。可见，法国既强行剥夺中国的自卫权，又用变相的宣战方式公然挑起侵略战争，肆意违犯国际法泊港规则。

在马江交战中，法国又明显滥用战权，违背国际法战例规则。按公法，“害敌之方有合例，有不合例者，凡无济于事而徒害敌人之举，不可为之，凡背理违义以及残暴不仁之举亦均不可为之”。① 法军却不仅“背理违义”，还异常残暴。福建海军参战军舰全军覆没，11 艘军舰，除了伏波、艺新两艘逃离战斗并于马江上游林浦一带搁浅下沉外，剩余 9 艘军舰全被轰毁击沉，还被击沉旧师船 13 艘，商船 19 艘，鱼雷艇多艘，以及一些有武装的划船。将士死伤 700 多人。② 而法国侵略舰队损伤不大，仅“六人毙命，二十七人受伤，战舰则一处严重的损害亦没有”。③ 法军以欺骗手段进泊马尾港，在占据绝对优势的前提下充分利用来自装备、时间等各方面的有利条件，最终赢得“丰硕”战果。正如一个外国人所指出：“孤拔在一个未与法国宣战国家的港口内，并且在他进入这港口时曾得到主权国家的默许，但他竟悍然地采取了敌对军事行动，这无疑地违反了国际公法”④。

按国际法规定：“敌兵既败，虽有不受降之势，间有被擒、被伤，而不复能抵御者，亦不可杀之。”⑤但法军在战争中采取泯灭人性的野蛮手段，用“不合例”的害敌方式进攻对手。此类记载颇多：福建海军有的水兵在船沉落水后，还受到法舰机枪的凶残扫射⑥；“开仗半点钟之后，华船已被法军轰毁，华兵有溺毙者，有受伤者，有凫水逃避者，有号呼求救者，而法兵船仍放炮不止，时潮流甚急，军士随波而下。英、德、美诸国船虽欲援救而为法炮所阻。有一华船火势炎炎，人皆引领待救，惨不忍视，法船犹向之放炮，此真无人心者”⑦；“华军力不能支，有二兵船即驶入福州内河以避之，其余华船都被法军用炮击沉。华军已毁灭，法军犹放炮不止，进逼船政局，相近向华兵营盘轰击，尽被毁坏。

① 《陆地战例新选》卷一，梁启超：《西政丛书》，第 1 页。

② 郑剑顺：《甲申中法马江战役》，厦门大学出版社 1990 年版，第 44 页。

③ 《中法战争》（三），第 557 页。

④ 《中国海关与中法战争》，中华书局 1983 年版，第 220 页。

⑤ 《公法会通》卷七，第 25 页。

⑥ 郑剑顺：《甲申中法马江战役》，厦门大学出版社 1990 年版，第 39 页。

⑦ 《申报》1884 年 8 月 28 日。

初四日早六点，法军又开炮攻击船政相近之村镇，据而守之”①；“开战时，各军舰被焚，舰中人跳入水中，泅去求生，而敌军惨无人道，见江面有人，特命驱逐舰两艘在江面横冲直荡，使波浪沸起，泅者卷没浪中，即或有善泅而出水面者，彼复以竹竿猛击，至沉没而后已”。② 可见，法军在马尾战役中采取了惨绝人寰的方式残害对方，全然不顾近代国际法的战争规则。

国际法历来严禁残暴的战时行为，“（邦国）惟藉兵力以成其所求，是以无故屠戮或杀人以泄积忿者，皆为违例”，③“与敌立约而违之，如待以残忍、毁坏房产；放纵淫欲、贪利忘义，以及一切犯法之举，皆为战例所严禁”。④ 战中“违例”行为很多都属于“残忍无济于事之举”，徒增破坏以泄私愤而已。国际法特此规定：“城镇之被陷，断不得纵兵抢劫，非军务不得已，则房产无论公私概不得肆行毁坏，城镇无人抵御，断不可无故开炮轰击。”⑤法军在战争中滥杀已无反抗能力的清水兵，炮轰船政局以及周边村镇，在登陆闽安镇期间又肆行焚戮，可谓做尽了“残忍无济于事之举”。这些极端野蛮的殖民行径，是对国际公法的极大侮辱与背离。

二

马江战役是对近代国际法道义与权威的一次大考验。对侵略者而言，国际法并不足以成为制约其野蛮行径的有效武器，时常被强权所僭越，甚至还不幸成为殖民征伐的凭借工具。但代表道义与理性的近代国际法在西方殖民浪潮中多少还是可以承载落后国家与弱小民族对于伸张正义的些许期待。就在老牌殖民国家——法国肆意损毁公法的同时，清政府以积极的姿态尝试跻身于近代国际法律秩序中，既对法国违法行为进行指责，努力争取国际公论与主持正义者的调处，又在交涉中谨守公法，希望借助国际法的力量

---

① 《申报》1884 年 8 月 25 日。
② 《中法战争》（三），第 134 页。
③ 《公法会通》卷十，第 16 页。
④ 《公法会通》卷七，第 13 页。
⑤ 《陆地战例新选》卷一，载梁启超：《西政丛书》，第 3 页。

弥补自身的弱势。

李鸿章、福禄诺两人是否在《中法简明条款》之外达成另外一份关于中国限期从越南撤兵的协议？这在马江战役爆发前曾引起一次不小的外交纷争。离开天津前夕，福禄诺私下与李鸿章交涉，要求中国限期撤兵，但遭到拒绝。后来，当事者李鸿章据约解释，他说："三个月后，详细条约规定，朝廷自有权衡，是我未允许福禄诺限期退兵之说，何所谓背约乎？且此事，当时福禄诺面请，即经我面驳，故彼此皆未动用公文，尤无所谓约也，背于何有？"可见，李鸿章并未当场应允，事实上双方也没有以条约或节略的形式加以确定撤兵时限。由于事情内幕的澄清将有助于辨明到底由谁承担背约罪责这个关键问题，清政府大胆援引国际法，并借助国际法来维护国家主权。1884 年 7 月 30 日，总理衙门在拟复美使杨约翰的照会中也称："试思此系紧要公事，彼此倘已商定，必有往来照会，或经来信函可为凭据，福总兵所言撤兵限期，李中堂既无允许之言，又无允许之文、信为据，不得谓中国为违约者。"①正是依托国际交往惯例，坚持认为中方"既无允许之言，又无允许之文、信为据"，清廷由此在国际舆论与道义立场上赢得主动。

除了在对外交涉方面据理力争外，清政府在军事行动上也依据国际法，对主权利益加以全力维护。国际法规定："和约若无明指另法办理，则两国皆存其当时情形而不复旧，各守所踞地方。"②在议定简明条约之后，按外交规则，中法双方必须息兵勿动，俟三月之后双方议定细节再行撤兵。后来，李鸿章给潘鼎新的一份电文中称："原约调回边界，福酋临行又请限期撤兵，鄙固未允，然不得谓非照约行事也"③。李鸿章断然拒绝福禄诺的要求，是合情合理合法的，因为签押时法方主动要求不得更易约条，而墨迹未干之际法方又提出要限期撤兵，这是对简明条款的重大修改，业已违反了外交惯例。中国依约驻兵，并没有违约，对法方进攻采取正当防卫也合乎国际规则。

近代国际交往既强调守约，也要求讲道义。"凡一切残忍之举，皆为战例所严禁，与敌国战后所议之约，或战前因战所立之约，若背之，亦为战例所严

① 《中法战争》(五)，第 452 页。

② 《公法会通》卷八，第 18 页。

③ 《中法战争》(四)，第 161 页。

禁,至勒索无度,背义图利,公报私仇,尤为战例所不容。"[①]法方擅改条约细则,挑起兵衅,又无端杀害中国信使,引发"观音桥事件"。此后,法国借口"观音桥事件"进行外交讹诈,勒索巨额赔款。这显然违背了国际法和约精神。清政府依据国际法对法方的无理要求严词拒绝,同时对法国外交讹诈曲解约条以及试图以此勒索巨额赔款的霸权行为加以正面驳斥,强调"俟详细条约定议,彼此再行撤兵亦不为迟,赔偿更无此理"。[②] 在赔款问题上,"中国一允其赔则谅山兵端已认开之",[③]等于直接承认中国是违约国。清政府对此有清醒的认识,并保持高度警惕。7 月 8 日,总理衙门复电中国驻法公使李凤苞强调:在撤兵限期的问题上,"李相未允,亦无往来文信为据,《中法简明条款》第二条并未或有撤兵日期",要求李凤苞"应与争者,仍向外部力争,不允许者勿擅许"。[④] 13 日,军机处致法使照会指出:"本爵查天津议立简明五条,调回防兵系约内第二条所载。如贵国专为此条,中国现已撤兵,即可奏陈朝廷按照前次照会,于一月后撤竣,并请明降谕旨,以为和好确据,中国既照第二条简明条款办理,则第三条简明条款,贵国自当遵守。贵署大臣此次照覆,仍执索偿之词,是与五条津约不符,不但损两国和谊,亦乖万国公法"。[⑤] 清廷还提醒法国:"如仍执索偿,显与津约第三不符","来文所谓迳自取押款,并自取款,于约尤为相背。中国即当布告有约各国,将越南一事,详述始末,并中国万难允此无名兵费之故"。[⑥] 此间,清政府一再据理力争:"夫违约则应赔偿,不违约则不能赔偿,此乃一定之理。中国现已明降谕旨,限一月撤回边界防军。尚未届约内三月之期,防军均可撤完。……惟此赔偿一节,中国既未违约,实不能认此无名之费。"[⑦]

在与法国激烈交涉的同时,清廷还按国际通行规则,请国际社会主持正义。通过国际公评的方式,国际社会对中法争端有了较深的了解,进一步认识

① 《公法会通》卷十,第 3 页。
② 《中法战争》(四),第 102—103 页。
③ 《申报》1884 年 7 月 16 日。
④ 《中法战争》(五),第 407 页。
⑤ 《中法战争》(五),第 413 页。
⑥ 《中法战争》(五),第 414 页。
⑦ 《中法战争》(五),第 453 页。

到法国的背约罪责。“有在津约钩抹三条为证……法国谓伊(指福禄诺)办理不善,众人讥责”。①

面对法方“占地为质”“自取赔款”的叫嚣,总理衙门严正声明,按约撤兵则可,赔款万难应允。万一法国自取押款,“于约尤为相背,中国即当布告有约各国”,②请求公评,明确表示付之国际公论的态度。8 月 14 日,中国照会各国驻华公使,揭露法国讹诈的真面目,强调法国是违约国。清政府还强调,“(法方)如果坚要赔款,则我国惟有以兵戎相见”。③ 这种不惜武力以捍卫主权利益的做法,符合国际法关于战权与主权方面的条文精神。

在马江战前,清政府依然遵循国际法尽力维护中法友好关系。军舰停泊马尾港的问题着实让清廷一时不知所措。由于法舰陆续驶进马尾军港时,中法关系还未彻底破裂,清政府既然没来得及禁阻前两艘法舰进港,随后也只得命令地方“仍宜持以镇静,不得稍涉张皇”,特别强调“彼若不动,我亦不发”。清军之所以不敢先发制人,是有国际法顾忌的:“盖水师直奉君命,使权国事,其君必不欲他国管辖而败其事,若服他国管辖,必致辱其君。……但开海口接他国之兵船,而即欲制服管辖者,未之有也”。④ 但清政府没有在适宜时机合理地维护主权,说明它还不懂有效地运用国际法。7 月 13 日法舰始进两艘,19 日又进口两艘,这就引起一些略通国际法的爱国人士的警觉:“或请照万国公法,兵船入口不得逾两艘,停泊不得逾两星期,违者即开仗。”⑤但这一合情合法的请求“未蒙允许”。8 月初法军舰与水雷数艘陆续进港停泊。事实上,此前福建督抚曾就类似事情电询李鸿章:“设有法国兵船进口,应否阻止,抑分别多寡,如何措置为妥?”李鸿章这样答复:“各国兵船应听照常出入。惟法船进口,若只一二只,尚未明言失和,似难阻止;若进口过多,似应派员询其来意,劝令速去,宜避嫌疑,免致民情惊惶。”⑥这是符合公法的应对举措,但这种

① 《中法战争》(六),第 4 页。

② 《中法战争》(六),第 414 页。

③ 《申报》1884 年 7 月 16 日。

④ [美]惠顿撰:《万国公法》卷二,第 34 页。

⑤ 张侠等编:《清末海军史料》,海洋出版社 2001 年版,第 302 页。

⑥ 李鸿章著,顾廷龙、叶亚廉主编:《李鸿章全集·电稿一》,上海人民出版社 1985 年版,第 117—118 页。

举措却没有得到前线的贯彻落实。外交上的过分谦让导致军事上的屡屡被动。

按国际法："彼国或宣战，或兴师，此国从此以战例相待，可也"。[①] 当时，法国在军事上已经在中国西南边疆与中国边防军交火，同时在外交上叫嚣要取福州和台湾为"担保品"。就在法国军舰进驻马尾军港前夕（7 月 13 日），法国海军部长裴龙还命令法国远东舰队司令、海军中将孤拔："遣派你所有可调用的船只到福州和基隆去，我们的用意是要拿住这两个埠口作质。"[②]而且，法军舰已在基隆发难，发出攻击的炮声，所以，清政府完全可以先明文禁止法舰入港，并对不听劝阻坚要进港的敌舰实行捕获之权。这种维护主权的行动有足够的国际法依据："邦国既以将战宣告，则作为战始，而两国自此为敌。若两国之兵早已交锋，则战始应自此时计之。"按这种解释，此前中法之间已经存在战争的事实，中国可以实施国际法所赋予的相关战权。至于宣战礼节，对清政府而言不仅没必要，反而成为一种束缚，因为："彼国若业已兴师，而此国执兵以自护者，自无须先为宣战，盖力行抵御以保其国，乃分所当为也。"[③] 清政府不知道"盖战时所可为之事，未失和以前，不可行也，如拿船入官等事"，"既有战之实，自不应有和之名，故无须宣战"的真谛，失去有利时机，没有在法舰多艘入港之时实施捕获之权。

清政府在兵船泊港问题上的拘谨，主要还在于对外交礼仪上的过分注重。按国际法："若各国无论何故，或将海口全行封禁或封禁数口，或不准某国之船进口，必先告禁，乃为常例。若无告禁，则各国以为友国之兵船，仅可出入，其已在口停泊者，若非明言饬退，则仍赖该国保护"；[④]"兵旅水师，驶过他国疆域，或屯在他国疆内者，若其君与他国之君和好，则不归地方律法管辖，倘无特禁，则友国兵船可随意出入海口，无论其因无禁而入，或因条款特准而入，均不归其地方管辖"。[⑤] 何璟等福建统帅迷惑于孤拔堂而皇之的泊港请求（借口

① 《公法会通》卷七，第 6 页。
② 《中法战争》（七），第 225 页。
③ 《公法会通》卷七，第 5 页。
④ 《万国公法》卷一，第 32—33 页。
⑤ 《万国公法》卷二，第 29 页。

“游历”),没有公开声明禁止法舰入港,失去了第一次有利机会。

在如何对待驻港法国军舰的问题上,清朝行政体系内部显然在一些具体细节的把握方面出现错位。按国际法:“诸国之君,以仁义之道,互相宽让,在己之疆内,不欲过严其权,既依常例默许宽让其权者,若未知照他国,忽而严行其主权,即为失信于他国也”。[①] 清政府知道,放任法舰进口之后是不能对其骤加管制,否则就是“旋许旋禁”,也即违反国际法。但是否可以认为该兵船就可以完全不受节制、为所欲为呢?国际法并不这么认为,一般而论,“不归地方管辖”只是一种让权行为,并不等于“推让管辖之权”,即尊重兵船的主权身份而不加管制,并不是说兵船可以越权行事。国际法强调:“依公法条款,他国之船只,虽视如该国之土地,而不可犯,然有意弃和”,对主权国施以武力攻击,“则不得藉公法之例以护之”[②]。清廷正是了解这一细节以后才加以审慎处理。7 月 15 日,军机处电寄福州将军穆图善谕旨称:“法两兵轮既进闽口,穆图善当向法领事告以中、法并未失和,彼此均各谨守条约,切勿生衅,该国兵轮勿再进口,以免百姓惊疑。穆图善等仍随时备御,毋稍疏虞”。[③] 但穆图善等在法国领事“未经决裂,拦阻即背约”的恐吓下,于前一天就私自将敌舰放进马尾港,随后也没有遵照李鸿章、军机处所指示——适时拒阻第三、第四只兵船入港,这样就将第二次机会又拱手让给了对手。当时国际通行的做法,既可限定时间令法舰出港,也可以“先期拘留”。但势在必行理所当行的维权行动却未能付诸实施,“中丞以下亦无一人言法舰入口之利害,而力阻其事者”。[④] 在当时,若不是法舰违例多船入口,法侵略者实在无机可乘。正如后来署理船政大臣裴荫森所指出的:“去岁法船肆扰,深入口内,已犯兵家之忌,不过行险徼幸,赚入长门。地方官以中外尚未失和,不早封口,误堕其术,使能扼之于海门以外,何至受其所欺”?[⑤]

当时的国人在分析马尾战败的原因时,就有人评点说:“此番之败,由于

---

① 《万国公法》卷二,第 30 页。

② 《万国公法》卷二,第 38 页。

③ 《中法战争》(五),第 414 页。

④ (清)欧阳昱:《见闻琐录后集》,岳麓书社 1986 年版,第 142 页。

⑤ 中国史学会主编:中国近代史资料丛刊《洋务运动》(五),上海人民出版社 2000 年版,第 322 页。

法船先期赚入马尾,彼省大员当孤拔率师东来之日不行阻止,与和议决裂战象初成之际又不迫令出口,而后约期开战"。[①] 马尾港是清政府的军事重地,又值两国处于军事摩擦期间,竟让法国多艘全副武装的战舰陆续开进港内,而且还据泊五个星期之久。这种现象在主权分明的近代国际社会是完全不可思议的。清政府对国际法的个别相关条文是通晓的,但没有从根本上认识到国际法是建立在主权独立基础上的国际法,主权独立是国际法存在并适用的根本前提。"中国人在他面前不知怎样对付,并不是因为他们的力量不够,而是因为他们在应付有关国际公法问题的时候,好像是初学弈棋的人,在比赛中遇到国手一样。即使他们想要命令孤拔离港,也不会知道怎样办的。"[②]

值得一提的是,清政府在处理非常时期外国在华商民的安全问题时也依据国际法进行合理处置。国际法规定:"局外之国,其民不在本国者,平时既得保护身家财产,战时亦得保护之。故局外之民,虽在战疆以内,其身家财产,战国不得待之以敌,非战时所不得已者,不可别有禁阻。"[③]敌国之民在我境,如何处置?国际法强调:"两国失和,其人民虽不免牵连,而实不为敌,盖为敌者,惟兵而已。……邦国既已失和,则为敌,其人民既不为敌,即不可以敌待之……民则以被本国牵连待之,局外之人侨寓,敌国者亦然,惟既无躬行助战,即不得以敌名之。"[④]清政府会通公法精神,对包括法国人在内的各国在华侨民加以保护。军机处在寄福州将军穆图善等电旨中针对"市廛纷扰,众怒法久,将迁及他国,别酿衅端"的危机状况,特别强调:"保护各国商民为目前第一要事,前谕令传集绅士,剀切晓谕,并将徐承祖条陈令各国高挂旗号,门首大书某国商民字样,谕令豫筹办理。著穆图善、何璟、张兆栋速即多派干练晓事之员,赶紧照办,并饬地方官及各营将弁,竭力保护各国商民,即法商亦一律保护",[⑤]自觉承担起保护境内外国商民的国际义务。

综上所述,从中法交涉到马江战役爆发期间,中法双方对近代国际法各有

---

① 《申报》1884 年 9 月 1 日。

② 《中国海关与中法战争》,中华书局 1983 年版,第 26 页。

③ 《公法会通》卷九,光绪六年同文馆聚珍版,第 19—20 页。

④ 《公法会通》卷七,第 7 页。

⑤ 《中法战争》(五),第 37 页。

不同的态度，同时沿着“守法”与“违法”两个截然相反的方向在行动。在天津和约签订前后，福禄诺出尔反尔，始则声称约稿“不能改易一字”，继则在签字画押墨迹未干之时提出重大修改，并未经清政府确认与准照就擅自行动。国际交往中涉及主权利益和军事争端的重要交涉，均要以契约形式加以确定，但福禄诺却单方面要求中国限期撤军，显然违背以合法的程序认同的有效条约。此后，强权倾向一再膨胀：挑起兵衅，制造观音桥流血事件，继而外交讹诈，勒索巨额赔款。在中法马江战役中，又屡犯公法：在控制战权的绝对优势下对中国港口内的军舰施以毁灭性炮轰；残杀落水受难清兵，阻止救死扶伤的正义举动；炮轰船政局及周边村镇，肆行毁坏公私房产。在登陆战中，肆行焚戮，纵兵抢劫。这些极端野蛮的殖民行径，是对国际公法的极大侮辱与背离，对公认的外交、军事规则的随意践踏。尽管对国际法的认识水平与应用能力还有待提高，但清政府始终不渝地维护国际法的道义与权威，谨慎地援引国际法的相关规定，既指责法军背信弃义、野蛮杀戮等各种殖民侵略行为，又用以约束自己的国际行为，用近代化的国际交涉手段处理近代中法关系，在维护中国主权利益的同时，捍卫了近代国际法的正义性与严肃性。近代国际法在中法马江战役期间中法双方的不同应用和对待，彰显国际法背后的强权殖民行为和国际法对弱国维权作用的极其有限。“弱国无外交”，这是必须永远记取的历史教训。

（本文与张卫明合作，原载《学术月刊》2005 年第 6 期）

福建船政与中法马江战役

福建船政局于清同治五年(1866 年)在福州马尾创办,简称福建船政。创办 18 年后的光绪十年(1884 年,农历甲申年)爆发中法马江战役。马江战役的战场就在福建船政制造船舶船体下水的处所马江江面上,而不是在闽江口的海上。法国侵略舰队为什么要选择在马江挑起战争,战前的闽海防如何,福建船政创办后在闽海防建设中的作用如何,对马江战役有何作用,马江战役对船政和闽海防有哪些破坏,从这段历史中,我们可以得到什么启示,本文拟就这些问题进行探讨,阐述管见,提供交流。

一、福建船政与战前闽海防建设

福建船政的创办是为了制造轮船和“整理水师”。倡办者左宗棠说得很明确:从“巡洋缉盗”“用兵出奇”“漕政”“海运”等方面考量,都“非设局急造轮船不为功”。而加强海防防备、提升海上抵御能力是考量的重点。左宗棠从中外武备比较中指出:“陆地之战,彼之所长皆我所长,有其过之,无弗及也。若纵横海上,彼有轮船,我尚无之,形无与格,势无与禁”,所以“鳃鳃过计”,奏请设局“习造轮船兼习驾驶”。轮船造出后,“成一船即练一船之兵”。[①] 清朝同治帝上谕批准了左宗棠奏请,强调“创立船政,实为自强之计”,[②]船政仍海防“根本”。基于这种意图,船政局制造的基本是兵舰,成一船即配备一船的管驾、水手、兵员、武器弹药,首先调拨闽、台海口驻防,其次调

① 转引自郑剑顺:《福建船政局史事纪要编年》,厦门大学出版社 1993 年版,第 1 页。

② 郑剑顺:《福建船政局史事纪要编年》,厦门大学出版社 1993 年版,第 7 页。

拨江苏、浙江、直隶、山东、辽宁、广东等省海口驻防。从1869年制造出的第一艘轮船万年清号完工下水,至1884年马江战役前,船政局共制造了24艘轮船。这些船多数为兵船,也有少数几艘为商船。派驻福建的,主要驻防福州、厦门、台湾府的台北、澎湖各口,有万年清、伏波、振威、艺新、福星、扬武、飞云、安澜、靖远、济安、永保、琛航、大雅,计13艘。其中永保、琛航、大雅三号系商船,派迎淮军,装运炮械军火,往来南北。因此,福建船政的创办,加强了闽、台和沿海各省海上防务,也提高了马江防卫能力。因有船政局,所以就有了福建轮船水师。轮船水师就是由船政局造出的兵轮船装备起来的。其基地是马尾港,设有轮船福建水师营务处,李成谋、张成先后任统领。马尾港不仅是重要的造船基地,也成为军港重地。[①]"国家自强之计,在于创造轮船。"[②]福建船政的轮船创造在国家自强、在包括闽海防建设在内的全国海防建设中具有重要作用。

由于马尾港的重要地位,所以,马江的岸防和自马江至闽江口的岸防也受到重视。战前的马江防务,除了有一支近代海军(福建轮船水师)外,陆上防营和岸炮台也很可观,约有数千防兵和七座新式炮台。在船政局东面临江的马限山,有下坡炮台二座,其中一座有克虏伯大炮三尊;船局前面(南面)船体下水的濒江处有三座,各有两尊大炮;船局后面(北面)的中岐山上驻有陆军防营;在马江江中位于下游的青洲罗星塔小山上有两座炮台,其中一座有克虏伯大炮三尊。这些岸炮炮口都是对准马江江面的,以防击敌舰船入侵马江。陆上防营则是防备敌军登岸的。如此布防,以保卫船政和福州门户安全。

从马江到出海口,中经闽安、亭头、琯头、长门、金牌,处处设防,层层锁钥。"双龟守户,五虎把门","奇险天生"。人称为"沿海七省形势最胜之区"。舰船由闽江口驶入逆流上行至马江八十里水程,芭蕉、壶江为第一重门户,长门、金牌为第二重门户,闽安锁门炮台为第三重门户。其中航道复杂,暗礁密布,还须视潮进止。江口与马江的潮差约十八尺,非满潮时,大船不能开进马江。非熟悉航道,船即有触礁之虞。"数十年来,外国轮船、夹板船常泊海口,非土

---

① 参阅郑剑顺:《甲申中法马江战役》,厦门大学出版社1990年版,第5页。

② 沈葆桢奏,《船政文化研究——船政奏议汇编点校辑》,海潮摄影艺术出版社2006年版,第91页。

人及久住口岸之洋人引港不能自达省城。”①加上沿江两岸层层设防，炮口对准江面，如钳子一般控制江面，如锁链一般锁住航路。再者，吃水在七尺半以上大船到马江后，即不能再上驶福州。因从马江至福州南台的航道水浅，只能航行小汽船。这些，真可谓闽江天险，福州屏障。② 福建船政的创办选址马尾，就考虑到这里的防卫地理优势。船政创办后，当局更重视这里的设防。“整理水师”，用船政制造的炮舰（兵船）组建、装备福建轮船水师，就是加强马江和海洋设防的重要成果。同时，加强江岸炮台建设，配置先进的克虏伯大炮，以抵御敌舰船由闽江口入侵，保障船政重地和福州门户安全。这也得益于福建船政的创办。

二、马江之战对船政和闽海防的破坏

因为船政的重要，所以法国侵略舰队选择在马江挑起战争，目的是想“据地为质”，毁灭中方的海上防御力量，炮击船厂，破坏舰船制造，威慑清政府，增加与清政府谈判要价筹码。根据法国海军部长裴龙的指令，孤拔的任务是拿下福州和基隆“两个埠口作质”。事实使孤拔放弃占据福州马尾港，因为这里的险要地形不是侵略者想象中的可以久留之地。但是，这一战，对船政和闽海防造成惨重破坏，完全达到法军的侵略目的。

马江之战，福建海军 11 艘船，除了伏波、艺新两艘在马江上游林浦一带搁浅下沉外，其余 9 艘全被轰毁击沉。这 9 艘是：扬武、福星、福胜、建胜、飞云、振威、济安、永保、琛航。扬武号是旗舰，船政制造的第七号兵船，250 匹马力，1872 年 4 月下水，卧式轮机；飞云号，船政制造的第八号兵船，150 匹马力，于 1872 年 6 月下水，立式轮机；振威号，船政制造的第十号兵船，80 匹马力，于 1872 年 12 月下水，卧式轮机；福星号，船政制造的第三号兵船，80 匹马力，于 1870 年 5 月下水，卧式轮机；伏波号，船政制造的第四号兵船，150 匹马力，于

① 沈葆桢奏，《船政文化研究——船政奏议汇编点校辑》，海潮摄影艺术出版社 2006 年版，第 23 页。

② 参阅《甲申中法马江战役》，第 7 页。

1870 年 12 月下水，立式轮机；济安号，船政制造的第十一号兵船，于 1873 年 1 月下水，立式轮机；永保号，船政制造的第十二号轮船，150 匹马力，系商船，于 1873 年 8 月下水，立式轮机；琛航号，船政制造的第十四号轮船，150 匹马力，系商船，于 1874 年 1 月下水，立式轮机；艺新号，船政制造的第十七号兵船，50 匹马力，于 1876 年 3 月下水，立式轮机。这些船均为木壳，船龄 8 年至 14 年。立式轮机 6 艘，卧式轮机 3 艘。立式轮机容易被敌炮轰击。福胜、建胜为购买舰船，389 匹马力。此外，还被击沉旧师船 13 艘，商船 19 艘、鱼雷艇多艘，以及一些有武装的划船，将士死伤 700 多人。法国侵略舰队在毁灭了福建海军舰船之后，用半天时间炮轰了福建船政局，使船政局厂房、设备受到很大摧残。"其各厂为敌击伤者，砌砖之厂，以合拢厂、画楼为最，水缸厂次之，炮厂、轮机厂又次之，铸铁厂为最轻。架木之厂，以拉铁厂为最，广储所、砖灰厂次之，船亭栈房又次之，模厂为最轻。船槽陡出江干，受炮最烈。新制第五号铁肋船身将次下水，被敌炮击穿九十余孔。至学堂、匠房等处，虽受炮较轻，而器具书籍亦有残缺。各厂机器，则轮机、水缸等厂微有损坏，……"船厂濒江外围残缺而校练门尤甚。"缘门内新设炮台，战时经厂中差弁冼懿林等击坏法船，彼乃聚船攒攻，致该处墙门悉毁，炮架亦伤。……船槽陡出江干，受炮最烈。……衙署虽被十余炮，尚未大伤。"罗星塔岸上三门克虏伯大炮被抢走，自马江到出海口的沿江炮台闽安南北岸炮台、金牌炮台等全部被法舰炮轰摧毁，仅长门炮台由于守军的反击，得以保存。①

三、历史启示

回顾福建船政与中法马江战役历史，可以领悟到如下几点重要启示：

第一，轮船战舰是海防利器。两次鸦片战争和中法战争的历史充分说明这一点。边防、海防、空防是国防的重要防卫。空防是后来的事，边防和海防是该历史时期的重要国防。法国侵略军既从越南攻击我国云南、广西边境，又从沿海进攻我国台湾、福建、浙江等海口。因此，不仅需要一支边防军防卫边

① 参阅郑剑顺：《甲申中法马江战役》，厦门大学出版社 1990 年版。

境，又需要建设一支海军强固海防。清政府以讲求船坚炮利为核心的洋务事业，正是自第二次鸦片战争后兴起的。其中，福建船政局的创办是这一事业的重要成果，福建轮船水师的组建又是福建船政创办后的重要成果。“船政为海军根本。”“海防多得一船，即多收一船之效。”①“海防以水师为要，图水师以船政为根柢。”②且不论福建轮船水师的命运如何，单就清政府开始对海防建设的重视、官方观念的转变及行动实践的方向而言，是值得称道的。

第二，“无人险”的教训。马江战役的惨败，败在“无人险”。地利、天险都为我方所具备，从闽江口到马尾港，沿江两岸处处炮台，“层层锁钥”，素称天险。钦差会办福建海疆事宜大臣张佩纶莅闽后，也曾交口赞叹：“闽实天险，……严备断不能入。”然而，如此天险竟然没发挥应有作用，让全副武装的法国侵略舰船轻易深入马尾军港重地，据泊五个星期之久，伺机发难，吃掉福建海军舰船，这是不可思议的。这完全是“无人险”的恶果。“无人险”就是没有发挥“人”的作用，“无人”去及时阻止法国侵略舰船驶入闽江口，闯过“天险”，据泊马尾军港。清朝廷担心“启衅”，所以任“虎”入室，埋下巨大祸端。

马江战前的8月5日，法国海军舰队副司令利士比率法军舰三艘炮击基隆炮台，目的是摧毁基隆炮台，“占据附近的煤矿工场”，以便补给法军舰船燃煤。“担保政策”（即占领一地以为质之政策）开始执行。③ 法军侵略中国沿海的“衅”端即此挑起。它明确告示人们：法国舰队是不该受欢迎的侵略舰队，马尾军港重地完全有理由和应该拒绝接纳。按照国际公法，兵船入口不得超过两艘，停泊时间不得超过两星期，违者即可驱逐，不从即可开仗。而法军舰进泊马江竟然达到九艘，鱼雷艇二艘，停泊时间达五星期之久。当时，曾经有人提议按此国际公法办理，但是，闽浙总督何璟“深恐开衅”，不同意。法国军舰进泊马江后，中方又没有研究可以遏制法军舰发难的对策和应急措施，即围堵、困扰法军舰的行动计划。由于没有“人险”，地利、天险的优

① 沈葆桢：《续行兴造轮船片》，见《船政文化研究——船政奏议汇编点校辑》，海潮摄影艺术出版社2006年版，第87页。

② 何如璋奏，见《船政文化研究——船政奏议汇编点校辑》，第228页。

③ 罗亚尔：《中法海战》，中国近代史资料丛刊《中法战争》第3册，新知识出版社1955年版，第539页。

势成为摆设。

第三,法人"背约失信"教训。法国军舰是以"游历"为名,骗取中方信任,进驻马江的。正如一位外国人所批评:"孤拔在一个未与法国宣战国家的港口内,并且在他进入这港口时曾得到主权国家的默许,但他竟悍然地采取了敌对军事行动,这无疑地违反了国际公法。"[①]事实说明,法国侵略者为了达到侵略中国、攫取侵略利益的目的,根本不讲什么国际公法,讲的、实施的是武力征服。从海上进攻福州和南京等中国沿海海口,是法国侵略者早就确定的攻击目标。为了"预先了解、掌握有关……将要进攻的港口防御阵地的情况",法国远征军东京分舰队司令孤拔在马江战役前 4 个月就亲自率领"巴雅"号军舰到中国沿岸海域,特别是福州和南京两个港口海面侦察。[②] 法方对中方的海上防御部署和能力了如指掌。清政府过分相信法国侵略者会讲国际公法,把希望寄托在和谈上,寄托在第三方的调停上,结果贻误了战机,防范不得力,吃了大亏。

第四,指挥者不懂近代战争的战术教训。负有军事指挥责任的清朝廷和闽省封疆大吏钦差会办福建海疆事宜大臣张佩纶、福建船政大臣何如璋、闽浙总督何璟、福建巡抚张兆栋、福州将军穆图善都不懂近代战争战术,更不完全懂国际公法。即使有所认识,也没有实施,没有定见。如把福建轮船水师舰船与闯入马江的法国海军舰船聚泊一处,置于敌方火力圈内。置于敌方火力圈内的还有商船、旧师船、武装划船等。如此布阵,完全是旧式水师的战术,便于火攻、撞击、壮声威或短兵相接搏斗。但近代热武器装备的军舰情况完全不同,首先,因双方均处于对方的火力圈内,所以,谁先发,谁就会给对方首轮的打击。若首轮打击是致命的,谁就占了上风。马江之战,做出如此布阵的中方不敢先发,而让法方先发,故成败局。其次,中方岸上炮台的火力不能发威,因战斗打响后,马江江面硝烟迷漫,岸炮分辨不清敌舰,所以,无法发炮,使岸炮失去威力。再次,便于法方聚歼中方舰船,使中方丧失海上控制力,实现法方的侵略目的。因此,如此摆布进去的舰船越多,不仅壮不了声威,吓不退敌舰,

① 闽海关副税务司贾雅格给总税务司赫德的报告,见《中国海关与中法战争》,中华书局 1983 年版,第 220 页。

② 中国近代史资料丛刊续编《中法战争》第 5 册,中华书局 2006 年版,第 907 页。

反而损失越大。战前，船政大臣何如璋虽然对此有所认识，却没有采取措施。如他在奏报中说："彼此兵船衔尾相拒，万一决裂，先发制人，后发即为人制。以法人横肆性成，临事必图狡逞，使各船静以待变，深恐为敌所乘。"①这一认识，仅有认识，没有实施，也没有定见。在另一奏折中，何如璋又强调中方各兵轮"不得擅移一步"，还天真地与法方约"战必彼此约期"。因此，还是没有真正懂近代战争战术。战后，清朝廷才觉悟到这一点，其上谕中指出："此次法人诡计取胜，何璟等株守省城，不能援应，张佩纶等临事迟疑，未经先发，实属失算。"②事后诸葛亮，为时已晚。不懂国际公法，如让法方军舰多艘侵入马尾港，未予阻止和驱逐。清朝廷上谕指示穆图善等："总署现与法使照会，反复辩论，局势未定，法两兵轮，既进闽口，穆图善等当向法领事告以中法并未失和，彼此均各谨守条约，切勿生衅，该国兵轮，勿再进口，以免百姓警疑。"③表示的语气不是引用国际公法加以阻止和抗议，而是请求"勿生衅""勿再进口"。

第五，中方海军缺乏统一指挥，各地各自为谋，未能形成合力。尽管马江频频告急求援，但是，拥有海军舰船的北洋李鸿章、南洋曾国荃都以种种借口，以"无船可派"为由，把支援闽省置于脑后。因此，马江战前战后，中国的海上控制权仍然是弱项，任由法国侵略舰队纵横海上，侵犯中国领海，想到那个海口就到那个海口，由台湾基隆到福建马尾，再到浙江定海等，海上的行动没有任何阻力。"论者谓甲申马江之役，失救援也。使平时呼召灵通，四支之军不相间隔，电音一达，策应即来。则一以闽江天险之港，一断其后，使不得出，法人敢弄兵于其中耶！"④清朝的军制已不能适应近代战争，海军军制、陆军军制都是如此，缺乏强有力的组织力、指挥力，严重影响战斗力。

第六，战争对"中国梦"的严重摧残。自 1840 年鸦片战争后，中国人民就感受到遭受侵略、掠夺的耻辱，提出"师夷长技以制夷"的思考。再经第二次

① 《船政奏议汇编》，见《船政文化研究——船政奏议汇编点校辑》，海潮摄影艺术出版社 2006 年版，第 256 页。

② 《清实录》，卷一八九，中华书局 1986 年版，第 648 页。

③ 《清实录》，卷一八六，中华书局 1986 年版，第 597—598 页。

④ 池仲祐：《西行日记 · 七省海军议》，见《福州马尾港图志》，福建省地图出版社 1984 年版，第 360 页。

鸦片战争后,开始谋求民族"自强"、国家振兴的行动。其中,包括创办船政制造舰船,编练近代海军,兴学育才,制造枪炮弹药等。20 多年苦心经营、耗费巨资组建的福建轮船水师,在法国侵略者挑起的马江之战中毁于一旦。这些舰船的造价:250 匹马力的舰船每艘造价是 25. 5 万两,150 匹马力的舰船每艘造价是 16. 4 万两,80 匹马力舰船每艘造价 10. 9 万两,50 匹马力舰船造价每艘 5. 2 万两,11 艘舰船,其中 250 匹马力及以上的 3 艘,150 匹马力的 5 艘,80 匹马力 2 艘,50 匹马力 1 艘,合计造价 185. 5 万两白银,还不包括舰船上武器装备的费用。① 11 艘舰船损失相当于船政 3 年多的经费。船政由于有马限山屏蔽和法军舰炮火射程限制,虽然没有被轰毁,但也受到侵略者炮火的严重摧残,造成难于估量损失。若将海军舰船、船厂损毁、炮台毁坏等各种损失加起来,"总计损失近三千万"②。相当于船政 50 年常年经费。700 多人的将士伤亡,更是巨大损失。一次战争就是一次灾难,一次损耗,延缓了中国近代化进程和"中国梦"实现。中国人民饱受侵略战争之苦,谋求"自强"、振兴,正是为了扼制侵略战争,赢得反侵略战争胜利,实现"中国梦"。

总之,历史告示我们:有海无防不行,有防无备(无正确的备和指挥)无谋也不行。要取得反侵略战争的胜利,不仅要有近代武器、近代装备,还要有正确的组织、机制、谋略和指挥。"中国梦"的实现需要和平,和平需要强盛的国力进行维护。

(原载《明清海防研究》第八辑,广东人民出版社 2015 年版)

---

① 据沈葆桢:《报销船政经费折》、吴赞诚:《闽厂制造轮船支用各款,查照成案,开单核实报销折》计算,《船政文化研究——船政奏议汇编点校辑》,海潮摄影艺术出版社 2006 年版,第 94、169 页。

② 邵循正:《中法越南关系始末》,河北教育出版社 2000 年版,第 204 页。

中日战争研究

乙未反对割让台湾的声浪

清光绪二十一年(1895年)三月,自李鸿章马关议约,传出要割让台湾的消息起,就激起清朝廷内外一场反对让地、反对割台的声浪。这一年是农历乙未年。

在当时的帝王专制体制下和落后的信息传播条件限制,李鸿章在马关议约、签约,清朝廷的允准、换约,只有经办的大臣李鸿章及其随员和负责外交事务、转达电奏、电谕的总理衙门大臣们才知道内情和条约内容,其他官员和外界是不知情的。朝廷接受让地、赔款等的决定,也没有让六部九卿和各省总督、巡抚、将军们议奏,广泛听取官员们的意见。但是,因事关国家兴亡、荣辱,官员、士子们都很关注此事,多方探听消息。所以,马关议约、签约后,中国接受让地、赔款、通商等重要条款的内容还是不胫而走,迅速传开了。

得到"道路传闻"、"风闻"让地、赔款等消息的官员、士子们,都纷纷上书朝廷,反对割让土地,包括割让台湾和赔偿巨款,请求朝廷下定决心,不允让地,并减少赔款等,主张如果日本不接受,则与日本决一死战。

以往的教科书中言及反割台,或只提"公车上书",或语焉不详,所以,有必要对此作一详尽考察,以明了中国人民对台湾的保护态度。

一、京内外官员反对割台

京内外官员,包括在北京的官员如宗亲大臣,翰林院学士、侍讲、侍读,各部、院官员;在北京以外任职的官员,如监察御史、总督、巡抚、将军、道员等。按规定,官员要有一定级别才能直接上奏皇帝,不够级别的,就没有直接上奏资格,只能递条陈,由管辖的上司代奏皇帝。

据《光绪朝中日交涉史料》汇录的史料所载，从光绪二十一年三月初七日（1895年4月1日）日本向李鸿章送交“缔和条约”起，至四月十五日（5月9日）中日双方在烟台换约止，一个多月时间中，反对割让台湾的奏折、呈文不下200件。有400多名京内外官员、前敌将帅上奏或递条陈，反对割让台湾。其中，尤以翰林院及各部官员居多。这些奏折或条陈内容，都对日本的贪婪、凶横、过分要求表示愤懑，对割地赔款痛心疾首，谴责当事者软弱求和，请求慈禧太后、光绪皇帝不要批准条约，不能允许割地、割让台湾和赔偿巨款等，指出割地、割让台湾和赔款等的危害和耻辱，希望改约或废约，继续组织抗战，坚持抗战。有的提出一些挽救办法。下面列举官员反割台内容要点：

赔款、让地是奇耻大辱，祸患无穷，要坚持抗战，誓灭倭人 三月初一日（3月26日）、三月十二日（4月6日）、三月二十五日（4月19日），日讲起居注官、翰林院侍读学士文廷式三次上奏。他说：臣得知李鸿章接受日本提出的赔款、让地要求，咬牙切齿，“愤不欲生”。如此奇耻大辱，还不撤李鸿章回国，作为臣民都当愧死。他认为，前线虽然屡受挫败，但是，如果能坚忍不挠，上下一心，“惟战是务”，誓不与倭人并立，持久打下去，不信平不了倭患。他希望皇上广纳群言，下令撤李鸿章回国，将倭人欺侮我中国之罪布告于友邦，声明尺土一民皆当与倭为仇，永不再言和议，“以十倍之地，仗至顺之理，卧薪尝胆，誓灭倭人”。①

他指出，战而失地，出于无可如何，百姓虽死也无所埋怨。如果将未失之地不战而割让予人，不仅民心因之解体，还会使各国效仿，不可不忧虑。皇上要念列祖列宗创下大业之艰难，鉴天下民心之不可失，不要允许割地。②

再说，战败议和，本期望获得安宁，现在如果赔款、让地，祸患无穷，这种和就不可取。欧洲各国无不以战胜索地为格外之诛求，以割地予人为非常之耻辱。赔巨款，资以厚利，割让地，予以膏腴，如同撤己之防，养彼之锐，如是拱手授人以柄的事是自古及今所未有的。③

---

① 《清光绪朝中日交涉史料》（上册），见杨家骆主编中国近代史文献汇编之一《清光绪朝文献汇编》第十七册，台湾鼎文书局印行，第711页。以下简称《清光绪朝文献汇编》。

② 《清光绪朝文献汇编》第十七册，第721页。

③ 《清光绪朝文献汇编》第十七册，第739—740页。

以财富之区给日本是如虎添翼，举台授倭，台民断不肯服倭，江浙闽广各省也会岁无安居 三月十四日(4月8日)，江南道监察御史张仲炘陈奏，认为台湾必不可割弃。今和约条款未定，拟请朝廷发电报，命令全权大臣勿以台湾许给倭人，以杜后患而保利权。他说：台湾地大物博，物产富甲天下，如果能实力讲求，加以开发，不仅煤铁硝磺各种矿藏可以冠绝四大洲，即其树植米粮一岁所收，也足供十年之用。英国之三岛不能似此广袤，日本一隅更不能如此繁盛。有此天险地利，但能很好经营，国家就能富强，何难制械养兵、复仇雪耻。大利所关，决不容轻易割弃。日本是个至贫至弱的国家，现在若以财富之区给它，岂不如虎添翼！而且，日本既夺占朝鲜，又夺取台湾，南北皆可驻兵，据有全部海权，势将贪得无厌，得寸进尺，不惟江浙闽广各省岁无安居，即辽沈顺直各省虽欲长保无事，岂可得吗?！不仅如此，还更有可忧虑的后患，即举台授倭，台民断不肯服倭，倭不能得志于台民，必反而责怪于朝廷。朝廷如果谕令台民臣服倭人，则中华之赤子，何忍陷之于蛮夷。如果令而不从，则倭必藉端生事，更加要挟，结果是和仍未和，了仍未了。①

无台湾则闽浙失其屏蔽，用赔款于抗战可支持八年，倭必情见势屈 三月二十一日(4月15日)，吏科掌印给事中余联沅上奏，指出"倭奴"(日本)所要求的条款太苛刻，万难允许。他说："闻其欲割台湾，并欲割辽东，索赔款三万万，其余各款不计。即此二者，论之已属万不可行。"为什么呢？祖宗之地，尺寸不可与人。何况台湾、辽东的地理位置十分重要，无台湾则闽浙失其屏蔽，无辽东则京师撤其藩篱。现在辽东的金州、复州、海城、盖州，虽然暂时为倭占据，但是，待我兵力一足，尚可收复失地，若地一割让，则永沦异域。所索赔款数目巨大，罄我数岁财政收入都不足以偿。更何况水旱连年，积欠外国债款，元气未舒，赋税告匮，想一时填那无底之欲壑，势必至竭泽而渔。

让地、赔款的结果，必使中国贫弱，列国虎视眈眈，更敢于对中国肆意诛求。我将更难于应付。余联沅指出，听说台湾之民义愤激烈，担心台湾被割让，吁求巡抚唐景崧代奏朝廷，阻止割让，由此亦见人心固结，宜抚之而不宜使失之也。他建议，趁此之时，李鸿章能与力争，使日本就我所能允许范围固然

① 《清光绪朝文献汇编》第十七册，第723—724页。

最佳,如其不然,应命令台湾严密守备,命令沿海各地驻扎军队,认真堵御,竭力防守,侵略者敢来立即迎击,不得稍有疏懈。我用三万万赔偿之款,缮甲厉兵,选将制械,添海口守御,联各国邦交,即每月用三百万计,三万万可支持八年。“倭奴”纵然狡狠,以其国力,就是坚忍相持,不过半年,必情见势屈,届时彼必自求和谈签约,我又何必于此时低首下心去接受耻辱条款呢?勉强图成,终恐无安枕之一日。①

割地议和将开诸强国仿效之局,不出十年,恐欲为小朝廷而不可得 三月二十二日(4月16日),吏部给事中褚成博奏请严拒割地议和,认为割地议和后患甚巨,吁恳皇上严词拒斥以保疆土而系民心。奏折中说:

近日传闻倭人竟肆意要挟,兵费之外兼索台湾,臣日夜彷徨,心结气悸,痛疆土之空掷,伤御侮之无人,不得不披沥陈辞。

倭人所开条款,“无一不制我要害,绝我生机”,如果允许这样的条款,那么割地议和之局自此而开,必为西洋诸强国所仿效。是我欲弭衅而恰恰启无穷之衅,欲偷安却并未带来一日之安。薄海内外,凡有气血者都会认为这是万不可行之举。与其举数千里之封疆领土、累万万之膏血拱手授人以助敌焰而速他国效法,何如留之以养我兵民、固我封疆、誓灭此狂戾骄盈之倭虏更为合算。

他提出的对策是:如果仅仅赔款而不割地,尚可迁就接受,这是应目前之急的治标之计。如果日本坚持要让地,惟有与之决裂,以赔款用作购船械、筹粮饷、募团丁、养间谍等之用,绰有余裕。皇上坚定抗战决心,众志自克成城,侵略者知无懈可击,必逐渐就我范围。②

同日,江南道监察御史王鹏运奏请不要割地求和。他说:“今日如割台湾给倭人,滇粤边境必被并入法国版图,雷州、琼州、西藏必被英国吞并,黑龙江、珲春必入俄国之手,中国领土日朘月削,披枝伤心,不出十年,恐欲为小朝廷而不可得。”他希望皇上念缔造之艰难,求挽回之至计,命令李鸿章如赔兵费在万万两以内,又不至于割地,则姑且与之议和签约,否则舍力战之外更无他策。

---

① 《清光绪朝文献汇编》第十七册,第736页。

② 《清光绪朝文献汇编》第十七册,第737—738页。

如果竟如倭人所求而允准,“后患方殷,不堪设想”。①

倭寇不敢深入内陆腹地直攻京城,割地议和,各国将群起效尤,以此滋事 三月二十三日(4 月 17 日),户科掌印给事中洪良品奏请召李鸿章回京,专筹战备以全国体而杜后患。他认为,李鸿章先存不想抗战之心,弛防纵寇,为敌所窥,以致被敌侵扰不已,这是路人皆知的。倭寇实不足为虑,只要稍能努力坚持抗战,彼势必见绌。有人忧虑说:如果倭虏直攻京城怎么办呢?洪良品说:彼虽战胜,只能在沿海一带取得优势,断不敢深入内陆腹地。京城距海口远则上千里,近也四五百里,彼之弹药在船上,一上岸则需转运,也怕我军断其接济,因此,徘徊而不敢往京城进攻。至于割地,李鸿章之意以为姑且与之,可以息事,而不知恰恰相反,将以此滋事。何以见得?各国虎视眈眈,见日本蕞尔小国,以虚声恫喝则可获此重利,必纷纷藉事构衅,群起效尤,其势不至以国敝不止。②

台湾割让与倭,无以对忠义之民,让倭操戈入室,长此以往没有底止 三月二十九日(4 月 23 日),翰林院编修李桂林、丁立钧、潘炳年等,修撰黄思水等,检讨阎志廉等共 83 人联名上递条陈,认为马关所定条约,造成目前之患愈深,日后之忧更大,既不能苟安于旦夕,且无以补救于将来,自非暂缓批准条约,审议详细筹防办法,不足以纾切患而存国脉。条陈中说:

马关所定条约窒碍难行,切不可接受。窒碍难行之处有五个方面,其中如割让土地方面,条陈中指出:

台湾虽僻在一隅,但控扼南洋,地理位置非常重要。而且领土面积是倭地三分之一,户口繁衍,物产沃饶,今既割让与倭,而台湾居民不服,必与倭势不两立,倭必力加攻击,以图占领,会导致草薙禽狝无有孑遗,非特无以对忠义之民,海内闻之谁不寒心?

今之主张议和、接受条款者,说什么条约签订之后,我可以练兵储饷,一心一意力图自强,因此,接受条约是小屈大伸之计。这是自我安慰。因为旅顺、威海为辽海之锁钥,今旅顺既割弃而威海还要驻倭兵,则北京屏蔽尽撤,仇敌

① 《清光绪朝文献汇编》第十七册,第 738 页。

② 《清光绪朝文献汇编》第十七册,第 739 页。

杂处我庭庑之间，我之漕运、征调、商旅往来之经辽海者，彼皆可以轻易地加以拦阻，制我之肘，稍有违逆其意，彼即会发难，直攻北京，迫我不得不从。让倭操戈入室，长此以往没有底止。彼且令我事权不能自主，政令不能自由，即使在外交上假手西人，恐怕亦无能为力。

诸如此类，所议条约有诸多窒碍难行之处，所以要详加批驳，重新筹议。西洋国家，凡与外国议订条约，都要听取大多数民众意见，特援此例上陈，请皇上发下命令，改议施行，“以伐敌谋，而维国势”。①

割必不可割之地，将失去民心，所议条约非惟不能图存，反以速祸，东南将失一大藩障 翰林院编修张鸿翊条陈，建议“绝和议以留人心”。他说：

今倭夷肇衅，因我统帅未得其人，至有挫败，而遂听其恫喝，与必不可偿之资，割必不可割之地。其何不想想，此必不可割之地，皆中国之民也，岂忍心使之入于夷吗？必不可偿之资，亦都是取之于民的，岂忍心使之入于夷吗？况且，倭人得中国之资以致富，得中国之地以致强，如果不道德，不施仁政，就会鱼肉所割地之居民，中国不能庇护他们，则将失去民心。如果有德而施仁政，则会招致所割地以外的中国之民，中国不能禁止，也将失去民心。

今主张议和的人说什么，若不与议和则京师危在旦夕，卑职则认为，“和则必不可久安，不和则断不至有失”。②

翰林院侍讲张仁黼、曹鸿勋奏称，近日京都人情汹惧，奔走骇汗，转相告语，说马关所议条款都扼我之吭、制我之命，阻我自强之路，绝我规复之机，“古今所未有，华夷所未闻”。奏折中说：

议和之举所以图存也，所以息事也，今如所议条约，非惟不能图存，而反以速祸，非惟不能息事，而反以召兵戎，是倭之力决不能以战亡我，而议和大臣等偏以和自亡也。“臣等忧思愤懑，中夜彷徨，不得不披肝沥胆，痛陈于君父之前。”天下大事当与天下共谋之。西洋各国议院，人人得以发表自己意见，是以广益集思，使国家富强。“从未闻大计大议屏弃群策，惟恃此二三臣秘谋臆决而遂能计出万全者也。”③

① 《清光绪朝文献汇编》第十七册，第742—743页。

② 《清光绪朝文献汇编》第十七册，第743—744页。

③ 《清光绪朝文献汇编》第十七册，第744页。

礼科掌印给事中丁立瀛、掌山东道监察御史庞鸿书上奏,认为倭人要挟太甚,和议条款未可轻许,请饬廷臣集议以期慎重。奏折中说:

听说台湾之民闻有割让条款,人情汹汹,愤不可遏。若果真的割弃台湾,是失民心也。民心一失,如何可复收?至于旅顺,是津海门户重镇,岂可给予他人。臣等认为,屈从而签订条约之后,财殚力竭,即欲自强之计,而经费既不足,局势又不行,将一屈而不可复伸矣。①

广西道监察御史高燮曾陈奏说:

自二月间朝廷遣使与倭讲和,天下倾耳以听消息,大家认为,要是不大伤国体,姑且俯首以纾目前之急,痛定思痛,以为日后之图,亦未始非权宜之策。近数日来,道路传言,和议条款种种钳制,"不独使我不能自振,直使我不能自主不能自存"。如果和议定而导致中国不能自主不能自存,则危亡可立待矣!与其坐而待亡,不如决战。倭人外强中干,仗打久了,必情见势屈。能抵御日本侵扰,而后才可以与泰西各强邻谈外交,此万世之计。比起那苟安旦夕而日削月弱至于亡者不可同年而语。②

高燮曾指出:此次议和各条款没有如以前中法议款时,令九卿科道会议,但听李鸿章父子一言卖国,遂尔允准,"不独我朝无此政体,亦公法所不许也"。因此,和议虽暂成,究未定约,所以,悔约并没有违法。③

京畿道监察御史刘心源奏请勿遽允和议。他说:

臣风闻议和条款中最难堪者如奉天以南州县皆归倭奴,又索台湾全地,并兵费二十千万等。数日来,臣民愤懑,转相骇告,都说钦差使臣已经画押。臣以为若果真如此,"殊出情理之外而中国不复振矣!"如此条款,中国必不可允。

奉天以南归倭,彼得扼亢拊背之势,必驻重兵以相逼,不惟奉天以北及吉林隔绝,日久必非我有,而京师密迩寇境,何能安枕?大局不堪问矣!

台湾为南洋之锁钥,闽广之屏藩,其险隘足以自守,其钱粮足以自给,今未经交兵,无故割弃与倭奴,使衣冠之族、忠义之民沦于非类,在朝廷于义有所不

---

① 《清光绪朝文献汇编》第十七册,第744—745页。

② 《清光绪朝文献汇编》第十七册,第745页。

③ 《清光绪朝文献汇编》第十七册,第746页。

可,在该地亦必有所不甘,则战端又开。“今和议条款如此难堪,若概允之,是我之命制于倭奴之手,即欲善后而不能。”①

福建道监察御史斐维侒奏请勿轻议割地。奏折中指出:

以台湾之地,天险可恃,物产富饶,兵力充足,人心固结,虽孤悬海外,亦可无虞。今即不战而言守,但使相持数月,倭必不支。倭地人口、财源有限,其兵必不能再增,其饷必不能持久。我军扼守要隘,相度地势,设为犄角,倭顾虑截其后路,必不敢轻易深入。

现在急急与之议和,且割奉天、台湾之地,奉天靠近京畿,倭人坐可接壤;台湾则民心固结,众志成城,如果竟割弃之,恐士卒因之解体,闾阎百姓亦且寒心。“倭得之而益富将何事不可为,且外夷各国率皆贪利,难保不相率效尤。”②

三月三十日(4 月 24 日),山东巡抚李秉衡奏请与倭人议和的条款须斟酌。他说,台湾北连江浙,南接广东,幅员南北三千里,东西六百里,乃江浙闽粤四省之要害,野沃土膏,物产蕃庶,为东南一大藩障,如果割给倭人,东南数省无安枕日矣!他希望皇上乾纲独断,“如彼族要挟过甚,则绝其和议,勿为其虚声所恫喝,勿为浮议所摇惑”,要坚持抗战。③

赔款、割地是五大洲未有之奇闻,三千年所无之变局,不特国体有伤,抑且人心将变二心 四月初一日(4 月 25 日),翰林院侍读奎华等 17 人上条陈,由大学士额勒和布、张之万,宗室福锟、麟书及徐桐代奏。条陈中说:

闻倭人藉端要挟,有赔款、割地、屯兵各条,“此诚五大洲未有之奇闻,三千年所无之变局也。”今以中国之大、士民之众而受制于区区之岛夷,可谓是冠履倒置。希望皇上乾纲独断,万勿批准约章。④

户部右侍郎、署兵部左侍郎陈学棻奏折中说:

闻台湾绅民因有割以予倭之议,男妇老少痛哭愤激,不甘愿被弃于中国之外,这是圣朝培养数百年之德泽有以感激而成的。议和后,人心惶惶,谣言遍

① 《清光绪朝文献汇编》第十七册,第 746 页。
② 《清光绪朝文献汇编》第十七册,第 747 页。
③ 《清光绪朝文献汇编》第十七册,第 748 页。
④ 《清光绪朝文献汇编》第十七册,第 750 页。

满闾巷,民情浮动,对和约难以接受。①

日讲起居注官、翰林院侍读学士冯文蔚、日讲起居注官、记名道府、翰林院侍讲樊恭煦奏称:和议条款,要挟太甚,万难屈从。奏折中指出:台湾自疆吏以至兵民,"皆忠义奋发,誓不从贼",足见食毛践土者咸知大义,具有天良,若一旦拱手授人,不特国体有伤,抑且人心将变二心。②

要废倭约非借兵威不可,以赂倭者转而赂俄英 四月初二日(4月26日),署南洋大臣张之洞发电报上奏,认为与倭所定条约万分无理,神人共愤,中国的地险、商利、饷力、兵权尽被倭夺取,倭人意在吞噬中国,并非仅割占数地而已。这样的条约必须废止,不能接受。而要废倭约、保京城、安中国,非"藉兵威"不可,要借兵威,"惟有乞援强国一策"。他建议邀请俄国、英国援助。俄国现有兵船三十余艘在中国海面,英国有兵舰二十余艘在中国海面,只须有一国答应援助,其兵船就足够制倭而有余,兵不血刃而倭约自废,京城自安。若倭敢战,则我在陆地上抗击其陆兵,英、俄在海上截断其海路,并攻其国都,倭必灭亡。当然,乞求强国援助,并非一句空话,人家就会帮你,而必须给予界务、商务的实际利益。给予何利益呢? 张之洞提出:"以赂倭者转而赂俄英。"就是给日本的利益转而给俄、英。具体办法是:由总理衙门及出使大臣出面,与俄国、英国密商,如果俄国肯助我攻倭,胁迫倭尽废全约,我即酌量划分新疆之地或与南路回疆数城,或北路数城作为酬报,并准许其推广商务。如果英国肯助我,我即酌量划分西藏之后藏一带若干土地作为酬报,并允许其推广商务。

张之洞指出:同样是割弃领土,而损边远之西域,可保紧要之威海、旅顺,保全膏腴之台湾,而且可以尽废一切毒害中国之条约。权其轻重利害,判然可见。譬如人有急病,台湾割弃,威海、旅顺驻兵是咽喉之病;内地通商赔款,财力所无能还,心腹之患;西域边远之土地,髀膂之损也。这是目前应对时局的"权宜转移之策",期望能救急纾祸。③

---

① 《清光绪朝文献汇编》第十七册,第751页。

② 《清光绪朝文献汇编》第十七册,第751页。

③ 《清光绪朝文献汇编》第十七册,第755—756页。

河南巡抚刘树荣奏折中指出：台湾和辽沈，一旦割给人，不独失士民向化之心，而且启外洋窥伺之渐，这是很感忧虑的。①

拟将台湾归英国保护 署台湾巡抚唐景崧发电报上奏，报告台湾绅民反对将台湾割让的情形说：三月二十五日，台民知道台湾已属倭，台北绅民男士妇女都到巡抚衙门，将臣母亲及臣团团围住，连声哭泣，伤心台湾被割让，并发电报通知台南台中各绅士，联名留臣固守台湾。臣将朝廷不忍台民遭战火涂炭之意剀切开导。然而义愤所激，万众一心，无从分解。第二天，台民即鸣锣罢市。恰巧遇见英国领事金璋来臣办公处所，绅民围住领事请其设法帮助，他们对领事说，如果答应，拟将台湾归英国保护，将台湾的煤、金两矿，并茶、樟脑、硫磺各税作为酬报。恳请领事将此设想转达公使。②

求和不可理解，应即废约，变和为战，与其和而失将士之心，不如战以待事机之转 四月初三日（4月27日），詹事府左赞善贻毂、翰林院编修孙万斛、庶吉士齐忠甲等54人上条陈，由督办军务处代奏。条陈中对一些求和言论加以责问和批驳。如有的说，国家财政匮乏，筹饷困难，所以不可不求和。条陈中指出，赔费二万万反觉得容易，筹饷却视为困难，这是不可理解的问题之一。有的说，国家门户不守，京城空虚，不可不和。条陈中指出，把鸭绿江以西、辽河以东的领土割让给敌人，这是只忧虑目前的门户，而不顾万世之门户安全，此为不可理解的问题之二。有的说，东南半壁，首尾难于兼顾，不可不和。然而把台湾割让给敌人，难道反使东南无祸患？这是不可理解的问题之三。为了求和，把商务、税务授权于敌，这是不可理解的问题之四。有的说，为了百姓免受战争荼毒，不可不和。条陈中说，置辽南、台湾之民的性命、廉耻于不顾，哪里谈得上是为了百姓免受战争荼毒。这是不可理解的问题之五等等。如此之和，不仅不能消解敌势，反而助长敌势。条陈请求皇太后皇上"速罢和约，挽回大局。即按之西法，亦有民不乐从而约即废之例，现在尚未用宝批准，正可废约，……变和为战，誓共灭贼"。③

翰林院编修黄曾源上条陈，认为台湾为七省门户，海外膏腴之地，民风强

---

① 《清光绪朝文献汇编》第十七册，第756页。

② 《清光绪朝文献汇编》第十七册，第756页。

③ 《清光绪朝文献汇编》第十七册，第757页。

悍勇敢，假使倭人以兵力攻取台湾，肯定要用许多兵力，费许多军饷，花许多时日。而现在却拱手相让，倭人不费力气，不伤一卒，轻易据我之海疆，扼制我之肩背，使我海疆从此无安枕之日了。今日之事，割弃土地决不可轻言轻许。和有失民心军心，“与其和而隳将士之心，不如战以待事机之转”。①

四月初四日（4月28日），管理国子监事务户部尚书翁同龢等代奏南北学肄业生曾炳熿等25人所上条陈。条陈请求皇上明降谕旨罢斥和议，以赔款筹作军饷，以乞和之耻辱激励将士，持久抗战下去。如此数月之后，倭人将支持不了。②

吏部、礼部、兵部、刑部候补主事鲍心增、刘果、曹允源、赵学曾等12人递条陈，工部候补主事喻兆蕃、户部主事吕道象、内阁中书杨锐等5人呈送条陈，反对割地议和。③

驳“宗社为重，边地为轻”　四月初六日（4月30日），翰林院代递编修黎荣翰等呈文，指出割让台湾之害：“失人心启邻争，资仇敌以富强，撤南洋之屏蔽”。割辽东之害与割台湾同。议和者说，“宗社为重，边地为轻”。他们不知道，辽海割而京师在敌人掌握之中，边地既弃，将依靠什么来守卫宗社？④

上奏反对割台的官员还有江南道监察御史钟德祥，钦差大臣刘坤一，署直隶总督王文韶，广西巡抚张联桂，湖广道监察御史陈璧，福州将军庆裕等，翰林院侍读学士凖良，内阁学士祥霖，国子监司业瑞洵，福建陆路提督程文炳，陕西道监察御史恩溥等，江南道监察御史管廷献，盛京将军裕禄等，广东陆路提督唐仁廉，黑龙江将军依克唐阿，南书房翰林张百熙，浙江道监察御史李念兹，陕西道监察御史熙麟，陕西巡抚鹿传霖，陕甘总督杨昌濬，陕西藩司张汝梅等。

递送呈文的京官和下层官员还有吏部郎中延熙等32人，吏部主事王荣先等3人，总理衙门章京文瑞等3人，礼部郎中黄谋烈、翰林院编修潘炳年、吏部郎中何刚德等148人，选用道李光汉等15人，河南候补道易顺鼎，内阁中书陈嘉铭等42人，吏部主事洪嘉等3人，翰林院编修李骥年等23人，兵部主事方

① 《清光绪朝文献汇编》第十七册，第759页。
② 《清光绪朝文献汇编》第十七册，第763页。
③ 《清光绪朝文献汇编》第十七册，第763页。
④ 《清光绪朝文献汇编》第十七册，第771—772页。

家澍等6人，户部主事刘寅浚等3人，户部笔帖式裕端等2人，内阁中书王宝田等5人，刑部主事徐鸿泰等28人，翰林院编修杨天霖，新疆提督董福祥等。

他们都一致反对割台，请求朝廷不要允准割地条款，要罢和议，再抗战。①

二、台湾举人和绅民垂涕请命

马关签约的消息传到北京后，在京参加考试的台湾举人“垂涕而请命”，向朝廷递送呈文，强烈反对割台。台湾绅民写血书，誓与台湾共存亡。

四月初四日（4月28日），台湾安平县举人汪春源、嘉义县举人罗秀惠、淡水县举人黄宗鼎等6人呈文。呈文说：

我们听说将台湾割弃给倭人，不胜悲愤，大家都号泣痛哭。

无台湾则不但沿海七省岌岌可危，即京城也不能高枕无忧。听到朝廷割弃台湾给倭人的消息，数千万台民皆北向恸哭，莫不切齿痛恨，欲食倭人之肉，各怀不共戴天之仇，誓不与倭人俱生。

议和者说，统筹大局则京畿为重，海疆为轻。然而，他们不知道，弃此数千百万生灵于仇敌之手，天下人心必将瓦解，此后谁还肯为皇上出力呢？

如果以全台之地，使之战而陷，全台之民使之战而亡，作为皇上赤子，虽肝脑涂地而无悔。可是，一旦抛弃它，则是驱忠义之士以事寇仇。台民终不免一死，然而死有隐痛啊！

或许有的会说，朝廷不忍心台民遭战火灾难，所以不得已割让。然而，倭人仇视吾民，他们占据后，台民必遭荼毒，“与其生为降虏，不如死为义民”。有的说，可以将台民迁徙到内地以保全民命，然而，祖宗坟墓，岂能忍心舍去？田园庐舍又如何能带走呢？

我们生长台湾海滨，很了解台民，他们都忠勇可用。况且台南、安平一带，犹称天险，每年四五月以后，风浪大作，不易靠岸，无处可进攻。凤山、恒春一带，暗礁林立，防守甚严。台北、基隆、沪尾重兵扼守，统计全台防勇有120余营，义勇番丁五六十营，军火粮械可支持半年。有这些有利条件，倭人未必就

① 详见《清光绪朝文献汇编》第十七册《清光绪朝中日交涉史料》。

能攻下台湾。

因此，请求朝廷不要割弃台湾给敌人，“台地军民必能舍死忘生为国家效命”。①

台湾巡抚唐景崧发三件电报给总理衙门请代奏，报告台情。报告中说：

台民不愿归顺倭寇，挽留臣与刘永福在此“为民作主”。

台湾绅民写血书表示，“万民誓不从倭”。希望皇太后、皇上及众廷臣能将和约中割地一条删除。②

三、各省举人上书反对割台

在北京应试的各省举人纷纷联名具呈，向都察院递送。一连数日，通往都察院的路上“衣冠塞途”，都察院不断收到举人呈文，“章满察院”。③

奉天、湖南、广东、四川省举人呈文　四月初六日（4 月 30 日），都察院向皇帝传递在京各省举人呈文 7 件，反对割让台湾等：

奉天举人春生等 17 人联名上条陈，认为割地赔款以求和，不仅大失民心，而且有伤国体。④

湖南举人文俊铎等 58 人呈文，认为和约条款非常有害，请予驳斥，不能接受。⑤

湖南举人谭绍裳等 19 人呈文，指出不可和，应坚持抗战。⑥

湖南举人仁锡纯等 43 人呈文，驳斥议和者的言论。议和者说，现在息战求和，今后可力图自强恢复失地。呈文驳斥说，恢复失地最终还得以战解决。现在有险可守，有塞可扼反而不能战，难道割去险要之地就能战吗？有饷可筹，有械可购反而不能战，难道赔巨款、括尽财源就能战吗？这样的和局，确实

---

① 《清光绪朝文献汇编》第十七册，第 767 页。

② 《清光绪朝文献汇编》第十七册，第 768 页。

③ 康有为：《康南海自编年谱》，见中国史学会主编：中国近代史资料丛刊《戊戌变法》（四），上海人民出版社、上海书店出版社 2000 年 6 月版，第 130 页。

④ 《清光绪朝文献汇编》第十七册，第 772 页。

⑤ 《清光绪朝文献汇编》第十七册，第 773—774 页。

⑥ 《清光绪朝文献汇编》第十七册，第 774—775 页。

令人担忧。①

广东举人梁启超等83人呈文说，割东三省沿边及台湾全省一事，天下闻之，没有不震动发愤、痛心疾首的。台民听说台湾被割弃，莫不痛心欲裂，悲怨呼号，说台地数千万民人都是朝廷赤子，为什么就忍心割弃呢？②

江苏教职顾敦彝等14人呈文指出，割让台湾是民不背叛国家而国家自弃其民。天下百姓闻之会怎么样呢？民心不免对国家不信任而涣散。③

四川举人林朝圻等11人呈文说，今日之事，惟有以守为战而已，割地求和最不可取。和为了国安，然而，割台湾、辽东以失天下民心而召内乱，国如何能安呢？④

贵州、广东、江西、广西、湖北等省举人呈文　四月初七日（5月1日），贵州举人葛明远等111人呈文，要求更正和议，勿割台湾，以巩固边防而维系民心。⑤

广东举人陈景华等289人呈文，认为割地一节关系尤大，为祸尤烈。台湾绅商均称与日本誓不两立，如果真的割弃，则人心愤激，必酿事端，天下人听说此事，人心必将解体。⑥

江西举人程维清等120人呈文说，割台湾和辽东之地，不但是日本觊觎我疆土，而且是想摇动我人心，无论智愚，皆知不可割弃。⑦

联名递送呈文的还有广西举人邹戴尧等116人，湖北举人黄赞枢等34人，江南举人汪曾武等53人，河南举人王贺、赵若焱等33人，浙江举人钱汝雯等36人，顺天举人查双绥等18人，山东举人周彤桂等119人，四川举人刘彝、王昌麟、罗智杰等51人，山西举人常曜宇等61人，河南举人步翔藻等68人，直隶举人纪堪诰等43人，江西举人罗济美，陕西举人张彪等80人，云南举人张成濂等62人。

---

① 《清光绪朝文献汇编》第十七册，第775—776页。
② 《清光绪朝文献汇编》第十七册，第777页。
③ 《清光绪朝文献汇编》第十七册，第777—779页。
④ 《清光绪朝文献汇编》第十七册，第779页。
⑤ 《清光绪朝文献汇编》第十七册，第791—792页。
⑥ 《清光绪朝文献汇编》第十七册，第792—793页。
⑦ 《清光绪朝文献汇编》第十七册，第793页。

合计联名递送呈文的各省举人共1539人。

这些呈文都由都察院代奏，转呈光绪皇帝。呈文都一致反对割台、割辽，认为割地议和贻害不可胜言，辽东为京师腹心，台湾为海疆门户，未可轻割寸地自弱负惭于祖宗。对割地议和，上自官绅，下至士庶愚夫愚妇，莫不握拳切齿，请求朝廷绝和议定战策，斥罢和议以弭祸机，顺民心以壮士气军威，与倭寇再战。有的还要求罢免李鸿章，说李鸿章一日不去，一日无胜倭之望。①

康有为等举人上万言书 广东举人康有为用一天两个晚上时间草写一万余言上书，联络上千名举人签名后呈递都察院。都察院说，朝廷已盖印批准了条约，无法挽回台湾被割让的定局。所以该上书没有转递给皇帝。这一上书虽然没有送到皇帝手里，但很快在京城内外传开，影响很大，被称为"公车上书"。

"公车上书"中陈述与日本议和的看法，认为割奉天沿边及台湾一省等条款，上负宗庙，下弃其民。以割边省保京师为借口割让土地是美言欺皇上，是出卖天下，是中国所痛哭、日本所阴喜、诸夷所窃笑的事。这样的条款是耻辱的条款，是不能接受的。主张对日本的侵略要坚决抗战，不应言和。只有抗战，才能固结民心，可以图存。言和将涣散民心，使国家灭亡。

上书中还提出变法图强的思考和方策。②

四、割台有失民心民意

反割台奏折、呈文之多，上奏折、递条陈的官员、士子之踊跃，联名之众多，情绪之激昂，上自大学士，下至道员，自翰林、六部京官，至台湾举人、各省举人，涵盖面之广，都是空前的。

从以上众多的反割台奏折、条陈中可见，割让台湾和辽东半岛有失民心，是与民意相违背的，在官员、绅民、举人中是通不过的。

---

① 详见《清光绪朝文献汇编》第十七册，《光绪朝中日交涉史料》。

② "公车上书"即康有为《上清帝第二书》，见谢遐龄编：《变法以致升平——康有为文选》，上海远东出版社1997年3月版，第264页。

民心想的是中国的任何一寸土地都不应该割让，割让土地是卖国，是耻辱。议和者想的却是保宗社，保京师，保统治地位。

民心想的是普天之下都是朝廷“赤子”，割让土地就是舍弃祖祖辈辈生活在该片土地上的赤子。这里有祖先的坟墓，有自己的房屋、耕地、林木等家园和财产，有割不断的亲情、乡情、友情，所以难以迁徙。不迁徙就沦为“倭奴”的子民，那就太耻辱了。如果在这片土地上经交战，倭人战胜了，被占领了，还没话说。现在不经交战，就将台地割让给倭人，如何能使人服气呢？

民心想，台湾是祖国东南门户和重要屏障，物产丰富，人民素称勇敢，具有重要的战略地位和守卫的有利条件，为什么不号令人民抗战，反而不战而将他们舍弃呢？辽东是京城屏障，是本朝祖先发祥地，将此地割让，如何谈得上捍卫京城、保全大局呢？如何对得起列祖列宗呢？

民心想，赔款二万万（二亿）两白银，这不是小数目，何不用这笔钱来练兵购械，奖励战功，坚持抗战。用这笔款作军费，可以支持好多年。而这笔款落入倭人手中，等于帮助倭人富强来打中国。

民意坚决拒和，主张抗战。一致认为不要接受如此耻辱的议和条款，要号令、激励人民，组织、指挥将士抗战，要坚持抗战下去，打久了，倭人必不能支持。所有奏折、条陈，都认为台湾不可弃，几乎是“万口交腾”，①同声反对。

尤其是台湾士民，提出宁违朝廷旨意，不为倭人子民，誓死与倭人决一死战。

凡此等等，民心民意都与议和者不同。很明显，当时体现在文字上的民心民意代表中国绝大多数人的意见。割让台湾是中国人民没有接受的。

民意主战，那么能否抗战？能否不接受和议，有没有实力、有无把握抗战，能否撑持得了？朝廷发下谕旨，要求王文韶、刘坤一作汇报。王文韶时任直隶总督，负有守卫津京之责。如果决裂再战，津京能否守得住，有没有安全，王文韶最有发言权。刘坤一时任钦差大臣，负有对日作战总指挥之责，可不可以

① 《李鸿章全集》第八册，《电稿》卷二十，海南出版社 1997 年 9 月版，第 4021 页。

打，是否能抵挡住倭寇进攻，刘坤一最有发言权。

四月初六日（4月30日），王文韶在复电中汇报自己的看法说：津京一带，有提督聂士成、总兵吴宏洛等人，声气联络，必可一战。①

同日，刘坤一在复电中认为，让地赔款等万难允行，目前，宜战不宜和。如果决裂，倭必猛攻津京、辽沈。辽沈等处部署的兵力是可以对付的，完全可以抵御，不必忧虑。倭军如果进犯北京，我军自山海关至天津，沿海各要口，处处设防。又布置有几支机动游击之师，合计各路兵力不下十余万人。如此严防，倭寇想深入内地并非容易。即使倭军登岸，也犯孤军深入之忌。我军在津关沿线可以多方面夹击，即不得手，自可再战三战，以期必胜。未必如有人所说，彼即长驱直入，我即一蹶不振。万一京畿吃紧，坤一必抽调劲旅迅速进京增援护卫，以确保无虞。所以，战打起来完全可以撑持。

刘坤一指出，倭奴远道来犯，我主彼客，彼劳我逸。在我只须坚忍苦战，或高垒深沟，严为守御，倭奴悬师远斗，如何能久留？因此，"持久"二字实为现在制倭要著。用兵两年，需饷不过数千万，较之赔款两万万，还不及一半，完全有能力持久，这是倭人最担心的。前线诸位将领一闻和约，都义愤填膺，士气高涨，都想一决死战。②

王文韶、刘坤一等主战拒和的意见相同。王、刘奏报中陈述的抗战理由和有利条件都言之有据，句句动情、在理，并非如议和者所说，一旦决裂，则京畿不保，形势将更不利，届时将求和不得，损失更大等。

朝廷看了王、刘奏折不能说没有心动、振奋，但没有下再战决心，只是想通过外交途径挽回割台条款。

对日交涉是由全权大臣李鸿章负责的，李鸿章说没有挽回局势办法，朝廷也别无良策，无可奈何，一切民心民意只能作罢，放置一旁，只好按照已定条约实行批准、换约。

五月初十日（6月2日），清朝委派的交接台湾全权委员李经方乘轮船在台湾基隆口外之海湾向日本派出的海军大将、台湾总督、全权委员桦山资纪办

---

① 《清光绪朝文献汇编》第十七册，第786页。

② 《清光绪朝文献汇编》第十七册，第783页。

理交接台湾手续。

台湾岛内一场抗日保台的风暴开始兴起。

（原载《明清海防研究论丛》第三辑，
广东人民出版社 2009 年版）

严复与方伯谦

——兼论严复的民族观

严复与方伯谦同是福州人，同是福建船政学堂（“求是堂艺局”）后学堂轮船驾驶专业首届毕业生，又同被派赴英国留学深造。学成回国后，严复主要在北洋水师学堂执教，方伯谦主要在北洋海军中任职，都成为海军界栋梁之材。

不同的是，严复成为著名的社会科学启蒙思想家和优秀的爱国者，方伯谦因甲午黄海海战的表现问题被处以极刑，其是非得失至今仍颇费评说。

本文就严复与方伯谦的经历作简要比较，透视其中的异同，阐释严复对方伯谦结局的评说，兼论严复作此评说的观念背景，期望对严复与方伯谦的认识有所裨益。

一

严复，初名宗光，字又陵，一字几道，出生于闽县南台，祖居福建侯官（今福州）。方伯谦，字益堂，出生于闽县太平街（今福州），祖居也是侯官。同治六年（1867 年），严复与方伯谦同为 15 岁，同时考入福建船政学堂后学堂学习轮船驾驶。三年后，同派在建威练船上实习，后在扬武练船上练习。光绪三年（1877 年），同被派赴英国留学深造，进格林里治学馆学习。[1] 方伯谦在馆学习不久，又派上苏拉洛斯船练习。[2] 在英国留学期间，严复的才华很受郭嵩焘星使的赞赏，在郭的日记中多处提及。如光绪四年（1878 年）正月初一日的日

---

① 《郭嵩焘日记》第三卷，湖南人民出版社 1982 年版。有的称“英国格林尼次海军大学”，或称“格林回次书院”。

② 《郭嵩焘日记》第三卷，湖南人民出版社 1982 年版，第 604 页。

记写道:“格林里治肄业生六人来见,严又陵(宗光)谈最畅,余则方益堂(伯谦)、何镜秋(心川)、叶桐侯(祖珪)、林钟卿(永叔)、萨鼎茗(镇冰)。……严又陵又言:‘西洋筋骨皆强,华人不能。……’其言多可听者。”[①]三月初七日记道:“早邀李湘甫、姚彦嘉……为面食作生日。格林里治学馆严又陵、方益堂、叶桐侯、何镜秋、林钟卿、萨鼎茗来贺,因留面食。严又陵议论纵横,……”[②]四月二十九日记:“偕李丹崖、罗稷臣、姚彦嘉、李湘甫……同游格林里治学馆。先至严又陵寓所。方益堂、叶桐侯、何镜秋、林钟卿、萨鼎茗诸人并迎于途次。又陵出示测量机器数种,……严又陵语西洋学术之精深,而苦穷年莫能殚其业。……予极赏其言”。[③] 六月十七日记:“又陵才分,吾甚爱之”。[④]离开大使职任回到湖南后,郭嵩焘还念念不忘严复,认为“又陵于西学已有窥寻,文笔亦跌宕,其才气横出一世”[⑤]。从郭嵩焘的日记中,可见严复是郭嵩焘最看重的学生,方伯谦在郭的心目中仅次于严复。郭嵩焘随时向随行的使馆人员和留学生了解留学生的才干。如光绪四年(1878年)十一月二十九日,向习矿务的罗清亭、克罗苏等询及英法两国肄业生所成就与其志愿,刘步蟾、方伯谦等被认为是“水师良才”,严复可以胜任“交涉事务”,陈季同识解“远不逮严宗光”。[⑥] 十二月初六日,郭嵩焘接刘和伯、罗稷臣、陈敬如三人的推荐信。罗稷臣信以严宗光、李寿田、罗臻禄、刘步蟾为上选;陈敬如分储用之才、教导之才二项,以罗臻禄、严宗光、李寿田、林怡游、方伯谦为“储用之才”,“所言大致亦略同”。[⑦] 十二月初九日,郭嵩焘接严复举荐信,所举九人:罗丰禄、魏瀚、罗臻禄、蒋超英、陈兆翱、何心川、刘步蟾、李寿田、陈季同。没有提及方伯谦。[⑧]

上述记载说明,在留学英国期间,严复与方伯谦的才华均受到重视和好评,严复名列前茅,方伯谦位居其次。但方伯谦在严复眼里却未被看重,没有

---

① 《郭嵩焘日记》第三卷,湖南人民出版社1982年版,第406—407页。
② 《郭嵩焘日记》第三卷,湖南人民出版社1982年版,第473页。
③ 《郭嵩焘日记》第三卷,湖南人民出版社1982年版,第515—518页。
④ 《郭嵩焘日记》第三卷,湖南人民出版社1982年版,第570页。
⑤ 《郭嵩焘日记》第三卷,湖南人民出版社1982年版,第907页。
⑥ 《郭嵩焘日记》第三卷,湖南人民出版社1982年版,第715—716页。
⑦ 《郭嵩焘日记》第三卷,湖南人民出版社1982年版,第721—722页。
⑧ 《郭嵩焘日记》第三卷,湖南人民出版社1982年版,第727页。

在向郭嵩焘举荐的人才之列。这是值得注意的。

光绪六年(1880年),严、方等学习限满回华。回国后,两人都回到船政学堂任教习。不久,严复被李鸿章调到天津,任北洋水师学堂总教习。数年后,先后升任北洋水师学堂会办、总办,直至光绪二十六年(1900年)。此后,虽然还先后任编译局总纂、安庆师范学堂监督、名词馆总纂、海军协都统、资政院议员、北京大学校长等,时间却都不长,大部分时间都用在翻译上。方伯谦也被李鸿章调至天津,先带镇西炮船,后督带镇北炮船。又先后管带威远练船、济远快船,直至在济远快船任上被处斩。① 回国后的这一时期,严、方二人都从学校走上报效中华的人生征程,严为海军人才培养作贡献,北洋水师学堂的组织管理及教学管理,"实由府君一人主之"②。方为督带军舰作贡献,几年中,由都司、参将提升至北洋海军中军左营副将,"为李相所器重"③。此种表现在同窗诸辈中毫不逊色。

二

如果在和平时代,按方伯谦才能的已有发展势头,当是前途无量,中华海军的重要领头人必定非其莫属。可惜,甲午中日战争的民族危难考验了这一批新出炉的近代海军将才。方伯谦在甲午黄海海战中没有经受住考验,在酣战之际,他管驾的济远号军舰驶离战场,逃回旅顺港。战后,被清朝廷定为"临阵退缩"罪处以极刑。上谕称:"李鸿章奏查明海军接仗详细情形,本月十八日开战时,自致远冲锋击沉后,济远管带副将方伯谦首先逃走,致将船伍牵乱,实属临阵退缩,著即行正法。"④从上谕中可见,方伯谦被"即行正法"的罪名是"临阵退缩",至于是先逃还是后逃,有否将"船伍牵乱",有否将扬威"拦腰碰坏"⑤,或

① 参见严璩:《侯官严先生年谱》,见《严复集》第五册,中华书局1986年版;方伯谦《益堂年谱》,见《方伯谦问题研讨集》,知识出版社1993年版。

② 严璩:《侯官严先生年谱》,《严复集》第五集,中华书局1986年版,第1547页。

③ 卢毓英:《卢氏甲午前后杂记》,《方伯谦问题研讨集》,知识出版社1993年版,第545页。

④ 《光绪朝东华录》(三),中华书局1958年版,总第3464页。

⑤ 《光绪朝东华录》(三),中华书局1958年版,总第3464页。

"当腰触裂"[①],应属具体情节问题。把具体情节考证清楚,也是有必要、有意义的,但方伯谦被"即行正法"的罪名不在此,而在"临阵退缩"。要评判方伯谦被正法是对还是错,是正案还是错案、冤案,要看罪名是否成立,"临阵退缩"是否是事实。

作为与方伯谦同乡、同窗、同在海军界报效的严复,得到方伯谦被正法的消息后,既愤慨又悲叹。愤慨的是:"同学诸友,除方益堂一人外,无不见危授命,……闻方益堂闻炮即遁,仓卒将黄建勳之超勇冲倒,方太无赖矣!"[②]悲叹的是:"方益堂竟以不免,悲叹悲叹!然卫汝贵、叶志超辈□事,百倍益堂,乃荷宽免,则有人庇之耳。故虽杀百方伯谦,于军实又何所补耶?"[③]这一评论非常中肯。笔者认为,这是对方伯谦被军法处置的最客观正确评价。

有关黄海海战和方伯谦的消息,是汉纳根传递给严复的。时任北洋海军提督丁汝昌顾问的德国人汉纳根亲历黄海海战,"在军助战,故归述甚悉"[④]。虽然细节上与李鸿章奏报有所出入,如"将黄建勳之超勇冲倒",李鸿章奏报中称,扬威舰舱内被弹炸,又为济远"当腰触裂"[⑤],但是临阵遁逃则是一致的。

方伯谦是否"临阵退缩"?是事实还是诬告?笔者查阅资料,认为是事实,要推翻这一事实是困难的。清朝廷定罪采信的是李鸿章的奏报,李奏报的依据是北洋海军提督丁汝昌的条陈报告。这可以说是北洋海军的作战报告。

除此资料外,有日本舰队参战将领的报告可为佐证。日本常备舰队司令官海军少将坪井航三的报告中说:"敌军大舰定远前部燃起大火。三时三十分致远右舷倾斜沉没。……敌阵终于全面溃散,各自逃遁。其中有济远、广甲、来远、经远、靖远、广丙。济远则先于他舰逃跑,广甲、来远、经远、靖远继之,皆以大连湾为目标。"[⑥]这一战况报告与李鸿章的奏报情况是基本吻合的。来远、经远、靖远、广丙后来折回战场作战,不构成逃跑。

---

① 《光绪朝东华录》(三),中华书局1958年版,总第3469页。

② 严复致陈宝琛书,《严复集》第三册,书信,中华书局1986年版,第497—498页。

③ 严复致陈宝琛书,《严复集》第三册,书信,中华书局1986年版,第500页。

④ 严复致陈宝琛书,《严复集》第三册,书信,中华书局1986年版,第498页。

⑤ 《光绪朝东华录》(三),中华书局1958年版,总第3469页。

⑥ 中国近代史资料丛刊续编《中日战争》第七册,中华书局1996年版,第238页。

还有亲历战斗的北洋海军中洋员的记述作证。如帮办镇远舰管带、美国人马吉芬在谈到黄海海战始末时,其中写道:“卑怯懦弱的方舰长乘坐的济远,敌舰开始射击后不久即逃出队外,零时四十五分还看见该舰位于我舰右舷舰尾约三里处,面向西南,向旅顺方向逃跑。……该舰于翌晨二时到达旅顺(即我舰队抵港七小时前)。”①前面提及的汉纳根向严复传递的信息也是证明。

这些都是重要佐证。无须赘举非亲历者的类似记载已足够说明问题。

方伯谦督带的济远舰是北洋舰队一艘快船,是有战斗力的主力舰之一,仅次于铁甲船定远、镇远,为什么要逃离战场?替方伯谦过失辩解的资料说是“保船西驶”,济远舰受炮击损伤严重无法战斗,为了“保船”,所以先回旅顺港。然而,事实并非如此。在李鸿章的奏报中已经说得很清楚:济远先回旅,据称“船头轰裂漏水,炮均不能施放”,对此申述“情有可疑”,所以,经丁汝昌“查明”,才作出“实属临阵退缩”的结论。② 马吉芬的记述材料也指出:济远舰回旅顺港后,先是散布“清国舰队被日本大舰队歼灭”,待舰队抵港,谎言被戳穿后,便以舰上“全部炮台早被击毁,无法防御,为了保护军舰不得已而脱离队伍,作为逃跑的遁词”。然而,经过将校、官吏的会同检查,发现济远舰“炮台、机械完整,毫无故障。只有舰尾六寸炮一门被敌弹击毁,但该弹是由舰的后方打来的,因此,判定这是该舰逃走时遭到敌舰追击所致。”③1895 年出版的《普拉茨塞海军年鉴》载文评论说:“济远目睹兄弟舰艇危急,为何如此急于逃走而不予救助,其意实在难解。后来舰长终以自己一命偿此过失。济远遭受日军的损害不大,仅仅由于舰尾炮的坐力,损坏了照准器,以及由于榴弹爆炸有数名士兵被炸死,其余部分丝毫未遭破坏。”④据日本海军军令部《廿七八年海战史》中对“清国舰队之损伤”统计,北洋舰队各参战军舰“命中弹”最多的是来远舰,中弹 225,其次镇远舰,中弹 220,再次定远舰,中弹 159。

---

① 马吉芬:《鸭绿江外的海战》,见中国近代史资料丛刊续编《中日战争》第七册,中华书局 1996 年版,第 276 页。

② 《光绪朝东华录》(三),中华书局 1958 年版,总第 3464 页。

③ 中国近代史资料丛刊续编《中日战争》第七册,第 276—277 页。

④ 中国近代史资料丛刊续编《中日战争》第七册,第 360 页。

"命中弹"最少的是济远舰,只中弹15。[①] 中弹少,损伤小,中弹多,损失大,这是必然的。如果为了"保船"就可以逃离战斗,那么,来远、镇远、定远各舰更有理由脱逃。如果都为了"保船"而脱逃,那么,拿什么与敌舰作战?所以,方伯谦督带济远舰脱逃,说穿了,是为了保命而不是"保船"。在黄海海战这场"血战"中,"各将士效死用命,愈战愈奋,始终不懈"[②],而方伯谦却逃脱,这是作为一名海军将领很不应有的举动,是很失体面的事。严复的愤慨正在于此。

从严肃军纪来看,方伯谦被杀是实行军纪的结果。《北洋海军章程》规定:"北洋海军提督有统领全军之权,凡北洋兵船无论远近均归调度","提督在何海口,该口北洋兵船概听提督一人之令,……各船管带官皆不得自出号令。""凡管带官违犯军令,由提督随时妥酌,呈报北洋大臣核办。""凡水手逃亡者拿回鞭责八十,监禁一个月,临阵时逃亡者斩立决。"[③]方伯谦没有提督命令,擅自离开战场,属"违犯军令",此违反军纪一;战斗还在激烈进行,方伯谦逃避,属"临阵时逃亡",此违反军纪二。有此违犯,所以被正法"以肃军纪"。在战场上,将领对士卒临阵逃亡,可以当即斩首。鸦片战争吴淞战场上,陈化成对临阵逃亡士兵立即斩首,因逃跑者众,"斩之莫能止"[④]。对此,没有人为这些被斩首者鸣冤叫屈。方伯谦如此违犯军纪被杀,还有何冤呢?方伯谦作为北洋海军的一名将领,应该清楚有关军纪,要为自己的行为负责,否则,无颜面对那些"血战"战死沙场、为国捐躯的英烈。论情理,丁汝昌、刘步蟾不值得对方诬陷,他们能在黄海血战中,不顾安危,在战舰受弹上千数百[⑤],损伤严重的情况下不退缩,坚持战斗到弹尽、敌退,还有什么个人利益比生命更重要去诬陷方伯谦?在威海之战中,他们宁死不屈,宁死不降,说明他们都不是看重个人利益、个人恩怨之辈。因此,严复愤慨方"太无赖"完全是肺腑之言,没有以感情代替理智的公道话。

---

① 中国近代史资料丛刊续编《中日战争》第七册,第578页。

② 《光绪朝东华录》(三),中华书局1958年版,总第3469页。

③ 近代中国史料丛刊第二十四辑《北洋海军章程》,台湾文海出版社1985年版。

④ 黄钧宰:《陈化成》,见(清)李桓辑:《国朝耆献类征初编》卷三七四,第20页上。

⑤ 严复在致陈宝琛函中说:黄海"恶战"中,"定远受千二百余弹,几沉不沉"。《严复集》第三册,中华书局1986年版,第497页。

从世道的不公平来看，方伯谦被杀确实令人悲叹。甲午中日战争中的牙山战役、平壤战役、辽东半岛战役，陆军将领逃跑者比比皆是，如叶志超、卫汝贵、赵怀益、龚照屿等没有一人被处死。黄海海战中的另一艘逃跑军舰广甲号管带吴敬荣也没有被斩，这是很不公平的。这些人为什么没有被杀，因为有人庇护。有人庇护就可以大事化小，小事化了。方伯谦因没有人庇护，所以会有"斩立决"的遭遇。如此不公平的世道，就是再杀一百个方伯谦，于军纪、军队建设又有何裨益？严复的悲叹即在此，我们可以为方伯谦鸣不平的也在此。

三

严复对方伯谦临阵脱逃的愤慨，出于他的民族爱国观念。纵观严复一生的表现，为国、报国、救亡图存的观念和表现贯穿始终。任职北洋水师学堂期间，严复著文极力呼吁讲求西学、西政，变法图强、救亡图存。他谴责对侵略者妥协求和以致丧权辱国，谴责前线官员的临阵脱逃行为。他批评私心重的人，"私心未净"的人，认为群己并称，己轻群重，应有舍己为群、舍己为国精神。那些抗战不力，或不抗战，或临阵脱逃、逃避抗战的人都是不知节义廉耻、私心看重的人。

光绪二十三年（1897 年），德船侵入胶州湾，德军限令守将章高元部 48 小时内撤退，章果然听令退扎崂山，严复对此事"始而讶，继而悲"，著文《论胶州章镇高元让地事》，严厉谴责此事。[①] 他惊讶德国侵略者"久称开化之国，而行事类盗贼野蛮"，侵犯中国港口；悲叹章高元"葸懦畏死，而致外人视之如犬彘也。"他说，章不应听命撤退，他可以告诉德人："我武人，知有战而已，尺寸之地，不能让也。……汝以兵力相逼耶？则我带兵数十年，所求者正是一死所耳。今明告汝，章某未死，此军未破，胶州尺寸之地，非汝所得觊觎也。"严复指出："万一战而至于败，败之极而至于死，夫既为兵官而死于战，上既不负国家付托之意，下可以见重于敌人，而壮国家之气。人谁不死，死而如此，又何不可？"这是严复对待抵抗外国侵略的鲜明态度。能否坚守岗位、忠于职责、以

① 《严复集》第一册，中华书局 1986 年版，第 57—58 页。

身殉职、以死报国,是对将官称职与否的最基本考验。严复悲叹那些经不起考验的将官。他说:"夫今日中国之事,其可为太息流涕者,亦已多矣。而人心涣散,各顾己私,无护念同种忠君爱国之诚,最可哀痛。"①严复临终之际,还不忘告诫子女:己轻、群重,②要以民族、国家利益为重,充分体现他高度自觉的民族观念、国家观念。

戊戌政变后,严复致力于翻译西方社会科学名著,以翻译报国,力图为国启民智,"令在野之人与夫后生英俊洞识中西实情者日多一日,则炎黄种类未必遂至沦胥"③。直至民国初年,仍不懈于"文字报国"④。

严复的民族观,概括言之,有如下三个要点:

其一是理论认识。对"民族"的概念理解,严复认为,民族、种族不等于国家,同民族、种族有在同一国家的,也有不在同一国家的,同一国家有多民族形成的,也有单民族形成的。这些都有一个历史过程。"盖今之国家,一切本由种族,演为今形,出于自然,非人制造。"⑤由人而成种族、成民族、成群,而后成国家。"邦国之为团体也,吾人一属其中,终身不二,生死靡他,乃至紧要时会,此种团体其求于我者,可以无穷,身命且为所有,何况财产。""盖人以所居邦国之异,其形体精神,理想行谊,皆从以悬殊,凡此之谓教化"。⑥ 由此形成各国的民族精神、爱国精神。严复根据进化论原理,认为"争自存""遗宜种"是普遍适用的道理,"微禽兽为然,草木亦犹是也;微动植二物为然,而人民亦犹是也"。⑦ 人类社会,"其始也,种与种争,及其成群成国,则群与群争,国与国争。而弱者当为强肉,愚者当为智役焉。"⑧中国历史上,边疆民族入主中原,由于中原进化,边疆民族未进化,所以都被同化,中国都未被"异族"所制,

① 《严复文选》,上海远东出版社 1996 年版,第 82 页。

② 严璩:《侯官严先生年谱》,见《严复集》第五册,中华书局 1986 年版,第 1552 页。

③ 《严复集》第三册,中华书局 1986 年版,第 525 页。

④ 1915 年致梁启超函,《严复未刊书信选》,见《近代史资料》总第 104 号,中国社会科学出版社 2002 年版,第 92 页。

⑤ 《严复文选》,上海远东出版社 1996 年版,第 186 页。

⑥ 《严复文选》,上海远东出版社 1996 年版,第 181 页。

⑦ 《严复文选》,上海远东出版社 1996 年版,第 8 页。

⑧ 《严复文选》,上海远东出版社 1996 年版,第 7 页。

而是“异族常受制于中国”。[1] “今之满、蒙、汉人，皆黄种也”，所以，中国自古以来，都是同一种族任国君，“未尝或沦于非类”。[2] 今天之西洋则为异种异族，西洋强，中国弱，中国如不自强、自立，则将被“强肉”“智役”。如果国家灭亡，民族将遭欺压、迫害而灭亡。所以，保国家就是保民族、保种族。

其二是现实认识。现实是中国面临闭关还是开放的选择，是继续采取传统的闭关政策，还是跟上时代潮流，适应发展需要，实行“自由商政”，对外开放，学习西学，讲求西政，这是国家能否振兴和富强的重要抉择。严复批评狭隘民族主义，批评闭关自守、虚骄、排外，主张对外开放，民族共和共存。他说，华人存“彼我之见”，认为中国为礼仪之区，“而东西朔南，凡吾王灵所弗届者，举为犬羊夷狄”，这种观念已经不合时宜了。[3] 今天之西洋，断断乎不可与往日的“夷狄”同日而语，“彼西洋者，无法与法并用而皆有以胜我者也”。[4] 所以，严复反对狭隘民族主义表现的“驱夷闭关”，认为要与外国通商交往，不通就会使民族更加落后。他指出：“外物之来，深闭固拒，必非良法，要当强立不反，出与力争，庶几磨厉玉成，有以自立。至于自立，则彼之来皆为吾利，吾何畏哉！”[5]意思是说，不要深闭固拒外国的货物、商品和外国的东西，要有“出与力争”的精神，在竞争、“磨厉”中形成自己的特色产品，能够自立，则“彼之来皆为吾利”，有什么可怕的？他还驳斥“利源外溢”论，批评“宗法社会”的自我封闭，认为“使中国必出以与天下争衡，将必脱其宗法之故而后可。而当前之厄，实莫亟于救贫。救贫无无弊之术，择祸取轻，徐图补苴之术可耳。彼徒执民族主义，而昌言排外者，断断乎不足以救亡也。”[6]

其三是实践认识。严复呼吁强民强种强国，拯救民族、国家于危亡。他认为，民族要“图自强”，“收大权、练军实”只是“标”而已，“使民智日开，民力日奋，民德日和”，才是最根本的。根本做好了，则“上虽不治其标，而标将自

① 《严复文选》，上海远东出版社 1996 年版，第 13 页。
② 《严复文选》，上海远东出版社 1996 年版，第 12 页。
③ 《严复文选》，上海远东出版社 1996 年版，第 4 页。
④ 《严复文选》，上海远东出版社 1996 年版，第 13 页。
⑤ 《严复文选》，上海远东出版社 1996 年版，第 91 页。
⑥ 《严复文选》，上海远东出版社 1996 年版，第 139 页。

立”。[①] 他指出:“夫所谓富强云者,质而言之,不外利民云尔。然政欲利民,必自民各能自利始;民各能自利,又必自皆得自由始;欲听其皆得自由,尤必自其各能自治始;反是且乱。顾彼民之能自治而自由者,皆其力、其智、其德诚优者也。是以今日要政,统于三端:一曰鼓民力,二曰开民智,三曰新民德。夫为一弱于群强之间,政之所施,固常有标本缓急之可论。唯是使三者诚进,则其治标而标立;三者不进,则其标虽治,终亦无功,此舍本言标者之所以为无当也。”[②]要使“炎黄种族”自存,“存亡之机,间不容发,视乎天心之所向,亦深系乎四万万人心民智之何如也”。[③]

民为邦本,民强则种强、国强。所以,严复很强调增强民的素质。民的素质包括民力、民智、民德,要把鼓民力、开民智、新民德当作国之“要政”。他说:“处物竞剧烈之世,必宜于存者而后终存。考五洲之历史,凡国种之灭绝,抑为他种所羁縻者,不出三事:必其种之寡弱,而不能强立者也;必其种之暗昧,不明物理者也;终之必其种之恶劣,而四维不张者也。是以讲教育者,其事常分三宗:曰体育,曰智育,曰德育。三者并重,顾主教育者,则必审所当之时势而为之重轻。是故居今而言,不佞以为智育重于体育,而德育尤重于智育。”[④]中华教育,德、智、体轻重的排序,严复是重要的创议者。

严复把民德、民族道德摆在重要位置,他认为:“须知东西历史,凡国之亡,必其人心先坏;前若罗马,后若印度、波兰,彰彰可考,未有国民好义,君不暴虐,吏不贪污,而其国以亡,而为他族所奴隶者。故世界天演,虽极离奇,而不孝、不慈、负君、卖友一切无义男子之所为,终为复载所不容,神人所共疾,此则百世不惑者也。”[⑤]光绪三十二年(1906 年),严复呼吁小学教科书亟宜审定。他认为教科书中不可无德育。“五洲德育之为教,莫不取其种族宗教哲学之公言类纂之,而有教科书之设。”[⑥]1914 年,严复倡议以具有中华民族特

① 《严复文选》,上海远东出版社 1996 年版,第 16 页。
② 《严复文选》,上海远东出版社 1996 年版,第 29 页。
③ 《严复文选》,上海远东出版社 1996 年版,第 366 页。
④ 《严复文选》,上海远东出版社 1996 年版,第 145—146 页。
⑤ 《严复文选》,上海远东出版社 1996 年版,第 148 页。
⑥ 《严复文选》,上海远东出版社 1996 年版,第 164 页。

性的“忠孝节义”为中华民国“立国之精神”，建立“民彝”，以此“导扬渐渍，务使深入人心，常成习惯。”[①]他所言“忠”，并非传统的“忠君”，而是忠于国家、民族。“今日之国，固五族四万万民人之国也；今日之政府，固五族四万万民人之政府也。此五族四万万之民人，各有保存此国，维持此政府之义务，而不得辞。”[②]很难想象，一个缺乏民族道德的人会在民族抗战中奋勇杀敌、舍生赴义。晚清反侵略战争的屡屡溃败，其中具有优秀民族道德的将领和“好义”士兵太少是溃败的重要因素。

总之，严复对民族、国家从理论、现实到实践都有正确、科学的认识，体现其救亡图存、富民强国的一片苦心和浓烈的爱国情怀，具有进步性及重要影响和启蒙意义，不仅对当时的国人具有鞭策、警醒作用，对后人也不失启迪、借鉴意义。

（原载《福建史志》2008 年第 3 期；入选论文集《严复与近代中国社会文化》，天津人民出版社 2015 年 6 月版）

① 《严复集》第二册，中华书局 1986 年版，第 344 页。

② 《严复文选》，上海远东出版社 1996 年版，第 272 页。

辛亥革命研究

论辛亥革命的历史启示

辛亥革命是以 1911 年(农历辛亥年)10 月武昌起义的胜利为标志的一场革命。武昌起义是 1911 年 10 月 10 日爆发的。这次起义取得了胜利。在革命党人的领导和影响下,各省纷纷起来响应。在一个多月时间里,全国 24 个省区,有 15 个省宣布独立,建立了新的政权。

1912 年元旦,在南京成立了以孙中山为临时总统的中华民国。1912 年 2 月 12 日,清朝皇帝宣布退位,结束了延续 2133 年(公元前 221 年—公元 1912 年)的封建帝制,把皇帝赶下了历史舞台。这是破天荒的创举。

这场革命是以孙中山为首的革命党人发动、组织、领导的,奋斗了十七年(1894 年—1911 年)才取得了推翻清朝统治、成立中华民国的胜利。

革命有一个发起、组织、发展的过程。这场革命不是一年就取得成功的,是从孙中山于 1894 年组织兴中会开始,至 1911 年取得胜利。所以,以武昌起义的胜利为标志,至今(2011 年 10 月)100 周年。

这场革命有如下特点:

第一,领导人都是知识分子,如孙中山、黄兴、邹容、陈天华、秋瑾、宋教仁、吴玉章、张难先、居正、谭人凤、于右任、田桐、焦达峰、陈作新、廖仲恺以及胡汉民、汪兆铭(汪精卫)等,都是知识分子,大部分是留学日本的青年学生。这是不同以往农民起义、农民革命的。

第二,有组织、有纲领。组织是兴中会、华兴会、光复会、同盟会。纲领是 16 字纲领:驱除鞑虏,恢复中华,创立民国,平均地权。(即三民主义:民族主义、民权主义、民生主义)革命的目标明确:推翻清朝封建统治,建立美国式的民主共和国。(而不是争做皇帝,改朝换代)所以说,这是一场资产阶级民主革命。

第三,革命的结果:有胜利,有失败,不彻底。胜利表现在:推翻清朝统治,结束帝制。民主共和国取代了封建王国,总统取代了皇帝,这是对中国旧制度的重大突破,是“丰功伟绩”。失败在于:民主共和制度没有真正建立起来,出现假共和,反封建不彻底,封建生产关系没有触动,“一切照旧”。鲁迅《阿Q正传》中描述革命不彻底的情况说:未庄地主赵太爷听说闹革命了,起初深感不安。阿Q却很高兴,一想起革命后有饭吃、有房住的情景,心里乐滋滋的。可是不久,“听说革命党进了城,倒还没有什么异样”,“知县大老爷还是原官”,举人老爷也做了什么官,“带兵的还是先前的老把总”。未庄的“革命”行动,就是“假洋鬼子”(留洋学生)和茂才公(赵太爷儿子)一起将尼姑庵里一块“皇帝万岁万万岁”的龙牌“革”掉。观音娘娘座前的“宣德炉”也被顺手牵羊牵走了。茂才公等将发辫盘在头顶上,也算是改革。想得到利益的阿Q被枪决,罪名是“想造反”。农民没有得到利益,反而遭遇更惨。这是很形象真实的描述。失败还在于:没有反帝,殖民地半殖民地依旧,出现外国侵略者支持下的封建势力复辟,军阀专制、割据混战,政局动荡,天下大乱。

面临失败,孙中山又举行了二次革命、护法运动,反对假共和,反对复辟,挽救革命。中国共产党诞生后,与孙中山实现国共合作,举行北伐战争,取得了大革命的胜利。但胜利果实因孙中山的逝世而被以蒋介石为首的国民党右派窃夺。中国共产党领导继续革命。因此,毛泽东同志说:“现代中国人,除了一小撮反动分子以外,都是孙先生革命事业的继承者。”①

今天,我们纪念辛亥革命100周年,最有意义的应是从辛亥革命中获得历史启示。所谓历史启示,就是从辛亥革命的历史中得到哪些启发,或者说,辛亥革命对后人展示了哪些有益的经验和值得记取的教训。

笔者认为,辛亥革命的历史启示,重要的有如下几方面:

一、革命的道路选择问题

晚清要强国富民,必须走什么道路?是走非武装斗争的变法道路,还是走

① 毛泽东:《纪念孙中山先生》,《人民日报》1956年11月11日。

武装斗争的革命道路？历史的启示是：必须走革命的道路。走变法的道路行不行？当时试过了，走不通。变法要由清政府实行，晚清政府没有主动变法，而是在外力的促使、推动下，进行了稍许近代化变革：由讲求军政，进而讲求商政，再到讲求宪政，这一历程体现的特点：一是被动，二是缓慢。而当时的时局十分严峻。中日甲午战后，列强加紧侵略中国，强租港口，夺取租借地，划分势力范围，民族危机日益严重。可是清政府无力救亡图存，战无不败。仅赔款，从《南京条约》到《辛丑条约》，侵略者索取的赔款数额超过 11 亿 7000 万元（折合银两 8 亿 3000 余万两），平均每年赔约 2000 万两，占清政府年财政收入约 30%。这些赔款还不包括利息及各地教案等发生的赔款，①造成民穷财尽。

面临危局，清政府不思进取，坚持祖宗成法不可变，变器不变道。在进步人士的呼吁、促使下，才稍微动一动，非常迟缓。维新变法呼吁了至少 20 年，才有了“百日维新”（戊戌变法），但变法进行了 103 天就被西太后扼杀。

庚辛事变后，国人继续呼吁宪政。清政府才不得不于 1905 年派五大臣出国考察宪政，1906 年宣布预备立宪，而预备期是遥遥的九年（1908—1916 年），后改为六年。从国人呼吁变法到清政府宣布预备立宪，经历了约 50 年。

晚清政府的丧权辱国、腐败无能和变革政治制度的迟缓动作都不得民心，使人民对清政府能否担当救亡图存、振兴中国的重任完全失去信心。孙中山说：“满洲政体之腐败已成不可救药，正如破屋漏舟，必难补治，必当破除而从新建设也。”②

结论是：要救亡图存、变革落后的封建制度、振兴中国，就要推翻清政府，否则就要当亡国奴。

当然，促使革命兴起还有一种情绪存在，那就是反满情绪。这种情绪也起很大作用。但这不是主导思想。孙中山说：就是汉人做皇帝，也不得不革命。革命的目的不是为了汉人争做皇帝，而是为了建立“五族共和”的民主共

① 潘君祥、沈祖炜主编：《近代中国国情透视（关于近代中国经济、社会的研究）》，上海社会科学院出版社 1992 年 12 月版，第 297 页。

② 《孙中山全集》第一卷，中华书局 1981 年版，第 442 页。

和国。

要不要走革命的道路，在当时的先进中国人中就有争议，有保皇（康有为、梁启超等）和革命（孙中山、黄兴等）的论战。在当时，革命是“大逆不道”，要冒杀头和“毁家灭族”的巨大风险，人们都不敢或不愿意谈革命。孙中山同普通先进中国人一样，起初也不想以革命手段对抗清政府。他在 1894 年成立兴中会之前，曾经北上天津，要投书时任直隶总督、北洋通商大臣的李鸿章，建议清政府进行改革，可是没受到李鸿章理睬。孙中山才下决心“倾复清廷”。

革命党人中有不少起初都主张维新变法，可是变法也被杀头（戊戌六君子被杀），人们才大彻大悟，希望清政府自己变法图强根本不可能，要救国必须革命。因此，不少人转而投身革命。

实践证明，晚清的革命是正确的选择。不革命能救国是善良人的一厢情愿。

有人说，当时革命革错了，搞得民国年间天下大乱，民不聊生，要是让清政府慢慢地搞立宪就好了。中国一而再再而三搞革命，使中国元气大伤，所以要“告别革命”。

如果真的“告别革命”，能有中国的今天吗？民国年间的天下大乱是革命不彻底造成的，是传统社会的不良造成的，新旧碰撞造成的，是封建旧势力、军阀势力、殖民势力在作祟。中国的元气大伤是侵略者造成的。1840 年至 1949 年的百余年中，外国侵略者通过不平等条约掠夺的赔款和其他款项共计白银 1000 亿两，年平均 10 亿两。当时中国人口 4 亿，每人每年负担 2.5 两。晚清和民国初年的民族资本总额为 2.6 亿两，侵略者掠夺走的一年的数额就是这一数字的 4 倍。中国有多少元气都不够侵略者掠夺！因此，“告别革命”论是坐守待毙的亡国论，甘当洋奴的买办论。

正是有这一历史启示，中国共产党才领导中国人民完成了孙中山未竟的革命事业，迎来了中国的光明前程。今天，我们要从这一历史启示中，认识到中国革命的艰难历程，铭记革命者的丰功伟绩，珍惜革命者用头颅和鲜血换来的胜利果实，弘扬革命者的爱国爱民精神和敢于同黑暗势力、邪恶势力斗争的无私无畏精神，捍卫来之不易的革命胜利果实。

二、革命革谁的命，依靠谁，打击谁？这是革命成败的重要问题

革封建专制的命，推翻清王朝，打击封建势力，这是孙中山明确提出的任务和目标。“民权主义”就是这一任务和目标在纲领中的体现。问题是，革命党人在认识上并不一致。反满意识比较浓厚的革命党人在认识上糊涂。他们认为，革命主要是推翻满族人统治，恢复汉人的江山，只要汉人当政，是当总统还是当皇帝都无所谓。这就混淆了阶级界限和政治界限。实际上，满汉已经融合，清朝统治是建立在满汉地主阶级基础上的封建政权。所以，革命不是革满族人的命，而是革封建统治、封建制度的命，打击的应是整个封建势力。由于反满论者看不到这一点，所以放跑了汉族封建势力，对汉族封建势力惩治不力，或没有打击。民国建立后，一些革命党人提出“不修旧怨，咸与维新”，对汉族封建官员、将领论资历，不论功，不论革命与否，对他们拱手让权，使汉族封建势力乘机抢夺革命胜利果实。这一教训是深刻的。

认识糊涂的还有一点是反帝问题。要不要反帝？革命党人认识到要反，但不敢反，没有力量反，想留待下一步再反。民国政府成立后，在《告各友邦书》中，承认清政府与帝国主义各国所签订的一切不平等条约，承诺“偿还”清政府所借的全部外债等。想以此换取列强的承认和支持。不反帝可以不可以？当然不可以。主权、独立是民族根本利益所在，是民心所系，民心所向。帝国主义侵略者想扶持落后、腐朽的清政府，维护他们的在华侵略利益，打击、推翻了清政府，就必然触动他们的侵略利益。因此，反封建与反侵略是联系在一起的。辛亥革命中，帝国主义列强帮助清政府镇压、破坏革命，如禁止武器从邻近国家和地区运入国内，孙中山在香港、澳门、台湾、越南等地都被驱逐，躲避在租界的革命党人被搜捕，中华民国成立后得不到承认，海关关税被扣留等，都是明证。历史证明，辛亥革命没有反帝，反封建又不彻底，封建土地制度、封建生产关系没有触动，所以失败了。

依靠谁的问题，革命党人也没有解决好。他们只依靠知识分子，依靠会党和一部分新军，依靠一部分海外华侨，而没有“唤起民众”。民众特别是工农

民众没有唤起,就没有群众基础,无处立足。民国建立后,连会党也被抛开。各地军政府在“保护财产”“维护秩序”的名义下,镇压会党起义和工农民众暴动。孙中山从失败中认识到这一点,指出,革命要成功,必须“唤起民众”。当然,从法理上说,代表资产阶级利益就要依靠资产阶级,但中国资产阶级阶级基础薄弱,革命性先天不足,所以,只能依靠工农民众。依靠工农民众,就要实现和维护工农民众利益。

我们党从辛亥革命中得到启示:谁是我们的敌人,谁是我们的朋友,这是革命的首要问题。毛泽东同志科学地对近代国情和社会阶级作了分析,制订了以工农联盟为基础的革命统一战线的革命策略,正确地指导了革命斗争从胜利走向胜利。

三、政党建设问题

中国有政党,是从孙中山创立兴中会开始的(1894 年在檀香山创立)。在此之前的民间会党如哥老会、三合会、天地会,严格说,还不能算是政党,只能说是民间带有政治色彩、迷信色彩、帮会色彩的群团组织。兴中会则完全是一个政治团体,或者说是政党团体,有纲领,有组织,有奋斗目标。这个团体由小发展到大。1905 年,它联合华兴会、光复会、科学补习所等成立了中国同盟会,成为辛亥革命的领导核心。辛亥革命的历史显示,政党组织在革命中起了重要的组织领导作用:第一,制定统一的行动纲领、奋斗目标,对统一思想、统一行动起了重要作用。第二,把革命者组织在一起,联结在一起,形成合力。第三,通过政党办刊办报,进行革命宣传和鼓动。第四,通过政党形成领导首脑、领导核心。

但是,我们也看到,孙中山的政党建设中存在问题,没有做好政党建设,没有建设一个“有组织、有纪律、能了解本身之职任与目的之政党”①,未能形成坚强有力的领导核心,领导夺取政权、组织好新政权。如在思想建设上,党内思想不统一,有三民主义者,有二民主义者,还有一民主义者。三民主义者是

① 《孙中山文集》上册,团结出版社 1997 年版,第 395 页。

完全追随孙中山的；二民主义者只赞成民族、民权二主义，不赞成民生主义；一民主义者只赞成民族主义，即反满论者。同盟会员“大率以驱除鞑虏为唯一目的，其抱有建设之计划者居少。”（蔡元培语）又如，在组织上比较松散，会员政党观念不强，没有形成严密的组织领导系统，导致在武昌起义胜利后，如何组织政权，如何委任地方政权长官，没有统一有力的策划和领导。尤其是如何组织全国政权，在人事安排上缺乏统筹考虑、计划指导。民国成立后，同盟会没有发挥组建政权的领导作用。当时有几种人在起不良作用和影响：一是章太炎辈说：“革命军起，革命党消”，认为革命成功了，不要政党了。他要同盟会“销去党名”，攻击南京临时政府是“一党专制”，呼吁要“厚集智勇”，“以排一党专制之势”。二是“功成告退”者，以不做官为清高，鼓吹“六不”主义、“八不”主义（不做官、不做议员、不嫖、不赌、不纳妾、不吸鸦片，加上不喝酒、不吃肉为“八不”）。三是只顾自己谋到了职位，不顾大局之流。四是内部争权夺位，产生内讧之类，如上海陈其美暗杀李燮和、陶成章，广东陈炯明枪杀黄花岗起义领导人之一、潮汕民军首领许雪秋等人。当时在权力分配上争夺很厉害，有立宪派、旧官僚势力与革命党人争夺权力，人人以有功自居，“逢人称首义，无兵不元勋”，革命党人内部的分化瓦解成为组建政权的致命弱点。立宪派、旧势力攻击同盟会“以天下为己私”，汪精卫也指责孙中山“恋栈”等。孙中山被迫让出临时总统职位，大权旁落，为北洋军阀头目袁世凯所夺取。

辛亥革命在组织政权上失败了，重要因素之一是没有搞好政党建设。孙中山在武昌起义前将主要精力放在发动武装起义上，而没有放在政党建设上。特别是国内的革命力量组织更是薄弱。他当时被清朝通缉追捕，在香港、澳门、台湾、日本等均不能立足，最后流亡到欧美，要指导国内的斗争很不容易。

民国建立后，孙中山仍有一段时间没很好抓政党，而是主张“实业教育救国”，实行民生主义。只有宋教仁主张搞“政党政治”“政党内阁”。他将同盟会改组扩展为公开政党——国民党。1912 年 8 月 25 日在北京成立，推选孙中山为理事长，黄兴、宋教仁为理事，实际党务由宋教仁代理。最初定名为“民主党”，因美国民主党常处于失败地位，故弃而不用。最后以“共和之制，国民为国主体,吾党欲使人不忘斯义也,故颜其名曰国民党。”①宋教仁想搞政党内阁、议会斗争,以政党的优势制约袁世凯的权力,结果被袁暗杀。

二次革命又失败后,孙中山才真正认识到政党的重要,着手改组国民党。1914 年 7 月 8 日,改国民党为中华革命党,在日本东京召开成立会,孙中山任总理,规定对党员重新登记,党员要表示绝对服从孙中山。因走向个人权威的极端,追随者有限。1917 年 3 月,孙中山又将中华革命党改组为中国国民党,决心建设“有组织、有权威之党”。1921 年,中国共产党成立,孙中山在革命屡遭挫折的痛苦中得到共产党的帮助,实现第一次国共合作,召开了中国国民党第一次全国代表大会,重新解释三民主义,组建了国民革命军,取得了大革命推翻北洋军阀统治的胜利。

孙中山说:“我以为无论何时,革命军起了,革命党总万不可消。”“革命未成功时要以党为生命,成功后仍绝对用党来维持。”②毛泽东说:“既要革命,就要有一个革命党。”③历史事实证明,政党建设是革命胜利的重要保证。这是辛亥革命历史提供给后人的又一重要历史启示。

四、革命武装建设问题

孙中山领导革命采取的是武装斗争的形式,这是正确的选择。要进行武装斗争,就要有武装力量。革命党人的武装力量在哪里? 一是革命党人亲自拿起武器参加起义,如孙中山领导的 10 次武装起义;二是运动晚清新军倒戈,实现“新军革命化”;三是利用会党武装力量参加起义;四是武昌起义后组建的民军。这些武装力量都很有限。当时没有建立统一的能战斗、能调动的武装力量。在这一点,不如农民起义。农民起义都组织了自己的武装力量。

民国建立后,袁世凯手中有 30 万以上的北洋军队。革命党人约有三四十万武装力量,如很好整编、组织领导,对付袁世凯应是没问题的。但当时革命党分化瓦解,没有斗志,没有经费,民军、会党武装被遣散,倒戈的新军武装没

① 《孙中山全集》第二卷,中华书局 1982 年 7 月版,第 398—399 页。
② 《孙中山文集》下册,团结出版社 1997 年版,第 717 页。
③ 《毛泽东选集》(合订本),人民出版社 1964 年版,第 1249 页。

受到改编,而搞地方割据。因此,总体上不成气候。黄兴被推为大元帅还一让再让,没意识到掌握武装力量的重要性。历史事实证明,由于没有坚强有力的武装力量,所以,革命党人在夺取政权、维护政权中都显得十分软弱无力,导致革命果实旁落。袁世凯手中由于有一支北洋新军,所以能压迫革命党人交出总统的宝座。这个教训是深刻的。

孙中山为了维护共和而发起的二次革命、护法运动接连失败后,认识到组建完全属于革命党人指挥的武装力量的重要性,所以着手在广东创办黄埔军校,培养、训练军事骨干和领军人才,组建国民革命军。在中国共产党的合作帮助下,终于打败了北洋军阀。孙中山逝世后,这支军队的指挥权落到国民党右派蒋介石手中,成为蒋介石倒行逆施、建立独裁反动统治的重要工具。

我们党在这场历史事变中也深刻认识到"枪杆子里出政权"的道理,所以组建了党自己的武装——中国工农红军,展开了艰苦卓绝的武装斗争。

有了革命武装,还要有很好的建设、正确的领导和指挥。否则,有军队也会变成没军队,会被敌人所消灭。民初的民军和后来的工农武装及红军在左倾机会主义者领导下造成的损失后果就是例证。

革命武装建设重要的一条是要置于政党领导之下,才能实现政党提出的纲领和奋斗目标。否则就会变成军阀。

五、祖国统一问题

辛亥革命时,晚清中国的版图包括外蒙。当然,港、澳、台更不用说,也都是中国领土。只是当时还在侵略者占领下。武昌起义、各省响应后,沙俄策动外蒙"独立",外蒙受到沙俄控制。至 1917 年"十月革命"后,受到苏联保护。中华民国临时政府、北洋政府、南京国民政府都明确声明外蒙是中国领土。孙中山在《临时大总统宣言书》中强调"国家之本,在于人民",要"合汉、满、蒙、回、藏诸地为一国,即合汉、满、蒙、回、藏诸族为一人",要实现"民族之统一","领土之统一","军政之统一","内治之统一","财政之统一"。① 所以,统一

① 《孙中山文集》上册,团结出版社 1997 年版,第 485 页。

祖国是中国历届政府的共识。

台湾人民渴望祖国统一,他们为祖国统一而进行不懈的努力和斗争。辛亥革命时,为了响应大陆的革命,台湾先后有多次武装起义,奋起抗日,目的是要收复台湾,统一祖国。如1912年6月,嘉义、民雄地区农民黄朝、黄老钳等领导各族农民起义,准备进攻嘉义,被日本殖民当局镇压,200多起义者牺牲。1912年夏秋,南投地方义民陈阿荣以“光复台湾”为号召,联络各地各族爱国志士,准备在辛亥革命周年时发动起义,也遭日寇镇压。1913年,台湾爆发了同盟会员罗福星领导的更大规模的抗日斗争。罗福星为广东人,小时随祖父迁居台湾,于1906年在厦门加入同盟会,曾参加黄花岗起义。1912年回台湾发展革命力量。1913年3月15日,发动起义,发表《大革命宣言》,号召台湾人民起来赶走日寇,光复祖国河山。参加革命斗争的有近10万人。最后也被日寇镇压,4000多人被捕。罗福星也在淡水被捕,英勇就义。这些斗争,充分说明统一台湾是两岸同胞的共同愿望和迫切要求。台湾人民有光荣的爱国传统。

今天,祖国的统一,既要靠大陆人民的努力,也寄希望于台湾同胞。

综上所述,我们从辛亥革命的历程中,可以得到许多有益的启示。这些启示对我们党制定新民主主义革命的理论、方针、政策、策略起了重要作用,对我们巩固、维护新中国的人民民主政权也起了重要作用。军队建设和党的建设等,至今天仍很重要。我们的党和军队建设要做到“三个代表”,才能得民心。得民心者得天下,这是永恒的规律。我们一定要建设好党和军队,才能保证社会主义现代化建设事业的科学发展、稳定发展、持续发展,不断取得新成就、新胜利。

(原载《福建史志》2011年第5期,标题为《辛亥革命的历史启示》;
亦载《老教授论坛》第十辑,厦门大学出版社2012年版)

孙中山的民生观

重视民生，关注民生，解决民生问题是孙中山一生追求的目标之一。他就解决民生问题所作的思考、提出的主张形成孙中山的民生主义，是孙中山经济社会思想的基本内容。它与民族主义、民权主义组成孙中山完整的民主主义思想体系，是近代中国以孙中山为代表的民主革命派进行民主革命斗争的纲领。本文试图弄清这么几个问题：民生观是如何提出和形成的？它如何发展？有何意义和局限？

一

孙中山的民生观形成于辛亥革命时期。它的提出要比民族、民权的政治革命思想稍迟些，但也在同时酝酿中。

1884 年，孙中山目睹清政府在中法战争中的失败后，就立志“倾复清廷，创建民国”。从此，他在学校和社会上进行反清革命的宣传鼓动，十年（1884—1894 年）如一日。这个时期就是孙中山所说的他的“革命言论时代”。[①] 他对民生问题也在思考中。1894 年，他在准备武装反清起义前夕，投书给权倾朝野的汉族廷臣李鸿章，以他的“仿行西法”、发展资本主义的主张“上诸当道”，作一和平改造中国的试探。这种用“和平的方法”祈求“当道”施行资本主义，不能不说是受时代变法潮流的影响。但是这种影响对孙中山来说是很有限的，在孙中山早期思想中不是基本的，起主导作用的。在这封上书中，孙中山已经着眼于“国计民生”问题。他说：“夫国以民为本，民以食为天，不足食胡以养民？胡以立国？”他明白宣称自己上书的目的是“为生民请命”。[②] 他的民生观正是以此为

① 《孙中山选集》上卷，人民出版社 1956 年版，第 168—169 页。

② 《上李鸿章书》，见《孙中山选集》上卷。

立足点的。上书没有被“当道”理睬,怎么办?正因为孙中山本来就与同时代的维新变法不处在同一“范围”或“圈子”里,受影响不深,所以,和平的“或一”希望之念一闪而过。他的思想和行动按其根本趋势发展。几个月后,即同年十一月,他就在檀香山组建了中国第一个资产阶级革命团体——兴中会。在兴中会章程中,他提出要“亟拯斯民于水火”。这是民生观的初步体现。

民生主义是孙中山民生观的基本内涵。民生主义正式发表于文字,是在1905年11月孙中山写的《“民报”发刊词》上。然而,这一思想的确立却在1905年同盟会成立之前。孙中山在中国国民党第一次全国代表大会闭幕词中说:民生主义“在同盟会没有成立以前,已经是确定了,……推究这个主义的来源,是我从前和各位同志经过了许久的讨论与研究,然后才确定出来的。”①同盟会成立之前的哪一年?应是1896年和1897年间。

兴中会的广州起义计划失败后,孙中山逃往国外,于1896年至1897年旅游欧、美。在旅游中,他一面在华侨中宣传革命,组织力量,筹集经费;一面“细心和耐心地研究”资本主义社会的政治、经济、军事、法律等。②“两年之中,所见所闻,殊多心得。”孙中山看到欧、美资本主义国家,虽然富强,可是社会贫富悬殊,阶级矛盾尖锐,“犹有社会革命之运动”(无产阶级社会主义革命)发生。无产阶级反抗资产阶级压迫剥削的斗争,给予正在向西方学习的孙中山以极大启示。因之,他觉得单有民族、民权革命还不够,还必须“采取民生主义”,解决引起社会革命运动的根源——贫富不均问题,把这个民生问题与民族、民权问题,“同时解决”。③民生主义就这样在孙中山的头脑中确立了。1903年,孙中山遂将兴中会的誓词“驱除鞑虏,恢复中华,创立合众政府”改为“驱除鞑虏,恢复中华,创立民国,平均地权”。④当孙中山1905年春再赴

① 邹鲁:《中国国民党史稿》,中华书局1960年版,第347页。

② 康德黎:《孙逸仙与新中国》,第144页。转引自中华民国史资料丛稿增刊第一辑《孙中山年谱》上册,第41页。

③ 《孙中山选集》上卷,第172页。

④ 见冯自由:《革命逸史》第三集,民国二十八年版,第205—206页。该书载:孙中山首次用这个十六字誓词是在日本东京成立的革命军事学校,用来作为该校开学时学生举行宣誓式的誓词。同年,孙中山重游夏威夷群岛,整顿被保皇派破坏的兴中会组织,改用这十六字作为誓词。

欧洲时,在留学生和华侨中,“乃揭橥三民主义五权宪法以号召之,组织革命团体”。[①] 这个体现三民主义的誓词到同年 8 月中国同盟会成立时,遂被定为该会会员的誓词,成了资产阶级民主革命派团结战斗的纲领。孙中山把解决民生问题,明确地当作“革命的目的之一”,并认为要解决民生问题,“首先就要平均地权”。[②] 他为了坚持这一原则,与当时怀疑“平均地权”主张的胡汉民争辩了一个通宵。[③] 在《“民报”发刊词》中,孙中山把同盟会的这个十六字纲领正式阐述为民族、民权、民生“三大主义”。他写道:“今者中国以千年专制之毒而不解,异种残之,外邦逼之,民族主义、民权主义,殆不可以须臾缓,而民生主义欧美所虑积重难返者,中国独受病未深而去之易。是故或于人为既往之陈迹,或于我为方来之大患,要为善吾群所有事,则不可不并时而施张之。”[④]从此,平均地权的民生主义就成为同盟会在经济、社会建设方面的奋斗纲领。孙中山十分重视民生问题,认为民生问题是“社会进化的原动力”“政治的中心”“经济的中心和种种历史活动的中心”。[⑤]

社会存在决定社会意识。同任何思想的形成一样,孙中山民生主义的产生不是偶然的。它是近代中国阶级矛盾、民族矛盾深化的产物,又是与孙中山个人的家庭出身、经历、所受教育和国内外有关思想观念的影响直接相关的。

首先,民族危机、阶级矛盾激化促使孙中山的革命觉悟。19 世纪后半期,落后、腐败的清政府在勾结外国侵略势力联合绞杀了太平天国之后,进一步采取妥协“和戎”政策,维持着半封建半殖民地的统治秩序。对外抗战屡屡失败,民族危难;赋税加重,并征厘金和各种浮收,民生日困,吏治腐败,民不聊生,不断燃起反抗斗争的烈火。民族资本主义经济在封建制度和传统陈旧观念束缚下难于发展。面对严重的民族危机、国弱民穷的黑暗局势,激发了人们的革命觉悟。有志之士相继奋起,摸索奋发图强的道路,寻找救国救民的真

---

① 《中国国民党史稿》,第 27 页。

② 何香凝:《回忆孙中山和廖仲恺》,中国青年出版社 1957 年 8 月版。

③ 何香凝:《回忆孙中山和廖仲恺》,中国青年出版社 1957 年 8 月版。

④ 《孙中山选集》上卷,第 71、72 页。参阅《中国国民党史稿》,第 144 页。前书末句为:“……驰张之”,后书为“……施张之”。应是“施张之”较当。

⑤ 《孙中山选集》下卷,第 781、787 页。

理。孙中山就是这些“有志之士”中的佼佼者。他没有停留在引进西方物质文明、科学技术和单纯经济改革的做法上,而是认为要“国利民富”、救亡图存,就要推翻封建王朝,建立民主制度,并实行民生主义,才能达到目的。他的民生主义是以推翻清王朝、实行民主革命为前提的。很明显,他走的是与同时代维新变法代表康有为完全不同的路线。孙康之间谈不上思想继承问题,把民生主义说成是继康有为之后的“改良主义经济思想”的“继承和发展”,显然是不适当的。①

其次,民生主义根源于孙中山对劳苦农民和工人的真挚同情。孙中山在太平天国失败后二年,出生于一个“先人躬耕数代”的贫苦农民家庭。② 幼年时的孙中山,“家境相当艰难”,③他不仅对劳动人民的贫困有直接的了解,而且童年参加过农业劳动,亲身体验到“稼穑之艰难”。④ 孙中山曾经对人谈到这种“幼时境遇”对他平均地权思想产生的深刻“刺激”:“吾若非生而为贫困之农家子,则或忽视此重大问题,亦未可知”。“吾自达到运用脑力思索之年龄时,为我脑海中第一疑问题时,则为我自己之境遇,以为吾将终老于是境乎,抑若何而后可脱离此境也。”⑤以后,他还亲眼看到欧美资本主义国家工人阶级所受压迫剥削的苦难和所进行的反抗斗争,也同样寄予十分同情:“工人受资本家之苛遇,而思反抗,此不能为工人咎也。”⑥这种乡村农民贫困生活的亲身体验,使他同情贫苦农民,并同情资本主义国家工人的苦难和反抗,憎恨压迫者、剥削者,使他深深感到解决此社会问题的迫切性和必要性。

第三,所受教育和国内外有关思想观念的影响和启迪。孙中山九岁进私塾,只读了两年封建旧书。“从学村塾,仅学之无”。⑦ 此后,他于 1877 年到檀香山读书,至 1892 年于香港雅丽氏医院附设的西医书院毕业,十多年中,孙中

---

① 见李泽厚:《论孙中山的“民生主义”思想》,《历史研究》1956 年第 11 期。该作者认为是“继承”关系。

② 《孙中山选集》上卷,第 18 页。

③ 《孙中山年谱》上册,第 2 页。

④ 孙中山:《拟创立农学会书》,《建国月刊》第十四卷第一期。参阅《孙中山年谱》上册,第 8 页。

⑤ [日]宫崎滔天:《孙逸仙传》,见《建国月刊》第五卷第四期。

⑥ 胡汉民:《总理全集》第二集,民智书局,民国十九年版,第 115—116 页。

⑦ 《革命逸史》初集。

山所受的都是“欧洲式教育”。他不但学到了近代科学文化知识，而且使他有机会接触到一些资产阶级的政治、经济学说。这对他民生主义思想的形成，无疑起了重要作用。美国亨利·乔治的资产阶级土地国有经济观点，对孙中山的民生思想有很大影响。他称赞这种“土地公有”为“精确不磨之论”，[①]成为“平均地权”的经济理论来源之一。据孙中山有一次对外人的谈话中说道：“我现在仍信地价税原理，但我与正统单税制派别者（指与亨利·乔治经济理论的区别），则我仍注及其他之租税以增国家收入。现代国家情形，太为复杂，故单税制原理之狭义的应用，不能实行，且不公平。”[②]说明孙中山对西方资产阶级经济理论是有扬弃的。由于孙中山同情劳动人民，受到西方资本主义国家无产阶级革命运动的启发，又使他在后来对消灭压迫、剥削的马克思社会主义经济理论的赞赏。他称赞马克思的学说是“集几千年来人类思想的大成。”[③]并说：“共产是民生主义的理想，民生是共产主义的实行；所以两种主义没有什么分别，要分别的，还是在方法。”[④]这种情况，即使不能看成是孙中山对马克思主义的十分了解和接受，至少也可以说是马克思社会主义经济学理论也对孙中山后来发展民生观有所影响。如果说，上述资产阶级的和无产阶级的经济学说是孙中山民生观的理论来源之一的话，那么，中国历史上的传统经济、社会观念又是他民生观的另一重要思想渊源。历史上的“井田制”，孔夫子“天下为公”的“大同”理想等都成为他民生主义的思想资料。特别是历代农民革命斗争提出的“均田”“平富”要求，更是对孙中山“平均地权”的提出有深刻启迪。尤其是当时失败不久的太平天国的“公仓”制度，“有田同耕、有饭同食，有衣同穿，有钱同使，无处不均匀，无人不饱暖”的斗争纲领，对孙中山平均地权思想更有其直接影响。[⑤] 两广是太平天国的发祥地，革命失败后不少战士散居民间，在群众中讲述当年革命英雄们的斗争事迹。孙中山幼年时，就很喜欢听太平天国老人讲述革命斗争故事，使他十分羡慕洪秀全，

---

① 《孙先生社会主义之演讲》，见《中山经济思想研究集》，民国十九年九月版。

② 转引自《孙中山平均地权论述评》，见《中山经济思想研究集》，民国十九年九月版。

③ 《孙中山选集》下卷，第 772 页。

④ 《孙中山选集》下卷，第 797 页。

⑤ 参阅《革命逸史》第三集，第 213—214 页。

“慨然以洪秀全自居”。[①] 后来,在求学时期,他经常在同学中赞扬洪秀全的革命事业,为洪秀全的事业没有成功而感到可惜。[②] 如果说,在孙中山民生主义形成时,他还不曾读到《天朝田亩制度》的话,那么,他从这些讲故事的参加太平天国革命斗争的老人口中,无疑是会得到太平天国革命这个重要的经济斗争纲领的通俗介绍的。1922 年,孙中山在一次演说中就曾说:“民生主义,即贫富均等,不能以富者压制贫者是也。但民生主义在前数十年,已有人行之者。其人为何? 即洪秀全是。洪秀全建设太平天国,所有制度,当时所谓工人为国家管理,货物为国家所有,即完全经济革命主义”。[③] 可以作为佐证。另据《革命逸史》(第三集)载:孙中山 1900 年在日本还曾与章太炎等人讨论过“洪秀全之公仓”。同样可以说明孙中山当时是知道并研究过太平天国的经济制度的。中国传统文化中的民本观念,体恤民生、关心民瘼宣传和现实社会的“民生日蹙”“民生日窘”等,都促使孙中山关注民生问题的解决,把改善民生状况作为革命奋斗的重要目标。

列宁说:孙中山由于他“对劳动群众生活状况的最真挚的同情和对他们的压迫者及剥削者的强烈憎恨”,产生他“对社会主义的同情”,产生他的民生主义。[④] 用孙中山自己的话说,就是因“不愿少数富人专制,故要社会革命”。[⑤] 他认为资本主义国家由于没有解决民生问题,所以工人阶级的社会主义革命成为不可避免。“前车可鉴”,为了预防这种“第二次革命”,“为一劳永逸之计”,他认为必须及时采取民生主义,作“一次革命”。[⑥]

二

孙中山的民生观有一个发展过程,其发展大致经过三个时期:辛亥革命时

① 胡去非:《总理事略》。

② 陈少白:《兴中会革命史要》。

③ 《孙中山选集》上卷,第 439 页。赵靖、易梦虹主编:《中国近代经济思想史》认为,孙中山没见过《天朝田亩制度》这样的关于农民土地问题的文献。见该书下册,1966 年版,第 60 页。

④ 《中国的民主主义和民粹主义》,见《列宁选集》第 2 卷,人民出版社 1972 年版。

⑤ 《孙中山选集》上卷,第 79 页。

⑥ 《孙中山选集》上卷,第 72、77、172 页。

期(1885—1911年);辛亥革命后至中国国民党改组前的北洋军阀统治时期(1912—1923年);国民党改组后至孙中山逝世的国共合作时期(1924—1925年)。

辛亥革命时期,孙中山的民生观集中反映在《同盟会宣言》《"民报"发刊词》《三民主义与中国前途》等重要论说中。① 这个时期的民生观,其中心内容和口号就是"平均地权",解决土地问题。孙中山认为,欧、美资本主义国家由于少数人把持文明幸福,故成"不平等世界"。这个社会问题不能解决的原因,是"因为没有解决土地问题"。② 所以,"我们实行民族革命、政治革命的时候,须同时想法子改良社会经济组织,……这真是最大的责任。"这里的"改良社会经济组织",指的就是解决土地问题。如何解决这个土地问题?孙中山主张,采取"定地价"的办法解决,比方地主有地价值一千元,可定价为一千元,或多至二千;将来因交通发达,地价涨至一万,地主仍得二千,赢利八千,则归国有。③ 用《同盟会宣言》中解释的话说,就是:"当改良社会经济组织,核定天下地价。其现有之地价,仍属原主所有;其革命后社会改良进步之增价,则归于国家,为国民所共享"。这就是原价属私,增价归公的"平均地权"的含义。为了避免对"平均地权"理解的误会,孙中山还作了这样的说明:"闻得有人说,民生主义要杀四万万人之半,夺富人之田为已有,这是未知其中道理,随口说去,那不必去管他。"④可见,这个平均地权不是夺富人之田分之人人来实现均田的,而是以贫者"得利",富人也不吃亏为原则的。

辛亥革命后至中国国民党改组前的北洋军阀统治时期,民生观有所发展。辛亥革命取得了推翻封建清王朝的胜利,创建了民国。孙中山满以为从此理想可以实现,实行三民主义、五权宪法,与革命方略所规定之种种建设宏模,"乘时一跃而登中国于富强之域,跻斯民于安乐之天"。⑤ 可是,事与愿违,革命胜利果实,旋而为军阀头子袁世凯所窃夺,建立了新的反动专制统治。中华民国成为一块"假招牌"。袁世凯洪宪帝制流产后,军阀各派系在帝国主义列

① 均见《孙中山选集》上卷。
② 《三民主义与中国前途》,《孙中山选集》上卷。
③ 《三民主义与中国前途》,《孙中山选集》上卷。
④ 《三民主义与中国前途》,《孙中山选集》上卷。
⑤ 《建国方略》,见《孙中山选集》上卷,第104页。

强的卵羽下,争权夺利,时局动乱不堪。孙中山对此曾悲痛地说:“夫去一满洲之专制,转生出无数强盗之专制,其为毒之烈,较前尤甚。于是而民愈不聊生矣!”[①]中国同盟会本来就是一个松散组织,民国一建立,即时瓦解。有的“洁身”引退,以不做官为“清高”,以不斗争为“道德”;有的蜕变为官僚政客;有的同封建官僚军阀旧势力同流合污,沆瀣一气,……。团结在孙中山周围的革命党人实属有限。因之,孙中山有这样的感叹:“余为民国总统时之主张,反不若为革命领袖时之有效而见之施行。”[②]“平均地权”作为同盟会纲领,本来就有人反对,这时民国草创,他们钻营到官职,就更以此为“理想太高”而弃置不顾了。尽管如此,这个时期,孙中山在政治上军事上同反革命势力、反动军阀作不懈斗争的同时,仍“孜孜于民生问题”,[③]作了很多关于民生主义的演讲和宣传。在他看来,“中华民国成立,民族、民权两主义俱达到,惟有民生主义尚未着手,今后吾人所当致力的,即在此事。”[④]1912 年,同盟会本部从东京移到南京,改秘密为公开,在所定章程中就宣布说“以巩固中华民国,实行民生主义为宗旨”。[⑤] 袁世凯窃国后,眼见民权遭践踏,孙中山于 1914 年 7 月组建的中华革命党的誓约中,又增加了为“民权”奋斗的内容,提出“再举革命务达民权民生两主义,并创制五权宪法,使政治修明,民生乐利,措国基于巩固,维世界之和平”的奋斗誓言。[⑥] 这其中,孙中山的民生主义在宣传上更广泛,在内容上有进一步的具体阐述和发展。

首先,孙中山认为平均地权只是民生主义的“七八分”,[⑦]“最大关键”,[⑧]不是民生主义的全部含义。除平均地权内容外,孙中山这时提到了反对少数资本家的“垄断”问题,来补充他的民生主义。他指出:“一面图国家富强,一面当防资本家垄断之流弊。”[⑨]并说:“民生主义,则排斥少数资本家,使人民共

① 《建国方略》,见《孙中山选集》上卷,第 104 页。
② 《建国方略》,见《孙中山选集》上卷,第 104 页。
③ 《中国国民党史稿》,第 575—579 页
④ 《民生主义与社会革命》,《孙中山选集》上卷,第 84 页。
⑤ 《中国国民党史稿》,第 85 页。
⑥ 《中国国民党史稿》,第 136—137 页。
⑦ 《孙中山选集》上卷,第 86 页。
⑧ 《孙中山先生演讲录》,见《中山经济思想研究集》,1926 年版。
⑨ 《孙中山选集》上卷,第 88 页。

享生产上之自由。”“夫吾人之所以持民生主义者,非反对资本,反对资本家耳,反对少数人占经济之势力,垄断社会之富源耳。”他以铁路和土地为例说,如果全国铁路都在一二资本家之手,“则其力可以垄断交通,而制旅客货商铁道工人之死命矣”。土地如果归少数富者之所有,“则可以地价及所有权之故,而妨害公共之建设,平民将永无立锥之地矣。”所以,他认为只有把土地和大企业经营“皆归国有”,才不至于少数人垄断,出现“徒增长私人之经济,而贫民之苦日甚”的情景。[①] 面对中国落后的经济状况,孙中山精心设想了在中国实现国家资本主义工农业现代化的宏伟蓝图,写成《物质建设》一书,热切期望中国富强发达,突飞进步。

其次,对平均地权的具体做法有更详细的宣传和规定。如何平均? 由国家收买全国土地,实行土地国有吗? 孙中山认为这样做,“恐无此等力量”。平均的好办法,“莫如完地价税一法”。即国家照地主自定的地价收税,并有权随时“照地契之价收买”。[②] 按照孙中山的意思,土地国有,并不是把全国土地“尽收归国家”,而是实行一种法定上的国家所有权。当国家进行修道路、辟市场等项建设时,所需要的地亩,有权按业户税契时之价格,“给价而收用之”。当地主自定地价时,如定得过低,国家也有权将其土地收归国有。[③] 这样,地主在自定地价中,定高了有征税高的失利,定低了有被征收的亏损,就会定得高低适中。1920 年孙中山在所著《地方自治开始实行法》中,把“定地价”作为地方自治一项内容,明确规定:定地价的办法,“当由地方自定之为便。其法以地价之百分抽一,为地方自治之经费。如地每亩值十元者,抽其一角之税,值百元者,抽一元之税,值千元者,抽十元之税等是也。此为抽税之一方面,随地主之报多报少,所报之价,则永以为定,此后凡公家收买土地,悉照此价,不得增减。而此后所有土地之买卖,亦由公家经手,不能私相授受。原主无论何时,只能收回此项所定之价,而将来所增之价,悉归于地方团体之公有。如此则社会发达,地价愈增,则公家愈富,由众人所用之劳力,以发达之结

① 《提倡民生主义之真义》(1912),《孙中山选集》上卷,第 93 页。

② 《民生主义与社会革命》,《孙中山选集》上卷,第 86—87 页。

③ 参阅邹鲁:《中国国民党史稿》,第 575—579 页,注七。

果,其利益亦众人享有之。"[①]孙中山把这个"定地价"看作是"生民根本之大计",认为"无论地方自治,或中央经营,皆不可不以此为着手之急务"。[②]

第三,"耕者有其田"主张的初步提出。据《三水梁燕孙先生年谱》载:1912年7月,孙中山在北京与袁世凯会晤时,曾谈到耕者有其田的主张。他说:"中国以农立国,倘不能于农民自身求彻底解决,则革新匪易。欲解决农民自身问题,非耕者有其田不可。"说明孙中山这时期对解决农民问题是有进一步考虑的。毛泽东说:"耕者有其田",这才是平均地权的"正确的口号"。[③]

国民党改组后至孙中山逝世的国共合作时期,孙中山的民生观发展到最高水平。"一九一七年的俄国革命唤醒了中国人,中国人学得了一样新的东西,这就是马克思列宁主义。中国产生了共产党,这是开天辟地的大事变。孙中山也提倡'以俄为师',主张'联俄联共'。总之是从此以后,中国改换了方向。"[④]1924年,孙中山在共产国际和中国共产党的帮助下,对国民党进行改组,在广州召开了中国国民党第一次全国代表大会,容纳以国民党员身份的中国共产党的代表参加。从此,"划一国民革命之新时代"。"聪明的孙中山……得了苏联和中国共产党的助力,把三民主义重新作了解释,遂获得新的历史特点"。[⑤] 孙中山从前以为革命初成,民族革命已经解决的错误认识改正了,提出"民族自求解放""免除帝国主义之侵略"的斗争任务。他的民生主义也增添了新的内容,发展到最高水平。

这期间,民生观的最集中阐述,是在《中国国民党第一次全国代表大会宣言》和《三民主义》的长篇演讲中。[⑥] 它的内容包括"平均地权"和"节制资本"两个主要部分。平均地权除前此已有的定地价、国家按地价收税征用的"要旨"外,又有对农民耕地、贷款方面的重要规定:"农民缺乏田地沦为佃户者,国家当给以土地,资其耕作,并为之整顿水利,移殖荒郊,以均地利。农民之缺

① 参阅邹鲁:《中国国民党史稿》,第527—530页。

② 参阅邹鲁:《中国国民党史稿》,第527—530页。

③ 《新民主主义论》,《毛泽东选集》合订本,人民出版社1964年版,第639页。

④ 《唯心历史观的破产》,《毛泽东选集》合订本,人民出版社1964年版,第1403页。

⑤ 《新民主主义论》,《毛泽东选集》合订本,人民出版社1964年版,第654页。

⑥ 均见《孙中山选集》下卷。

乏资本至于高利贷以负债终身者,国家为之筹设调剂机关,如农民银行等,供其匮乏"。[①] 这可说是"耕者有其田"的具体政策化。1924 年 8 月,孙中山在广东农民运动讲习所的演说中,称赞十月革命后的俄国,推翻大地主,把田地分给农民,让耕者有其田的做法,"是一种最公平的办法"。他主张"仿效"俄国这种公平办法,使"耕者有其田",说这样"才算是彻底的革命。"[②]但是,孙中山又对这种办法抱很大顾虑,认为如果把所有的田地马上拿来充公分给农民,那些小地主——孙中山认为中国没有大地主——一定会起来反抗,"就是我们革命一时成功,将来那些小地主,还免不了再来革命",这样,"受地的农民,固然是可以得利益,失地的地主,便要受损失"。要避免这种"冲突",孙中山认为现在还不能马上就把土地充公,要先劝农民"结团体",联络起来,"同政府合作,慢慢商量来解决农民同地主的办法。"什么办法呢? 就是用一种"农民可以得利,地主不受损失"的"和平解决"方法。[③]

"节制资本"是这一时期民生观发展的另一重要方面。其含义就是:"凡本国人及外国人之企业,或有独立的性质,或规模过大为私人之力所不能办者,如银行、铁道、航路之属,由国家经营管理之,使私有资本制度不能操纵国民之生计"。[④] 对工人方面,孙中山主张为失业工人"谋救济之道","制定劳工法,以改良工人之生活"。[⑤] 他认为,所有这些,都是"民生主义所有事也"。[⑥] 由此可见,这个时期,孙中山的民生观体现了他"扶助工农"政策和新时代的革命精神。这种精神就是反帝反封建反垄断资本的民主革命精神。

以上所述,就是孙中山民生观经过三个时期的大概发展情况。前两个时期的民生观是旧民主主义革命阶段的民生主义,是旧民主主义;后一个时期的

① 《中国国民党第一次全国代表大会宣言》(1924 年 1 月),见《孙中山选集》下卷。参阅《中国国民党史稿》。

② 《孙中山选集》下卷,第 867 页。

③ 《孙中山选集》下卷,第 869 页。

④ 《中国国民党第一次全国代表大会宣言》(1924 年 1 月),见《孙中山选集》下卷。参阅《中国国民党史稿》。

⑤ 《中国国民党第一次全国代表大会宣言》(1924 年 1 月),见《孙中山选集》下卷。参阅《中国国民党史稿》。

⑥ 《中国国民党第一次全国代表大会宣言》(1924 年 1 月),见《孙中山选集》下卷。参阅《中国国民党史稿》。

民生观是新民主主义革命阶段的民生主义，是新民主主义。后者是前者的发展。两者在不同的革命阶段中发挥过作用，有其积极进步的意义，也有其因时代和阶级条件带来的局限。

三

毛泽东在《新民主主义论》一文中谈到孙中山的三民主义时，深刻指出：孙中山的旧三民主义（旧民生主义包括在其中）“是中国革命旧时期的产物”。这种旧三民主义“在旧时期内是革命的，它反映了旧时期的历史特点”。[①] 而新三民主义（新民生主义也包括在其中）则是“在中国革命作为社会主义世界革命一部分的时代产生的”，它是和中国共产党在民主革命阶段中的纲领即最低纲领，“基本上相同”的。（也有不同）由旧三民主义发展成新三民主义，这是“孙中山先生的大功劳”。[②] 这是很正确的评价。

孙中山的民生观具有革命性、进步性、完整性、人民性，体现时代适应性。孙中山的民生观是建立在对劳动人民困苦境遇的真挚同情和对压迫者剥削者的憎恨的思想基础上的，在一定程度上符合劳动人民的要求，反映人民群众的利益，体现他发展民族资本主义经济的愿望和改造资本主义社会的理想。把解决民生问题列入革命纲领、施政纲领，高度重视民生问题、认真研究、提出解决民生问题的办法，这是前所未有的。1913 年 12 月，孙中山在一次演讲中曾说：“革命没有成功以前，广东人有一句俗话，可以包括民生主义，这句话，是欢迎民生主义的，很可以用来做群众宣传的材料，……就是‘革命成功，我们大家有平米吃’。……如果实行民生主义，国民真是有平米吃。”[③]他还说过：“民生主义，即贫富均等，不能以富者压制贫者是也。”[④]“民生就是人民的生活，社会的生存，国民的生计，群众的生命。”[⑤]采用民生主义（“国家社会政

---

① 《毛泽东选集》合订本，第 653—654 页。

② 《毛泽东选集》合订本，第 653 页。

③ 《中国国民党史稿》，第 548—549 页。

④ 《孙中山选集》上卷，第 439 页。

⑤ 《孙中山选集》下卷，第 765 页。

策”)“使社会不受经济阶级压迫之痛苦,而随自然必至之趋势,以为适宜之进步。”[1]可见他的民生观是立足于解决国计民生这个关系国家富强和绝大多数人民处境的重大社会问题的,他想改革资本主义下的严重贫富不均的弊病,具有人民性。正因为如此,它能够得到人民的拥护和支持。这是孙中山民生观的革命性进步性之一。

民生主义把解决土地问题作为重要问题,这是资产阶级民主革命需要解决的不可缺少的问题,它克服了资产阶级立宪派忽视土地问题的偏向,具有完整性。民主革命不解决土地问题,是不完整的,有缺陷的。民生主义在一定程度上否定了封建土地所有制和垄断资本主义制度,理想在中国解除农民贫困,绝迹“地主强权”,免却“资本专制”,发展资本主义工商业,造成一个“天下为公”的“大同”社会——孙中山理想中的社会主义社会——改善了的资本主义社会。平均地权和节制资本是完全有利于民族资本主义经济发展的政策,是“资产阶级的进步要求”。[2] 列宁曾对孙中山包括这种经济社会思想在内的三民主义高度赞扬说:“这是带有建立共和国制度要求的完整的民主主义。……这里的亚洲的共和国临时大总统是充满着崇高精神和英雄气概的革命的民主主义者,这种精神和气概是这样一个阶级所固有的:这个阶级不是衰落下去,而是在向上发展;它不是惧怕未来,而是相信未来,奋不顾身地为未来而斗争;它憎恨过去,善于抛弃死去了的和窒息一切生命的腐朽东西,决不为了维护自己的特权而硬要保存和恢复过去的东西。”[3]列宁肯定孙中山的平均地权的民生主义是“进步的、战斗的、革命的资产阶级民主主义土地改革纲领”,“是消灭封建剥削的纲领”,“纯粹资本主义的、十足资本主义的土地纲领!”[4]地价是资本化的地租。把土地定价,国家按地价收税,并把土地增价归国家,这种土地国有政策能够防止地主对土地的垄断,使土地买卖有最大的自由,列宁指出:这是“能够使农业中的资本主义得到迅速发展的土地纲领”。[5]

---

① 《孙中山选集》上卷,第 89 页。

② 列宁:《论马克思和恩格斯》,人民出版社 1971 年 9 月版,第 23 页。

③ 《中国的民主主义和民粹主义》,见《列宁选集》第 2 卷。

④ 《中国的民主主义和民粹主义》,见《列宁选集》第 2 卷。

⑤ 《中国的民主主义和民粹主义》,见《列宁选集》第 2 卷。

新民生主义是在这种意义上进一步的资产阶级民主主义经济纲领。它是和我们党在新民主主义革命阶段的某些经济政策原则基本上相同的。[①] 所以，孙中山说：共产主义“不但不能说是和民生主义相冲突，并且是一个好朋友”。[②]尽管孙中山曾说过，他的民生主义“目的是在打破资本制度”，“以养民为目标，不以赚钱为目标”，[③]然而，实际上，他的民生主义真正实行起来，“打破”的只能是地主对土地的垄断，少数官僚买办资本家对资本的垄断，从而大大促进民营资本主义经济的发展。在半封建半殖民地的中国民主革命阶段，正是争取民族解放，需要发展资本主义经济的时候。孙中山的民生主义正适应这一时代要求。这是孙中山民生观革命性进步性之二。

之三，孙中山的民生观同他的民族主义、民权主义政治思想一样，从没停留在一个水平上。他善于接受新事物，研究新问题，学习外国的先进经验，特别是晚年能够虚心研究苏联的革命经验，他不曾拒绝历史发展的新要求，能够“适乎世界之潮流，合乎人群之需要”，发展自己的思想，不断前进，体现了时代适应性。这是十分难能可贵的，是近代中国向西方寻找真理的一流人物中如康有为、梁启超等所不如的，是孙中山的杰出所在。他的晚年，在痛苦的经验教训中，终于找到了出路——“以俄为师”，欢迎马克思列宁主义的帮助，并表示：“……究竟资本家应该不应该推倒，还要后来详细研究，才能够清楚。”[④]说明他的思想在中国共产党的帮助下，在滚滚向前的时代潮流面前，还有向前发展的可能。正因为孙中山民生观的不断发展，才使得它能在不同革命阶段中发挥其宣传群众、鼓动群众、组织革命力量进行战斗的积极作用。孙中山为实行民生主义，实现中国富强繁荣，坚持了不懈的努力。他对中国的工农业现代化建设怀抱热切的希望和远大的理想，对赶超资本主义列强怀有必胜的信念，对未来充满信心，体现了他高度的爱国热忱和宏伟的革命气魄。

“像许多站在正面指导时代潮流的伟大历史人物大都有他们的缺点一样，孙中山也有他的缺点方面。这是要从历史条件加以说明，使人理解，不可

---

① 《毛泽东选集》合订本，第 648—649 页。

② 《孙中山选集》下卷，第 797 页。

③ 《孙中山选集》下卷，第 821 页。

④ 《孙中山选集》下卷，第 785 页。

以苛求于前人的。"[①]孙中山的民生观有它的进步性和历史意义,也有它的局限性。其局限主要表现在某种程度的软弱性,在利益分配上不适当地照顾不合理的既得利益者。辛亥革命时期,他的"平均地权"内容上贫乏。他虽然批判了封建剥削制度,否定了封建土地所有制,但是,并没有提出彻底推翻这个土地所有制的革命办法。他一再宣传的土地"不劳增益归之社会"的土地支配权国有化的措施,对资本主义发展固然是有利的,可是并没有解决农民少地、无地的问题。其"平均"的只是所谓社会文明进步后地价增加部分的平均,而不是土地使用上的根本平均。而这个土地使用平均问题没有解决,地权的"平均"就只能是一句空话。新民生主义虽然克服了旧民生主义的一些缺陷,也仍有其局限性的地方。孙中山虽然提出了"耕者有其田"和"节制资本"的主张,可是在要实行这个主张时,又总是害怕触犯地主和资本家的利益,顾虑会与地主和资本家"冲突",总想采取一种所谓使"有了产业的人决不至吃亏"的"公道"办法。总之,孙中山既主张平均地权,又反对"夺富人之田",既主张"耕者有其田",又不愿使地主"吃亏";既想改变农民工人的困苦,又想不损害地主、资本家的利益。所以,平均地权和耕者有其田,从根本上说,还不是彻底的民主革命土地纲领。这是时代和阶级的局限使然,是孙中山依靠的阶级基础——民族资产阶级软弱性、妥协性、革命不彻底性的表现。孙中山是资产阶级革命领袖,而不是无产阶级革命领袖,维护富人利益是合情理的。如果他损害了资本家的利益,他的革命就没有阶级基础。所以,不能要求他完全站在劳动人民的立场上说话,完全代表劳动人民的利益。

毛泽东在《论联合政府》一文中谈及孙中山的"耕者有其田"的主张时,精辟地指出:"孙中山是中国最早的革命民主派,他代表民族资产阶级的革命派,城市小资产阶级和乡村农民,实行武装革命,提出了'平均地权'和'耕者有其田'的主张。但是可惜,在他掌握政权的时候并没有主动地实行过土地制度的改革。自国民党反人民集团掌握政权后,便完全背叛了孙中山的主张。现在坚决地反对'耕者有其田'的,正是这个反人民集团,因为他们是代表大地主、大银行家、大买办阶层的。中国没有单独代表农民的政党,民族资产阶

① 毛泽东:《纪念孙中山先生》,见《毛泽东选集》第五卷,人民出版社 1977 年版。

级的政党没有坚决的土地纲领,因此,只有制订和执行了坚决的土地纲领,为农民利益而奋斗、因而获得最广大农民群众作为自己伟大同盟军的中国共产党,成了农民和一切革命民主派的领导者。"①中国人民在中国共产党的领导下,胜利"完成了孙先生没有完成的民主革命,并且把这个革命发展成社会主义革命。"②社会主义的现代化强国就要在不久的将来实现。这个伟大艰巨的事业,需要几代人的不懈努力方能完成,无论如何不能期待于前此一代人完成的。

(原载《老教授论坛》系列论丛八,
厦门大学出版社 2010 年版)

① 《毛泽东选集》合订本,第 976 页。
② 《毛泽东选集》第五卷,人民出版社 1977 年版,第 311 页。

福建船政局研究

关于福建船政局的几个问题

福建船政局创办于清同治五年(1866 年)。它以制造近代轮船、修理轮船、培养造船、驾船人才、编练近代海军而闻名于世。历来对它的成败得失,毁誉不一。改革开放以来,船政研究引起学界关注,有许多成果面世,评价上也逐步由否定趋向肯定或基本肯定,或两分法式的肯定。船政的声誉比“文化大革命”前有很大提高。如何在此基础上作进一步研究,笔者认为,如下几个问题值得再作检点和思考。

一、名称问题

“福建船政局”是历史文献中的准确名称,也简称闽局。文献中也有船局、船政、船政局、福建船局、福建船政、福州船政、马尾船政、福州船政局、马尾船政局之称,应该也属正确称呼。但是,有的论著称福州船厂、马尾船厂就不正确了。福建船政局不等于福州船厂。因为就创办初衷、实际经营、管辖事项来说,福建船政局包括制造、修理轮船(军舰)、培养人才、编练海军三大项,而不仅仅是造船的船厂。

同治五年五月十三日(1866 年 6 月 25 日),闽浙总督左宗棠奏请在罗星塔一带(马尾)设局制造轮船和“整理水师”。轮船造出后,“成一船即练一船之兵”。[①] 在筹办过程中,左宗棠又提出开设学堂。他在奏折中说:“一面开设学堂,延致熟习中外语言、文字洋师,教习英、法两国语言文字、算法、画法,名曰求是堂艺局,挑选本地资性聪颖、粗通文字子弟入局肄习。”[②]“艺局为造就人才

① 中国近代史资料丛刊《洋务运动》(五),上海人民出版社 1961 年版,第 5—9 页。

② 中国近代史资料丛刊《洋务运动》(五),上海人民出版社 1961 年版,第 24 页。

之地”,[①]“夫习造轮船,非为造轮船也,欲尽其制造驾驶之术耳;非徒求一二人能制造驾驶也,欲广其传使中国才艺日进,制造、驾驶展转授受,传习无穷耳。故必开艺局,选少年颖悟子弟习其语言、文字,诵其书,通其算学,而后西法可衍于中国。”[②]首任船政大臣沈葆桢把学堂(“艺局”)视为“船政根本”[③]。从这些引用资料中可见船政局创办初衷即包括制造轮船、“整理水师”“造就人才”三大项。

船政局创办时,“艺局”同时开办。并动工兴建船厂。修理轮船的铁船槽也从法国购买到厂安装。后来又建青洲石船坞,成为军舰、轮船修理的重要基地。船厂造出的兵轮船有一部分留闽装备成福建海军(“船政水师营”),驻防福州、厦门、台湾等各海口。船厂、船坞、艺局和海军的经费都由船政局列支,并由船政大臣“总理”。同治十三年(1874 年),沈葆桢奉命巡台,闽局轮船均调赴台差遣,养船经费并入台防项下支销。[④] 光绪五年(1879 年),据两江总督沈葆桢奏报:“船政经费,制船居其半,养船居其半,船日多则费日增”。[⑤] 以后,虽然养船项下应销各款统归地方官设筹支应,但福建海军仍属船政大臣“总理”。“一切兵轮、各舰统归节制”。[⑥] 光绪三年(1877 年),艺局(船政学堂)选派学生出洋学习,其经费由船政经费项下匀拨银五万两(另由闽省厘金项下筹银十万两,闽海关四成洋税项下筹银五万两)。[⑦] 所以,船厂(亦称闽厂)只是船政局的内涵之一,不能以福州船厂或马尾船厂代称福建船政局。

二、性质问题

把闽局说成是封建性、买办性的军事工业,已成老皇历,似乎没有学者再为闽局如此定性。目前学界有的认为闽局是资本主义性质军事工业,有的认为是不完全资本主义工业,有的说是带有封建性、资本主义性、非独立性的军

① 中国近代史资料丛刊《洋务运动》(五),上海人民出版社 1961 年版,第 25 页。
② 中国近代史资料丛刊《洋务运动》(五),上海人民出版社 1961 年版,第 28 页。
③ 中国近代史资料丛刊《洋务运动》(五),上海人民出版社 1961 年版,第 55 页。
④ 郑剑顺:《福建船政局史事纪要编年》,厦门大学出版社 1993 年版,第 54—55 页。
⑤ 郑剑顺:《福建船政局史事纪要编年》,厦门大学出版社 1993 年版,第 63 页。
⑥ 郑剑顺:《福建船政局史事纪要编年》,厦门大学出版社 1993 年版,第 133 页。
⑦ 郑剑顺:《福建船政局史事纪要编年》,厦门大学出版社 1993 年版,第 56 页。

事工业等。今天检点这些说法,笔者认为都不够妥当。

其一,把闽局说成是“军事工业”,不妥。如上所指出,闽局包括船厂及船坞、艺局、海军,把此三项内容统称为军事工业,其不妥是显而易见的,因为艺局、海军,一是学堂,一是军队,都不是“工业”。如称闽局中的船厂属军事工业则是准确的。

其二,探讨闽局性质属封建主义还是资本主义,应是探讨闽局中的船厂性质。笼统说闽局属封建主义或资本主义性质都是不妥的。

其三,如果给闽局定性的话,笔者认为,闽局是官方创设的近代船政中心(或船政基地)。该“船政”已不是旧方志中所称的传统船政,而是新式的近代船政,负责管理船厂制造轮船、管理船坞修理轮船、管理船政学堂(“艺局”)培养轮船制造和轮船驾驶人才,管理由船厂制造的兵轮船编练的新式“水师”(海军)。所以,该船政中心既是轮船制造及修理基地,又是轮船人才培养基地和海军基地。

其四,如果给闽局中的船厂定性的话,笔者认为,不宜以姓“封”或姓“资”来定性,因为封建主义、资本主义是政治性很强的概念,只能用来给政治制度定性,而不宜用来给经济企业、工业定性。再说,闽局船厂采用机器生产,只说明其生产方式由传统的手工生产向机器生产改变。由于是清政府投资的,资本、生产资料所有者属清政府,不属个人,没有如《共产党宣言》中所说的“资产者”。其管理由资本的所有者清朝官方管理,并非由“资产者”管理。如此非单纯性的企业尤其不宜以姓“封”或姓“资”来定性。那么,如何定性?笔者认为,可以从官营还是民营、营利性企业还是非营利性企业及企业采取何种生产方式等角度进行定性。根据这种思路,笔者认为,闽局中的船厂性质属官营的非营利性军事工业。这种工业已不是传统的手工工业,而是近代机器制造工业,是清政府学习西方,“采用资产阶级的生产方式”设立的制造轮船、修理轮船的军事工厂。正如《共产党宣言》中所说:资产阶级“迫使一切民族——如果它们不想灭亡的话——采用资产阶级的生产方式”。[1] 采用资产阶级的生产方式(大机器生产),不一定就是资本主义的,因为资本所有者、管理者不

① 《马克思恩格斯选集》第一卷,人民出版社1972年版,第255页。

一定就是资产阶级。

三、管理问题

探讨闽局管理,应包括对船厂的管理、对船政学堂教育的管理、对海军建设的管理。以往探讨闽局管理,只涉及船厂管理,这是有缺失的,不完整的。

船政大臣在管理上始终维护管理主权,抵制法国驻福州领事和闽海关税务司干预船政事务的图谋,严肃惩处洋监督、洋员、洋匠擅自越权和狂妄违纪的行为;以合约、合同的形式聘用、管理洋员、洋匠;在生产、技术管理上发挥洋监督作用,关注先进造船技术的引进、学习和掌握;重视轮船制造、驾驶技术人才"艺童"的培养,重视技术工人("艺徒")的培养等,这些都是值得肯定的。

管理上的问题需要作具体分析。就船厂的管理来说,最主要的问题有:

其一,人事管理上的"裙带"风和不重视技术人员。除了洋员洋匠懂些技术外,中方的提调、委员、总监工、监工、总稽查、稽查等管理人员都是外行,"不谙洋务",对生产技术、产品质量上的问题无能监督和指导,而且都是与船政大臣、提调等有"裙带"关系的人,形成"积重难返之势"。① "人浮于事",虚靡局款。② 光绪十年(1884 年),兼署船政张佩纶在书牍中指出:船政"局差几百,绅居其半",当沈文肃时,"诸生皆其晚进密姻",以后,船政大臣黎兆棠、何如璋时,黎、何皆粤人,"于是粤党渐盛,……其来者非本省失职无聊之辈,即与大臣亲故及有奥援者"。③ 光绪十一年(1885 年)直隶总督李鸿章在奏报中也认为,历任船政屡易其人而未能整顿者,"一由习气太深,一由经费太绌。"④ 可见,裙带风之非同小可。船政学堂的学生毕业后、留学生学成归国后,在船厂基本没有得到重视。"派厂之始,以其年齿尚稚,技艺虽精,或恐调度匠丁未能得力",月薪较之洋员支数"减之又减",不及洋员月薪之半。⑤ 造成生产

① 郑剑顺:《福建船政局史事纪要编年》,厦门大学出版社 1993 年版,第 71 页。

② 郑剑顺:《福建船政局史事纪要编年》,厦门大学出版社 1993 年版,第 128 页。

③ 张佩纶:《复安圃侄》,见中国近代史资料丛刊《中法战争》四,第 392 页。

④ 郑剑顺:《福建船政局史事纪要编年》,厦门大学出版社 1993 年版,第 95 页。

⑤ 中国近代史资料丛刊《洋务运动》五,第 436 页。

上由洋监督全权管理，技术上、质量上的问题无法及时发现，生产过程的材料浪费无法遏制，本国技术人员的积极性受压制。李鸿章说：船政“若得熟悉机器、船学有风力者任之，仍归海部节制，严杜把持，讲求制法，宽筹用费，添置大刨、大钻、大汽机、大石坞等项，则快船、雷艇必能仿制，铁舰亦可修理，较他处赤地新立者省费实多。”①说明李鸿章意识到管理人员熟悉机器、船学的重要。

其二，财务管理上的“清单”制。整个闽局财务，每二年或三年或数年，由船政大臣开列收支清单奏报户部核销。后期由开单改造细册报销，仍“随时实支实报”。② 这种传统的财务奏报方式，其可靠性完全取决于奏报者是否廉洁，滥支滥用、滥报、多报开支以中饱私囊难于避免，造成船政经费的无底漏洞，“弊窦丛生，虚糜甚巨”。③

其三，缺乏效益观念。创建时及经营中，只想能造出轮船就好，经费投入多少在所不计，在所不惜。因此，实际开支往往超出预算。没有认真进行成本核算。没有利用商机，兼造商船，也制约了船厂效益，未能解开经费困扰瓶颈。船政主持者强调船政用款非他项可比，“洋法之工，洋产之料”，难于划一，奏请“免以成例相绳”。④

其四，将船政学堂、海军建设与船厂捆绑在一起管理，没有独立的财务核算，严重制约了船厂的发展。因为船政学堂、海军建设是纯耗费性事业，理应有单列专项的经费投入。但却没有专项经费，而是挤用船厂的经费，使造船经费越显困难。

就海军建设的管理来说，缺乏科学的统一建制、规章和集中训练，“各船散布海口，养而不教”，⑤又没有专项经费，没有专用的海军军事港口，没有得力的海军将领指挥。1884 年中法马江战役，福建海军参战军舰全军覆没，原因是多方面的，其中，海军管理、指挥上的问题是重要原因。迟至光绪十五年(1889 年)，各省兵轮及船政局、水师学堂才统归海军衙门节制。

---

① 郑剑顺：《福建船政局史事纪要编年》，厦门大学出版社 1993 年版，第 95 页。
② 郑剑顺：《福建船政局史事纪要编年》，厦门大学出版社 1993 年版，第 101 页。
③ 中国近代史资料丛刊《洋务运动》(五)，上海人民出版社 1961 年版，第 418 页。
④ 郑剑顺：《福建船政局史事纪要编年》，厦门大学出版社 1993 年版，第 101 页。
⑤ 郑剑顺：《福建船政局史事纪要编年》，厦门大学出版社 1993 年版，第 86 页。

四、作用问题

创办闽局及闽局运营40多年的作用,以往的研究大多集中于造出多少轮船,质量如何,有否在抗击列强入侵中发挥作用,花了那么多钱是否合算等,这些当然是探讨闽局作用问题应该注意到的,但是这些仅仅是有形的作用,对闽局无形的影响和作用更应该充分注意到。这些无形的影响和作用如:

第一,开风气的作用。闽局的创办是"师夷长技"的重要实践。"师夷长技"是前此传统观念所不允许的,被认为是可耻的、是"失体""不成事体"的。闽局引进机器,聘用洋员洋匠教造轮船、教练驾驶轮船,聘用洋教习教授英语、法语、算学、格致、化学等西学,这是破天荒的大事。这种实践向世人表明:"师夷"是必要的,应该的,不是可耻的。随着机器制造在闽局的出现,"师夷"成果——轮船的面世、海军的建立,显示先进生产工具、科学技术、海防"利器"的威力,冲破传统道艺观的束缚,使世人开始重视"艺"(技艺)。"艺局"学习西学、培养技术人才的实践,"为中国南省开学风气所最先",①改变了读书人的传统受教育方式和内容,冲击传统的科举制,促进晚清由科举制度向兴学育才的近代教育制度、人才制度转化。这都是闽局开风气后的新气象。

第二,技术的流传。1907年,闽局的船厂虽然停办,但船厂中的技术人员、技术工人成为宝贵的"星火",使机器制造的工艺继续流传不息。光绪二十四年(1898年),闽浙总督许应骙奏道:"福建工艺通西洋最早,盖缘船政设局历数十年,凡攻金攻木等工,虽洋匠董其成,实华人分其事,平日耳濡目染,谙汽学电学者颇不乏人。"②这些"谙汽学电学"的技术人员、技术工人成为晚清实业建设的重要基础。

第三,精神的影响。闽局创办者、管理者在实践中体现的力图自强自立精神、追赶先进、精益求精、期与外洋"齐驱并驾"精神、自主和开放精神、自造、

---

① 崇善、沈翊清奏报,见《船政奏议续编》卷一、二,第5页。

② 刘锦藻撰:《清朝续文献通考》,卷三七八,《实业一》,浙江古籍出版社2000年版,第4册,第11240页。

自驶轮船精神等,具有深远影响,至今仍是一笔可贵的精神财富。①

第四,教训的启示。闽局从创办、发展到衰败,留下了深刻教训,后人从中可以得到重要启示。有技术引进、人才引进方面的教训和启示,有社会环境改造滞后的教训和启示,有管理上的教训和启示,有观念转变上不到位的教训和启示等。

总之,这些无形的影响和作用,需要我们进一步加以考察和总结,才能对闽局有更客观、全面的认识和评价,并从中得到有益的启迪。

(原载《中国社会经济史研究》2005 年第 2 期)

---

① 参阅拙文《福建船政局的五种精神》,载《船政文化研究》,中国社会出版社 2003 年版。

福建船政的五种精神

晚清福建船政局于同治五年(1866年)六月创办,①光绪三十三年(1907年)五月停办,②存在41年。船政是关于造船、修船、驾船、编练海军及有关事务的统称。③ 福建船政局管辖的事务包括造船、修船、学堂(人才培养)、海军(福建海军),形成船政的造船基地、修船基地、培才基地、海军基地。因此,严格地说,不能把福建船政局称为"福州船厂""马尾船厂""福建船厂"。船厂仅是福建船政局的一部分。福建船政局简称福建船政或船政,这是晚清文献中所称呼的。称"福建船政",因为船政设在福建;称"船政",因为当时全国仅此一家专门"船政",因此,船政成为福建船政局的代称。④

晚清福建船政局虽然只存在41年,成效有限,肯定者有之,否定者有之,但无论如何,"船政为中国造船创始之厂",⑤"为中国制造肇端之地",⑥它的创办和前进历程中体现了自强、自主、自造、自驶及求精精神,这是留给后人的可贵精神财富。总结这一精神财富对深化船政研究和建设当代精神文明是有意义的。本文拟就此作探讨,以求大家指教。

---

① 六月初三(7月14日),清朝廷批准左宗棠在闽省择地设厂造船的建议,即可视为福建船政局创办时间。十一月十七日(12月23日)为闽局船厂破土动工兴建时间。(郑剑顺:《福建船政局史事纪要编年》,厦门大学出版社1993年版,第2页、第7页)

② 五月初七日(6月17日),清廷批准海军部"暂行停办"福建船政的意见,即可视为福建船政局停办时间。

③ 晚清还有军政、商政、西政等之称,都是指某一项重大事务。

④ 此前也有"船政"的提法,如《厦门志》中有"船政略"等,不同时代有不同的船政。

⑤ 会办船政事宜大臣魏瀚奏,《船政奏议续编》卷一,《魏瀚四》,第4页上。

⑥ 兼管船政大臣崇善奏,《船政奏议续编》卷一,《崇善六》,第22页上。

一、自强精神

创办福建船政局，制造新式兵轮船，编练新式海军，目的是为了“自强”，这是船政创办者十分强调的意旨。清朝廷在批准左宗棠与日意格、德克碑所议订“保约”“合同规约”等船政章程和艺局章程的上谕中指出：“此次创立船政，实为自强之计，……自当坚定办理”。① 同治十年（1871 年），内阁学士宋晋奏请停办船政局，朝廷上谕说：“制造轮船原为绸缪未雨，力图自强之策。如果制造合宜，可以御侮，自不应惜小费而堕远谋。”②同治十一年（1872 年）的上谕再次强调说：船政“设局意主自强”。③ 光绪二十一年（1895 年）的上谕也强调指出：“制造船械，实为自强要图”。④ 光绪二十四年（1898 年），廷旨命各省将军督抚照单开指拨数目解款，筹集船政经费，上谕同样强调说：“国家讲求武备，非添设海军、筹造兵轮，无以为自强之计。”⑤朝廷强调自强，洋务官员们也强调自强。左宗棠奏称：“制造轮船，实中国自强要著”。⑥ 李鸿章说：“兴造轮船实自强之一策。”⑦曾国藩致函总署，不同意停办船政，函中指出：“中国欲图自强，不得不于船只炮械练兵演阵等处入手”。⑧ 总理衙门大臣奕䜣等奏报：“臣等溯查同治五年六月，左宗棠首建设局造船之议，前两江督臣曾国藩、直隶督臣李鸿章等又均以力图自强非讲求机器、制造轮船不可，臣等意见亦复相同”。⑨ 首任船政大臣沈葆桢念念不忘他办理船政是“仰体我皇上力图自强之意”，⑩船政关系海防全局，是重要的“自强之道”。⑪ 闽浙总督李

---

① 郑剑顺：《福建船政局史事纪要编年》，厦门大学出版社 1993 年版，第 7 页。
② 郑剑顺：《福建船政局史事纪要编年》，厦门大学出版社 1993 年版，第 27 页。
③ 郑剑顺：《福建船政局史事纪要编年》，厦门大学出版社 1993 年版，第 30 页。
④ 朱寿鹏：《光绪朝东华录》（四），中华书局 1958 年版，总第 3637 页。
⑤ 郑剑顺：《福建船政局史事纪要编年》，厦门大学出版社 1993 年版，第 148 页。
⑥ 郑剑顺：《福建船政局史事纪要编年》，厦门大学出版社 1993 年版，第 31 页。
⑦ 郑剑顺：《福建船政局史事纪要编年》，厦门大学出版社 1993 年版，第 28 页。
⑧ 郑剑顺：《福建船政局史事纪要编年》，厦门大学出版社 1993 年版，第 28 页。
⑨ 郑剑顺：《福建船政局史事纪要编年》，厦门大学出版社 1993 年版，第 35 页。
⑩ 郑剑顺：《福建船政局史事纪要编年》，厦门大学出版社 1993 年版，第 37 页。
⑪ 郑剑顺：《福建船政局史事纪要编年》，厦门大学出版社 1993 年版，第 63 页。

鹤年说:“制造兵船,本为自强起见”。① 船政大臣何如璋强调说:船政关系海防,为“国家自强之本”。② 船政大臣裴荫森指出:“除制炮造船教将练兵,别无自强之道”。③ 出使德国大臣许景澄奏请福建船政宜改造新式轮船,“开拓规模,广营新制,以为自强根本。”④所有这些言论表明,船政创办者、支持者在讲求“自强之道”“自强之策”,把船政视为“自强要著”“自强要图”“自强根本”“自强支柱”,体现浓烈的自强精神。

经过两次鸦片战争的中外武力较量,清政府终于认识到自己的衰弱和落后,看到对手——西方夷人的“强”和先进。沈葆桢说:“但使朝野内外以庚申之耻常悬于目前,何能以自强之思皆置于度外”。⑤ 所以,振衰起弱的“自强”便被提上议政日程。要自强,靠祖宗成法不行,而要“借法自强”,要“师夷”。“夷夏之防”的陈旧观念由此突破。因此,自强是与“师夷”相结合的,是中国迈开近代化脚步的重要思想前提,具有深远的进步意义。船政建设是清政府谋求“自强”的一项重要工程建设,“国家自强之计,于创造轮船肇其端”。⑥此项建设有“御侮”的意图,也有“剿贼”的考虑,这是不少研究者都注意到的事实。我们不能因为其有“剿贼”的考虑而否定这项工程建设及其体现的自强精神。任何时候国家的强盛都是民族的希望,人民的共同意愿,因此,这种精神值得我们充分肯定。

二、自主精神

福建船政局是在引进机器、引进技术、引进人才的情况下建设起来的。技术人员从法国聘请,学堂“教习”从法国、英国聘请。天朝上国如此“借才异域”师夷,还是破天荒的新鲜事。如何管理这些外国技术人员是船政当局必

---

① 中国近代史资料丛刊《洋务运动》(一),上海人民出版社 1961 年版,第 86 页。

② 郑剑顺:《福建船政局史事纪要编年》,厦门大学出版社 1993 年版,第 87 页。

③ 裴荫森:《请拨款制船疏》,见《皇朝经世文续编》(五),卷一〇八,第 8 页上。

④ 郑剑顺:《福建船政局史事纪要编年》,厦门大学出版社 1993 年版,第 100 页。

⑤ 沈葆桢:《复奏洋务事宜疏》,见《皇朝经世文续编》(五),卷一一〇,第 14 页下。

⑥ 光绪元年沈葆桢奏,见中国近代史资料丛刊《洋务运动》(五),第 151 页。

须考虑的大问题。船政局采取的办法是与“洋员”“洋匠”订立保约、合同规约,明确雇方和受雇方的职责。创办初期,船政局聘法员日意格为正监督,德克碑为副监督,“一切事务仍责成该两员承办”。[①] 聘任期限届满即解聘。需续聘的人员续签保约、合同规约。以后续聘的洋员洋匠也同样办理。光绪二十九年(1903 年),鉴于前聘洋监督杜业尔的“擅专”行为,船政当局在与法员柏奥镗续订合同《简明约章》中更明确规定:聘法员柏奥镗为总监工。“凡总监工要雇洋匠及购办料件,须由船政大臣允准画押,方准照行,否均作废。”[②]船政当局坚持掌握船政的用人、行政自主权,对不该聘用的洋员拒绝聘用,对不遵约束、不守规矩的洋员洋匠坚决照章辞退。如首任船政大臣沈葆桢拒绝聘用闽海关税务司美里登。美里登“百计钻营入局”,想谋洋监督位置,“葆桢固却之”。[③] 沈葆桢还果断革退“不遵匠头约束”的法国工匠博士巴。法国驻福州副领士巴世栋出面干预,要求沈葆桢收回成命,遭沈葆桢驳斥。沈葆桢在给总署的呈文中指出:“船政与通商两不相涉,领事为通商而设,不应干预船政。”[④]此后,法员总监工达士博“居奇挟制,怙恶不悛”,沈葆桢又当即批准将其撤职辞退。达士博赴法领事馆具控,法领事官又再次出面干预,沈葆桢说:达士博“应撤与否,本大臣必视该员匠功过为衡,即监督亦不能任意为之,与领事官毫无干涉,何得过问也”。[⑤] 船政后期聘用法员杜业尔届满遣退后,法国驻华大使曾向清外务部要求,“谓将来船厂若用洋员,仍应聘用法人。外务部答以船厂用人,中国自有主权”,予以回绝。[⑥]

面对停办造船的提议,船政大臣沈葆桢表示不同意,他在奏报中指出:兵船军舰“购者权操于人,何如制造者权操诸己”。[⑦] 意思是说,自己掌握了造船技术和技能,就有了主动权、自主权。凭借购买,不免仰人鼻息。两相比较,

---

① 郑剑顺:《福建船政局史事纪要编年》,厦门大学出版社 1993 年版,第 6 页。
② 郑剑顺:《福建船政局史事纪要编年》,厦门大学出版社 1993 年版,第 167 页。
③ 中国近代史资料汇编《海防档》乙,福州船厂(一),第 76 页。
④ 郑剑顺:《福建船政局史事纪要编年》,厦门大学出版社 1993 年版,第 20 页。
⑤ 郑剑顺:《福建船政局史事纪要编年》,厦门大学出版社 1993 年版,第 22 页。
⑥ 《外交报汇报》第 22 册,第 211 期,第 8 页下。
⑦ 郑剑顺:《福建船政局史事纪要编年》,厦门大学出版社 1993 年版,第 43 页。

“权操于人”不如“权操诸己”。左宗棠指出:就局势而言,轮船“借不如雇,雇不如买,买不如自造”。[①] 边宝泉在船政奏报中建议,造船所需物料要尽量“就地取资”。至于炼钢熔铁、大小机器,“必须潜心考究,依法仿造,自成机杼”,这样,才会“不常仰给于人,则权自我操,而财不外溢”。[②]

坚持船政用人、行政的自主权,这是船政当局很明智的做法。船政当局认为,由于制造轮船、驾驶轮船是中国“见所未见、闻所未闻”,本国没有这方面的人才,所以必须引进人才。引进人才是“借才异域”,是聘雇来传授技术、教造轮船、教驾轮船,充任学堂“教习”,为我所用。洋员洋匠的正、副监督是船政局经朝廷批准任命的,必须听从船政大臣的指令和调遣,重要的生产决策须经船政大臣同意并报朝廷批准。船政后期聘任的洋监督杜业尔与法国立兴洋行商定承造三艘商轮,拟订的承造“章程”未经船政大臣允准,即先行开工,受到船政当局谴责。[③] 会办船政大臣魏瀚上任时表示:要“鉴借才驾驭之艰,贵收权于旁落”。[④] 船政当局在这方面的态度是很明确的,始终力争掌握船政的自主权,这是又一值得肯定的可贵精神。

当然,由于船政当局对近代轮船制造等的外行,对引进人才缺乏经验,所以,难免在生产管理和合同签约中被蒙骗。如洋监督杜业尔在拟订的承造法国立兴洋行三艘商轮的“章程”中说:“制造责任由杜业尔独任,所有工料一切均归杜包办。成船后,有无弊病,有无短绌,无有逾限,杜向公司自理,与船政无涉”,“公司与杜所订合同,与船政无干”。[⑤] 想以此骗取船政当局同意。而杜业尔与法国立兴洋行所订合同则自称为船政代表,以一切责任归之船政,以此逃避其应负责任。船政当局对此未能明察,致使引起不必要纠葛和损失。又由于中国的弱势,法国的强势,所以在涉及船政自主权的对法交涉中也并不顺利,如在处理杜业尔越权一事上就不如意,吃了亏。

---

① 中国近代史资料丛刊《洋务运动》(五),上海人民出版社 1961 年版,第 443 页。
② 郑剑顺:《福建船政局史事纪要编年》,厦门大学出版社 1993 年版,第 129 页。
③ 郑剑顺:《福建船政局史事纪要编年》,厦门大学出版社 1993 年版,第 168 页。
④ 《船政奏议续编》卷一,《魏瀚四》,第 1 页下。
⑤ 郑剑顺:《福建船政局史事纪要编年》,厦门大学出版社 1993 年版,第 168 页。

三、自造、自驶精神

“师夷长技”“借法自强”,学习西方先进的制造轮船技术和驾驶轮船本领,这是船政创办的重要意图。船政创办者认为,“借才异域”只是一时权宜之举,学习后,要达到自己会制造轮船和驾驶轮船才是久远之谋、根本之图。

创办之初,左宗棠与日意格、德克碑签订的“保约”中规定:日意格、德克碑在五年内(自铁厂开厂之日起),“保令外国员匠教导中国员匠,按照现成图式造船法度,一律精熟,均各自能造制轮船,并就铁厂家伙教令添造一切造船家伙;并开设学堂教习法国语言文字,俾通算法,均能按图自造,教习英国语言文字,俾通一切船主之学,能自监造、驾驶,方为教有成效。”[①]五年届满时,首任船政大臣沈葆桢以华匠是否能自造、会驾驶进行考查验收。

船政创办者特别重视船政学堂建设,艺局与船局同时开办。开办艺局(学堂)的目的就是为了培养轮船制造人才、驾驶人才。左宗棠在奏报中认为:“夫习造轮船,非为造轮船也,欲尽其制造驾驶之术耳;非徒求一二人能制造、驾驶也,欲广其传使中国才艺日进,制造、驾驶展转授受,传习无穷耳。故必开艺局,选少年颖悟子弟习其语言、文字,诵其书,通其算学,而后西法可衍于中国。”[②]经学堂学习,“学成而后督造有人,管驾有人,轮船之事始为一了百了”。[③] 沈葆桢把学堂视为“船政根本”,认为学堂是实现自造自驶能力的重要渠道。[④] 他指出:船政“创始之意,不重在造而重在学”。五年限满,关键的事是要考查中国匠徒是否能自造,如“实能按图仿造”,虽然还有轮船未造毕,也算是“教导功成”。“倘洋匠西归,中国匠徒仍复茫然,就令如数成船,究于中国何益?”[⑤]所以,他十分重视船政自造自驶能力的实现。实现自造自驶能力是沈葆桢总理船政的重要指导思想。为了提高自造自驶能力,光绪二

---

① 郑剑顺:《福建船政局史事纪要编年》,厦门大学出版社 1993 年版,第 5—6 页。
② 中国近代史资料丛刊《洋务运动》(五),上海人民出版社 1961 年版,第 28 页。
③ 左宗棠:《上总理各国事务衙门》,见《洋务运动》(五),第 449 页。
④ 中国近代史资料丛刊《洋务运动》(五),上海人民出版社 1961 年版,第 55 页。
⑤ 《沈文肃公政书》下册,卷四,第 59 页。

年十一月二十九日(1877年1月13日),北洋大臣、直隶总督李鸿章经与丁日昌、吴赞诚、沈葆桢往返函商,取得一致意见,奏请闽局选派学生出洋学习。奏报中说:派赴法国的留学生深造轮船制造学问,“务令通船新式轮机器具无一不能自制,方为成效”。派赴英国的留学生深造铁甲兵船驾驶技能,“务令精通该国水师兵法,能自驾铁船于大洋操战,方为成效”。① 李鸿章等在拟订的《选派船政生徒出洋肄业章程》中规定:“总以制造者能放手造作新式船机及全船应需之物,驾驶者能管驾铁甲兵船回华调度布阵丝毫不藉洋人,并有专门洋师考取给予确据者,方为成效。”②三年留学学习期满时,经按官学定章由“专门洋师”对留学生徒进行甄别考课,确认与规定的自造自驶要求“相符”。③

从一般水平而言,船政是实现了自造自驶轮船的目标。由于先进国家造船技术的迅速发展,也由于船政在技术转化、技术开发、创新能力方面的局限和落后的社会环境、政策观念的制约,船政在自造自驶能力上,尤其是自造能力上有很大局限。所以,为了制造某种新式轮船,总要另雇聘一批洋员洋匠到局教造,始终摆脱不了洋拐棍。虽然如此,船政创办者确立实现自造自驶的目标是完全正确的。学习外国先进的造船、驾船技术,关键是要成为自己能掌握、会创新的技术,才算真正学到手,否则不能算是学习成功。当然,“请进来、走出去”的技术学习和交流是随时都需要的,但是,学习和交流的目标还是为了更好地自造自驶。如果像沈葆桢所说的那样,“洋匠西归,中国匠徒仍复茫然”,那就失去了学习的意义。所以,船政的自造自驶精神,虽然在实践中成效不尽如人意,但还不失闪光之处,是值得赞赏和弘扬的。

四、求精精神

求精就是“精益求精”的精神。船政创办者注意追赶西方先进的造船技

① 郑剑顺:《福建船政局史事纪要编年》,厦门大学出版社1993年版,第55页。
② 郑剑顺:《福建船政局史事纪要编年》,厦门大学出版社1993年版,第56—57页。
③ 中国近代史资料丛刊《洋务运动》(五),上海人民出版社1961年版,第264页。

术,不断提高轮船质量。从仿造木壳木肋兵船到学造铁壳铁肋兵轮,再到学造巡海快船、鱼雷快艇、穹甲船、钢甲军舰。轮机技术从立机改为卧机,再进而用省煤"涨力机",从单轮机到双轮机,不断改进、提高。从购买轮机到自造轮机等,都是"精益求精"的表现。

同治十一年(1872年),针对停止造船的奏请,总理衙门大臣奕䜣等在奏报中说:"制于人而不思制人之法与御寇之方,尤非谋国之道。虽将来能否临敌制胜未敢豫期,惟时际艰难,只有弃我之短,取彼之长,精益求精,以翼渐有进境,不可惑于浮言浅尝辄止。"①"精益求精,以翼渐有进境",用左宗棠的话说,称作"由浅入深""愈造愈精"。② 两江总督刘坤一认为船政局酌情仿造铁甲船责无旁贷:"国家不惜巨款设立船政,每届从优保奖,鼓励在工人员,原期精益求精,以与外洋齐驱并驾。铁甲船既为海防利器,则该船政不此之务而谁务乎?"③

造船上要"精益求精"必定要有"求精"的技术人才。所以,船政局选派艺局毕业生出洋留学,就是要培养这种人才。沈葆桢奏请闽局出洋生徒应予蝉联,继续选派艺局毕业生出洋深造。他指出:"西学精益求精,原无止境,推步制造,用意日新,彼既得鱼忘筌,我尚刻舟求剑,守其一得,何异废于半途!因其已新者而日日新之,又日新之,诚正修齐治平之功如是,即格致之功何莫不如是。"④意思是说,轮船制造、驾驶学问"原无止境",不要满足已有的水平,止步不前,而要不断创新,"因其已新者而日日新之,又日新之"。这是很精辟的见解。李鸿章在续选船政学生出洋的奏请中也说:"育才之要,宜使迭出而不穷,日新之功不可一得而自画。"⑤

船政大臣裴荫森在报告闽局仿造双机钢甲兵船的奏折中高兴地说:"国家设立船政垂二十余年,糜费不为不巨,今兹仿制钢甲不用一洋员、洋匠,脱手自造,按图以成范课,实以求精"。⑥ 他认为,仿造双机钢甲兵船,是船政不断

---

① 郑剑顺:《福建船政局史事纪要编年》,厦门大学出版社1993年版,第35页。
② 郑剑顺:《福建船政局史事纪要编年》,厦门大学出版社1993年版,第31页。
③ 郑剑顺:《福建船政局史事纪要编年》,厦门大学出版社1993年版,第74页。
④ 郑剑顺:《福建船政局史事纪要编年》,厦门大学出版社1993年版,第66页。
⑤ 郑剑顺:《福建船政局史事纪要编年》,厦门大学出版社1993年版,第77页。
⑥ 郑剑顺:《福建船政局史事纪要编年》,厦门大学出版社1993年版,第103—104页。

"求精"的结果。

船政的"求精"精神是船政造船不断进步、提高的思想动力。精益求精是在船政造船已有基础上的求精,或在人才培养已有水平基础上的求精。自己与自己比,后者与前者比是进步,称得上"精",如果与先进国家的造船技术水平比,仍然是落后的,称不上"精"。正如福州将军兼船政大臣裕禄在察看船政情形应行整顿各事宜的奏报中所说:"查船政初设,原只习造木质轮船,延聘洋员日意格带同洋匠等来工教习,五年限满,成船十五号。后即照约遣散回洋。自此续办船工皆由厂内学生匠徒绘图自造,亦先后成船十九号。其中除木质外,如开济、寰泰、镜清、平远、广甲、广丙、通济等船,或仿造铁甲,或仿造穹甲快船,分于南北洋及广东等省,尚皆坚实可用,是在工员匠等于制造技艺非仅墨守成规、无自图精进之志。只以所习之法皆系从前旧式,而外洋制造则讲求日新,轮机愈臻精巧,船身愈形灵便,凡船中要紧之处,无不易铁为钢,是以煤省行速,坚利无比。我则不特厂中之匠徒于新法未得指授,即曾经出洋之学生亦在十数年以前,于近时新式造法鲜所阅历,以故造诣不深,难及洋厂所制。"①裕禄肯定了船政造船有"自图精进"的成绩,也指出船政造船"难及洋厂所制"的客观事实。"难及洋厂所制"有多方面因素,裕禄指出的是没有掌握新技术的因素,也就是船政没有技术开发、技术创新的能力。这是很对的。当然,还有如前所说的社会环境、政策观念等因素。尽管如此,船政的"求精"精神还是一种自我鞭策、自我鼓励、追赶世界先进造船水平的可嘉精神,值得赞扬和肯定。

总之,上述自强、自主、自造、自驶、求精的五种精神,是福建船政的闪光精神,是船政建设的可贵精神。它指引船政建设的方向,体现民族自强、自主、自立、向上的精神。尽管船政创办者在实践中有这样那样的不足和缺憾,受到不少批评,但却并非是五种精神的过失,而是五种精神没有发挥好所致。五种精神没有发挥好有主客观等因素。主观因素是政策、观念上的因素,如没有把船政与商政相结合,把船政转向商业化道路,因此,制约了船政的发展。客观因素是社会环境、教育科技基础的因素,如道路交通、水电等基础设施落后,教育

① 郑剑顺:《福建船政局史事纪要编年》,厦门大学出版社 1993 年版,第 138—139 页。

基础、科技基础落后,整体工业水平落后等,也制约了船政的发展。船政不能发展,五种精神就成为空谈。五种精神的发挥和弘扬,要落实在船政的发展上。

(原载《船政文化研究》,中国社会出版社 2003 年版)

船政文化的特点和启示

清同治五年(1866 年)创办的福建船政局,简称闽局、福建船政、船政,距今(2011 年)145 年,形成内容丰富的船政文化。我们所说的船政文化,是指福建船政局形成的船政文化。因为“船政”,在中国古代就有此称呼了,在历代正史、方志等古籍中都可查阅到此称呼,与古代“盐政”“漕政”“矿政”“马政”“茶政”等是同一类型提法,意思是官府管理的一个部门、产业,官府制定有相关的管理章程、则例、税法等。所以,严谨地说,船政文化应该是从古至今的关于中国造船、用船、航行及与此相关的法制、文献、实物、人、事、战事、商务等文化。我们所说的船政文化是专指福建船政局的船政文化,既不包括古代的船政文化,也不包括福建省泉州、漳州、厦门等地的船政文化。这是有必要加以说明的。

福建船政局集造船、修船、培才、建军于一体。造船就是制造轮船(兵轮船、战舰);修船就是维修军舰、轮船;培才就是培养造船技术人才和轮船驾驶人才;建军就是建设海军(“轮船水师”)。因此,把福建船政局等同于“造船厂”是不恰当的。船政文化也并非单一的造船文化,还包括轮船维修的文化、人才培养、教育文化、近代海军文化、军事文化等。

改革开放以来,船政文化的研究已有丰硕成果,研究的内容全面、系统,不乏亮点、可圈可赞点。我们要在此基础上将船政文化研究往前推进,往高处提升。本文拟就船政文化有何特点,对后人有何启示试作概括阐述,以供交流、讨论,或许有助于对船政文化研究的推进。

据笔者考察,船政文化有如下显著特点:

其一,"师夷长技"的实践特点

第一次鸦片战争后,林则徐、魏源等先进提出"师夷长技"的主张,20 年后,这一主张在闽局得到实践。"师夷长技"的核心内容是"师夷"制船造炮,仿造西洋的轮船、枪炮。因为先进们看到,英国、法国等入侵者"船坚炮利",这是"夷"之"长技"。中国的武器落后,帆船敌不过轮船,土炮敌不过洋炮,所以,必须仿造轮船枪炮,"师夷"这一"长技",才能谈得上"制夷"。当局以此为应办"急务"。同治帝的"上谕"中指出:左宗棠奏拟于闽省择地设厂购买机器,募雇洋匠,试造火轮船只,"实系当今应办急务","左宗棠务当拣派妥员认真讲求,必尽悉洋人制造驾驶之法,方不至虚糜帑项,所陈各条,均著照议办理。"①福建船政局的创办,主要任务就是习造轮船("兵轮船"即军舰),编练轮船水师,培养轮船制造和轮船驾驶人才等。船政局聘请法国造船技术人员教造轮船,聘请法国、英国教师在船政学堂任教。还选派学堂毕业生和"艺童"走出国门"师夷",到法国、英国留学。所以,这是"师夷长技"的重要实践。中国"师夷"制造轮船、驾驶轮船是从闽局开始的。"轮船事属创始"②,福州马尾成为晚清重要的轮船制造基地、海军基地和"师夷"窗口、"师夷"特区。

其二,强军固防的举措特点

强军固防是福建船政局创办的重要目的。"船政为海防而设,关系至为紧要。"③强军就是将船政局制造的轮船"练成一军",编练成轮船水师(海军),增强军事实力,巩固海防。福建船政局的船厂造出兵轮船后,除了组建一支福建轮船水师(福建海军)外,还调拨沿海台湾、江苏、广东、广西、山东各沿海海口驻防,增强了沿海各海口的防卫能力。特别是同治十三年(1874 年)"台防事兴",护送兵勇、转运军装、接济粮食,均由轮船直达重洋,克期而集台

① 《清实录》第四九册,《穆宗实录》(五),中华书局 1987 年版,第 208 页。
② 《清实录》第四九册,《穆宗实录》(五),中华书局 1987 年版,第 340 页。
③ 《清实录》第五三册,《德宗实录》卷一一四,中华书局 1987 年版,第 673 页。

湾后山,“舍轮船无以应征调之机”,[1]轮船发挥了很大作用。

船政创办者认为,“创立船政,实为自强之计”[2],“船政为海防根本”[3]。中国落后,落后在没有兵轮船,没有新式枪炮。“泰西各国火轮、兵船直达天津,藩篱竟成虚设”[4]。所以要“自强”“振兴”,改变落后状况。“彼此同以大海为利,彼有所挟,我独无之”[5],这种状况一定要改变。要自强,就要学习西方造船制炮,“师其所长,夺其所恃”。“国家自强之计,在于创造轮船。”[6]有了轮船,再装备、训练成轮船水师,“御侮剿贼”才有利器,海防才能巩固。这是船政文化体现的重要特点之一。

其三,“西学为用”的体现特点

其时,国人眼里的“西学”,就是外国的语言文字、格致(物理)、数学、绘图、化学、制造、驾驶、路矿、枪炮使用和世界公法等学问。洋务官员认为,这些学问是有用的“实学”,要学习这些,为我所用。而传统的“中学”是“体”、是“本”,也不能丢。他们主张“中学为体,西学为用”。笔者认为,能够关注到西学的长处,而且主张学习西学,这是传统“夷夏之防”、不能“师夷”观念的重大突破,是一大进步。中国近代化是从这里起步的。与福建船政局同时创办的学校——求是堂艺局(即福建船政学堂),学童接受西学教育,学习轮船制造、轮船驾驶技术,兼学中学,充分体现洋务官员“中学为体,西学为用”的思维定式特点。

其四,海防观念的转型特点

传统的海防就是防守海岸线,利用天然险要地形地势,设置岸炮台,防击

---

① 张作兴主编:《船政文化研究——船政奏议汇编点校辑》,海潮摄影艺术出版社2006年版,第151页。

② 《清实录》第四九册,《穆宗实录》(五),中华书局1987年版,第400页。

③ 《船政文化研究——船政奏议汇编点校辑》,海潮摄影艺术出版社2006年版,第243页。

④ 左宗棠:《试造轮船先陈大概情形折》,见张作兴主编:《船政文化研究——船政奏议汇编点校辑》,海潮摄影艺术出版社2006年版,第3页。

⑤ 左宗棠:《试造轮船先陈大概情形折》,见张作兴主编:《船政文化研究——船政奏议汇编点校辑》,海潮摄影艺术出版社2006年版,第5页。

⑥ 沈葆桢奏,见张作兴主编:《船政文化研究——船政奏议汇编点校辑》,海潮摄影艺术出版社2006年版,第91页。

来犯之敌，并利用水师战船巡逻海岸，缉捕海盗贼匪。传统的海防观念就是这种防卫、防守的战略战术、驻防武器装备建设的思考。其中，突出的一点想法就是认为大海是海防的天然屏障，海防与塞防比，塞防更重要。这种海防观念转型的标志就是看到英、法侵略者从海上来，而且船坚炮利，中国海防“藩篱”形同虚设，造成海防危机。所以认识到筹办海防的重要性和迫切性，认为必须仿造新式轮船，组建和操练新式轮船水师（海军），建设新式岸炮台，装备新式大炮。转型的开始是鸦片战争后，由于受到自海上来的列强的侵略，有识之士开始反省这种“数千年”来未有之“奇变”的原因和对策，转变不可“师夷”和轻视海防的传统观念，迈进“师夷”和重视海防的新时代。

其五，西学人才的培养特点

福建船政创办者认为，创办船政，重要的是学习，“创始之意不重在造而重在学”①，要把制造轮船的技术和驾驶轮船的技能学到手，通过学习，实现自己会制造会驾驶轮船的目的。所以，创办造船厂的同时，创办了学堂。“船厂根本，在于学堂”②，通过学堂教学，培养自己会制造会驾驶轮船的人才。这种人才有别于传统教育培养的只懂四书五经的“中学”人才，成为西学实用人才。这种人才培养不仅在船政学堂培养，而且，学习五年后，选派毕业生和“艺徒”出国留学深造，提高轮船制造和驾驶的技能，开了近代留学的风气。晚清福建海军、北洋海军将领和民国海军将领都在这里和国外接受西学教育而造就出来，近代的造船专家、部分科技人才也在这里诞生。著名的西方社会科学启蒙思想家、翻译家严复也从这里走出来。这些西学人才学成后，再实践西学，传播西学，在近代西学传播中起了重要作用。船政学堂在清末经历 40 余年，培养了 504 名学生。这些学生在近代轮船制造业、轮船运输业和海军、海防建设中及路政、矿政、邮政、教育等近代化建设中发挥技术和管理骨干

① 张作兴主编：《船政文化研究——船政奏议汇编点校辑》，海潮摄影艺术出版社 2006 年版，第 73 页。

② 张作兴主编：《船政文化研究——船政奏议汇编点校辑》，海潮摄影艺术出版社 2006 年版，第 22 页。

作用。①

其六，传统文化的传承特点

福建船政创办者在积极引进西学的同时，坚持"中学""体"的地位，在人才培养和使用中，重视传统道德的养成和考核，充分体现传统文化的传承。传统文化传承中，特别是忠君爱国的文化传统传承。中国的自强、振兴，对技艺的精益求精精神，对国家兴亡的责任意识、御侮雪耻观念等，都是这种爱国文化传统传承的体现。在这种传统爱国文化熏陶下，甲申中法马江战役和甲午中日海战中，海军将领英勇抗敌，为捍卫海疆做出了壮烈、杰出的贡献，谱写了可歌可泣的爱国篇章。

总之，船政文化是中国近代化文化的开端，是近代化文化的重要组成部分，是中国传统文化接纳西方文化的可喜一步，是对外开放文化的一部分。

考察船政文化，从中可以悟出如下几点重要启示：

第一，对外开放是强国富民的必由之路。对外开放包括学习外国的先进技术、先进科学、文化，聘用外国人才、引进资金，开展对外贸易、人员往来、教育、文化交流等。没有对外开放，就不会有福建船政局的创办，就没有近代海军，没有近代化海防建设；没有对外开放，就没有机器的引进，技术人才的引进，就没有近代学堂的创办，没有留学生的派遣，就没有近代科技人才的培养，就没有军事、经济、教育、政治等的近代化；没有对外开放，就没有晚清的进步和发展，就没有近代中国的近代化建设。所以，对外开放是强国富民的必由之路，传统的闭关锁国是没有出路的。

第二，改变传统观念是近代化的关键。传统的"夷夏之防"观念、本末观念、义利观念、道器观念、海防观念等，都在船政文化时期突破，有所改变，这是晚清近代化起步的关键。从"夷夏之防"、视"师夷"为"可耻"观念到"师夷长技"观念的改变，由"祖宗成法不可变""不可变更祖制"，到"变器不变道""中体西用"的转变，由轻视海防、海权，到讲求军政、重视筹办海防、仿制船炮利器的转变，这是福建船政创办的前提，没有这些观念的改变，就不会有福建船

① 详见郑剑顺：《福建船政学堂与近代西学传播》，《史学月刊》1998 年第 4 期。

政的创办。这些观念改变的程度，直接影响船政的发展。如商务观念，清朝廷决策者商务观念淡薄，没有使船政经营走向市场化、商业化，而始终坚持军事化、国有化，未能改善办厂条件和扭转经费极度困难的局面，影响可持续发展，导致衰败。①

第三，人才培养改革是近代化的根本。福建船政很重视人才培养改革，与船厂开办的同时，创办"求是堂艺局"（船政学堂），培养船政人才。这是非常英明的决策。新式轮船的制造、驾驶，是旧式教育培养出来的人才所不能胜任的，需要新式教育进行培养。新式教育聘请英国、法国教师，学习内容主要是西学，也兼学中学，这是人才培养的重大改革。而且开创了中国知识分子留学深造、中外教育交流的新时代。没有这种改革，就没有实用的技术人才可供使用。虽然可以引进人才，但引进的人才只能应付一时，不能应对持久。船政人才如此，其他近代化所需的军事人才、路矿人才、机器制造人才、外语人才等也是如此。这是近代化的根本。

第四，最高决策的正确是船政成功的保证。福建船政局的创办，虽有先贤先进的倡议之功，但倡议、方案的付诸实施，还是取决于清朝廷的最高决策。没有清朝廷的"上谕"决定，创办船政、"师夷长技"就只能停留在口头上、文字上。有的说，福建船政局、江南制造总局等洋务企业是"洋务派"创办的，这是说不过去的。船政等洋务企业的创办是清朝廷决定创办的，是政府的行为，而不是某些官员的行为。官员中虽有保守官员反对的声音，但是反对的意见被朝廷驳斥，没被采纳。所以，最高决策的正确是船政成功的保证。船政造船在晚清坚持了41年（1866—1907），一直是在清朝廷的支持、指导下进行的。创办是清朝廷批准的，停办也是朝廷旨意。其中，决策有正确的，也有不正确的，正确的决策是船政成功的保证，错误的决策导致船政衰败。于此，我们可以进一步明白，最高决策在中国近代化进程中的重要作用。晚清兴办洋务、施行新政、仿行宪政，都是晚清朝廷在近代化进程中的决策，具有一定的进步性。晚清朝廷在内外交困中，面临民族危难的严重局势，为了自强、振兴，在近代化进程中缓慢前行，有所动作，这是值得肯定的，只是这种前行和动作十分被动，而

① 详见郑剑顺：《商务观念与洋务企业的成败》，《厦门大学学报》1995年第3期。

且行动迟缓,步伐微小,所以令世人失望,为民心所不容,清政府最终被革命潮流所淹没,不情愿地退出历史舞台。历史是公正的,谁主政不好,谁就会被历史所淘汰。

(原载《船政文化研究》第七辑,鹭江出版社2011年版)

福建船政局与晚清海防建设

福建船政局于清朝同治五年十一月十七日（1866 年 12 月 23 日）在福州马尾动工兴建，光绪三十三年五月初七日（1907 年 6 月 17 日）停办，在晚清经历 41 年，距今（2012 年）146 年。福建船政局简称闽局、福建船政、船政，因海防建设急需而设。海防建设因有了福建船政局而迈向近代化。船政是晚清海防建设的重要里程碑。本文拟就福建船政局与晚清海防建设的关系进行阐述和探讨。船政研究，包括船政文化研究，学界已有丰硕成果。近十年在福州先后举办了五届船政文化研讨会，取得了很大成绩和众多成果。如何看船政，如何理解船政文化，还可以深入探讨，厘正事实，客观评价，启示后人，本文的探讨期望能有助于这一考虑。

一、船政和船政文化

先有船政，才形成船政文化。船政是专指福建船政局。清朝委派管理福建船政局的大臣称“总理船政大臣”，大印刻“总理船政关防”，专折奏事。这就是福建船政局简称“船政”的依据。船政大臣和晚清官员的奏报中也作此简称。所以，这里所说的船政既不包括古代的“船政”，也不涵盖其他省的“船政”。因为“船政”，在中国古代就有此称呼了，在一些正史、政书、地方志等古籍中都可查阅到此称呼，与古代“盐政”“漕政”“马政”“茶政”“农政”“矿政”等是同一类型提法，意思是官府管理的一个部门、产业，官府制定有相关的管理章程、则例、税法等。例如道光《福建通志》卷八三“兵制”中有“军械、马政、船政”等分目。“船政”记载造船，介绍各种船的情况，自汉代记起，记历代船政。又如同治十二、十三年间编刻成书的《福建省例》，其中有盐政例、铁政例、船政例、海防例、邮政例、刑政例等，时间是自乾隆十七年（1752年）至同治十一年（1872年），120多年的则例。又如乾隆二年刊本《江南通志》卷九十八“武备”中有“船政”分目，记各种船的额编水手、工食银等。再如光绪五年刊刻《广州府志》“经政略”中有兵防、海防、船政等分目。再如道光十九年刊刻《厦门志》卷五，有“船政略”，详载战船额式、泉厂建置、修造例限和哨船、商船、渔船、洋船、番船等各式船状况。这些文献记载的例子说明，“船政”是中国古代直至清代关于造船、修船、行船管理及各种船的状况记载的统称，不仅福建有船政，其他有造船的地方都有船政。所以，不能把特指福建船政局的船政称为“中国船政”。因为中国船政包括自古代以来和全国各地的“船政”。特指福建船政形成的船政文化，也不宜说成“中国船政文化”，只能说是福建船政文化，或福州船政文化。

福建船政局不是单一的造船厂，它集造船、修船、培才、建军、防海于一体。造船就是制造轮船（兵轮船、战舰）；修船就是维修军舰、轮船。船政建有船槽、船坞；培才就是培养造船技术人才和轮船驾驶人才。船政局创办时，同时创办了船政学堂（名“求是堂艺局”），分前堂、后堂，前堂学轮船制造，聘法国教师任教，所以也称法国学堂，后堂学轮船驾驶，聘英国教师任教，也称英国学堂；建军就是“整理水师”，建设“轮船水师”（海军），用造出的军舰编练成轮船水师；防海就是调派造出来的军舰到沿海各海口驻防，强固海防。因此，把福建船政局等同于“造船厂”是不恰当的。有的学者把福建船政局简称为“福州船厂”或“船厂”是不对的。“船厂”只是船政的一部分，而不是全部内涵。

因此，船政文化也并非单一的造船文化，还包括轮船维修文化、人才培养、教育文化、海防海军文化等。

二、晚清海防建设的里程碑

福建船政的创办是创办者“夷夏之防”观念、海防观念等传统观念转变的结果，使海防建设迈向近代化，是晚清海防建设的重要里程碑。里程碑标志体现在如下几方面：

其一,“师夷长技”的实践

第一次鸦片战争后,林则徐、魏源等先进提出“师夷长技”的主张。林则徐在奏报中说:“即以船炮而言,本为防海必需之物,虽一时难以猝办,而为长久计,亦不得不先事筹维。”他提出以粤海关税十分之一为经费“制炮造船”,则“制夷”可裕如,不至于棘手。被道光皇帝批为“一片胡言”。[①] 此后在个人书函中,林则徐仍强调制船造炮,认为“剿夷而不谋船炮水军,是自取败也。”[②]魏源在《海国图志》一书中明确提出要“师夷之长技以制夷”,并指出夷之长技包括战舰、火器、养兵练兵之法。[③] 可惜这一主张被搁置了20年。20年后,这一主张在闽局得到实践。“师夷长技”的核心内容是师夷制船造炮。经过第二次鸦片战争的再次抗战失败,清朝当局开始转变观念,突破“夷夏之防”的陈旧观念,认识到“师夷长技”制船造炮确是不能再迟缓的应办“急务”。同治帝在上谕中说:左宗棠奏,拟于闽省择地设厂购买机器,“募雇洋匠,试造火轮船只,实系当今应办急务,……左宗棠务当拣派妥员认真讲求,必尽悉洋人制造驾驶之法,方不至虚糜帑项,所陈各条,均著照议办理。”[④]福建船政局的创办,主要任务就是师夷制造轮船、驾驶轮船,编练轮船水师,培养轮船制造和驾驶人才等。船政局聘请法国造船技术人员教造轮船,聘请英国驾驶技术人员教练轮船驾驶、轮机管理,聘请法国、英国教师在船政学堂任教。还选派学堂毕业生和“艺徒”走出国门“师夷”,到法国、英国留学。这些都是“师夷长技”的重要实践。前此不能“师夷”,此时实践“师夷”,中国“师夷”制造轮船、驾驶轮船是从闽局开始的,这是具有划时代意义的。福州马尾成为晚清重要的轮船制造基地、海军基地和“师夷”窗口、“师夷”特区。船政早期由正监督日意格、副监督德克碑自法国、英国聘用的洋员、洋匠、学堂洋教习等共52名,还不包括洋医生、洋人家属。[⑤] 光绪元年(1875年),英国海军军官寿尔随英国

① 《林则徐集·奏稿》中册,中华书局1965年版,第885页。

② 《林则徐书简》(增订本),福建人民出版社1985年版,第193页。

③ 《魏源集》下册,中华书局1983年版,第839、869页。

④ 《清实录》第四九册,《穆宗实录五》,中华书局1987年版,第208页。

⑤ 林庆元:《福建船政局史稿》增订本,福建人民出版社1999年版,第71页。

兵船田凫号到福州,参观了船政局。他在《田凫号航行记》中写到参观船政局的情况,其中说到船政局的职员时说,船政局的职员中,“大约有欧洲人七十名”。[①] 这么多“夷人”集中在马尾,这是破纪录的,前所未有的。船政局是当时全国兴办的洋务企业中聘用外国人员数量最多的单位。

其二,海防观念的转型

传统的海防就是防守海岸线,利用天然险要地形地势,设置岸炮台,防击来犯之敌,并利用水师战船巡逻海岸,缉捕海盗贼匪。传统的海防观念就是这种防卫、防守的战略战术、驻防武器装备建设的思考。其中,突出的一点就是认为大海是海防的天然屏障,海防与塞防比,塞防更重要。这种海防观念转型的标志是设局制船造炮,重视海防建设。促使海防观念转变的重要因素是看到英、法侵略者从海上来,而且船坚炮利。第二次鸦片战争时,英法联军从广州北上直逼天津海口,入侵北京,火烧圆明园,中国海防“藩篱”形同虚设,造成海防危机。所以当局认识到筹办海防的重要性和迫切性,认为必须仿造新式轮船,组建和操练新式轮船水师(海军),建设新式岸炮台,装备新式大炮,才能剿贼御侮。转型的开始是鸦片战争后,付诸实践是船政的创办,转变不可“师夷”和轻视海防的传统观念,迈进“师夷”和重视海防的新时代。

其三,强军固防的举措

强军固防是福建船政局创办的重要目的。强军固防就是将船政制造的兵轮船“练成一军”,编练成轮船水师,增强海上军事实力,巩固海防。同治帝上谕指出:“此次创立船政,实为自强之计。”[②]光绪帝上谕说:“船政为海防而设,关系至为紧要。”[③]“船政与海防相为维系”。[④] “国家讲求武备,非添设海军,筹造兵轮,无以为自强之计”。“振兴船政,为海上立一强军。”[⑤]经办官员

① 郑剑顺:《福建船政局史事纪要编年》,厦门大学出版社1993年版,第46页。

② 《清实录》第四九册,《穆宗实录五》,中华书局1987年版,第400页。

③ 《清实录》第五三册,《德宗实录》,中华书局1987年版,第673页。

④ 《清实录》第五三册,《德宗实录》,中华书局1987年版,第289页。

⑤ 郑剑顺:《福建船政局史事纪要编年》,厦门大学出版社1993年版,第148、149页。

们也都认为:“制造轮船,实中国自强要著”,“船政为方今至要之务,……海防以船为首务”,创办船政,“为自强切要之图”。[①] “船政为海防根本”[②]等。

这些言论都体现船政创办者强军固防、“自强”“振兴”的重要意图。中国落后,落后在没有兵轮船,没有新式枪炮,造成海防虚弱。所以要“自强”“振兴”,改变落后状况。“彼此同以大海为利,彼有所挟,我独无之”,[③]这种状况一定要改变。要“自强”,就要学习西方造船制炮,“师其所长,夺其所恃”。“欲防海之害而收其利,非整理水师不可;欲整理水师,非设局监造轮船不可。”[④]有了轮船,再装备、训练成轮船水师,“御侮剿贼”才有利器,海防才能巩固。所以,创办船政是晚清为实现“自强”“振兴”、强军固防之梦而实施的重要举措。

其四,海防舰船的制造

船政41年间共制造40艘海防舰船。这些舰船在早期造的编练成福建轮船水师,担负起福建、台湾等沿海海口的巡防任务。后来造的,分别派往台湾、江苏、浙江、山东、广东等海口驻防,在晚清海防建设中发挥了一定的作用。这些舰船毕竟是海防“利器”,从无到有,从帆船时代进入轮船时代,从普通战船时代进入配置有西洋大炮的炮舰时代,增强了海上军事实力和对侵略者的威慑力。

其五,海防人才的培养

海防人才就是兵舰制造和驾驶人才,这种人才的培养是船政创办时就有的计划。船政创办者创办了“求是堂艺局”(船政学堂),目的是造就轮船制造和驾驶人才,“为将来水师将才所自出”。创办者把船政学堂当作“传习”西学、“尽悉洋人制造驾驶之法”的重要基地。学堂学生学习五年毕业后,再被选派到法国、英国留学深造。首届毕业生于1877年赴英、法留学,开启了官派

① 郑剑顺:《福建船政局史事纪要编年》,厦门大学出版社1993年版,第31、79、114页。

② 《船政文化研究——船政奏议汇编点校辑》,海潮摄影艺术出版社2006年版,第243页。

③ 左宗棠奏,见《船政文化研究——船政奏议汇编点校辑》,第5页。

④ 《船政文化研究——船政奏议汇编点校辑》,海潮摄影艺术出版社2006年版,第4页。

留学的风气。其中,驾驶学生刘步蟾、林泰曾、方伯谦、林永升、叶祖珪、萨镇冰等,学成回国后成为海军重要将领。刘步蟾、林泰曾、林永升在甲午中日黄海海战中牺牲。叶祖珪曾任清末南北洋海军总理,萨镇冰是民国初年海军总长。严宗光(严复)成为著名的社会科学启蒙思想家、翻译家、教育家。以后还有黄钟瑛、刘冠雄、程璧光都担任过民国海军总长。晚清福建海军、北洋海军将领和民国海军将领都在这里和国外接受西学教育而造就出来,马尾成为近代海军将才的"摇篮";近代的造船专家、部分科技人才也在这里诞生。船政学堂在清末经历 40 余年,培养了 504 名学生。这些学生在近代海军、海防建设中和轮船制造、轮船运输业及路政、矿政、邮政、教育、翻译等近代化建设中发挥技术和管理骨干作用。①

总之,福建船政局在传统观念突破转变、海防利器兵舰制造、海防人才培养等方面的实践及深远影响,成为晚清海防建设的重要里程碑。

三、几点重要启示

考察福建船政局与晚清海防建设,从中可以悟出如下几点重要启示:

第一,对外开放是强国富民的必由之路。对外开放包括学习外国的先进技术、先进科学、文化,聘用外国人才、引进资金,开展对外贸易、人员往来、教育、文化交流等。没有对外开放,就不会有福建船政局的创办,就没有近代海军,没有近代化海防建设;没有对外开放,就没有机器的引进、技术人才的引进,就没有近代学堂的创办、没有留学生的派遣,就没有近代科技人才的培养,就没有军事、经济、教育、政治等的近代化;没有对外开放,就没有晚清的进步和发展,就没有近代中国的近代化建设。所以,对外开放是强国富民的必由之路,传统的闭关锁国是没有出路的。

第二,改变传统观念是近代化的关键。传统的"夷夏之防"观念、本末观念、义利观念、道器观念、海防观念等,都在船政创办时期突破,有所改变,这是晚清近代化起步的关键。从"夷夏之防"、视"师夷"为"可耻"观念到"师夷长

① 郑剑顺:《福建船政学堂与近代西学传播》,《史学月刊》1998 年第 4 期。

技”观念的改变，由“祖宗成法不可变”“不可变更祖制”，到“变器不变道”“中体西用”的转变，由轻视海防、海权，到讲求军政、重视筹办海防、仿制船炮利器的转变，这是福建船政创办的前提，没有这些观念的改变，就不会有福建船政的创办。这些观念改变的程度，直接影响船政的发展。如商务观念，清朝廷决策者商务观念淡薄，没有使船政经营走向市场化、商业化，而始终坚持军事化、国有化，未能改善办厂条件和扭转经费极度困难的局面，影响可持续发展，导致衰败。①

第三，兴学育才、人才培养改革是近代化的根本。福建船政很重视人才培养改革，与船厂开办的同时，创办“求是堂艺局”（船政学堂），培养海军、海防人才。这是非常英明的决策，真是深谋远虑，立意高远。新式轮船的制造、驾驶，是旧式教育培养出来的人才所不能胜任的，需要新式教育进行培养。新式教育聘请英国、法国教师，学习内容主要是西学，也兼学中学，这是人才培养的重大改革，是我国职业技术教育的开端。而且开创了中国知识分子走出国门留学深造、中外教育交流的新时代。没有这种改革，就没有实用的技术人才可供使用。虽然可以引进人才，但引进的人才只能应付一时，不能应对持久。海军、海防人才如此，其他近代化所需的军事人才、路矿人才、机器制造人才、外语人才等也是如此。这是近代化的根本。近代的兴学育才、教育救国正是从这里出发的。

创办船政的深远价值在于创办者观念改变的影响和培养的人才在近代海军界和海防建设中、在近代化建设中所发挥的重要作用和贡献。

第四，最高决策的正确是船政成功的保证。福建船政局的创办，虽有先贤先进的倡议之功，但倡议只是纸面的东西，要付诸实施，还要靠决策，取决于清朝廷的最高决策。没有清朝廷的“上谕”决定，创办船政、“师夷长技”就只能停留在口头上、文字上。有的说，福建船政局、江南制造总局等洋务企业是“洋务派”创办的，这是说不过去的。船政等洋务企业的创办是清朝廷决定创办的，是政府的行为，而不是某些官员的行为。同治五年五月十三日（1866 年 6 月 25 日），闽浙总督左宗棠上奏建议在“福建海口罗星塔一带”设局制造轮

① 详见郑剑顺：《商务观念与洋务企业的成败》，《厦门大学学报》1995 年第 3 期。

船和"整理水师"。六月初三日(7月14日),清朝廷就批准左宗棠建议,所需经费,指定在"闽海关税内酌量提用"。[1] 从左宗棠上奏到朝廷批准,只经过约20天时间,这是很惊人的速度。至少说明,朝廷在办这件事时没有犹豫,态度果断,当即批准。委派的管理大臣在洋务企业中是级别最高的,显示朝廷的高度重视。当时,官员中虽有保守官员反对的声音,但是反对的意见被朝廷驳斥,没被采纳。此时,朝廷执政的是慈禧太后"垂帘听政",因为同治帝才11岁。所以,最高决策的正确是船政成功的保证。船政造船在晚清坚持了41年(1866—1907),一直是在清朝廷的支持、指导下进行的。创办是清朝廷批准的,停办也是朝廷旨意。其中,决策有正确的,也有不正确的,正确的决策是船政成功的保证,错误的决策导致船政衰败。有了军舰、有了海军后,还要有正确的指挥、正确的战略战术指导,否则,在保卫主权的反侵略战争中还会失败。福建海军和北洋海军在甲申中法马江战役和甲午中日战争中的先后全军覆没就是惨痛例证。于此,我们可以进一步明白,最高决策在中国近代化进程中的重要作用。晚清兴办洋务、施行新政、仿行宪政,都是晚清朝廷在近代化进程中的决策,具有一定的进步性。晚清朝廷在内外交困中,面临民族危难的严重局势,为了自强、振兴,在近代化进程中缓慢前行,有所动作,这是值得肯定的,只是这种前行和动作十分被动,特别是涉及变"道"、变"政"时,行动迟缓,步伐微小。同时,在反侵略战争中一味主和,妥协退让,所以令世人失望,为民心所不容,清政府最终被革命潮流所淹没,不情愿地退出历史舞台。历史是公正的,谁主政不好,谁就会被历史所淘汰。

(原载《明清海防研究》第七辑,
广东人民出版社2013年版)

---

① 郑剑顺:《福建船政局史事纪要编年》,厦门大学出版社1993年版,第1、2页。

福建船政局与台湾

清同治五年(1866年)创办的福建船政局,其创办的目的、经营过程中的物资采购、成船的调拨使用、人员往来等,都与台湾有密切关系。考察、探讨这一关系,对加深认识船政的创办、发展、作用和台湾的地位问题是有意义的,以往对此问题尚无专文论述,本文拟就此作考察和探讨,以就教大家。

一、船政与台湾"相为表里"

福建船政局创办的目的,倡办者、时任闽浙总督的左宗棠在奏折中讲得很清楚,就是要"整理水师"。要整理水师,"非设局监造轮船不可"。他认为,从"巡洋缉盗""用兵出奇""漕政""海运"等方面考虑,都"非设局急造轮船不为功"。[①] "船政之设,所以开中国制造之先,备沿海防御之用。"[②]福建船政局造出轮船后,装备福建海军,调拨沿海各省包括台湾省海口驻防,用于抵御海外侵略者入侵("御侮")和"巡洋缉盗"("剿贼"),发挥了实际效用。特别是同治十三年(1874年),日本武装船只入侵台湾,首任船政大臣沈葆桢乘坐船政造出的兵船赴台,并征调其他造出的兵船布防台湾各海口,有效威慑了日本侵略者,使日本侵略者不敢再轻举妄动,最后接受谈判撤出台湾。经历这一事件后,闽台官员们更加认识到船政的重要,认识到轮船的重要。当时,护送兵勇、转运军装、接济粮食,"均由轮船直达重洋,克期而集"台湾。[③] 沈

① 郑剑顺:《福建船政局史事纪要编年》,厦门大学出版社1993年版,第1页。

② 闽浙总督兼管船政卞宝第奏,见张作兴主编:《船政文化研究——船政奏议汇编点校辑》,海潮摄影艺术出版社2006年版,第415页。

③ 张作兴主编:《船政文化研究——船政奏议汇编点校辑》,海潮摄影艺术出版社2006年版,第151页。

葆桢看到日本侵台的军舰比船政局制造的兵船坚利,而且其国内还有两艘铁甲船,所以极力向朝廷奏请制造铁甲船。在未制造出铁甲船前,沈葆桢建议先向外洋购买两艘,以备不测。“彼有而我无之,水师气为之夺,则两号铁甲船不容不购也。”①

船政大臣丁日昌在奏折中说:“伏查船政事宜不特与海防相为维系,而且尤与台湾相为表里。船政若稍有制肘,则台湾诸事不能顺手。”②洋务官员们都认为,船政是海防根本,而台湾防务“关系东南大局”,③又是海防重中之重。“船政与海防相表里,海防持久而不敝,船政亦宜日起而有功”。④ 因为海防利器是“坚船利炮”,轮船是当时最先进的兵船(军舰),兵轮船靠购买和自己制造,购买是权宜之计,自己制造才是久远之图。福建船政局的船厂是专门制造兵轮船的工厂,船政学堂专门培养轮船制造和轮船驾驶人才,所以船政与海防相“维系”。没有船政,海防无法坚固,必然防不好;有了船政,海防才能得到加强。而台湾“孤悬海外”,“台洋之险,甲诸海疆”,⑤没有轮船,台湾防务更难做好。所以船政与台湾相为“表里”。没有船政,台防难于周全;有了船政,台防才能得到巩固。

船政创办后至同治十三年(1874年),沈葆桢共派六号船政自制兵轮船常驻澎湖巡防。此六号为:扬武、飞云、安澜、靖远、振威、伏波。另派福星号驻防台北。⑥ 光绪六年(1880年)正月,台湾狮头社“生番”抗不交凶,对抗官兵,沈葆桢决心“痛加创惩”。二月初,他随带洋枪利器,亲自坐扬武轮船东渡,赴台筹办,“兼布置开山建治一切事宜”,收到很好的效果。五月,他调振威轮船,

① 张作兴主编:《船政文化研究——船政奏议汇编点校辑》,海潮摄影艺术出版社2006年版,第82页。

② 张作兴主编:《船政文化研究——船政奏议汇编点校辑》,海潮摄影艺术出版社2006年版,第117页。

③ 张作兴主编:《船政文化研究——船政奏议汇编点校辑》,海潮摄影艺术出版社2006年版,第134页。

④ 张作兴主编:《船政文化研究——船政奏议汇编点校辑》,海潮摄影艺术出版社2006年版,第150页。

⑤ 张作兴主编:《船政文化研究——船政奏议汇编点校辑》,海潮摄影艺术出版社2006年版,第83页。

⑥ 张作兴主编:《船政文化研究——船政奏议汇编点校辑》,海潮摄影艺术出版社2006年版,第87页。

来往台湾口岸，“运解军火，济度各军，冒险冲涛，刻期无误”。[①] 这是旧式兵船所无法达到的效果，

福建船政早期制造的15号轮船和闽省购置的轮船，几乎都曾奉派赴台执行军事任务，或参加澎湖操演，或赴台巡缉，或运送军械、兵员赴台等。除上述提及的，还有万年清、济安、登瀛洲、永保、海镜、琛航、艺新、龙骧、虎威、长胜、海东云、湄云等船，都曾赴台差遣过。

船政大臣吴赞诚奏报：“从前南、北各洋盗艇出没，自牛庄、天津、江宁、宁波及闽省之福宁、海潭、厦门、台湾，南北分派‘湄云’‘镇海’等船驻扎梭巡，迭获巨盗，海氛稍戢，商旅便之。”[②]这说明船政的创办对南北沿海防务和台湾海防发挥了“稍戢海氛”、便利商旅的实际效用。

由于船政对台防所需轮船的大量投入，所以，沈葆桢奉命巡台期间及以后一段时间，将养船经费并入台防经费，各船薪粮亦归台防项下支销。[③] 沈葆桢赴台也没有设后路粮台，“凡台湾应由内地采购之件、兑发之款，即以船政局员兼理”。[④] 船政与台防形同一家。

二、台湾的物产供应船政

台湾盛产稻米、蔗糖、木材等。福建船政局创办后，台湾开办了基隆煤矿。基隆煤矿所产煤炭，基本上是供应船政用煤和各轮船用煤。因此，基隆煤矿与船政形成密切的供需关系，成为船政重要的燃煤基地。船政燃煤需求量大，除由基隆煤矿供给外，还需购买从英国进口的煤炭，“英煤、台煤并用”。[⑤]

---

① 张作兴主编：《船政文化研究——船政奏议汇编点校辑》，海潮摄影艺术出版社2006年版，第111页。

② 张作兴主编：《船政文化研究——船政奏议汇编点校辑》，海潮摄影艺术出版社2006年版，第151页。

③ 张作兴主编：《船政文化研究——船政奏议汇编点校辑》，海潮摄影艺术出版社2006年版，第210页。

④ 张作兴主编：《船政文化研究——船政奏议汇编点校辑》，海潮摄影艺术出版社2006年版，第106页。

⑤ 张作兴主编：《船政文化研究——船政奏议汇编点校辑》，海潮摄影艺术出版社2006年版，第389页。

船政造船所需木料，除从暹罗（泰国）、缅甸进口外，还从闽北山区和台湾山区采办。同治六年（1867 年）六月，船政委员郑应奎奉派前赴台湾内山采办煤炭、木料。① 船政局造出轮船后，利用轮船赴台湾运煤、木料、大米等，"颇扩舟楫之利"。②

三、船政在沟通两岸中的作用

船政创办后在沟通两岸中起了重要作用，如：

其一，轮船航运，便利两岸往来。台湾与大陆隔着台湾海峡，"洋面风浪之险，无过台湾"③，靠旧式帆船渡海赴台，常有不测，被视为"险恶"之途。船政制造的轮船，在抗风浪能力上大大加强，远超旧式帆船的抗风浪能力，成为横渡台湾海峡的海上"桥梁"。船政官员和闽省官员赴台巡视，治理事务，台湾官员赴任、离任等，都靠船政轮船运送，既便捷，又减少风险。船政首创的万年清号轮船一直派驻台湾供差。因为派驻台湾驻防的兵轮船都受船政大臣"总理"，所以，船政大臣沈葆桢、丁日昌、吴赞诚、黎兆棠等都曾乘船政轮船渡海赴台巡视，处理、布置有关防务。台防所需的兵员、军械也全靠船政轮船护送。同治十三年（1874 年），"自防事兴，各轮船周历南、北两路"，及至进军台湾后山，各轮船"连艘转运"，十分繁忙。④ 台湾修造炮台，所需材料和工程人员也由船政调拨轮船运送。这是传统水师船所难以做到的。

其二，便利文书传递。台湾远隔内地，与内地通文报很困难。"从前文报，恒累月不通。有轮船后，乃按月可达。"⑤从内地送文报到台湾，或从台湾

---

① 张作兴主编：《船政文化研究——船政奏议汇编点校辑》，海潮摄影艺术出版社 2006 年版，第 42 页。

② 张作兴主编：《船政文化研究——船政奏议汇编点校辑》，海潮摄影艺术出版社 2006 年版，第 354 页。

③ 张作兴主编：《船政文化研究——船政奏议汇编点校辑》，海潮摄影艺术出版社 2006 年版，第 138 页。

④ 张作兴主编：《船政文化研究——船政奏议汇编点校辑》，海潮摄影艺术出版社 2006 年版，第 138 页。

⑤ 张作兴主编：《船政文化研究——船政奏议汇编点校辑》，海潮摄影艺术出版社 2006 年版，第 83 页。

送文报到内地,如用旧式帆船传送,常常几个月还送不到,很不容易。遇到海上风浪,还有舟覆人亡之虞。有了船政制造的轮船,用于传递文书,当月之内即可到达,而且安全可靠。这对沟通两岸信息、应对处理台湾突发事件,极大提高了效率。

其三,开通电报联系。轮船虽然在传递文报方面发挥了前所未有的快速作用,但仍有局限,如遇飓风大作时,虽轮船也为所阻。首任船政大臣沈葆桢有鉴于此,在船政创办初期,即同治十三年(1874 年)就奏请开通大陆与台湾的电报联系。他在奏报中指出:“欲消息常通,断不可无电线”。[①] 有了电线后,两岸“瞬息可通,事至不虞仓卒矣”。[②] 他提出:电报线路由福州陆路至厦门,再由厦门水路至台湾。因为水路费用高,陆路费用省,厦门至台湾的水路最近。这样合计经费还不及制造一艘轮船的经费。这是很有远见的谋划。可惜,这一计划虽经上谕同意饬办,却未能付之施行,“因循迄无成就”。[③]

这一计划至光绪初年实现。在会办福建海疆事宜大臣张佩纶任内,福州电线接至马尾,再接至长门、川石,与英国大东海线接通。张佩纶购买电机全副,于船政公署内另盖洋式楼房一座,作为电报房,派船政学堂学生数人,“专递紧要之事,以与将军行营、督抚、省署互通消息。”[④]

综上所述,福建船政局与台湾的关系十分密切,船政在台湾防务建设上,在两岸航运、沟通信息上都发挥了重要作用。有了船政,不仅台湾防务得到加强,而且极大方便了两岸往来和信息沟通。

同治十年(1871 年),在船政创办五年之际,内阁学士宋晋上奏,提请朝廷停止船政局造船以节经费,受到洋务官员们的一致反对。朝廷上谕指出:“制造轮船原为绸缪未雨,力图自强之策。如果制造合宜,可以御侮,自不应惜小

① 张作兴主编:《船政文化研究——船政奏议汇编点校辑》,海潮摄影艺术出版社 2006 年版,第 83 页。

② 张作兴主编:《船政文化研究——船政奏议汇编点校辑》,海潮摄影艺术出版社 2006 年版,第 83 页。

③ 刘锦藻:《清朝续文献通考》四,卷三百七十二,邮传十三,浙江古籍出版社 2000 年第 2 版,考第 11172 页。

④ 张作兴主编:《船政文化研究——船政奏议汇编点校辑》,第 279 页。

费而堕远谋。”①首任船政大臣沈葆桢也力主船政造船不应停止。他说，船政虽然制造了15号轮船，但仍然满足不了海防和台防的需要。特别是台湾更需要轮船，不论是防务还是文书传递，都刻不容缓需要轮船，而就“眼前轮船计之，实觉不敷周转。”②他说：船政“厂中多造一船，即愈精一船之功；海防多得一船，即多收一船之效。”③购买轮船，“权操于人，何如制造者权操诸己。”④可见，船政在海防、台防中的重要性、紧迫性是船政得以创办和发展的重要因素和推动力。清朝廷也明显体会到这一点，所以批准船政“续行兴造得力兵船，以资利用”。⑤

（原载《福建史志》2007年第6期）

① 郑剑顺：《福建船政局史事纪要编年》，厦门大学出版社1993年版，第27页。

② 张作兴主编：《船政文化研究——船政奏议汇编点校辑》，第87页。

③ 张作兴主编：《船政文化研究——船政奏议汇编点校辑》，第87页。

④ 张作兴主编：《船政文化研究——船政奏议汇编点校辑》，第87页。

⑤ 张作兴主编：《船政文化研究——船政奏议汇编点校辑》，第87—88页。

晚清对外开放与福建船政局的兴衰

对外开放，即开放中外通商贸易，往来交流，包括开放商品市场、人才市场、技术市场、文化市场、金融市场，允许外商投资办厂、开矿、筑路、创业，允许中国人走向世界等①。晚清由于对外开放，才有福建船政局的诞生和发展，由于对外开放还有欠缺，所以船政局未能持续发展，终于衰败停办。对外开放与船政局的兴衰紧密相连，这是值得关注而以往关注还不够的课题。本文拟就此作探讨，以期对船政局的深入研究及对外开放的正确认识有所裨助。

一、对外开放与福建船政局的兴办

鸦片战争后，清政府被迫开放五口通商，却仍然坚持“夷夏之防”，“师夷”仍被视为可耻而不被允许。第二次鸦片战争的中外武力再次较量，给一直以“天朝上国”自诩的清王朝以巨大震撼，面临“数千年未有之变局”，统治集团开始“破除耳目近习，讲求利用实际”②，重新审时度势，意识到“中土数百年来，士大夫习于道德，而忘器艺。卒于海疆有事，舟帆炮械悉不足以应敌，是坐困于弱势也”③。洋务官员与当局由此打破“夷夏之防”观念，倡导“师夷长技”④。正是这种“夷夏之防”观念的打破，学习西方“长技”这一意识形态上的对外开放，为福建船政局的兴办奠定了思想基础。从不能“师夷”到倡导“师夷”，这是从封闭到开放的重要起点，是清政府审时度势的自觉行为。如

① 郑剑顺：《晚清对外开放的历史回顾及启示》，《中国社会经济史研究》2004 年第 1 期。

② 中国近代史资料丛刊《洋务运动》（一），上海人民出版社 1961 年版，第 16 页。

③ 中国近代史资料汇编《海防档》乙，《福州船厂》，台湾艺文印书馆 1957 年版，第 102 页。

④ 中国近代史资料丛刊《洋务运动》（一），上海人民出版社 1961 年版，第 252 页。

果开放“五口”通商是被迫接受的话，那么，作出“师夷”决策就不能说是被迫的，而是主动的。

洋务官员们提出“借法自强”，并强烈认识到“师夷长技”设立局厂以求“转弱为强”的必要性和重要性。左宗棠上奏道：“自海上用兵以来，泰西各国兵船直达天津，藩篱竟成虚设，星驰飙举，无足当之。自洋船准载北货行销各口，北地货价腾贵，江浙大商以海船为业者，往北置货，价本愈增，比及回南，费重行迟，不能减价以敌洋商，日久销耗愈甚，不惟亏折货本，寖至歇其旧业”，以致造成“阛阓萧条，税厘减色，富商变为穷人，游手驱为人役，……是非设局急造轮船不为功”①。“谓我之长不如外国，导其先可也；谓我之长不如外国，让外国擅其能不可也。”②御史陈璧认识到：“泰西以水师为命源，水师以船政为根本”③。文煜说：“设厂制造轮船，系中国自强之道，为海疆当务之急”④。李鸿章也指出：“西人专恃其枪炮轮船之精利，故能横行于中土，中国向用之弓矛小枪土炮，不敌彼后门进子来福枪炮；向用之帆篷舟楫，艇船炮划，不敌彼轮机兵船，是以受制于西人。……自强之道，在乎师其所能，夺其所恃。”⑤如此，中国则“既可收自强之效，外族亦可免觊觎之心”⑥。

由于认识到中西的巨大差距，认识到船政关系海防，是“国家自强之本”，意识到“西洋各国恃其船炮，横行海上，每以其所有，傲我所无，不得不师其长以制之”⑦，所以，洋务官员纷纷上书，要求“造船购炮，效其所长”，“仿造轮船以夺彼族之所恃”⑧，只有“弃我之短，取彼之长”，才是“自强之策”⑨。于是，同治五年（1866 年）六月，清朝廷批准左宗棠在闽省择地设局造船的建议，“兹局之设，所重在学造西洋机器以成轮船，俾中国得转相授受，为永远之利，非如

① 孙毓棠编：《中国近代工业史资料》（第一辑），中华书局 1962 年版，第 375 页。

② 中国近代史资料丛刊《洋务运动》（五），上海人民出版社 1961 年版，第 8 页。

③ 沈云龙主编：近代中国史料丛刊《皇清道咸同光奏议》，文行出版社，第 741 页。

④ 中国近代史资料丛刊《洋务运动》（五），上海人民出版社 1961 年版，第 94 页。

⑤ 中国近代史资料汇编《海防档》乙，《福州船厂》，台湾艺文印书馆 1957 年版，第 368 页。

⑥ 中国近代史资料丛刊《洋务运动》（五），上海人民出版社 1961 年版，第 17 页。

⑦ 中国近代史资料汇编《海防档》乙，《福州船厂》，台湾艺文印书馆 1957 年版，第 363 页。

⑧ 郑剑顺：《福建船政局史事纪要编年》，厦门大学出版社 1993 年版，第 3 页。

⑨ 郑剑顺：《福建船政局史事纪要编年》，厦门大学出版社 1993 年版，第 27 页。

雇买轮船之徒取济一时可比”①,“购买机器、募雇洋匠、试造火轮船只,实系当今应办急务”②。清朝廷在批准左宗棠与日意格、德克碑所议定“保约”“合同规约”等船政章程和艺局章程的上谕中指出:“创立船政,实为自强之计,……自当坚定办理”。③

虽然还有人坚持说延聘西人教习“大伤风教”,“溃夷夏之防,为乱阶之倡”④,但不仅不被朝廷所理睬,而且被严厉批驳。“上谕”指出上述言论“不过摭拾陈言”,“甚属荒谬”。针对“天文算学,疆臣行之则可,皇上行之则不可”的言论,上谕说:“普天之下,孰非朝廷号令所及,岂有疆臣可行而朝廷不可行之理”⑤。说明此时清朝廷已自觉接受“师夷”的对外开放观念,并做出相关的对外开放决策。

从上述可见,正是由于“夷夏之防”观念的破除,思想上的这一大开放,清王朝才在政策上实施对外开放,开始学习西方制船造炮,以求“自强”,创办了晚清集制造轮船、修理轮船、编练海军、培养人才为一体的重要基地——福建船政局。因此可以说,福建船政局的创办是对外开放的结果,是势所必至的产物。

二、对外开放与福建船政局的发展

由于中国近代科学技术落后,科技知识匮乏,福建船政局需要引进机器设备、引进技术、引进人才,这些都必须有对外开放的观念和政策才能做到。对外国的坚船利炮,洋务官员先是购买,而后仿造,他们认为购买只是一时权宜之策,唯有仿造才是根本之图,因为“借不如雇,雇不如买,买不如自造”⑥,要自造就必须引进机器、引进技术、引进人才。引进机器实际上是开放商品市场

① 孙毓棠编:《中国近代工业史资料》(第一辑),中华书局1962年版,第385页。
② 郑剑顺:《福建船政局史事纪要编年》,厦门大学出版社1993年版,第2页。
③ 郑剑顺:《福建船政局史事纪要编年》,厦门大学出版社1993年版,第7页。
④ 中国近代史资料丛刊《洋务运动》(二),上海人民出版社1961年版,第47页。
⑤ 中国近代史资料丛刊《洋务运动》(二),上海人民出版社1961年版,第50、51页。
⑥ 中国近代史资料丛刊《洋务运动》(五),上海人民出版社1961年版,第443页。

的内容;引进技术是开放技术市场的一部分;引进人才是开放人才市场的重要表现。

技术引进是与机器引进、人才引进相辅相成的,通过购买外国机器,"借才异域"(即聘雇技术人员、教师传授技术,教造轮船、驾驶轮船,充任学堂教习,为我所用),以制造国防"利器",达到自强的目的。船政局创办初期,从法国引进制造机器、造船材料、修船的铁船槽,聘用法国造船技术人员和法语教师,聘用英国教驾驶的英语教师。在造船技术上,船政局的创办者不故步自封,而是"由浅入深""愈造愈精",以期达到"以机器造机器,以华人学华人,以新法变新法"①。这种与时俱进、精益求精追赶外国先进造船技术的思想和实践,体现在船政局 40 多年的经营过程中,从仿造木壳木肋兵船到学造铁壳铁肋兵轮,再到学造巡海快船、鱼雷快艇、穹甲船、钢甲军舰,轮机技术从立机改为卧机,再进而用省煤"涨力机",从单轮机到双轮机,不断改进、提高。而在技术人员的引进上,"洋匠必须雇换合时得力之高手,且藉以造就华匠,俾不至于永远借助外人,无负当时设局育才之本指"②。因而,福建船政局先后四次雇请外国技术人员来华"造船制器,并教导中国工匠、匠首及艺童"③:第一次是同治五年(1866 年),船政局初创之时,由日意格、德克碑雇募法国洋员、洋匠五十一名④,教造木肋木壳船及"一切造船家伙"(船上器件),"大至桅舵、烟筒、煤舱、舢板,小至明窗、水管、绳缆、栏梯,精自舵表、气表、远镜、号气钟,粗至帆旗、衣装、床爨、倚几",逐件制造。⑤ 第二次是光绪元年(1875 年),船政局为了改造铁肋船和新式康邦轮机,从法国雇请二名技工到厂教匠徒打造铁肋,从英国雇请三名工匠到厂教匠徒铸造新式轮机。第三次是光绪二十三年(1897 年),为了"整顿"船政,改造新式铁壳、铁甲船,船政局又从法国雇募洋员、洋匠杜业尔等十五名,教造铁壳、钢甲船及鱼雷快舰。第四次是光绪二十九年(1903 年),船政局又募法国洋员、洋匠柏奥镗等十

① 郑剑顺:《福建船政局史事纪要编年》,厦门大学出版社 1993 年版,第 31 页。

② 孙毓棠编:《中国近代工业史资料》(第一辑),中华书局 1962 年版,第 411 页。

③ 孙毓棠编:《中国近代工业史资料》(第一辑),中华书局 1962 年版,第 388 页。

④ 郑剑顺:《福建船政局史事纪要编年》,厦门大学出版社 1993 年版,第 41 页。

⑤ 郑剑顺:《晚清史研究》,岳麓书社 2004 年版,第 221 页。

四名,继续教造钢甲船。此外,在船政学堂中,学习轮船制造的前学堂聘请法国“教习”(教师),学习造船和设计;学习轮船驾驶的后学堂,聘请英国“教习”,学习驾驶和管轮。

这一时期对外开放还体现在培育船政人才上。船政主持者创办船政学堂,并奏请派遣留学生走向世界学习先进的造船、驾驶技术。由于传统人才“专心道德文章,不复以艺事为重”①,不适合近代工业生产的需求,故而在船政局创办伊始,洋务官员就认识到“自强之要,尤在人才有所成就,以备接续有人”,“造船以得人为要”②,指出“习造轮船,非要造轮船也,欲尽其制造驾驶之术耳;非徒求一二人能制造驾驶也,欲广其传使中国才艺日进,制造、驾驶展转授受,传习无穷耳。故必开艺局,选少年颖悟子弟习其语言、文字,诵其书,通其算学,而后西法可衍于中国”③。就是在这样的思想指导下,开办了船政学堂,以培养轮船制造人才和驾驶人才,达到“学成而后督造有人,管驾有人,轮船之事始为一了百了”的目的。④ 随着造船技术的日益精进,为培养相应的专门人才,学堂相应地增设一些新的“艺馆”和课程,除购买“水师将弁应读之书”外,还购买了电学、气学、重学、水学等仪器,供学生试验之用,“务令日扩新知,勿狃故步”⑤。但正如李鸿章所说:学堂学生“不知西学精益求精,原无止境,推步制造,用意日新。彼既得鱼忘筌,我尚刻舟求剑,守其一得,何异废于半途。因其已新者而日日新之,又日新之,诚正修齐治平之功如是,即格致之功何莫不如是”⑥;同时又指出,“西洋制造之精,实源本于测算、格致之学,奇才迭出,月异日新。即如造船一事,近时轮机铁肋一变前模,船身愈坚,用煤愈省,而驶行愈速。中国仿造皆初时旧式,良由师资不广,见闻不多,官厂艺徒虽已放手自制,止能循规蹈矩,不能继长增高。即使访询新式,孜孜效法,数年而后,西人别出新奇,中国又成故步,所谓随人作计,终后人也。若不前赴西厂观摩考索,终难探制作之源。至如驾驶之法,近日华员亦能自行管驾,涉

---

① 中国近代史资料汇编《海防档》乙,《福州船厂》,台湾艺文印书馆 1957 年版,第 97 页。
② 中国近代史资料汇编《海防档》乙,《福州船厂》,台湾艺文印书馆 1957 年版,第 23 页。
③ 中国近代史资料丛刊《洋务运动》(五),上海人民出版社 1961 年版,第 28 页。
④ 中国近代史资料丛刊《洋务运动》(五),上海人民出版社 1961 年版,第 449 页。
⑤ 林庆元:《福建船政局史稿》,福建人民出版社 1999 年版,第 180 页。
⑥ 中国近代史资料丛刊《洋务运动》(五),上海人民出版社 1961 年版,第 234 页。

历风涛；惟测量天文、沙线，遇风保险等事，仍未得其深际。其驾驶铁甲兵船于大洋狂风巨浪中，布阵应敌，离合变化之奇，华员皆未经见。自非目接身亲，断难窥其秘钥”。[①] 左宗棠亦论道：“今幸闽厂工匠能制造，学生日能精进，兹事可望有成。再议遣人赴泰西游历各处，藉资学习，互相考证，精益求精，不致废弃。则彼之聪明有尽，我之神智日开，以防外侮，以利民用，绰有余裕矣”[②]。于是，经清朝廷批准，光绪三年（1877 年），30 名船政学生分别赴法国、英国留学，之后又于 1881、1885、1897 年继续派了三批学生出洋。这些留学生不仅学习轮船制造技术和驾驶技术，而且还学习炼钢及制造枪炮、弹药、鱼雷等技术。他们学成回国后，成为船政重要的技术骨干，使船政的技术力量发生变化，船政局监工、匠首从全用洋员变为“半用洋员”，船政学堂的洋教习也有所减少，并且由于这些骨干人员对世界各国造船的技术动态有所了解，能够鉴别所购轮船及其物件的质量，增强了船政局的技术自主性和主动性。

对外开放成果还体现在船政局的经营管理上。船政局吸收了西方一些近代管理制度：如聘用、管理外国技术人员的制度，船政当局在维护经营管理主权前提下，与洋员订立保约、合同规约，明确雇方和受雇方的职责，坚持掌握船政的用人、行政自主权，对不该聘用的洋员拒绝聘用，对不遵守约束、不守规矩的洋员、洋匠坚决照章辞退。如首任船政大臣沈葆桢果断革退“不遵匠头约束”的法国工匠博士巴。当法国驻福州副领事巴世栋出面干预，要求沈葆桢收回成命时，遭到驳斥，沈葆桢指出：“船政与通商两不相涉，领事为通商而设，不应干预船政”[③]。总理衙门也肯定船政局的做法，认为“船政事务非领事官所应干预，亦非税务司所能预闻”[④]。又如在劳工管理上，船政局采用的不是封建的劳役制，而是近代的雇佣制，受雇佣劳动力市场供求规律制约；同时实行工资级别制，无论中外管理人员、技术人员和工人都按规定领取工资。对

① 郑剑顺：《福建船政局史事纪要编年》，厦门大学出版社 1993 年版，第 55 页。

② 中国近代史资料汇编：《海防档》乙，《福州船厂》，台湾艺文印书馆 1957 年版，第 487 页。

③ 郑剑顺：《福建船政局史事纪要编年》，厦门大学出版社 1993 年版，第 20 页。

④ 郑剑顺：《福建船政局史事纪要编年》，厦门大学出版社 1993 年版，第 20 页。

管理人员、技术人员，定薪的基本原则是“通晓西学及造船一切西法，即员数稍多，薪水概从优厚”①，并且“惟视其差使之重轻，不专论品职之大小”②，并实行津贴制加以鼓励。此外，船政当局十分重视人员的考核，认为“始固因事而任人，今则因人而考核，苟有成效，因小善不敢没，……苟无可亲，虽所亲不取滥”③，并依此推行奖励制，其对象包括“出力之中外文武官员弁工匠人等”。④ 船政局这一管理体制在一定程度上推动了船政局的发展。英国海军军官寿尔在参观船政局后写道：“整个来说，除了工人之外，这个造船场和外国任何其他造船场并没有多少区别，虽然不象外国造船场那种忙急的样子——这也许是比较可以觉察到的一点”⑤。说明船政局造船厂是清政府实施对外开放政策后仿照法国造船厂复制成的。“洋法之工，洋产之料”⑥，没有对外开放，就没有船政局的创办和发展。

三、对外开放与福建船政局的衰落

福建船政局经营了41年，终于无法维持下去，宣告停办。其衰落有诸多因素，其中与没有把握好对外开放及对外开放存在缺陷有很大关系。向西方学习，“借法自强”是对外开放的重要体现，然而，向西方学习什么，船政当局并没有把握好，主要表现在以下几个方面：

首先，船政局只讲求社会效益，不讲究经济效益。由于船政局的设立是为了“力图自强”，“讲求兵船新法，以固疆圉而壮声威”，因而所造之船，除组建福建海军外，调拨沿海各省。产品无偿调拨，因“制船用船均属公家，自无庸两相计较”⑦，所以“并不所取原价分文”⑧。船政局资金来源于闽海关的固定

① 中国近代史资料丛刊《洋务运动》（五），上海人民出版社1961年版，第320页。

② 林庆元：《福建船政局史稿》，福建人民出版社1999年版，第192页。

③ 中国近代史资料丛刊《洋务运动》（五），上海人民出版社1961年版，第165页。

④ 林庆元：《福建船政局史稿》，福建人民出版社1999年版，第93页。

⑤ 郑剑顺：《福建船政局史事纪要编年》，厦门大学出版社1993年版，第47页。

⑥ 郑剑顺：《福建船政局史事纪要编年》，厦门大学出版社1993年版，第101页。

⑦ 中国近代史资料丛刊《洋务运动》（五），上海人民出版社1961年版，第365页。

⑧ 中国近代史资料丛刊《洋务运动》（五），上海人民出版社1961年版，第374页。

拨款,经营不计成本,没有获得利润可言,也就没有从利润转化为资本积累,当然无法进行扩大再生产,这就决定了船政局的船厂性质是官营的非营利性军事工业。近代机器大生产需要不断扩大生产规模以获得规模效益,船政局没有在对外开放中借鉴西方的经验,及时变革过时的经营理念和经营方式,因此无法进行近代工业的扩大再生产,从根本上导致了船政局的衰败。企业的经济效益是企业的生命和活力所在。船政当局没有把"洋厂有贪求资本之息"①作为取法的榜样,反而坚持经费上的"实支实报",把企业经费来源系于国家的拨款上,而不是靠企业自身产品的价值利润积累,终于使企业成"无米之炊"而停办。

其次,缺乏商务观念。船政与商务分离,使之错失持续发展的机遇。商务观念是随着对外开放而被国人逐步接受的。虽然商务思想在晚清有了一定发展,但是船政局没有把船政与商政相结合,把船政引向近代商业化道路,严重制约了船政的发展。有识之士曾提议船政要讲求商政,与"商"结合,船政也出现一些很好的苗头,可惜没有得到朝廷支持和采纳,或船政当局没有加以很好把握。如同治五年(1866年),官员奏议设船政局时,广东巡抚蒋益澧就奏道:"沿海富商大贾,亦准其租购轮船夹板,而藉其名于官,无事则任彼经商,有事则归我调遣"②。同治十二年(1873年),沈葆桢提出:"若虑兵船过多,费无从出,则间造商船未尝不可,亦不患领者之无人"③,"请将第十三、十四、十五等号轮船一体改造,广闾阎之生计,节国家之度支"④。李鸿章也认为闽厂"可间造商船,以资华商领雇"⑤。因为船政局经费支绌,清朝廷准许船政局将"第十二号至十五号轮船改造商舶,系为樽节度支起见,应如所请办理。惟从第十六号起,应仍一律改造兵船,以无失设厂造船力图自强本意"⑥。只因"间造商船"有违建立船政局的"本意"而被停止,实质上是由于缺乏商务思想而使船政局失去一次发展的大好时机。光绪十三年(1887年),船政大臣裴荫森

① 郑剑顺:《福建船政局史事纪要编年》,厦门大学出版社1993年版,第103页。
② 郑剑顺:《福建船政局史事纪要编年》,厦门大学出版社1993年版,第3页。
③ 中国近代史资料丛刊《洋务运动》(五),上海人民出版社1961年版,第117页。
④ 郑剑顺:《福建船政局史事纪要编年》,厦门大学出版社1993年版,第37页。
⑤ 中国近代史资料汇编《海防档》乙,《福州船厂》,台湾艺文印书馆1957年版,第371页。
⑥ 郑剑顺:《福建船政局史事纪要编年》,厦门大学出版社1993年版,第38页。

同样因解决经费问题，与两广总督张之洞商定“协造”快船三号和浅水兵船五号。所谓“协造”，即用船一方出资由船厂代造船只。当时商定，由广东方面以快船“每号各协番银九万两”，浅水兵船“每号各协番银三万两”，张之洞“鸠集官绅捐款”四十八万两，作为协造八船的经费。[①] 这种代他省造船的有偿“协造”，在当时是解决资金困难的可行方法，亦是船政局引入商政获得进一步发展的很好举措。然而船政局对此的认识存在很大局限性，认为“协造”是“甚不得已之计”。因此，虽然协造资助款项少于实际造船成本费，还须“由船政局款开支协办”，船政局也认了。而且这种“协造”也没有很好坚持下去。可见这种“协造”实际上是用船一方的随意资助而已，还不是成船的商品化。[②] 裴荫森还“坚与员绅约专造兵轮，永不准再造商船”[③]。

到甲午战后，洋务企业步履维艰，现实形势迫使这些企业开始接受商务思想，统治集团内部也要求“仿照西例，改为商办”。在这种社会大环境下，船政局与两广总督会奏，拟将船政局“招商承办”，后因久无“成议”，又由于“该厂需费较繁，华商既无力承揽，洋商又未便招致”，船政当局决定“招商一节应请作为罢论，以免纠纷而杜弊窦”。[④] 光绪二十八年（1902 年），会办船政大臣沈翊清请“饬下沿江沿海各督抚大臣，如有备造大小兵运各船，不必商购外洋，拟照南北洋广东成案，即就船政购造，约定工料价目，订明年月期限，以便考成。即华洋各商有托制商船者，亦可订立合同，允为制造，以广招徕”。[⑤] 同年七月，船政总监督杜业尔与“驻沪法国立兴洋行，商订承造由沪至汉来往运货商轮三只之合同”，合同规定，三船限二十五个月竣工，其价洋银一百十五万元，并且“未俟船政大臣将拟定合同批准为定，即行开工”。对此，清政府认为“船厂代造他国公司商船，前奉旨准。细思终多流弊，如合同未订，请缓订”。[⑥] 在得知“代造三船”已经“画押难废”后，只好“令其妥定章程，赶紧代造”。[⑦]

---

① 中国近代史资料丛刊《洋务运动》（五），上海人民出版社 1961 年版，第 365 页。

② 郑剑顺：《晚清史研究》，岳麓书社 2004 年版，第 240 页。

③ 中国近代史资料丛刊《洋务运动》（五），上海人民出版社 1961 年版，第 319 页。

④ 郑剑顺：《福建船政局史事纪要编年》，厦门大学出版社 1993 年版，第 130 页。

⑤ 郑剑顺：《福建船政局史事纪要编年》，厦门大学出版社 1993 年版，第 160 页。

⑥ 中国近代史资料汇编《海防档》乙，《福州船厂》，台湾艺文印书馆 1957 年版，第 1050 页。

⑦ 中国近代史资料汇编《海防档》乙，《福州船厂》，台湾艺文印书馆 1957 年版，第 1053 页。

虽然代造商船,“另有工价,月可节半。……三船造竣,计可剩三十万元”,“裨益船政良多”,①仍未能得到朝廷支持。至于引进外资中外合资办船厂,更是清政府所惧怕而坚决拒绝的。② 因为商务观念并未渗透于船政局,船政经营思想始终束缚于军政垄断思想,没有突破旧的官营军工企业观念的氛围,因而错过多次商机,没有走上商业化道路或与商政结合,这就严重制约了船厂的生产,一直未能解决船政局经费困扰的难题,不能给它带来经营效益。

再次,在经营管理上,对外开放不到位,学习、引进不全面。船政局虽然在企业管理上有了某些近代化的迹象,但是由于受传统思想的禁锢,在内部管理、财务管理等方面严重阻碍了企业的扩大再生产。人事管理上的封建“裙带”关系成风,形成“积重难返之势”,“人浮于事”,虚靡局款;黑暗官场上的恶劣习气,如浮冒搪塞、营私舞弊、官气十足等直接影响船政局的日常运作。企业内部对工人的封建束缚很严重,工人在生产和生活上都要受到官绅的“统制”,佣工、杂工要“受兵法部勒”,还设什长、队长管理。他们所住之处,“傍山结垒,略如营房”。③ “工役有犯”,按军法惩处,抑制了工人的生产主动性和积极性,这也意味着船政局利用封建强制的办法榨取剩余价值。财务管理上实行“开单制”,向户部核销,后期虽然从“开单”变为“改造细册”,船政大臣乃奏请准予“实支实报,免以成例相绳”。④ 这种传统的财务奏报方式,其可靠性完全取决于奏报者的廉洁与否。滥支、滥用、滥报、多报开支以中饱私囊难以避免。财务管理日益混乱,贪污浪费风行,造成船政局“弊窦丛生,虚糜甚巨”。而且船政局在引进外国先进机器和技术时,又与国际船政市场发生联系,而国际价格随着价值规律上下波动,使这一传统财务管理制度无法适应国际市场的复杂性,无法产生效益。

综上所述,从封闭式的对外态度到“夷夏之防”的突破,在“师夷”“借法自强”、采用对外开放的举措中,使船政局能够得以破壳而出,并在对外开放的政策作用下发展,但又因对外开放只是单纯孤立地引进机器、引进技术,却抛

---

① 郑剑顺:《福建船政局史事纪要编年》,厦门大学出版社 1993 年版,第 163、164 页。
② 郑剑顺:《福建船政局史事纪要编年》,厦门大学出版社 1993 年版,第 186—187 页。
③ 中国近代史资料丛刊《洋务运动》(五),上海人民出版社 1961 年版,第 221 页。
④ 郑剑顺:《福建船政局史事纪要编年》,厦门大学出版社 1993 年版,第 101 页。

弃培植先进生产力的先进生产关系,造成船政与商务脱钩,企业没有商业化、资本化,没有经济效益,资金短绌,最终步入衰败。可以说,福建船政局是对外开放的产物,没有对外开放就没有福建船政局的开办和发展,但同时又因为对外开放不完全到位、不彻底等缺陷,使船政局最终失去持续发展的动力和机遇。

(本文为作者与吴静合作,原载《中国社会经济史研究》2006 年第 1 期)

迈达与福建船政学堂

迈达,法国人,福建船政学堂前学堂教习。他是福建船政学堂随船政局创办后首批聘请的外籍教师之一,又是福建船政局停办后,最后两个离开船政学堂的外籍教师之一,几乎与晚清福建船政学堂相始终,在福建船政学堂任教40多年,为船政教育事业作出了重要贡献,理应名留船政青史。

限于资料,本文只能就迈达的受聘及任教情况作简要论述,谨求指正。

一

清同治五年六月初三日(1866年7月14日),清朝廷批准闽浙总督左宗棠在马尾设局造船的建议。十一月十七日(12月23日),船厂动工兴建。同治六年六月十七日(1867年7月18日),首任总理船政大臣沈葆桢丁忧释服后到马尾上任,"总理船政关防"即日开用。① 在清方船政衙门与受雇方日意格、德克碑签订的"保约"中规定:日、德二员在五年期间,"保令外国员匠教导中国员匠,按照现成图式造船法度,一律精熟,均各自能造制轮船;并就铁厂家伙教令添造一切造船家伙;并开设学堂教习法国语言文字,俾通算法,均能按图自造;教习英国语言文字,俾通一切船主之学,能自监造、驾驶,方为教有成效。"②于此可见,船政学堂与铁厂、轮船厂等并设,目的是使"华人习学外国语言文字及造船、驶船法度及一切算法、绘法等事。"③迈达即在这种情况下受聘

① 《沈文肃公政书》卷四,第4页。

② 中国近代史资料丛刊《洋务运动》(五),上海人民出版社1961年版,第36页。

③ 中国近代史资料丛刊《洋务运动》(五),上海人民出版社1961年版,第43页。

为前学堂教习。他于同治七年(1868 年)三月十九日到达船政局①。首批学堂教习同船政局聘用的其他洋员、洋匠一样,聘期为五年,从同治八年正月初一日(1869 年 2 月 11 日)开始,至同治十二年十二月二十六日(1874 年 2 月 12 日)期满。迈达于同治十二年(1874 年)十二月三十日回国②。因“船政教导功成”,沈葆桢奏请奖励出力之洋员匠,经朝廷批准,除加奖出力之洋员匠银两及给两个月工资和返程路费外,赏给迈达四品衔并二等宝星。③ 光绪四年(1878 年)正月十九日,迈达重又被聘为船政学堂前学堂教习来闽,约定三年为限,每月薪水洋平银仍如前聘二百两。船政大臣吴赞诚等在奏折中称赞说:“前学堂洋教习曰德尚,曰迈达,德尚月薪二百五十两,教老班学生;迈达月薪二百两,教新班学生。各能循循善诱,生徒学业,均有竿头日进之象。”④光绪七年(1881 年)正月二十二日,三年限满。经船政大臣黎兆棠奏请批准,迈达继续留任一年。船政大臣张梦元在给总理衙门的呈文中肯定迈达“先后两次来华,充当教习,训迪精勤,多所成就”⑤。至光绪八年(1882 年)正月初三日,续聘一年满限,经船政大臣张梦元奏请批准,“复照旧增留在工两年”,计至光绪十年(1884 年)正月二十二日限满,又再留一年。续留迈达的评语是“该教习在堂多年,成就颇众”,“计前后在工十余载,既有功效,自应仍旧留工,俾期得力”。⑥

船政学堂前学堂的老班学生原由德尚教授,光绪六年(1880 年),德尚因病回国,改由迈达教导。迈达除教学外,还“兼理办公所帐务”,并“兼办翻译事务”。因此,除二百两工资外,船政另给迈达加兼理办公所账务公费五十两,及翻译公费洋钱五十元。后来,因生徒加多,迈达一员未能兼顾德尚所承担的教学,船政大臣奏请由出洋回华学生郑清濂兼充前学堂制造教习。⑦

光绪十年(1884 年)七月,中法马江战役爆发前,迈达因中法失和撤退回

① 中国近代史资料汇编《海防档》乙,《福州船厂》三,台湾艺文印书馆 1957 年版,第 1000 页。
② 中国近代史资料汇编《海防档》乙,《福州船厂》三,第 1000 页。
③ 中国近代史资料汇编《海防档》乙,《福州船厂》三,第 471 页。
④ 中国近代史资料汇编《海防档》乙,《福州船厂》三,第 765 页。
⑤ 中国近代史资料汇编《海防档》乙,《福州船厂》三,第 1000 页。
⑥ 中国近代史资料汇编《海防档》乙,《福州船厂》三,第 1000 页。
⑦ 中国近代史资料汇编《海防档》乙,《福州船厂》三,第 1000 页。

国。光绪十二年(1886 年)七月二十日,经船政大臣裴荫森"复行电聘"到工,"订立合同,仍派前职"。①

二

光绪四年(1878 年)正月,迈达第二次受聘为船政学堂教习时,船政衙门与他签订的《合约》共十一款,明确约定迈达的岗位职责、应遵守的纪律、享受待遇、聘任期限等。如约定迈达的岗位职责是:系募在船政前学堂充为教习,派教新班各艺童,兼授化学理法。除堂课外,遇有迈达素谙之事,衙门若令其兼办,迈达即应遵照,不得另请加薪。"现前学堂已延教导代微积等项算学,兼谙制造之监工教习一人,嗣后堂内生童凡所应习各学,两教习应分别各尽本分,传授无遗。""迈达应于三年限内,将所知所能,尽心教导各生童,该教习须不负初心,到底无懈。至船政以外事务或他事可以付托者,候船政大臣颁谕后,即应尽力兼办。舍此不得私自包揽别事,并干涉于船政之外者。"②

光绪七年(1881 年)正月二十三日,船政衙门与迈达续签留任一年《合约》,聘为船政学堂前堂"正教习",兼理办公所管账文案事务,要求迈达"须加意阐授各学生各项深奥算学,如代微积等等,其应约各款,悉照旧合同办理"。③

光绪八年(1882 年)正月初三日,船政衙门与迈达续签留任两年《合约》,规定"所有应约条款,均照前约。惟迈达在此两年之内,应指授学生工课,照法国专课之大学堂一体"。④ 意思是,迈达要按照法国大学堂的同类专业课程教授学生。

此后,迈达与船政衙门续签的留任《合约》,除了聘任期限增改外,应约各款基本照旧,没有改变。

迈达在前学堂教授哪些课程,根据上述《合约》中的要求,迈达教新班各艺童,兼授化学理法;凡前学堂生童所应学的课程,迈达与另一位教习都要

① 朱有瓛:《中国近代学制史料》第一辑上册,华东师范大学出版社 1983 年版,第 377 页。
② 中国近代史资料汇编《海防档》乙,《福州船厂》三,第 1000—1001 页。
③ 中国近代史资料汇编《海防档》乙,《福州船厂》三,第 1002 页。
④ 中国近代史资料汇编《海防档》乙,《福州船厂》三,第 1003 页。

“传授无遗”;迈达“须加意阐授各学生各项深奥算学,如代微积等等”;要按照法国专课之大学堂一体指授学生功课。在此,除化学理法、代数、微积分课程外,没有具体写明别的课程,只是原则上要求。

毕乃德根据日意格所写《福建船政局及其成就》,记述福建船政学堂的分科及其课程,其中写道:船政学堂包括法文学堂和英文学堂。法文学堂由三个科组成:造船科(制造学堂或称前学堂)、设计科(绘事院)和艺圃。造船科“开办于 1867 年 2 月,临时由 A.Borel 主持,有学生十二名。1868 年 4 月,物理和化学教员 L.Rousset 和数学教员 L.M’edard 主管这所学校。……基本课程包括法文、算术、代数、画法几何和解析几何、三角、微积分、物理以及机械学。除此之外,学校还进行船体建造和机器制造与操纵的实践教育。”①从这一记载中,可知作为数学教员的迈达(L.M’edard)所教课程应该包括算术、代数、画法几何、解析几何、三角、微积分。法文应是共同的课程。

根据李鸿章等奏报,在前学堂艺童派赴法国留学期间,“遴聘洋师迈达按照该处官学章程,补授魏瀚、陈兆翱制造算理,兼赴法国之削脯官学按月考课,屡列上等”。② 可见迈达还临时讲授过制造算理课程。

后期船政学堂学制由五年改为六年。“前学堂课程限制以六年为期。初入学堂先照法国初学学堂课程办法,学习数学入门、几何入门并格致浅语等书。次则,再按法国水师学堂课程办法,学习数学、理解代数、平面及立体几何、八线算术、几何画法、重学、格物入门、化学入门等书。至第五、六两年,则学上等代数、几何、代数、重学、理解微分微积、化学、格物等书,循序肄业。”③据此可知,此处提及的凡数学类的课程也应是迈达授课课程。该时期,“除算学教习,已有法员迈达一人外,其制造学堂就已聘洋员内,令矿师达韦德兼教化学,并令洋书记伯乐兼教测量。……此外则多派堂中已毕业之生徒,帮同课导,藉通语言,时为翻译”。④

---

① 朱有瓛主编:《中国近代学制史料》第一辑上册,华东师范大学出版社 1983 年版,第 463—464 页。

② 中国近代史资料丛刊《洋务运动》(五),上海人民出版社 1961 年版,第 236 页。

③ 光绪二十三年四月,福州将军兼充船政大臣裕禄奏,《中国近代学制史料》第一辑上册,第 350 页。

④ 光绪二十八年十月,会办船政沈翊清奏,《中国近代学制史料》第一辑上册,第 351 页。

三

光绪三十三年(1907年)九月,船政停办时,最后一批洋员匠柏奥镗等四年聘期届满,同期受聘的迈达也限满。经闽浙总督兼管闽海关兼署福州将军兼管船政松寿奏请准许,将迈达续留前学堂教习。因前学堂有两班学生尚未毕业,所以还需迈达留堂教授。此次留任,"不立合同,不定年限",[①]工资待遇照旧。清朝廷奖励外洋员匠"在工供差,著有劳绩者",迈达也在奖赏之列。作为前学堂"总教习"的迈达由原三品衔三等宝星,赏换三品衔二等宝星。[②]

至光绪三十四年(1908年)冬,船政前学堂共毕业学生143名,[③]说明迈达在福建船政学堂教过的学生至少在143名以上。

迈达何时回国,笔者推测,船政前学堂最后一届学生毕业于民国十年(1921年)夏,[④]迈达当在此届学生毕业后回国,或在清政府被推翻的1911年后回国。

迈达在闽期间,娶一粤女为妻,夫妇感情甚笃,育有二女一男。据严复在《国闻报》上刊文说,迈达子女被送回法国,"入学皆通达"。其子女非常热爱中国。1897年,德国占领胶州,俄国租借旅顺之后,欧洲各国议论纷纷,都说列强瓜分中国的局面已形成。迈达二女对此很伤心,"日夜流涕,至忘寝食。每日早起,有闻卖报纸过者,必讯其中有中国事否,有则必购阅之,阅已复哭"。她们一再鼓励其弟努力学习,学好本领,"后日归华,为黄种出死力也。"[⑤]迈达子女不忘为中华黄种后裔,有如此的爱国心,严复赞叹不已,认为"我辈凡为中国男子者,皆当愧死。"[⑥]迈达子女的这种思想境界、中国情结,显

---

① 中国近代史资料汇编《海防档》乙,《福州船厂》三,第1122页。

② 《船政奏议续编》卷一,《松寿七》,第4页,宣统庚戌年船政衙门排印。

③ 张协等编:《海军各学校历届毕业生名册》,《清末海军史料》上册,见林萱治主编:《福州马尾港图志》,福建省地图出版社1984年版,第109页。

④ 张协等编:《海军各学校历届毕业生名册》,《清末海军史料》上册,见林萱治主编:《福州马尾港图志》,福建省地图出版社1984年版,第109页。

⑤ 严复:《有如三保》,见《严复文选》,上海远东出版社1996年版,第92页。

⑥ 严复:《有如三保》,见《严复文选》,上海远东出版社1996年版,第92页。

然与迈达的长期在中国工作和迈达夫妇的家庭教育、中国文化熏陶有关。

总之，迈达是一位值得中国人怀念、值得闽人怀念、值得船政青史留名的近代法籍教师。

（原载《船政文化研究》第三辑，海潮摄影艺术出版社2006年版）

晚清人物研究

林则徐对“夷情”的探访及认识

“知己知彼，百战不殆”，这是兵家经典格言，也是外交活动中广为认可的名言。林则徐在奉命赴粤查办海口事件、在办理夷务过程中及事后都十分重视“知彼”：探访“夷情”，掌握“夷情”，认识“夷情”，根据“夷情”采取驭夷、治夷、筹夷对策和措施。林则徐在这方面做得非常认真，很有成效，具有深远影响。学界对此已有些关注和研究，但缺乏深入、全面、系统的考察和透视，本文力图对此作些弥补，以期对林则徐的全面、客观评价有所裨益。

一、多方探访“夷情”

林则徐对“夷情”的探访在他奉钦差使粤之命开始，“随时密察夷情”“探访夷情”“察看夷情”。他感到“初次到粤，人地生疏”，为了及时了解夷务夷情，他特遣派一二人先行到广州“密行查访”，①初步掌握了广州海口鸦片走私情况和突出的外国鸦片贩子。

抵广州后，他“遍访鸦片来由”，②不放过任何获取信息的渠道。当得知福建有2名遭风孟雅喇夷人解送到广州，林则徐嘱委员“详细译讯”，讯问他们鸦片如何栽种制造，每箱成本若干，报税若干，在何处收购等。③

经过探访，林则徐对鸦片走私线路、趸船趸积的鸦片、窑口、快蟹等信息全在掌握之中，为饬令夷商缴烟和虎门销烟作了充分准备。虎门销烟后，他在奏

① 《林则徐集·奏稿》中册，中华书局1965年版，第705页。“夷情”为林则徐当时所称，以下将引号省略。

② 《林则徐集·奏稿》中册，第576页。

③ 《致怡良函》，杨国桢编：《林则徐书简》(增订本)，福建人民出版社1985年版，第47页。

折中说:“臣等会办夷务以来,窃思鸦片必要清源而边衅亦不容轻启,是以兼筹并顾,随时密察夷情,乃知边衅之有无,惟视宽严之当否。”①根据夷情,在对夷的策略上宽严结合,有宽有严。林则徐指出:“宽固可以弭衅,宽而失之纵弛,则殆患转足养痈;严似易于启衅,严而范我驰驱,以小惩即可大戒。此中操纵,贵审机宜。”②

英国商人在义律的控制下,缴烟后没有如式具结,被驱逐仍赖着不走,对此,林则徐严密注视其动态。他认为:“现值防夷吃紧之际,必须时常探访夷情,知其虚实,始可以定控制之方。”他访获英夷与澳门夷人往来书信六封,秘密请“谙晓夷字之人译出汉文”,从中了解夷情。③

鸦片战争爆发后,林则徐虽然被革职,仍关注夷情,他在致奕山的函中强调说“夷情叵测,宜周密探报”。他在报告广州虎门内外英国兵船驻舶情况后指出:“此等情形,朝夕变迁,并非一致,似宜分遣妥干弁兵,轮流改装,分路确探,密封飞报,不得捕风捉影,徒乱人意。其澳门地方,华夷杂处,各国夷人所聚,闻见最多,尤须密派精干稳实之人,暗中坐探,则夷情虚实,自可先得。”④英军侵占定海后,他“屡经设法密探定海情形”,了解到“各夷船本系随带鸦片,售作资粮,今已伙食无多,转瞬风色将转,均甚愁急等情”,认为英军“伎俩之穷,已可概见”。⑤

通过“新闻纸”采访夷情,是林则徐办理夷务中始终很重视的一条探访夷情渠道。他到广州后,专门雇了一批翻译之人,搜集新闻纸,翻译新闻信息,编成《华事夷言》,作为决策参考。他说:“新闻纸零星译出,……惟其中颇多妄语,不能据以为实,不过藉以采访夷情耳。”⑥“有夷人刊印之新闻纸,每七日一礼拜后,即行刷出,系将广东事传至该国,并将该国事传至广东,彼此互相知照,即内地之塘报也。彼本不与华人阅看,而华人不识夷字,亦即不看。近年雇有翻译之人,因而展转购得新闻纸,密为译出。虽近时间有伪托,然虚实可

① 《林则徐集·奏稿》中册,第676页。
② 《林则徐集·奏稿》中册,第676页。
③ 《林则徐集·奏稿》中册,第765页。
④ 《林则徐书简》(增订本),第173—174页。
⑤ 《林则徐集·奏稿》中册,第864页。
⑥ 致怡良函,《林则徐书简》,第46页。

以印证,不妨兼听并观也。”①

上述说明,林则徐对夷情的重视和多方探访,目的是为了办好夷务,更有成效地同夷人打交道、控驭夷人、抵御夷人的侵犯。

二、对夷情的认识

探访夷情的目的是为了知夷情、掌握夷情,作为决策的依据。林则徐经过多方探访,对夷情有许多认识。他掌握、认识了如下几方面的夷情:

其一,贸易之夷情。对来到广州贸易的各国商人称“夷人”“夷商”。夷人“惟利是图”“贪图贸易”,在广州贸易的夷人获利甚厚,夷人以贸易致富,中国的茶叶、大黄、生丝是夷人不可缺少的,广州贸易,英国夷商最多,贸易量最大,其次是美国等,这些是林则徐对贸易之夷情之基本认识。贸易对夷人来说是很看重的事,林则徐因此把允许或断绝夷人贸易作为治夷、驭夷的重要手段。道光十九年(1839年)二月初四日,林则徐在《谕各国商人呈缴烟土稿》中写道:“照得夷船到广通商,获利甚厚,是以从前来船,每岁不及数十只,近年来至一百数十只之多。不论所带何货无不全销,愿置何货无不立办,试问天地间如此利市码头,尚有别处可觅否?我大皇帝一视同仁,准尔贸易,尔才沾得此利,倘一封港,尔各国何利可图?况茶叶、大黄,外夷若不得此,即无以为命,乃听尔年年贩运出洋,绝不靳惜,恩莫大焉。尔等感恩即须畏法,利己不可害人,何得将尔国不食之鸦片烟带来内地,骗人财而害人命乎!”②同年二月十二日,林则徐在《示谕外商速缴鸦片烟土四条稿》中同样指出:“尔等来广东通商,利市三倍。凡尔带来货物,不论粗细整碎,无一不可销售,而内地出产,不论可吃可穿可用可卖者,无不听尔搬运。不但以尔国之货,赚内地之财,并以内地之货,赚各国之财。即断了鸦片一物,而别项买卖正多,则其三倍之利自在,尔等仍可致富。既不犯法,又不造孽,何等快活!若必要做鸦片生意,必致断尔贸易。试问普天之下,岂能更有如此之好码头乎?且无论大黄、茶叶,不得即无

① 致奕山函,《林则徐书简》,第174页。

② 《林则徐集·公牍》,中华书局1963年版,第58页。

以为生,各种丝斤,不得即无以为织,即如食物中之白糖、冰糖、桂皮、桂子,用物中之银朱、藤黄、白矾、樟脑等类,岂尔各国所能无者?而中原百产充盈,尽可不需外洋货物。若因鸦片而闭市,尔等全无生计,岂非由于自取乎?"①从这两段引文中,显露林则徐对来粤贸易的夷情的基本认识:第一,夷商来粤贸易"获利甚厚","利市三倍",不仅运来的货物畅销,运出的货物也能满足需求。就是不卖鸦片,三倍之利自在,仍可赚钱、致富。第二,来粤贸易的夷商比以前大量增加,由以前的每年数十只夷船,到近年增加至一百数十只之多。第三,中国的茶叶、大黄,外夷若不得此,即"无以为命","无以为生",各种丝斤,若不得即"无以为织",其他出口华货,也为各国所必需,是必不能无之物。因此,林则徐规劝夷商,不要卖害人的鸦片,要珍惜中国广东这一处好码头,做正当生意,否则,如果因卖鸦片而被"闭市",丧失"生计",完全是咎由自取。

英国等国夷商来粤贸易,运出的华货不仅销往本国,还销往海外各国,"牟各国之利"。林则徐在奏折中报告了这种夷情:"查该夷来粤贸易,实系利市三倍,不惟以该国之货牟内地之利,并以内地之货牟各国之利。盖海外岛夷之国,不知名者不啻盈千累百,因无力置船办货,故不能自达于天朝,而如茶叶、大黄、丝斤之类,则无一国不需此物。嘆咭唎等国夷商所带内地货物,非独本国自用,尤利于分售各国,得价倍蓰。"②从这一认识中说明,林则徐了解到海外有"盈千累百"的不知名之国,这些国家因无力置船办货,不能来广东贸易,所需华货只能由英国等国夷商贩卖。英国等国夷商也从中获利。

英夷贸易断绝后,林则徐不赞同概断各国贸易。他分析夷情说:"窃以封关禁海之策,一以绝诸夷之生计,一以杜鸦片之来源,虽若确有把握,然专断一国贸易,与概断各国贸易,揆理度势迥不相同。"其他国家夷商缴烟后莫不遵具切结,无再夹带鸦片,所以按照规定,仍许其通商。现在如将未犯法之各国夷船与嘆咭唎一同拒绝,"是抗违者摈之,恭顺者亦摈之,未免不分良莠,事出无名",碍难批示。"且查嘆咭唎在外国最称强悍,诸夷中唯咪唎唑及佛兰西尚足与之抗衡,然亦忌且惮之,其他若荷兰、大小吕宋、嗹国、瑞国、单鹰、双鹰、

① 《林则徐集·公牍》,中华书局1963年版,第65页。

② 《林则徐集·奏稿》中册,中华书局1965年版,第640页。

嘆啵啦等国到粤贸易者，多仰暎夷鼻息。自暎夷贸易断后，他国颇皆欣欣向荣，盖逐利者喜彼绌而此赢，怀忿者谓此荣而彼辱，此中控驭之法，似可以夷治夷，使其相间相睽，以彼此之离心，各输忱而内向。若概与之绝，则觖望之后，转易联成一气，勾结图私。”①

其二，贩私之夷情。广东海口的鸦片走私是如何进行的，夷商是如何贩私的，他们为什么要违禁贩卖鸦片？林则徐对这种夷情探访得很清楚。林则徐查清了鸦片来源：由夷船夹带来粤。从前在澳门私售，后来经查禁，移到趸船上寄售。夷船先把鸦片卸到趸船上，再进黄埔港查验开舱贸易。因此在黄埔港查验不到鸦片。而趸船上的鸦片由岸上鸦片窑口的奸商派快蟹、扒龙之类的船只到趸船上取货盘送，贩卖到各地。② 当时，伶仃洋上有多少趸船，估计囤积有多少鸦片，有哪些突出的贩私夷商，林则徐都了如指掌。因此，他认识到，鸦片走私要以杜绝鸦片来源为“首务”，坚决饬令夷商缴出趸船上的鸦片，并保证不再夹带鸦片来华，方准来粤贸易。

林则徐在奏报中说：“臣等察访夷情，因知外国商船来粤贸易者，必先在该国请领牌照，经过夷埠俱须验明，并于开船之时颁给禁约条款，谆谕不许在于中华滋生事端，酌限往返程期。如未领牌照擅自行船，查出即治其罪，船亦充公。是外夷禁令森然，并非纵其所如，漫不加察。而商船载来货物，动值数十万金，彼既爱惜重资，自必懔遵法度，故货船到粤，必皆报关候验，纳税报行。虽近年以来每有夷商夹带鸦片情弊，要亦先向趸船寄顿，始敢驶进黄埔，断无驾驶重船东奔西窜之理。惟因获利太厚，贩运愈多，各国虽间有之，而以港脚一处为尤甚。港脚地名曰嗌啡喇，曰嗌叺，曰嫚哒喇嗱，皆为暎咭唎所属之港口，即华言所谓马头也，距暎咭唎本国尚有两月路程，而其来至内地则比暎夷为近。奸夷利欲熏心，罔顾厉禁，往往由外洋乘风窜驶，越过广东中路，直趋东路之南澳，以达闽、浙各洋，来去频仍，便成熟游之地。在天朝弥纶广大，无不遍示怀柔，即其所不应至之处违禁频来，亦惟自谨修防，其究至于驱逐而止。奸夷习知其故，相率效尤，沿海文武员弁不谙夷情，震于暎咭唎之名，而实不知

① 《林则徐集·奏稿》中册，中华书局1965年版，第794—795页。

② 《林则徐集·奏稿》中册，中华书局1965年版，第576页。

其来历。"[①]这一奏报说明:第一,林则徐认识到来华夷船是获得其本国批准发照的,而且禁止贩卖违禁货物也是其本国所实行的法令。第二,夷船载来货物,价值既重,自必爱惜,懔遵法度,因此到粤后能报关候验,纳税投行。第三,夷商因"获利太厚",所以夹带鸦片贩卖,先寄顿趸船,再驶进黄埔。第四,各国夷商都"间有"夹带鸦片,而以英属印度各港口来华的夷船为"尤甚"。这些夷船有的还越过广东中路,驶往闽、浙各洋贩卖鸦片。第五,对贩私的夷船仅"驱逐"了事,不足以杜绝其"违禁频来"。这种认识,是林则徐提出对贩私夷船严惩(船货没官,人即正法)的重要依据。他指出:英国"所来贸易之人,不过该国之一贩户,并非贵戚达官。即鸦片亦皆私带而来,更非受命于其国主。且自道光十四年公司散后,一切买卖均与其国主无干。此辈奸夷性贪而狡,外则桀骜夸饰,内实恇怯多疑,稍纵即骄,惟严乃肃。"[②]"度势揆情,愈知越窜之夷船不必空言驱逐,惟有严行惩办,乃可震慑其心,而亦并无后患也。"[③]

虎门销烟后,"论者以为唊夷平日桀骜性成,今乃倒箧倾筐,帖然驯伏,是千万之重资尽掷,即百年之痼疾可除"。而林则徐"熟计深筹",尤以新到粤夷船夹带鸦片为虑。[④] 为了永杜鸦片来源,"以昭信守",林则徐谕令来粤贸易的夷商要如式"具结",因为他认为夷情"反复靡常","诡诈百出","希冀鸦片复行",[⑤]其具结了,说明他无继续夹带鸦片之念头;不愿具结,说明其仍有企图。而且,夷人最重然诺、守信约,具结对其有约束力,"于夷情明有范围,暗有把握,非具文所可同日而语"。[⑥] 所以,林则徐在此问题上毫不迁就,坚持不具结就不许贸易,以"生死甘结"作为判断夷之良莠的试金石,"凡外夷来粤者,无不以此为衡"。[⑦] "彼愈不肯轻易具结,即愈知其结之可靠,亦愈不能不向其饬取"。[⑧]

---

① 《林则徐集·奏稿》中册,中华书局1965年版,第648—649页。
② 《林则徐集·奏稿》中册,第641页。
③ 《林则徐集·奏稿》中册,第649页。
④ 《林则徐集·奏稿》中册,第672页。
⑤ 《林则徐集·奏稿》中册,第678页。
⑥ 《林则徐集·奏稿》中册,第688页。
⑦ 《林则徐集·奏稿》中册,第705页。
⑧ 《林则徐集·奏稿》中册,第689页。

在“交凶”问题上，林则徐了解到英国的定例、法度，凭理据情批驳义律不交罪犯的“谬妄”：“查该国向有定例，如赴何国贸易，即照何国法度，其例甚为明白。在别国尚当依该处法度，况天朝乎？……至谓伊国律例亦应诛死，可见杀人偿命，中外所同。但犯罪若在伊国地方，自听伊国办理，而在天朝地方，岂得不交官宪审办？”[①]

其三，敌对之夷情。以义律为代表的英夷在缴烟后不肯如式具结，又不交出殴毙林维喜的凶手，逐步与中方违抗，成为“逆夷”。此时，林则徐所认识的英夷夷情是“犬羊之性无常”，“夷情诡谲”。[②]“该夷义律在粤多年，狡黠素著，时常购觅邸报，探听揣摩，并习闻有‘边衅’二字，藉此暗为恫喝”。[③] 道光十九年（1839 年）七月二十四日，林则徐与两广总督邓廷桢会衔，在《英人非不可制应严谕将英船新到烟土查明全缴片》中，谈了他们对英夷夷情的认识，主要有几点：第一，英夷兵船作战的局限。“夫震于暎咭唎之名者，以其船坚炮利而称其强，以其奢靡挥霍而艳其富。不知该夷兵船笨重吃水深至数丈，只能取胜外洋，破浪乘风，是其长技。惟不与之在洋接仗，其技即无所施。至口内则运掉不灵，一遇水浅沙胶，万难转动，是以货船进口，亦必以重资倩土人导引，而兵船更不待言矣。”意思是英夷船坚炮利只能用在外洋，而无法施于口内浅水河道。第二，夷兵陆战的弱点。“夷兵除枪炮之外，击刺步伐俱非所娴，而其腿足裹缠，结束紧密，屈伸皆所不便，若至岸上更无能为，是其强非不可制也。”第三，英夷以贸易致富的局限。“该夷性奢而贪，不务本富，专以贸易求赢，而贸易全赖中国界以马头，乃得藉为牟利之薮。设使闭关封港，不但不能购中国之货以赚他国之财，即彼国之洋布棉花等物亦皆别无售处。故贸易者，彼国之所以为命，而中国马头，又彼国贸易者之所以为命，有断断不敢自绝之势。而彼肆其贪狡，乃以鸦片漏中国之卮，历年既深，得财无算，于是奸商黠贾，富甲诸夷。第又闻该国前因构兵多年，大亏国用，……是其富亦不足夸也。”第四，英夷尚不敢“窥伺”中华。该国至中华海程七万里，风涛险恶，行舟艰难，“迥非西北口外得以纵辔长驱之比”。又闻该国现系女主，在位

① 《林则徐集·公牍》，第 129—130 页。

② 《林则徐集·奏稿》中册，第 673、674 页。

③ 《林则徐集·奏稿》中册，第 678 页。

四载,年仅二十,其叔父分封外埠,恒有觊觎之心,“内顾不遑,窥边何暇”。因此,“知彼万不敢以侵凌他国之术窥伺中华,而其胠箧奸谋总以鸦片为浸淫之渐”。第五,夷商有争码头、吞并贸易场所的野心。贸易夷商,“向在他国往往争占马头,虽无国主之命,亦可私约兵船前往攻夺,得一新地,则许出资之人取利三十年,乃归其主,故于贸易之处,辄起并吞之心。如夷洋所谓新埠、新奇坡等处,皆其数十年来侵据之地,距广东海程不过旬日。占得一处,则以夷目镇之。蚕食之心,由是日肆,而畏强欺弱,是其秉性所成。”①这是林则徐、邓廷桢在鸦片战争前对英国“船坚炮利”长技及富强的很有代表性认识。

断绝英夷贸易后,林则徐认识到,“嗣既不准通商,尤恐其铤而走险”,②“势必别蓄诡谋”,③“惟其犬羊成性,鬼蜮居心,难保不别肆奸谋,另图报复”。④“查该夷自贸易断后,每扬言兵船多只即日到粤,臣等不为所动,而仍密为之防”。⑤ 道光二十年(1840年)五月,英国海军舰船已陆续抵达广东海口,林则徐对英夷兵船,包括兵船大小,炮火配备及轮船的情况有清楚的掌握。他在奏报中说:“除上年所到之吐嚓、哗呛两船,与近时续到之嘟噜噎、哈吧吐两船在外洋游奕情形,先已查明具奏外,兹据澳门文武禀:‘据引水探报:五月二十二日,望见九洲外洋来有兵船二只,一系大船,有炮三层,约七八十门,其一较小,有炮一层。二十三日,陆续又来兵船七只,均不甚大,炮位亦祇一层。又先后来有车轮船二只,以火焰激动机轴,驾驶较捷,此项夷船前曾到过粤洋,专为巡风送信。兹与各兵船,或泊九洲,或赴磨刀,或赴三角外洋,东停西窜,皆未敢驶近口门’”。⑥ 这种架势,实际上就是英国侵略军舰陈兵广东海口,封锁广东洋面,是鸦片战争爆发的兆头。林则徐据此在广东作了严密布防,在海面设两层排练,并加强了虎门各炮台的火力,恐各台旧安炮位未尽得力,复设

① 《林则徐集·奏稿》中册,第676—677页。
② 《林则徐集·奏稿》中册,第764页。
③ 《林则徐集·奏稿》中册,第762页。
④ 《林则徐集·奏稿》中册,第877页。
⑤ 《林则徐集·奏稿》中册,第837页。
⑥ 《林则徐集·奏稿》中册,第837—838页。

法密购西洋大铜炮，及他夷精制之生铁大炮，“务使利于远攻”。① 林则徐估计英夷在广东不能逞志，必寻找闽、浙、江、直、东等沿海其他地点作为攻击目标，“各省海防俱不免吃重”，②所以，曾屡次奏请敕下各督抚“严密堵防”，③并曾五次“飞咨”函告沿海各省督、抚作好抵御英夷侵袭防备。④

鸦片战争爆发后，道光帝没有反省自己决策用人的失误及谴责将帅抗战的不力、无能，而是把火发到林则徐身上。林则徐自请从重治罪，并以“一身之获咎犹小，而国体之攸关甚大”的勇气“更献刍荛”，密陈“办理夷务不能歇手”。他指出：“此次嘆逆所憾在粤省，而滋扰乃在浙省，虽变动若出于意外，其穷蹙正在于意中。”他分析侵占定海的英军夷情：“费用之繁，日以数万金计，即炮子火药，亦不能日久支持，穷蹙之形已可概见。”而且，浙省地寒，英夷不服水土，病死者甚多，“势必不能忍受”，可能扬帆南窜。再且，各国夷商贸易为英夷所阻，各气愤不平，均欲由该国派来兵船，与之讲理。因此，英逆“现有进退维谷之势”。只因“其虚骄性成，愈穷蹙时，愈欲显其桀骜，试其恫喝，甚且别生秘计，冀得阴售其奸”。林则徐说，这种夷情是他“前此屡经体验”的、“颇悉”的夷情。据此夷情，他建议：“此时不值与之海上交锋，而第固守藩篱，亦足使之坐困也。”同时，林则徐强调指出：“抑知夷性无厌，得一步又进一步，若使威不能克，即恐患无已时，且他国效尤，更不可不虑。”要使威能克夷，“上崇国体，下慑夷情”，林则徐因注意到英军的“船坚炮利”，所以，大胆提出“船炮”问题，认为船炮是“防海”必需之物，“虽一时难以猝办，而为长久计，亦不得不先事筹维”，建议以粤海关税作为经费“制炮造船”以“制夷”，“粤东关税既比他省丰饶，则以通夷之银量为防夷之用，从此制炮必求极利，造船必求极坚，似经费可以酌筹，即裨益实非浅鲜矣。”⑤

---

① 《林则徐集·奏稿》中册，第 838 页。

② 致潘锡恩函，《林则徐书简》，第 100 页。

③ 《林则徐书简》，第 151 页。

④ 《林则徐书简》，第 165 页。

⑤ 道光二十年八月奏折，《林则徐集·奏稿》中册，第 882—885 页。

三、成效、影响和局限

重视夷情,多方探访夷情,准确认识夷情,判断夷情,依据夷情作出治夷、驭夷、制夷的决策和方略,近代史上,林则徐首开其端,做出了很好的榜样,收到很好的成效,具有深远影响。

成效、影响之一,成功缴烟、销烟,展现中华禁毒的决心和能力。林则徐能够成功迫使夷商缴出夹带来华、正待销售的鸦片两万多箱,并悉数在虎门海滩成功销毁,正是他悉夷情的结果。他充分掌握鸦片存放处所、数量、行销路线和贩卖鸦片的夷商情况,采用软硬兼施、恩威并举的策略,晓之以理、以情,言出法随,言必信,行必果,取得了缴烟、销烟的胜利。这一胜利充分展现中华民族禁毒的决心和能力,成为鼓舞中国人民拒毒、禁毒的丰碑,受到后人的怀念和敬仰,也为英国人民所佩服,在英国蜡像馆中屹立着禁毒英雄林则徐的光辉形象。

成效、影响之二,九龙获胜。义律既不令英商如式具结,也不配合查交凶手,又赖着不肯离开广州,林则徐跟踪掌握英夷夷情,作出周密的武力防范部署,结果使义律在九龙的武装挑衅碰了硬钉子,使英方感受到林则徐的布防无机可乘。"足使奸夷胆落"。① 因此,林则徐坐镇广东,英军不敢进犯,而选择浙江作为突破口,这不能不是林则徐知悉夷情、周密布防的威慑力所致。

成效、影响之三,"悉夷情"的影响。在封闭式的天朝,虽然各国夷商来广州贸易一二百年,但对夷情一直没有人关注,官员们从来不去了解夷情、研究夷情,更谈不上"悉夷情"。林则徐作为一位钦差大臣、封疆要员如此重视夷情,并探访、知悉那么多夷情是史无前例的,具有表率作用。他在奏折中报告的夷情,在函件中告知同僚、亲友的夷情,在《四洲志》中汇编的夷情都具有重要的启蒙影响。人们不仅从中得到一些有益的夷情,如英夷的"船坚炮利",以贸易致富,贩卖鸦片也是英国法律所禁止的,鸦片产地在印度,英夷到处强占贸易码头,英国为女王执政,英国在外国最称强悍,海外有累百盈千国家,英

① 《林则徐集·奏稿》中册,第685页。

国有行驶较捷的火轮船等,《四洲志》《华事夷言》等对世界各大洲、各国地理位置、政俗风情的介绍,对夷人言论的翻译,经魏源整编、扩充成《海国图志》,刊行流传,成为中国人看世界的重要教科书和获取世界知识的重要启蒙书,产生重大、深远影响。

成效、影响之四,筹船炮的影响。这是林则徐根据英夷“船坚炮利”的夷情提出的重要主张。在此之前,似乎还没有其他官员提出过。林则徐认识到坚船利炮是英夷“长技”,中国也要造出“极坚”的船,“极利”的炮,制夷才能“裕如”。被道光帝批为“一片胡言”后,林则徐没有再在晚年的奏折中重提,但在书函中屡屡言及,十分强调。他说:“海上之事,在鄙见以为,船炮水军万不可少,闻当局多有诋此议者,然则枝枝节节,防之不可胜防,不知何以了事!”①“有船有炮,水军主之,往来海中追奔逐北,彼所能往者,我亦能往,岸上军尽可十撤其九。以视此时之枝枝节节,防不胜防,远省征兵,徒累无益者,其所得失固已较然,即军储亦彼费而此省。果有大船百只,中小船半之,大小炮千位,水军五千,舵工水手一千,南北洋无不可以径驶者,逆夷以舟为巢穴,有大帮水军追逐于巨浸之中,彼敢舍舟而扰陆路,占之城垣,吾不信也。”②“要之船炮水军断非可已之事,即使逆夷逃归海外,此事亦不可不亟为筹划,以为海疆久远之谋,况目前驱鳄屏鲸,舍此曷济。”③“窃谓剿夷而不谋船炮水军,是自取败也。”④“船炮水军之不可缺一,第论之屡矣,……得有百船千炮,五千水军,一千舵水,实在器良技熟,胆壮心齐,原不难制犬羊之命。”⑤凡此说明,林则徐在道光二十年至二十二年(1840—1842年),三年间一直强调筹船炮,在书函中增加募练水军一项,指出三者缺一不可,剿夷、制夷必须有此三项,加上“胆壮心齐”,否则,要取胜是不可能的。在林则徐的奏折、书函中,虽然没有“师夷长技以制夷”的概括提法,可能还不敢贸然向天朝提出“师夷”,还不是时候,但筹船炮水军以制夷的主张与魏源提出的“师夷长技以制夷”是一脉相

① 道光二十二年二月于祥符工次,致李星沅函,见杨国桢编:《林则徐书简》(增订本),福建人民出版社1985年版,第183—184页。

② 道光二十二年三月,致苏廷玉函,《林则徐书简》(增订本),第186页。

③ 道光二十二年二月于祥符工次,致吴嘉宾函,《林则徐书简》(增订本),第182页。

④ 道光二十二年八月于兰州,致姚椿、王柏心函,《林则徐书简》(增订本),第193页。

⑤ 道光二十二年九月于安西州,致江翊云函,《林则徐书简》(增订本),第196—197页。

承、思路共通的。魏源的“师夷长技以制夷”是在道光二十二年十二月(1843年1月)写的《海国图志原叙》中提出的。这一思想成为近代思想界由封闭到开放转型的重要里程碑,是改变传统华夷观念、道艺观念的思想先驱。

总之,林则徐是近代悉夷情、开眼看世界的先驱,他的禁毒、御夷功绩、思想启蒙地位和作用是不可否认的。但也无须讳言,林则徐对夷情的认识也有局限性,主要表现在:

其一,对茶叶、大黄贸易认识的局限。茶叶、大黄是当时广州贸易中出口的重要货物,因西方各国有对茶叶、大黄的需求,所以夷商有利可图、乐于采购贩运,这是实情。但谓外夷没有茶叶、大黄就活不了,无以为生,无以为命,可以制其死命,这就并非实情。据当时的《澳门月报》载,当时的英属印度已有出产茶叶,荷兰所属葛留巴也用力栽种茶,产有两种茶。新埠等岛及西洋之没拉济尔,亦用心栽种茶。福建商人的海船也有装茶出口贩卖的。英国人亦有在新奇坡买中国茶回国的,“其茶均是上等”。[①] 这种情况说明,中国官方要垄断茶叶出口已不可能,外夷可以从别的途径购买到所需茶叶,谈不上制其死命。

其二,断贸易认识的局限。英夷很看重贸易,以贸易致富,这是实情,但认为英夷断了广东贸易就“无以为命”,英国国计民生皆系于贸易,[②]显然言过其实。而既然认为英夷很看重贸易,就应该充分考虑到断绝英商贸易的严重后果,必须权衡承受这种后果的能力。断绝英夷贸易虽然是“奉旨”实行的,但从林则徐的思路看,是赞同对英夷“闭市”的,只是他不同意概断各国贸易。不同意的理由,林则徐说得很好。其中,他特别指出,“封关云者,为断鸦片也。若鸦片果因封关而断,亦何惮而不为。惟是大海茫茫,四通八达,鸦片断与不断,转不在乎关之封与不封。”[③]假如能以这种认识同样看待对英断绝贸易,可能就不会作出断贸易决定。诚然,断绝英夷贸易主要意图是想迫使其如式具结和查交凶手,但是,结果只是以驱逐英夷离粤了事,并没有达到惩办凶手的目的,也达不到断鸦片的目的,正如林则徐所说,大海茫茫,四通八达,鸦

① 魏源:《海国图志》下册,岳麓书社1998年版,第1960—1961页。

② 《林则徐集·奏稿》中册,第705页。

③ 《林则徐集·奏稿》中册,第795页。

片断与不断,转不在乎关之封与不封。所以,不论是何理由,对英“闭市”都是不可取的,是对贸易认识局限的结果。更何况维持正常的通商贸易,并不妨碍禁烟,对中国也有增加关税收入的好处。

之所以会作出断贸易的决策,根本原因在于片面认识中外贸易,认为允许夷商在广东贸易是天朝的恩惠,华货是外夷不可缺少的,夷货却并非中国所必需。至于关税收入,无关国家财政收入毫末。所以,对贸易十分轻视,总想以断贸易迫使夷人驯服,而没有想想断贸易对自己有否不利。这种认识不是林则徐发明的,而是清朝在开广州一口对外通商贸易时就有的认识。①

其三,对英军陆地作战能力认识的局限。认为英军“船坚炮利”,海上难与交锋,这是符合客观情况的认识。但认为英军陆战不行,容易制服,“一至岸上,则该夷无他技能,且其浑身裹缠,腰腿僵硬,一仆不能复起,不独一兵可手刃数夷,即乡井平民,亦尽足以制其死命”,却是完全轻敌的认识,低估了英军陆战能力。战争的实际即是有力的说明。

其四,对英夷侵犯中华的危险估计不足。认为英夷“欺弱畏强,是其本性”,②这是对的,但认为英夷“断断不敢自绝”贸易,“万不敢以侵凌他国之术窥伺中华”,则是错估英国冒险挑起“边衅”的可能性。鸦片战争的爆发证明了这是错估。由于这一错估,所以,对即将爆发战争的信息难于接受或不愿相信。对英断绝贸易后,有谓英夷会集各埠兵船同来滋扰的“海上传闻”,林则徐认为此系恫喝,“不足信”。③ 道光二十年(1840年)三月二十五日,美国在广州的代办领事哆喇哪递禀给总督大人,禀文中说:“各西国之例,凡有一国封一国之港,不许各国之船往所封港之国贸易,先行文书通知各国。现由英国及本国有新文纸到来,内云:英国限于本年五月前后不许各国之船来粤贸易。”④这是一条送上门的英国通知各国船舶将于五月前后封锁广州海口的重要情报,不言而喻,这是英国要对华实施武力侵犯的信号,凭此情报,包括广州在内的中国沿海各地在五月前都应该进入高度战备状态。可惜的是,林则徐

① 见魏源《海国图志》下册,“英夷入贡旧案”,岳麓书社1998年版,第1904页。

② 《林则徐集·奏稿》中册,第685页。

③ 《林则徐集·奏稿》中册,第762页。

④ 《林则徐集·公牍》,第189页。

获此信息,没有嗅出其中的火药味,没有引起高度重视,反而认为:"禀内妄称五月前后,暎咭唎欲行封港,不许各国之船来粤贸易等语,实属胆大妄言,荒谬已极。试思港系天朝之港,岂暎咭唎所能封?……岂此等谣言所能恫喝耶?"还责怪递禀人:"若竟不知好歹,转代暎夷张大其词,恐亦自贻后悔而已。"很不高兴地将"原禀掷还"。① 说明林则徐当时既错估英国武力侵华的可能性,又不懂什么是"一国封一国之港",不懂封港前"先行文书通知各国"的国际惯例。直至英国军舰十几艘布列广东海口,并散发"说帖",宣告封锁海口,林则徐还认为是英夷"矫饰虚张","希图挟制通商"。② 当然,这不能怪林则徐,只能怪天朝的长期自我封闭造成的认识局限。

虽然林则徐错估英国"窥伺"中华的野心,但是,他并没有一刻放松、懈怠他力所能及的广东的防备,并屡屡通知沿海各省加强戒备,此则已属难能可贵。

(原载《河南师范大学学报》2006 年第 2 期。亦载《明清海防研究论丛》第二辑,广东人民出版社 2008 年版)

① 《林则徐集·公牍》,第 189 页。

② 《林则徐·奏稿》中册,第 843—844 页。

林则徐的货币思想及在江苏的实践

林则徐于道光三年(1823年)正月至道光四年(1824年)八月任江苏按察使,道光七年(1827年)五月至十月、道光十一年(1831年)七月至十月两度任江宁布政使,道光十二年(1832年)二月至道光十七年(1837年)正月任江苏巡抚,①在江苏任职时间共计7年5个月。专门研究这一时期他的思想和实践,对林则徐研究的推进和深入是很有意义的。本文拟就林则徐在这一时期的货币思想及实践作一考察和探讨,以求学界指教。

一、传统货币制度面临的挑战

银钱并行的银两制度是中国的传统货币制度,清代仍然实行这种货币制度。这种货币制度的银两以"两"为单位,称量计算货币额。铜钱为铸造货币,有固定面值。银两和铜钱并行,银、钱可以换算。一两换算多少铜钱,市场上常有波动。每文铜钱重量也屡有变更,有一文重一钱、一钱二分、一钱四分不等。这种货币制度存在的问题是:其一,没有确定主币和辅币。并行中的银、钱没有固定的换算率,造成市场流通中的混乱。其二,银两货币为称量货币,携带不便,不利流通。其三,铸造货币的铜钱是贱金属,不如银两珍贵,使市场上趋贵避贱,造成铜钱贬值,损害持有者利益。随着广州华洋互市,铸造货币洋银的流入,受到中国市场的广泛接受,凸显传统称量银币和铜钱并行的弊端,传统货币制度面临严峻挑战。

挑战之一,称量银两流通不便。因银两以银锭、银条、元宝等形式在市场

① 据钱实甫编:《清代职官年表》第二册、第三册,中华书局1980年版。

上流通,有库平银、关平银、漕平银、市平银等名目,使用中需要称重、辨色、折算,十分不便。而西洋的银元因是铸造货币,重量、成色一律,每个银元约重七钱二分,或七钱三分五厘、七钱三分,使用中比中国银两方便,所以,洋银一经流入中国,“不胫而走”,广受欢迎、接纳。嘉庆十九年(1814 年),户部左侍郎苏楞额奏报:洋钱,又名“番饼”“花边”,“沿海愚民,私相授受,渐渐流行。迩年居然两广、楚汉、江、浙、闽省畅行无忌。”①两广总督蒋攸铦、粤海关监督祥绍在奏报中也指出:“洋钱进口,民间以其使用简便,颇觉流通。”鉴于此,他们建议朝廷“俯顺舆情,免其饬禁,仍准照常行使,以安夷商,而便民用。”②道光二年(1822 年),掌贵州道监察御史黄中模的奏报也谈及“广东民间喜用洋钱,其风渐行于江、浙等省”。③ 道光九年(1829 年),福建道监察御史章沅同样指出:“番银之在内地者,行用已久,恐骤加遏绝,必致于民不便,应仍听其流转。”④这一年,清朝廷准许“番银”按规定行用,“如有成色低潮不及九成者,不准行用”。⑤ 由此,洋钱流通更广泛,“自闽、广、江西、浙江、江苏渐至黄河以南各省,洋钱盛行。凡完纳钱粮及商贾交易,无一不用洋钱。”⑥至道光十六年(1836 年)五月十八日上谕说:“内地商民,多以洋钱便于使用,更可多换钱文,甚至元宝银两,亦须换作洋钱,再换制钱,方为得利。其稍荒僻之区,则但知有洋钱,而不知有银两”。⑦ 可见,从嘉庆年间至道光初年的奏报、上谕反映的情况看,20 多年间,外国银元流通之广泛,大有取代传统称量货币之势头。清朝

---

① 中国第一历史档案馆编:《鸦片战争档案史料》第一册,上海人民出版社 1987 年版,第 8 页。

② 中国第一历史档案馆编:《鸦片战争档案史料》第一册,上海人民出版社 1987 年版,第 11 页。

③ 中国第一历史档案馆编:《鸦片战争档案史料》第一册,上海人民出版社 1987 年版,第 37 页。

④ 中国第一历史档案馆编:《鸦片战争档案史料》第一册,上海人民出版社 1987 年版,第 55 页。

⑤ 中国第一历史档案馆编:《鸦片战争档案史料》第一册,上海人民出版社 1987 年版,第 59 页。

⑥ 中国第一历史档案馆编:《鸦片战争档案史料》第一册,上海人民出版社 1987 年版,第 62 页。

⑦ 中国第一历史档案馆编:《鸦片战争档案史料》第一册,上海人民出版社 1987 年版,第 204 页。

对此禁之不能,不禁又失体面,采取“听从民便之中,示以限制”的办法,①如禁止夷商以洋银易货,商民人等“行使洋钱,必以成色分两为凭,不得计枚定价。其以洋钱易换纹银,或以纹银易换洋钱,无论烂板镜面,每百两止准洋钱补纹银之水,不准纹银转补洋钱之水。”②这实际上是想令洋钱从纹银,令铸造货币从称量货币,这是不现实的,也必定行不通,因为有违“民便”。

挑战之二,纹银外流。造成纹银外流原因:一是烟进银出,即鸦片走私进口,纹银与鸦片交易而被偷运出口;二是夷商用银元换银两偷运出口铸造银元以牟利。因为一枚外国银元重不足一两,却能与足两纹银等值流通,所以外商有利可图,大量输入银元,运出纹银。清朝纹银“岁漏出以千万计”,“至洋银日多,纹银日少而贵。”③

挑战之三,银贵钱贱。嘉庆年间,一千文铜钱可换一两纹银,至道光初年,铜钱一再贬值,一千二三百文、一千五六百文、二千文甚至二千多文才能换一两纹银,贬值至二分之一多,银钱并行的局面受到冲击。朝廷上下都认为,漏银是导致银贵钱贱的原因,所以都主张塞漏银,禁止漏银。实际上,银贵钱贱的原因不全在漏银,还有“贵人富商多藏银”④以及人心趋向贵金属货币的因素,特别是贵金属铸造货币——外国银元输入后的“便民用”,使铜钱作为贱金属铸造货币失去使用的优点。人们不喜欢持有它就必然贬值。

所有这些,说明传统货币制度出现了严重问题。清朝官员们及皇帝对此问题十分关注。《鸦片战争档案史料》第一册中汇编嘉庆十五年(1810 年)至道光十六年(1836 年)的上谕 41 篇,奏折 103 篇,合计 144 篇,其中谈及货币问题(禁纹银偷漏等)的上谕有 12 篇,占 41 篇的 29%,奏折 12 篇,占 103 篇的 12%,合计 24 篇,占 144 篇的 17%。可见引起统治者重视的程度。

---

① 中国第一历史档案馆编:《鸦片战争档案史料》第一册,上海人民出版社 1987 年版,第 138 页。

② 道光十六年九月初一日上谕,《鸦片战争档案史料》第一册,上海人民出版社 1987 年版,第 212 页。

③ 《清史稿》卷一二四,《食货志》,《食货五》,中华书局 1976 年版,第十三册,第 3645—3646 页。

④ 《包世臣全集》,黄山出版社 1997 年版,第 215 页。

二、对“洋钱”的看法和“铸银钱”思想

道光十三年（1833年）四月，林则徐在江苏巡抚任上，与两江总督陶澍联衔会奏，遵旨奏复给事中孙兰枝提出的江、浙两省钱贱银昂、商民交困等事宜。这篇奏折为林则徐起草，①是林则徐货币思想的集中体现。② 其中，有林则徐对“洋钱”的看法和“铸银钱”思想。

“洋钱”，如前所述，嘉庆年间至道光初年已在国内尤其是沿海地区流通，“江苏商贾辐辏，行使最多”，③这是林则徐清楚地看到的事实。民间使用中，每枚洋钱约作漕平纹银七钱三分，“当价昂之时，并有作至七钱六七分以上者。”④面对这种形势，是否任其流通？如果任其流通，该不该“抑价”？林则徐提出了自己的看法。

关于“洋钱”流通问题，林则徐认为不可“骤遏”，应让其继续流通。他赞同“年老商民”的意见：“百年以前，洋钱尚未盛行，则抑价可也，即厉禁亦可也。”至目前洋钱盛行之时，“厉禁”“抑价”则不可。他指出：“自粤贩愈通愈广，民间用洋钱之处转比用银为多，其势断难骤遏。盖民情图省图便，寻常交接，应用银一两者，易而用洋钱一枚，自觉节省，而且毋须弹兑，又便取携，是以不胫而走，价虽浮而人乐用。”⑤在这里，林则徐强调的不可“骤遏”洋钱流通的理由很清楚：其一是洋钱已经盛行，盛行的程度达到“用洋钱之处转比用银为多”，“骤遏”之，必定损害洋钱持有者利益。其二是“民情图省图便”，接受洋钱，“价虽浮而人乐用”，禁之没道理。这是很实事求是的态度。

关于“抑价”问题，林则徐不同意孙兰枝“定洋钱之价”的建议，他认为，洋钱之价浮于足纹之上，“诚为轻重倒置”，但这是市场现象，各处情形不同，时价亦非一定，闾阎市肆通行洋钱已久，“长落听其自然”，洋钱使用者都觉得很

---

① 来新夏编著：《林则徐年谱》（增订本），上海人民出版社1981年版，第129页。

② 《林则徐集·奏稿》上册，中华书局1965年版，第133—137页。

③ 《林则徐集·奏稿》上册，中华书局1965年版，第134页。

④ 《林则徐集·奏稿》上册，中华书局1965年版，第134页。

⑤ 《林则徐集·奏稿》上册，中华书局1965年版，第134页。

平常,“恬不为怪”,完全不必在意,不必“官为定价”。如果人为地去“抑价”,规定洋钱一枚只能价值多少,“诚恐法有难行,转滋窒碍”。因为“一旦勒令平价,则凡生意营运之人,先以贵价收入洋钱者,皆令以贱价出之,每洋钱一枚折耗百数十文,合计千枚即折耗百数十千文,恐民间生计因而日绌,非穷蹙停闭,即抗阻不行,仍属于公无裨。且有佣趁工人积至累月经年,始将工资易得洋钱数枚,存贮待用,一旦价值亏折,贫民见小,尤恐情有难堪。”①林则徐在此指出的,就是“抑价”将对洋钱持有者的利益造成损害。

“铸银钱”,就是铸造银币。林则徐看到外国铸造银币——洋钱流通的效用,所以主张仿造,将纹银铸造成银钱。当时,清朝廷很反感洋钱竟比纹银好用,虽然民间接受洋钱,但朝廷仍很不情愿接受。谈学习仿造,更是触犯“夷夏之防”天朝上国不能“师夷”之大忌。因此,林则徐小心翼翼很婉转地提出“铸银钱”主张。他以“或云”即“有人说”的口气说:“欲抑洋钱,莫如官局先铸银钱”。办法是:每一枚银币以纹银五钱为准,“悉照制钱之式”铸造,“暂将官局铜钱停卯改铸此钱”,计银钱两枚即合纹银一两,“库中收放,并无失体”。而且,“推广制钱之式以为银钱,期于便民利用,并非仿洋钱而为之也”。“初行之时洋钱并不必禁,俟试行数月,察看民间乐用此钱,再为斟酌定制。”②林则徐说:“臣等察听此言,似属有理,然钱法攸关,理宜上出圣裁,非臣下所敢轻议,故商民虽有此论,臣等不敢据以请行。”③说明林则徐等对“铸银钱”虽然打心眼里主张,但还是有思想顾虑,只是试探性地向道光帝提出。

林则徐对“洋钱”的看法和“铸银钱”主张是合情合理的。于情而言,洋钱的行用正合“图省图便”的民情,洋钱的难“骤遏”又合洋钱“盛行”、商民“乐用”的实在情形。正如林则徐所说:“银钱贵在流通”④,洋钱在中国得以流通,说明它比中国传统货币更有优点,更受商民欢迎。仅凭这一点就不应该禁止。货币由贱金属向贵金属发展,由称量货币向铸造货币转变,这是必然趋势。由于国内没有铸造银币,所以外国铸造银元一经流入,就得到广泛接纳,

① 《林则徐集·奏稿》上册,中华书局 1965 年版,第 134—135 页。

② 《林则徐集·奏稿》上册,中华书局 1965 年版,第 134—135 页。

③ 《林则徐集·奏稿》上册,中华书局 1965 年版,第 135 页。

④ 《林则徐集·奏稿》上册,中华书局 1965 年版,第 134 页。

就是这种必然趋势的反映。阻遏、禁止它,有违这种必然趋势,必定不会收到好效果。所以,不阻遏、不禁止是明智的。由于银、钱并行,所以一枚银元值多少铜钱,就像一两纹银兑换多少铜钱一样,无法"官为定价",想定价是办不到、也办不好的,只能"长落听其自然"。林则徐注意到这是一种市场现象,其看法是高明的。因为既要否定孙兰枝"定洋钱之价"的不切合实际提议,又要照顾到言事者和带有倾向性的朝廷的面子,所以林则徐在奏复中也不得不考虑到对洋钱"限制"的一面,限制的办法,林则徐主张:"嗣后商民日用洋钱,其易钱多寡之数,虽不必官为定价,致涉纷更,而成色之高低,戥平之轻重,应令悉照纹银为准,不得以色低平短之洋钱反浮于足纹之上。"①实际上,这也是有违银元将取代银两的大趋势的,强使洋钱不浮于足纹之上,也是难办到的,只能成为一句自我安慰的空话。

"铸银钱",这是当时最进步的货币思想,是传统货币改革的重要一步。"欲抑洋钱,莫如官局先铸银钱",这是最合情合理的科学办法。眼看洋钱那么受欢迎,就应该及早仿照洋钱,将纹银铸造成银元流通,纹银就不会外流,洋钱就会不禁自绝,或自然减少,这才是对洋钱"截流之一道"。林则徐能考虑及此,说明他在货币问题上独具慧眼。这是他善于调查现状,"询诸年老商民","认真访查",思考研究问题的结果,又是他民本思想、关心民瘼、体察民情、广纳民意的反映。

道光皇帝对林则徐等复奏中的上述看法和主张没有完全采纳。对洋钱行用内地问题,道光帝同意林则徐等所说:"势难骤禁,要于听从民便之中,示以限制,其价值一以纹银为准,不得浮于纹银,庶不致愈行愈广。"②道光帝采纳这点,正是立足于"限制"洋钱,不使洋钱价浮于纹银和"愈行愈广"的考虑。对"铸银钱",道光帝强烈否定,上谕中写道:"至官局议请改铸银钱,大变成法,不成事体。且银洋钱方禁之不暇,岂有内地亦铸银钱之理耶。"③从这里,

---

① 《林则徐集·奏稿》上册,中华书局1965年版,第135页。

② 中国第一历史档案馆编:《鸦片战争档案史料》第一册,上海人民出版社1987年版,第138页。

③ 中国第一历史档案馆编:《鸦片战争档案史料》第一册,上海人民出版社1987年版,第138页。

可以真正窥见道光帝对洋钱“禁之不暇”的态度，更不用说去模仿铸银钱了。“大变成法，不成事体”，语气之重，足以使言事者丢官、掉脑袋。回头看看林则徐等复奏中提出“铸银钱”主张的小心谨慎，其心境就不难理解了。林则徐等如此高明的建议却遭到道光帝如此对待，真是可悲可叹。道光帝这一表态，惊吓臣僚们再也不敢在奏折中提起“铸银钱”一事。（民间有识之士仍有论及）直至光绪十三年（1887年），才由两广总督张之洞奏准在广东设局自铸银元。晚清传统货币从称量货币向铸造货币改革，从提出建议到试行，经历了漫长的54年！可见改革之不易。在这一改革历程中，林则徐称得上是传统货币改革的思想先驱。

三、在江苏的实践

有关货币问题，林则徐十分认真对待，严肃执行清朝已有货币政策，对出现的新问题、新情况仔细访查，提出对策。他在江苏任职期间，办了如下几件涉及货币问题的事。

第一，如前所述，他对洋钱行用问题，能够提出真知灼见的对策，是建立在他对具体情况的掌握基础上的。他不仅要求江苏藩臬各司“确查妥议”汇报，而且亲自“询诸年老商民”，采集各方面意见。

第二，对纹银出洋问题，林则徐指出，这是鸦片盛行之后，以鸦片易纹银，再偷运出洋，此为“大弊之源，较之以洋钱易纹银其害愈烈”。因为“洋钱虽有折耗，尚不至成色全亏，而鸦片以土易银，直可谓之谋财害命”。[①] 所以，林则徐非常重视，在江苏对贩卖鸦片、偷运纹银出洋者“随时认真访查，力拏严惩”。为了防止烟贩者此拿彼窜，或于大海外洋勾结各处奸商，分路潜销，以致未能净尽，他又密饬沿海关津营县，于洋船未经进口之前，“严加巡逻，务绝其源”；再于进口之时，“实力稽查夹带”。“如有偷漏纵越，或经别处发觉，即将牟利之奸商，得规之兵役，一并追究，加倍重惩，以期令在必行，法无虚立，庶

① 《林则徐集·奏稿》上册，中华书局1965年版，第135页。

可杜根株而除大害。”①实践中，他发现刑部律例内，只有黄金铜铁铜钱出洋治罪之条，并无银两出洋作何治罪明文，“无以慑奸商之志”。因此，他建议朝廷“敕部明定例禁，颁发通行，有以纹银出洋者，执法严办，庶奸商亦知儆畏，不敢公然透越矣”。② 道光帝采纳了此建议，“著刑部悉心酌定具奏，纂入例册，颁发通行”。③ 弥补了法律条文的缺陷。

第三，对“奸民私铸小钱”问题，林则徐指出，此“最为钱法之害”。江苏久经严行查禁，虽没有私铸小钱情弊，但私贩小钱，“尚难保其必无”。因此，他通饬各属，“随时随处密访严查，一经拿获，即行从重究治”。如有地保朋比，胥役分肥，并即“按律惩办”。有的铺户留匿小钱，不便“挨户搜索”，恐遂委员“讹诈骚扰之习”，所以，林则徐仿照苏省嘉庆十四、二十二等年奉旨设局收缴小钱做法，“官为给价，每小钱一斤给制钱六十文，铅钱一斤给制钱二十文；历经遵办在案”。而凡不及一斤者，林则徐也考虑得很周到，他根据折算，小钱二文抵制钱一文，铅钱五文抵制钱一文，零星小钱也照样收缴。他照此做法宣诸令甲，令民间随时收买，仍俟收有成数，捶碎缴官，照例给价。一方面设局收缴小钱，不使流通；另一方面严密查拿，不任稍有混淆，期于“净尽”。④ 经此周密收缴、严密查拿，收到良好效果。道光十五年（1835年）正月，林则徐在奏报中说：“自连年收缴以来，细查各属旧存小钱，均已缴销净尽，现在市廛行用俱系制钱，尚无小钱参杂，是收缴已著成效。”⑤他表示：仍将“随时严行查禁，不敢因收缴已尽，稍存大意，致奸徒日久故智复萌，如官吏视为具文，稍有懈弛，即行照例严参”。⑥

第四，关于苏省官商办铜问题。江苏有官局铸造铜钱的传统，承办直隶、陕西、湖北、江西、浙江、江苏六省鼓铸洋铜任务。嘉庆二年（1797年），官方将鼓铸洋铜任务发包给商人王履阶承办，奏定每百斤，例给价银十三两五钱九分

---

① 《林则徐集·奏稿》上册，中华书局1965年版，第135—136页。

② 《林则徐集·奏稿》上册，中华书局1965年版，第136页。

③ 中国第一历史档案馆编：《鸦片战争档案史料》第一册，上海人民出版社1987年版，第138—139页。

④ 《林则徐集·奏稿》上册，中华书局1965年版，第136—137页。

⑤ 《林则徐集·奏稿》上册，中华书局1965年版，第212页。

⑥ 《林则徐集·奏稿》上册，中华书局1965年版，第212页。

三厘，每年额办六省洋铜共五十万五千九百六斤，历给价银六万八千七百七十八两七钱八分，预给一年帑本。此后王履阶之弟王日桂接办10多年，“铜帑两清，从无贻误”。嘉庆十三年（1808年），程洪然投充官商，自愿减价，每百斤只请价银十二两，并愿先缴铜斤，后领帑项，“其意只图邀准，未计亏赔”。自此更改旧章，程洪然经办不久，即因“力乏告退”。接办人也一个个办不下去，“遗累亏赔，旋充旋退”，无人接充。道光十五年（1835年），林则徐对此情形“复加查访”，确认事实后，奏请朝廷“俯念商力疲乏，准予循复旧章”，恢复嘉庆二年奏定办法，使鼓铸重务不致贻误。①

第五，关于洋银出洋问题。御史黄爵滋奏请纹银、洋银并禁出洋，杜绝仿铸洋银，对犯者从重科罪。清朝廷交刑部议奏后又著沿海各督抚妥议具奏。林则徐与两江总督陶澍联衔复奏。复奏是在“分饬各属详加体察，并自行明察暗访，反复推求”中写出的。复奏认为，洋银行用情形，各省不同。江苏市肆买卖，行用洋银较多，但因不是对外通商口岸，没有与外夷“互市之事”，不存在洋银出洋问题。因此，“就江苏言之，似可毋庸多立科条，致滋纷扰”。② 而洋银在内地行用，若“创立例禁”，于商民买卖，海关税务，未免皆有“窒碍”。③

至于内地熔化纹银仿铸洋银，因民间兑验洋银，“极为精细”，如系仿铸品，客商皆剔出不用，不待官禁。“民禁严于官禁，行商公估，丝毫不能隐瞒。是仿铸之洋银，在本地已不能通用，更何能行及外洋?”所以也无须另立科条禁止。④ 林则徐等的复奏，完全切合苏省实际。

第六，试造“银饼”。林则徐“铸银钱”的建议虽然没有获得朝廷采纳，但他还是在江苏试造“银饼”。据冯桂芬《罢关征议》中说：“侯官林文忠公造银饼，初亦便用，未几即质杂，市中析之为零银，银饼遂废。”⑤周腾虎在《铸银钱说》中也称：“林文忠铸造银饼，其制渺小，全无法度，后又无法以行之。”⑥郑

① 《林则徐集·奏稿》上册，中华书局1965年版，第216—218页。

② 《林则徐集·奏稿》上册，中华书局1965年版，第224—225页。

③ 《林则徐集·奏稿》上册，中华书局1965年版，第225页。

④ 《林则徐集·奏稿》上册，中华书局1965年版，第225页。

⑤ 冯桂芬：《校邠庐抗议》，中州古籍出版社1998年版，第138页。

⑥ 转引自魏建猷：《中国近代货币史》，黄山书社1986年版，第117页。

观应《铸银》一文中也写道："侯官林文忠公巡抚江苏，见民间洋价日增，遂铸七钱三分银饼以代之，初亦便用，未几而伪者低者日出，遂使美意良法废而不行，可为太息。"①如果林则徐在苏省铸造银元的实践真有其事，其失败原因除了"质杂"外，还在于"伪者低者日出"以及没有获得清朝廷认可，没有树立起信誉。这种铸银元的实践是在清朝廷不允许情况下的难能可贵的实践。

冯桂芬在《银钞议》中还提及林则徐著有《钞币考证》，冯称此书是近人言钞法者最"精"的。② 笔者未能读到此书。如果真有此书，也是林则徐货币思想和实践的重要体现。

综上所述，林则徐在江苏期间的货币思想有不少闪光点。洋钱对中国来说是一种新事物，林则徐对洋钱的青睐和仿造，体现他开眼看世界和"师夷"的兆头。由于朝廷的昏庸、保守，使传统货币改革难于起步。涉及货币的有关实践，体现林则徐办事之周密、认真，体现其实事求是的为官作风，也体现其体察民情、访求民意的可贵精神。面临当时的货币危机，最好的对策就是仿铸银元，并把银元确定为主币，把铜钱作为辅币，同时大力发展对外通商贸易，使银入货出。这样，就能有效遏制纹银外漏，解决货币危机。可惜，清朝廷未能认识货币发展大趋势，一味固守成法不变，结果必然是事与愿违。

（原载《三明高等专科学校学报》2004 年第 3 期；
入选全国"林则徐与江苏"学术研讨会论文集
《林则徐与江苏》，当代中国出版社 2004 年版）

---

① 郑观应：《盛世危言》上册，内蒙古人民出版社 1996 年版，第 434 页。

② 冯桂芬：《校邠庐抗议》，中州古籍出版社 1998 年版，第 262 页。

林则徐与茶

茶是中国的传统特产。自唐朝德宗初开始对茶贸易征税,茶税成为历代政府的重要财政收入。林则徐的出生地福州是重要产茶区和茶贸易集散地。林则徐对茶是熟悉的。考察林则徐奏稿、日记、书简等文献资料,发现林则徐与茶有密切关系。从这一关系中,可以看出林则徐对茶的饮用、使用及对茶贸易、茶税的认识。研究这一关系,可以从一个侧面加深对林则徐的全面认识。对此学界尚无专文论及,本文拟就此作探讨,以求指教和交流。

一、茶是中国传统的特产,历史悠久

中国是茶的故乡,是种茶、制茶、饮茶最早的国家。传说,早在公元前2730年前,神农就发现了茶,用茶解毒。到西汉时代,茶逐步成为饮料。三国时期,饮茶成为时尚。唐朝时更是形成风气,遂有著名的陆羽《茶经》问世。16世纪中叶后,茶传到欧洲,也逐步被当作饮料。英国伦敦拍卖中国茶叶最早的记录是1679年3月11日,时为清朝。至1839年,英国商人从中国买茶、贩茶有160年历史。

榷茶始于唐朝德宗初年,国内的茶贸易开始课税。茶税成为历代政府的重要财政收入。宋代收茶税的机构是茶马司,“茶马司之富,甲于天下”。[1]

清代推行古茶引法,国内茶贸易官买官卖,配额批发给茶商销售并按额课税。茶既是国人普遍饮用的饮品,“茶坊”与“酒肆”齐名,也是重要的出口产品之一。在广州的对外贸易中,由行商为中介,经营茶、丝、瓷器等出口贸易。

---

① 李心传:《建炎以来朝野杂记》上册,中华书局2000年版,第305页。

茶税是重要的关税收入。“嘉庆、道光以前，每岁出口之茶约值银五千余万两。”①

二、林则徐饮用茶、馈赠茶

在林则徐日记中，有约25处饮用茶、馈赠茶的记载。在林则徐书函中，有几处关于茶的记述。林则徐诗词中，也有几首提及茶。

日记、书函中记载饮用茶有如下几种情况：

其一，饮御赐茶。如嘉庆二十二年（1817年）正月初二日，时林则徐任职翰林院，出席重华宫茶宴。② 同月二十八日，林则徐在文华殿陈设御案、讲案，听嘉庆皇帝论讲章，同诸臣接受皇帝赐茶，“皆跪饮”。③

其二，应酬饮茶。如道光十四年（1834年）八月初六日，林则徐在苏抚任上，赴江宁府署，候主试官龚、赵二公至，先请圣安，次行谢恩礼，“分坐叙茶”。④ 在伊犁时，林则徐家眷在西安。邓廷桢释回，要回京朝见皇帝，途中经过西安。林则徐致函其郑夫人及长子林汝舟，嘱咐嶰翁抵西安时，招待嶰翁。在何处接待？林则徐交代要“不与官场同在一处”，“可叙一茶方，将三柬及求面之愚侄贴……先遣家人远行几里，在轿前投去，便告知在某处亲接，预备有茶……到后总须请来一饭”。⑤ 虽然林则徐不在现场接待邓廷桢，但仍出自林的嘱咐接待，说明饮茶是林在应酬中必有的礼节安排。

其三，旅途饮茶。道光十八年（1838年）十一月，林则徐奉命为钦差大臣，前往广东查办海口事件，从北京起程赴广东，旅途中有饮茶记载。如在苦水铺，“舒牧遣人备茶点”；⑥自王庄至濠梁有五铺，逆数第三铺，“许令在此设

① 刘锦藻：《清朝续文献通考》卷四二，《征傕十四》，浙江古籍出版社2000年版，第7966页。

② 《林则徐全集》第九册（日记），海峡文艺出版社2002年版，第4277页。

③ 《林则徐全集》第九册（日记），海峡文艺出版社2002年版，第4278页。

④ 《林则徐全集》第九册（日记），海峡文艺出版社2002年版，第4376页。

⑤ 杨国桢编：《林则徐书简》（增订本），福建人民出版社1985年版，第213页。

⑥ 《林则徐全集》第九册（日记），第4558页。

茶,小坐仍行”。[1] 道光二十二年(1842 年),在前往伊犁“效力赎罪”途中,有几处饮茶记载。如在东城口,“博令遣丁具茶,在此小坐”[2];在安西州辖境的红柳河,“在此煎茶饮之”。[3] 道光二十五年(1845 年),林则徐奉命履勘新疆库车等处地亩,受到时任和阗办事大臣奕山关照,在林则徐经过的途中多处设“茶尖”,方便林则徐饮茶。[4] 在苏巴什台,“距托克逊十里日巴那磴,有一小铺煎茶,水味颇可,遂饮之”。[5]

在家书中,林则徐问家人从伊犁带回的行李中,茶壶、茶碗有否被打破?[6] 说明林则徐在长途旅行中都随带茶壶、茶碗。

其四,平时饮茶。道光九年(1829 年),林则徐在籍守制,在《仲山复迭前韵,再和四首》诗中,有“啜茗诵君新叠句,桂香侵案竹横坡”句[7]。林则徐边“啜茗”,边咏诵王仲山(益谦)诗作。道光十五年(1835 年),林则徐在苏抚任上,在《和卓海帆阁学(秉恬)〈江南文闱即事〉原韵》诗中,有“锁院茶香文拄腹,山楼月照鉴当心”;“茶香满庭院,月光照山楼”。[8] 这些诗句表明,林则徐平时有饮茶习惯。

馈赠茶有如下记载:

其一,接受“佳茗”“茶点”馈赠。道光九年(1829 年),林则徐在福州家乡守制,王仲山(益谦)大令“以纸索书,旋赠佳茗”。[9] 道光十九年(1839 年)五月初四日,时任钦差大臣的林则徐在致广东巡抚怡良函中提及:“顷辱遣弁远来,载荷惠函注问,并颁赐酒腿茶点诸珍。昨日曾虑及此,故于手启内特嘱棣台大人勿循馈节之仪,致滋颜厚。”林则徐收下馈赠“茶点”后,也回赠物品给怡良。[10]

---

① 《林则徐全集》第九册(日记),第 4562 页。
② 《林则徐全集》第九册(日记),第 4681 页。
③ 《林则徐全集》第九册(日记),第 4676 页。
④ 《林则徐全集》第九册(日记),第 4747—4748 页。
⑤ 《林则徐全集》第九册(日记),第 4768 页。
⑥ 杨国桢编:《林则徐书简》(增订本),福建人民出版社 1985 年版,第 240 页。
⑦ 《林则徐全集》第六册(诗词),海峡文艺出版社 2002 年版,第 3031 页。
⑧ 《林则徐全集》第六册(诗词),海峡文艺出版社 2002 年版,第 3046—3047 页。
⑨ 《林则徐全集》第六册(诗词),海峡文艺出版社 2002 年版,第 3030 页。
⑩ 杨国桢编:《林则徐书简》(增订本),福建人民出版社 1985 年版,第 57—58 页。

其二,“颁赏”夷官茶叶。道光十九年(1839 年)七月二十六日,林则徐巡视澳门。在望厦村新庙中传见“夷目”,“与之语,使通事传谕,即颁赏夷官色绫、折扇、茶叶、冰糖四物,夷兵牛、羊、酒、面并洋银四百枚”。①

其三,在云贵总督任上,林则徐在昆明致函刘建韶,随函赠送蒙自肉桂、大理首乌、普洱茶膏、鸡血藤膏四种。② 把普洱茶膏作为馈赠品,说明普洱茶受到林则徐的青睐。

以上林则徐饮用茶、馈赠茶的情况说明,林则徐对茶这一中国传统特产是熟悉的。林则徐爱好饮茶、看重饮茶。

林则徐在广东的禁烟、销烟之举,受到粤东绅民的普遍赞誉。粤东绅民呈送不少牌匾赞颂林则徐的功德,其中有茶商、茶帮送的牌匾,如安徽绿茶商俞澄印等送牌匾两对“宽裕温柔”两面,“发强刚毅”两面;六省武彝茶商公送牌匾两对“明察秋毫,忠心对天”,“循循善化,苍生霖雨”;③土茶帮职员熊德星、众铺民等送牌匾两对“学源泗水,心印莆田”,“明同金鉴,清澈冰壶”。④ 茶商拥护、称赞林则徐禁烟、销烟,说明林则徐禁烟、销烟之举是合民意的。鸦片走私贸易的禁止,不仅符合民族利益、人民利益,也是符合茶商贸易利益的。

三、林则徐用茶驭“夷”

面对国内白银外流的局面,林则徐奏请提高茶叶、大黄等出口价格,以挽回白银“漏卮”的损失。他认为,茶叶、大黄、湖丝是内地“宝贵之物”,而外洋“所不可一日无者”,是中外贸易的重要产品。如此“宝贵”的中国产品,出口价与内地售价相同,这是不合理合情的,是不应该的。“天朝四海为家,固不屑与之计较,然揆诸造物好还之理,似亦宜以盈补虚,而准诸物类不齐之情,尤不值以贵伍贱。”⑤因此,他建议将售卖出洋之茶叶、大黄、湖丝等物,“倍蓰其

① 《林则徐全集》第九册(日记),第 4595 页。

② 杨国桢编:《林则徐书简》(增订本),福建人民出版社 1985 年版,第 298 页。

③ 《林则徐全集》第九册(日记),第 4620 页。

④ 《林则徐全集》第九册(日记),第 4621 页。

⑤ 《林则徐集·奏稿》中册,中华书局 1965 年版,第 576 页。

价”，提高一倍出口价格，这既有利茶商，“闽、浙、苏、皖、川、楚等处客商，似皆无不乐从”，又可增加白银回流，“每年内地收回之价值，或可稍偿前此之漏卮”。[①] 可见，林则徐想用调节茶叶出口价来平衡中外贸易逆差，这不失为可行的、容易操作的办法。当然也可以用提高出口关税办法来调节平衡进出口逆差，这是林则徐没有考虑到的。

林则徐奉命赴广东查办海口事件后，查办、杜绝鸦片走私成为他的主要任务。如何断绝鸦片来源，他注意到中外贸易中的热销商品——茶。林则徐用茶驭“夷”，用茶奖励“奉法”夷商，用茶惩罚“抗法”夷商，将茶作为驾驭不法夷商的“武器”。

外商在林则徐下令主动上缴贩运来华的鸦片烟土后，林则徐赏给外商茶叶，将茶作为奖励品，以奖励缴烟夷商之“听命”“奉法”。“凡夷人名下缴出鸦片一箱者，酌赏茶叶五斤，以奖其恭顺畏法之心，而坚其改悔自新之念”。总共需茶叶十余万斤，由林则徐等“捐办”，没有向朝廷“开销”。[②]

在外商缴烟后，凡如式“具结”，保证不再贩运鸦片来华的，都恢复正常贸易。有人奏请应断绝茶叶、大黄出洋，以禁止鸦片走私，制鸦片走私者以“死命”而收“利权”。道光皇帝征求林则徐意见。林则徐认为，外商已缴鸦片，所以不应该断绝茶叶、大黄出洋。他在奏折中写道：“茶叶、大黄两项，臣等悉心访察，实为外夷所必需，且夷商购买出洋，分售各路岛夷，获利优厚。果能悉行断绝，固可制死命而收利权。惟现在各国夷商业经遵谕呈缴烟土，自应仰乞天恩准其照常互市，以示怀柔。所有断绝茶叶、大黄，似可暂缓置议。如果该夷经此次查办之后，仍敢故智复萌，希图夹带鸦片入口，彼时自当严行禁断，并设法严查偷越弊端。”[③]这说明，林则徐对“奉法”夷商不同意用断绝茶叶、大黄“互市”的办法制裁他们，只主张对“抗法”夷商采取此办法，以迫使其“驯服”。

之所以想用茶驭“夷”，是因为林则徐体察到茶在外国的重要：“茶叶、大黄，外国所不可一日无也。”中国如果断绝提供，“则夷人何以为生？”“乃天朝

---

① 《林则徐集·奏稿》中册，中华书局 1965 年版，第 576 页。

② 林则徐：《英吉利等国烟贩趸船鸦片尽数呈缴折》，《林则徐集·奏稿》中册，第 631 页。

③ 《林则徐集·奏稿》中册，第 632—633 页。

于茶丝诸货,悉任其贩运流通,绝不靳惜,无他,利与天下公之也。”①在《示谕外商速缴鸦片烟土四条稿》中,林则徐对外商指出:“凡尔带来货物,不论粗细整碎,无一不可销售,而内地出产,不论可吃可穿可用可卖者,无不听尔搬运。不但以尔国之货,赚内地之财,并以内地之货,赚各国之财。……试问普天之下,岂能更有如此之好码头乎?且无论大黄、茶叶,不得即无以为生,各种丝斤,不得即无以为织……若因鸦片而闭市,尔等全无生计,岂非由于自取乎。”②

上述认识说明几点:

第一,中国茶受到外国人喜爱,外国有茶的需求,茶是外国热销商品。茶不仅是“国饮”,中国的传统饮品,而且是外国人不可或缺的饮品,是很有潜力的对外贸易商品。

第二,直到鸦片战争前,茶仍是广州口岸中外贸易中的畅销货品,外国需求量很大。林则徐“悉心访察”到这一点,所以才直观地作出外国不可一日无茶,无茶即“无以为生”的论断,并拟以茶驾驭“夷”、制服“夷”。

茶的出口量大,是因为外商看重茶在西方各国的需求,所以热心贩运,以求利益,这是实情。但是,是否达到无茶即“无以为生”的程度,不免有失夸张。这说明包括林则徐在内的中国官员对外国饮茶的需求达到何种程度还没有完全正确认识。如果禁止茶叶出口,对外商来说,损失的是贩运买卖茶的利益,而不可能使外国人“无以为生”。更何况外商不能进行茶的正常贸易,有可能进行茶的走私贸易,清朝海关管理防不胜防,很难完全杜绝。

第三,直到鸦片战争前,包括林则徐在内的中国官方对中外贸易仍很轻视,把中外贸易看成只是对“夷”有利的事,是“夷”赚“内地之财”,以中国之茶叶、大黄“赚各国之财”,而没有认识到中国在中外贸易中所得到的经济利益。这种利益,作为中外贸易的中介——清政府特许的行商(也称洋商)倒是深切体会到。道光二十年(1840年)四月,行商伍绍荣、卢继光、潘绍光等向林则徐呈请,愿意将茶叶一项“向定行用银两”(中介费)陆续捐缴三年给清朝

---

① 《林则徐集·公牍》,中华书局1963年版,第126页。

② 《林则徐集·公牍》,中华书局1963年版,第65页。

廷,“解缴关库”,以作为海防经费。因为“查办鸦片”“防堵英夷”的海防费用“繁重”,林则徐正在患愁此费用之际,行商有此呈请,所以林则徐很高兴,当即奏请朝廷,“仰恳天恩,俯准捐缴,以遂其报效之忱”。行商的中介费按向来所定是“估价每两应得行用三分”,①仅这一项的“行用”收入即很可观。行商将这笔收入捐缴“关库”,说明不是一笔小数目。茶叶出口贸易的“行用”银不是小数目,关税收入更应该不是一笔比“行用”少的小数目。这说明,茶叶在出口贸易中,清朝所获得的利益是不可小觑的,此利益包括茶农、茶商、行商的利益和关税收入利益。断绝茶叶贸易,行商的利益受损失,所以行商宁可将“行用”银捐缴给关库,尚可表示“报效之忱”,也不愿意看到断绝贸易后的一无所得的后果。

第四,在对外贸易中,根据市场行情,提高茶的出口价格是可行的、可取的。林则徐在这方面的主张是正确的,说明林则徐对茶的贸易不轻易言“断绝”,而是在不得已的情况下才出此计策。然而,这毕竟是下下策,甚至可以说是失策的。因此,以断绝茶贸易制裁“夷”商是不可取的。原因很简单:首先,断绝茶贸易固然使“夷”商赚不到财,西方国家会出现茶叶供应紧张状况,但是对产茶国来说,损失也不会小,势必会损害茶农、茶商、行商的利益,并严重影响国家关税收入。其次,断绝茶贸易会使中外矛盾激化。就当时的清朝国力来说,已不是西方资本主义国家的对手,使用以往“天朝上国”的成法常规对付“夷”人已不合时宜,不仅制裁不了对方,反而招祸。英国侵略者使用武力迫使清政府重开贸易大门就是明证。最后,断绝茶贸易的本意是要断绝鸦片走私,但是,鸦片走私本身就不是一种正常贸易,是躲过海关的非法贸易,不会因为茶贸易的被断绝而断绝。顶多给从事鸦片走私的“夷”商制造不便而已。所以,不能以断绝茶贸易来制裁“夷”商。

最正确的做法是,应该采取既要缉私,严禁鸦片贩卖,又要大力发展茶贸易的措施,增加关税收入,才是裕国利民之举。

(原载《明清海防研究论丛》第二辑,
广东人民出版社 2008 年版)

① 《行商愿捐缴三年茶叶行用以充防英经费折》,《林则徐集·奏稿》中册,第 808—810 页。

沈葆桢的海防和海军建设思考及其实践

福建船政局于清同治五年(1866年)在福建福州马尾创办。是时丁忧在籍的前江西巡抚沈葆桢奉命为首任船政大臣,总理船政。所有船政事务"准其专折奏事",与福州将军、闽浙总督、福建巡抚"会商办理"。[①] 至光绪元年(1875年),沈葆桢调任两江总督,主持船政达10年之久。接着赴任两江总督兼南洋通商大臣,"督办南洋海防",至病逝任所,历时5年。

沈葆桢的这种职务经历,使他成为承担同光年间的海防和海军建设重任的封疆大吏之一,因此,在其位而谋其政,有诸多关于海防和海军建设方面的思考及实践,产生重要作用和深远影响。本文拟就此进行考察和探讨,期以交流和讨教。

一、轮船为海防利器,"船政关海防大局"

同治六年六月十七日(1867年7月18日),沈葆桢丁忧释服后到马尾履任,"遵旨刊刻木质关防,文曰'总理船政关防',即日开用。"[②]沈葆桢深刻认识到创办船政局制造轮船对海防建设的重要意义,一再强调指出,"创造轮船,关系至巨"[③],"船政关海防大局"[④],"船政关系海防根柢"[⑤],船政为"海防

① 郑剑顺:《福建船政局史事纪要编年》,厦门大学出版社1993年版,第5页。

② 郑剑顺:《福建船政局史事纪要编年》,厦门大学出版社1993年版,第10页。

③ 朱华主编:《沈葆桢文集》,第173页。(此文集内部印行,下同)

④ 朱华主编:《沈葆桢文集》,第210页。

⑤ 朱华主编:《沈葆桢文集》,第210页。

之基”①,“船政与海防相表里”。② 在他奉命任船政大臣时,他充分估计到肩上担子之重,完成任务之难,但决心“竭尽愚诚”,体朝廷为自强“创百世利赖之盛举”苦心,“勿以事属创行而生畏难之见”③,沉下心办好船政。

沈葆桢对海防建设有充分认识。他认为,海防建设必须要有轮船,轮船必要设局创造,而且要多造兵轮船。轮船是海防的先进武器,有了兵轮船,传统的旧罾船可当废物淘汰。

船政创办7年后,闽局与日意格等签订五年合同期满,船政要不要续办下去?沈葆桢奏请闽厂轮船应续行兴造,“以利海防”。④ 他写道:“似不如仍此成局接续兴工,在匠作等驾轻就熟,当易告成,而厂中多造一船,即愈精一船之功;海防多得一船,即多收一船之效。”⑤“船政与海防相表里,若船政半途而废,则海防并无一篑之基”。⑥ 清朝廷批准沈葆桢奏请,同治帝上谕说:“闽厂轮船,即照所请,准其续行兴造得力兵船,以资利用”。⑦

闽局船工续办后,沈葆桢提议向国外购买大挖土机船、船上铁肋和新式轮机。闽局由前此造木肋船,开始升级制造更先进的铁肋船,并配用新卧式轮机。原来配用的立式轮机用煤过费,又不隐蔽,不适用于兵船。新式卧机为外国新创造,配在兵船上,“取其机器与水面平,可以避炮也。”⑧沈葆桢很重视造船技术的改进和提高,认为造船技术要“精益求精,密益求密”,⑨要“讲求兵船新法”,造出来的船才能在海防上发挥作用,“以固疆圉而壮声威”。⑩

兵船造出来后,还要有人驾驶,“有船不能驾驶,与无船同”。⑪ 所以,培养轮船驾驶人才和制造人才被纳入船政创办规划。福建船政局集轮船制造、人

---

① 朱华主编:《沈葆桢文集》,第211页。
② 朱华主编:《沈葆桢文集》,第209页。
③ 朱华主编:《沈葆桢文集》,第174页。
④ 朱华主编:《沈葆桢文集》,第207页。
⑤ 朱华主编:《沈葆桢文集》,第206页。
⑥ 朱华主编:《沈葆桢文集》,第209页。
⑦ 《清实录》第五一册,《穆宗实录》(七),中华书局1987年版,第892页。
⑧ 郑剑顺:《福建船政局史事纪要编年》,厦门大学出版社1993年版,第44页。
⑨ 朱华主编:《沈葆桢文集》,第205页。
⑩ 朱华主编:《沈葆桢文集》,第198页。
⑪ 朱华主编:《沈葆桢文集》,第194页。

才培养、轮船水师编练于一体,在晚清海防建设中发挥重要根基、支柱作用。沈葆桢认为,海防和海军建设首在得人,要有人才。轮船制造不重在“造”,而重在“学”。① “海防根本,首在育才”。② “船政根本在于学堂”。③ 他把培养人才看成是船政创办、海防和海军建设的根本。有人才才能不依靠洋拐棍,自己造船、自己驾驶,强军固防,做好海防建设。同治十二年十月十八日(1873年12月7日),沈葆桢上奏,建议选派船政学堂首届毕业生赴法国、英国留学深造。他认为:“欲日起而有功,在循序而渐进;将窥其精微之奥,宜置之庄岳之间。前学堂,习法国语言文字者也,当选其学生之天资颖异、学有根柢者,仍赴法国,深究其造船之方及其推陈出新之理;后学堂,习英国语言文字者也,当选其学生之天资颖异、学有根柢者,仍赴英国,深究其驶船之方及其练习制胜之理。”④光绪二年十一月二十九日(1877年1月13日),北洋大臣、直隶总督李鸿章经与丁日昌、吴赞诚、沈葆桢往返函商,取得一致意见,也奏请闽局选派船政学堂首届毕业生出洋学习。李鸿章等奏称:“查制造各厂,法为最盛;而水师操练,英为最精。闽厂前堂学生本习法国语言文字,应即令赴法国官厂学习制造,务令通船新式轮机器具无一不能自制,方为成效。后堂学生本习英国语言文字,应即令赴英国水师大学堂及铁甲兵船学习驾驶,务令精通该国水师兵法,能自驾铁船于大洋操战,方为成效。如此分投学习,期以数年之久,必可操练成才,储备海防之用。”⑤光绪二年十二月戊子(1877年1月15日),南洋大臣沈葆桢等奏,选派候选道李凤苞、闽厂监督日意格充华洋监督,率领闽厂前后堂学生分赴法国官厂学习制造、英国水师大学堂及铁甲兵船学习驾驶,学生员数以三十名为度,肄习年限以三年为期。获得朝廷批准。⑥

首届选派出洋留学生徒自光绪三年起,至光绪六年,即满三年期限。沈葆桢奏请闽局出洋生徒,应予蝉联就学,“以储后起之秀而备不竭之需”。他在

---

① 朱华主编:《沈葆桢文集》,第201页。
② 朱华主编:《沈葆桢文集》,第371页。
③ 朱华主编:《沈葆桢文集》,第176页。
④ 朱华主编:《沈葆桢文集》,第204页。
⑤ 郑剑顺:《福建船政局史事纪要编年》,厦门大学出版社1993年版,第55页。
⑥ 《清实录》第五二册,《德宗实录》(一),中华书局1987年版,第620页。

奏折中说:“计此后闽厂成船日多,管驾之选日亟,而厂中方讲求新式机器,监工亦在在需才。……非源头活水,窃虑无以应汲者之求。”他认为,“西学精益求精,原无止境,推步制造,用意日新。”轮船制造技术在不断进步,相关知识在日益更新,所以要不断学习掌握新技术、新技能。必须接续择才派赴英、法就学,“俾人才蒸蒸日盛,无俟藉资外助,缓急有以自谋,大局幸甚”。① 他主张,“出洋学生宜源源不绝,不当以少有所得而止。”不仅派赴英、法留学,若经费许可,还要派往德国学习枪炮及陆路兵法。这都是备战的需要,培养海防建设人才的迫切需要。“窃意西洋或可不用兵,日本必无三五年能不用兵之理。”②船政育才不能停步,海防建设亦断不可停,“西洋或隐忍幸和,东洋则终须一战。”没有可松懈或停顿的理由。③

二、“外海水师决不可不创”

中国在经历两次鸦片战争后,朝野无不痛感海防的缺失,而海防缺的就是坚船利炮,西方有而中国没有。侵略者驾驶轮船进攻中国沿海任何一个海口,使海防防不胜防,各地疲于应付。所以,清政府开始把制船造炮、编练水师、掌握海防主动权,摆上议事日程并付诸实施。福建船政局由此得以创办。船政创办的目的,正如左宗棠所说:“欲防海之害而收其利,非整理水师不可;欲整理水师,非设局监造轮船不可。泰西巧而中国不必安于拙也;泰西有而中国不能傲以无也。”④“防海必用海船,海船不敌轮船之灵捷。……彼此同以大海为利,彼有所挟,我独无之。譬犹渡河,人操舟而我结筏;譬犹使马,人跨骏而我骑驴,可乎?”⑤所以要创制轮船。这种轮船替代旧式水师战船的功能,所以被称为“兵轮船”。船政造出兵轮船后,派往沿海各海口驻防,没有组建成军。

---

① 朱华主编:《沈葆桢文集》,第371—372页。

② 福建省文史研究馆编:《沈文肃公牍》,江苏广陵古籍刻印社1997年版,第444页。

③ 福建省文史研究馆编:《沈文肃公牍》,江苏广陵古籍刻印社1997年版,第407页。

④ 张作兴主编:《船政文化研究——船政奏议汇编点校辑》,海潮摄影艺术出版社2006年版,第4页。

⑤ 张作兴主编:《船政文化研究——船政奏议汇编点校辑》,海潮摄影艺术出版社2006年版,第5页。

“轮船号数渐多，不能不分布各口。平日各不相闻，临时各不相习，虽有事调合一处而声气隔阂，号令参差。”[1]沈葆桢关注到此事，于同治九年（1870年）八月奏请简派轮船统领，“以资训练而靖海疆”。该轮船统领的职责是对所统辖轮船将士“训之礼义，以生其忠君爱国之心；练其技能，以壮其敌忾同仇之志。庶几南北一气，寰海境清矣。”[2]清朝廷同意这一建议，命福建水师提督李成谋为轮船统领，责成李成谋随时驾驶统辖轮船出洋，周历海岛，勤加操演，“俾该员弁等熟悉风涛，悉成劲旅。”[3]由李成谋统领的轮船福建水师，[4]实际上就形成福建海军，揭开晚清近代海军的新篇章。

轮船福建水师，或称福建轮船水师、船政轮船水师，是以船政局造的兵轮船组合成的，有沈葆桢和闽浙总督英桂等会议奏准的《轮船训练章程》十二条。其中规定：统领外应派分统以专责成；挑选水师弁兵在船练习；弁兵人等技艺精通者分别给予职衔；分泊各口轮船，按季互相更调，以期联络；每年春冬定期操阅，以凭黜陟；管驾官每旬合操一次；颁定一色旗号以分中外等。[5] 同治帝上谕强调说：“国家不惜数百万帑金创制轮船，原以筹备海防，期于缓急足恃。现在已成之船，必须责成李成谋督率各员弁驾驶出洋，认真操练，技艺愈精，胆气愈壮，方足备御侮折冲之用。”[6]光绪五年（1879年），福建水师提督彭楚汉接替李成谋总统闽局轮船。[7]

沈葆桢认为，海防建设必须要有海军，所以，他极力主张编练“轮船水师”，加强海军建设。在兵轮船未造出之前，他就强调事先做好船上水勇的训练。他认为，“轮船下水，则舵工、水勇缺一不行，非徒习惯风涛，尤须熟精枪

① 张作兴主编：《船政文化研究——船政奏议汇编点校辑》，海潮摄影艺术出版社2006年版，第54页。

② 张作兴主编：《船政文化研究——船政奏议汇编点校辑》，海潮摄影艺术出版社2006年版，第54页。

③ 张作兴主编：《船政文化研究——船政奏议汇编点校辑》，海潮摄影艺术出版社2006年版，第55页。

④ 张作兴主编：《船政文化研究——船政奏议汇编点校辑》，海潮摄影艺术出版社2006年版，第59页。

⑤ 《清实录》第五一册，《穆宗实录》（七），中华书局1987年版，第54页。

⑥ 《清实录》第五十册，《穆宗实录》卷二九一，中华书局1987年版，第1029页。

⑦ 《清实录》第五三册，《德宗实录》卷九八，中华书局1987年版，第467—468页。

炮。盖国家之创造轮船，譬诸千金买骏，倘冲锋陷阵不持寸铁，虽有千里之马，安足成功?”所以，他先调集闽中旧撤炮船十只，添练水勇二三百名，在轮船未成船前，进行巡缉近洋训练，成船后，这些水勇“即可擐甲登舟，驾轻就熟。”①在兵轮船成船多号后，他主张选派轮船统领，统一指挥，统一操练，统一调度。他说:“轮船之设，必声势联络，如身使臂，如臂使指，仓卒征召，方足以资敌忾。”他建议轮船统领随时周历轮船驻防各口校阅，一体操演。② 兵轮船上的官弁、兵勇专心训练枪炮，不再练传统弓箭。③

按当时的提法，沈葆桢把海军称为“轮船水师”“水军”“外海水师”“海洋水师”。他说:“无水军则陆军气脉不贯”④;“外海水师之议断不容缓”⑤;“外海水师决不可不创”⑥。他认为陆军和水师并重，都是国防、海防不可缺少的:“陆军固自强根本，然无水军，则陆军气脉不贯。”⑦“于今见之，防海而可无陆师，纵船炮之精过于彼族，风平浪静时处处可以登舟岸，其谁御之。有陆师便可不防海，则必遍天下郡县尽数有坐待御敌之劲旅则可，否则一二号兵轮，窥我南北洋，终岁疲于奔命，不知其所守矣。况铁甲封港，只求消息不可得耶。”⑧因此，在沈葆桢看来，偏执一端，只重陆师轻视水师，或仅重水师忽视陆师，都是错误的。

在议奏丁日昌海洋水师一折中，沈葆桢赞赏丁日昌见解:“所议修筑炮台、选择干员、联三洋以练兵、分三局以制器，似均允当而可行，……原议称，海上争衡，百号之艇船不敌一号之大兵轮船，诚确论也。”同时，沈葆桢提出海洋水师配备铁甲船的重要:“至木轮船足以辅铁甲船，仍不足以御铁甲船，则铁甲船终不能不办也。”⑨沈葆桢非常重视铁甲船的拥有，屡屡建议购置铁甲船或自造铁甲船。他在《致李少荃中堂》函中说:“晚之议购铁甲船也，与主人翁

① 朱华主编:《沈葆桢文集》，第176—177页。
② 朱华主编:《沈葆桢文集》，第202页。
③ 朱华主编:《沈葆桢文集》，第200页。
④ 《沈文肃公牍》，江苏广陵古籍刻印社1997年版，第399页。
⑤ 《沈文肃公牍》，江苏广陵古籍刻印社1997年版，第554页。
⑥ 《沈文肃公牍》，江苏广陵古籍刻印社1997年版，第563页。
⑦ 《沈文肃公牍》，江苏广陵古籍刻印社1997年版，第399页。
⑧ 《沈文肃公牍》，江苏广陵古籍刻印社1997年版，第563页。
⑨ 朱华主编:《沈葆桢文集》，第223—224页。

申约不啻十余次”。[①] 而向李鸿章进言铁甲船事“不可以次数计。”[②]。他设想建成一支外海水师。这支水师要有铁甲船两号,若扬武兵船者六号,若镇海兵船者十号。所需兵船在闽局可以制造,铁甲船宜向英国、法国各定制一艘,并派员弁生徒往学,“兼收制造驾驶之效”。[③] 他急切想成就这样一支外海水师,“俾各省均有所恃”。[④] 由于经费等诸多因素,蹉跎岁月,沈葆桢建设这样一支海军的梦想没有完全实现。直至临终遗疏中,他“犹惓惓于铁甲船事。”[⑤]

沈葆桢认为,海防是一整体,不能一口独善其身。如天津口岸,经多年擘画建设,炮垒之固,陆勇之精,枪炮之良,蚊子船水雷之备,不特非他口所敢望,即洋人亦不能不叹服。然而,若是海上事起,“异族以一铁甲阻大沽之外,将接济立断,畿辅人心为之动摇,则可虞者不仅在无备之各口。”[⑥]由此说明统一海军建设的重要,配备海上先进重器铁甲船的重要,而不能仅注意一个口岸建设。

三、“台湾海外孤悬,七省以为门户,其关系非轻”

在中国海防建设中,台湾的防务关系“沿海筹防”,[⑦]是海防建设的重要部分。沈葆桢指出:“台湾海外孤悬,七省以为门户,其关系非轻。”为台民计、为闽省计、为沿海筹防计,必须重视台湾防务。[⑧] 台湾“倭事”起,沈葆桢以船政大臣身份奉命赴台处理倭事。倭事毕,光绪元年正月二十七日(1875 年 3 月 4 日),沈葆桢又奉命前往台湾督饬该地方官“将抚番、开山事务通筹全局,悉心经理。”[⑨]沈葆桢数次亲临台湾,考察、了解台防,筹划布置台防。他

① 《沈文肃公牍》,江苏广陵古籍刻印社 1997 年版,第 113 页。
② 《沈文肃公牍》,江苏广陵古籍刻印社 1997 年版,第 645 页。
③ 《沈文肃公牍》,江苏广陵古籍刻印社 1997 年版,第 386 页。
④ 《沈文肃公牍》,江苏广陵古籍刻印社 1997 年版,第 739 页。
⑤ 《江苏抚臣吴元炳奏折》,见朱华主编:《沈葆桢文集》,第 7 页。
⑥ 《沈文肃公牍》,江苏广陵古籍刻印社 1997 年版,第 751 页。
⑦ 朱华主编:《沈葆桢文集》,第 215 页。
⑧ 朱华主编:《沈葆桢文集》,第 215 页。
⑨ 朱华主编:《沈葆桢文集》,第 230 页。

所看到的台防现实令他可忧可叹,他说:台地延袤千有余里,官吏所治,只滨海平原三分之一,余皆番社耳。“就目前之积弊而论,班兵之惰窳也,蠹役之盘役也,土匪之横恣也,民俗之慆淫也,海防陆守之俱虚也,械斗扎厝之迭见也。”①“台地之无备,甚于内地”。② “台地千余里竟无一炮”。③ 在澎湖,这一台湾重要出入门户,“为台厦第一关键”,虽然有砖砌炮台一座,却薄仅数寸,“炮门甚多而无炮。”④其他处处有口,处处宜防,却有口无防,有海无防。看到眼前的状况,沈葆桢感叹台湾海防积弊太多,建设“无从下手”。⑤ 他指出,“倭奴”(日本侵略者)正是窥悉台地海防陆守空虚,才敢于派兵发难,入侵台湾。

沈葆桢到台后,认真布置海防和陆守,奏调淮军十三营入台和多艘兵轮船驻防澎湖等海口,构筑海口炮台,添购洋枪洋炮及弹药,不靠虚张声势备战,而是步步踏实布防。他深悉日本侵略者“驻兵琅𤩝,而意注台北”野心,⑥“总窥我警备尚虚,意存观望”,⑦所以强调要以实力说话。他说:“不战屈人,洵上上之策,但我必有可以屈人之具而后人不得不为我屈。”⑧对倭奴“非情理所能谕,恐亦非虚张所能慑。”⑨在沈葆桢的实力备战下,日本侵略者感到“兵有孤悬之势”,才最终撤兵离开台湾。⑩ 日兵退去后,沈葆桢认为仍不能松懈战备,他指出:“彼退而吾备益修,则帖耳弭首而去;彼退而吾备遂弛,则又蹈瑕抵隙而来。”⑪“台事虽权宜办结,而后患仍在堪虞,亟宜未雨绸缪。”⑫

日军入侵牡丹社事件办结后,沈葆桢奉命在台办理开山抚番事宜,开发台

① 朱华主编:《沈葆桢文集》,第 214 页。
② 《沈文肃公牍》,江苏广陵古籍刻印社 1997 年版,第 19 页。
③ 《沈文肃公牍》,江苏广陵古籍刻印社 1997 年版,第 20 页。
④ 《沈文肃公牍》,江苏广陵古籍刻印社 1997 年版,第 14 页。
⑤ 《沈文肃公牍》,江苏广陵古籍刻印社 1997 年版,第 14 页。
⑥ 《沈文肃公牍》,江苏广陵古籍刻印社 1997 年版,第 24 页。
⑦ 《沈文肃公牍》,江苏广陵古籍刻印社 1997 年版,第 25 页。
⑧ 《沈文肃公牍》,江苏广陵古籍刻印社 1997 年版,第 55 页。
⑨ 《沈文肃公牍》,江苏广陵古籍刻印社 1997 年版,第 10 页。
⑩ 《沈文肃公牍》,江苏广陵古籍刻印社 1997 年版,第 10 页。
⑪ 《沈文肃公牍》,江苏广陵古籍刻印社 1997 年版,第 10 页。
⑫ 朱华主编:《沈葆桢文集》,第 222 页。

湾东部，南、北、中三路开地各数百里、百余里不等，创碉设堡，建筑城垒，“联乡团以固边圉”。① 他奏请购置铁甲船，以济台防之需。他认为，无铁甲船，台北仍“在在可虞”。铁甲船是先进的防海利器，购铁甲船，并不单为台防，亦非只防日本，各海口皆有恃无恐。为了加强、便利对台湾的行政管理和防务领导指挥，沈葆桢奏请仿江苏巡抚分驻苏州之例，移福建巡抚驻台湾。他列举巡抚驻台的利便十二条，很有说服力。他指出：“夫以台地向称饶沃，久为他族所垂涎，今虽外患暂平，旁人仍眈眈相视，未雨绸缪之计，正在斯时。……况年来洋务日密，偏重在于东南，台湾海外孤悬，七省以为门户，其关系非轻。欲固地险，在得民心；欲得民心，先修吏治、营政。而整顿吏治、营政之权，操于督、抚，总督兼辖浙江，移驻不如巡抚之便。……为台民计、为闽省计、为沿海筹防计，有不得不出于此者”。② 即必须将福建巡抚移驻台湾。在行政区划建制上，他上奏建议在台北建一府三县。他说：“台北口岸四通，荒壤日辟，外防内治，政令难周，拟建府治，统辖一厅三县，以便控驭而固地方”。③ 他建议于艋舺创建府治，名台北府，并建淡水县、新竹县、宜兰县三县。④ 光绪二年三月戊戌(1876 年 3 月 31 日)，朝廷颁谕，规定福建巡抚冬春驻台，夏秋驻省，省台“两地兼顾”。⑤

在巡抚移驻台湾获批后，他又奏请裁汛并练，酌改营制，统归巡抚节制，“以一事权”。⑥ 他指出，台湾营伍废弛，其积弊之深尤所罕见：“汛弁则干预词讼，勒索陋规；兵丁则巧避差操，雇名顶替；班兵皆由内地而来，本系各分气类，偶有睚眦之怨，立即聚众斗殴；且营将利弁兵之规费，弁兵恃营将为护符；兵民涉讼，文员移提，无不曲为庇匿，间有文员移营会办案件，又必多方刁难需索，而匪徒早闻风远飏矣。种种积习，相沿已久，皆由远隔海外，文员事权较轻，将弁不复顾忌，非大加整顿不可。”⑦“裁汛并练”就是裁撤分汛，并营操

① 朱华主编：《沈葆桢文集》，第 263 页。
② 朱华主编：《沈葆桢文集》，第 214—215 页。
③ 朱华主编：《沈葆桢文集》，第 248 页。
④ 朱华主编：《沈葆桢文集》，第 250 页。
⑤ 《清实录》第五二册，《德宗实录》(一)，中华书局 1987 年版，第 406 页。
⑥ 朱华主编：《沈葆桢文集》，第 252—253 页。
⑦ 朱华主编：《沈葆桢文集》，第 253 页。

练。以五百人为一营，营伍皆归巡抚统辖。千总以下将官即由巡抚考拔；守备以上仍会同总督、提督拣选题补。①

为了便民生、广招徕、兴垦殖，沈葆桢奏请废除一切旧禁，如禁内地民人渡台，台地民人不得与番民结亲，禁民人私入番境，禁铁、竹交易等。他在奏折中阐明开禁的理由："全台后山除番社外，无非旷土，迩者南北各路虽渐开通，而深谷荒埔，人踪罕到，有可耕之地，而无入耕之民；草木丛杂，瘴雾下垂，凶番得以潜伏狙杀；纵辟蹊径，终为畏途；久而不用，茅将塞之。日来招集垦户，应者寥寥，盖台湾地广人稀，山前一带虽经蕃息百有余年，户口尚未允牣；内地人民向来不准偷渡，近虽文法稍弛，而开禁未有明文，地方官思设法招徕，每恐与例不合。今欲开山，不先招垦，则路虽通而仍塞；欲招垦，不先开禁，则民裹足而不前。"②所以，沈葆桢认为，揆度时势，"凡百以便民为急，不得不因时变通"，"将一切旧禁尽与开豁，以广招徕，俾无瞻顾。"③这些举措都有利巩固台湾的海防和社会稳定。

四、督办南洋海防，"整顿江海防务"

光绪元年四月壬辰（1875 年 5 月 30 日），上谕调派沈葆桢为两江总督，兼充办理通商事务大臣，并督办南洋海防。七月十四日（8 月 14 日），还在台湾任上的他奉上谕："台郡事宜渐次就绪，沈葆桢交代清楚，即行前赴新任筹办海防，毋庸来京陛见"。④ 八天后他乘轮船离开台湾，途经澎湖，登岸查阅岸上炮台修筑情况，⑤体现他的高度责任心。十月初一日（10 月 29 日），沈葆桢由海道入江赴任，十一日（11 月 8 日）抵达江宁省城。途中，他顺道勘察了吴淞、江阴炮台。⑥

---

① 朱华主编：《沈葆桢文集》，第 253 页。

② 朱华主编：《沈葆桢文集》，第 220 页。

③ 朱华主编：《沈葆桢文集》，第 221 页。

④ 朱华主编：《沈葆桢文集》，第 209 页。

⑤ 朱华主编：《沈葆桢文集》，第 209 页。

⑥ 《沈文肃公牍》，江苏广陵古籍刻印社 1997 年版，第 375 页。

上任后,沈葆桢商调闽局制造的兵轮船驻防南京、上海等海口,加强海防防备;巡视长江各水师和沿江各炮台;购置枪炮,弥补各炮台武器弹药配备;督察各水师、防营操练等。面临两江辖境的防务及经济社会状况,他深感忧虑:"四望茫如,不知所措手处。缉匪筹饷二者并棘"。① 南洋海防经费奇窘短绌,"海防之款,丝毫无存"。"从前尚可设法腾挪,今则各台局司库无不奇窘。前督臣李宗羲任内创立筹防局,借用军需局银两甚巨,迭经该局委员以军饷无出,禀请筹还,臣无以应也。沿江各炮台自江阴以至下关五百余里,规模粗具而枪炮不全,岁修无出,承办之员屡请筹款,以竟其功,臣亦无以应也。道员吴大廷所练之轮船,现归江南提臣李朝斌统带,其第六号船工竣已久,以养费无出,至今尚未招人管驾。该提臣出入江海,周览形势,谓铁甲船既难猝办,快捷之木壳兵轮船亦须一二十号,方足以合操而资抵御,臣更无以应也。近年江南收款之短,迭经臣缕析陈明。出款则积欠累累,催提之文络绎如织。厘金项下应解海防经费,迄今分厘未解"。② "夫以饷款如此之绌,海防如此之重",③面对这一严重矛盾,沈葆桢感叹毫无应付办法。他在函牍中写道:"此间名为地大物博,实则外强中干,岁云暮矣,京协索饷者,雪片飞来,举无以应之。又不得不格外设法,谋所以应之,东涂西抹,寅支卯粮,本省益百孔千疮,无以自立矣。"④

沈葆桢扶病巡阅江北,那里的凋敝情形,令他"目不忍睹"。⑤ "江北兵燹之余,加以岁歉,命盗重案,无日无之。"⑥"江淮哀鸿满野,疆吏束手"。⑦ 他说:"但求一瞑不视,勿见此不堪寓目情状"。⑧ 有鉴于此,他认为:"内治急于外防,察吏难于选将。不早为之所,恐季孙之忧,不在颛臾。"⑨"内治"和"外防"(海防、国防)说起来都很重要,但"外防"要有"内治"做基础和支撑,如清

① 《沈文肃公牍》,江苏广陵古籍刻印社 1997 年版,第 375—376 页。
② 朱华主编:《沈葆桢文集》,第 338 页。
③ 朱华主编:《沈葆桢文集》,第 338 页。
④ 《沈文肃公牍》,江苏广陵古籍刻印社 1997 年版,第 393 页。
⑤ 《沈文肃公牍》,江苏广陵古籍刻印社 1997 年版,第 517 页。
⑥ 《沈文肃公牍》,江苏广陵古籍刻印社 1997 年版,第 398 页。
⑦ 《沈文肃公牍》,江苏广陵古籍刻印社 1997 年版,第 690 页。
⑧ 《沈文肃公牍》,江苏广陵古籍刻印社 1997 年版,第 735 页。
⑨ 《沈文肃公牍》,江苏广陵古籍刻印社 1997 年版,第 398 页。

明的政治，明智的决策，富裕的财力，得力的疆吏，和谐的民心，幸福的民生，稳定的社会等，这些做好了，“外防”则容易做强做好。否则处处为难，应对不了。例如，两江海防需要添置铁甲船和二十号兵轮船，没有朝廷决策和财力就办不到。沈葆桢察觉到“内治”存在的严重问题，使他筹办海防力不从心，十分痛苦，万分忧虑。

五、实践成果

综上所述，沈葆桢的海防和海军建设思考是在总理船政、渡台办防、督办江防时期的思考，他对海防和海军建设提出的建议和主张，具有时代现实性、爱国性、进步性和实践性，取得了一些实践成果。当时面临的现实是必须重视海防和海军建设。两次鸦片战争，西方列强英国和法国侵略者都由海上来，进攻中国沿海海口；稍后日本侵略者的舰船入侵台湾牡丹社，也由海上威胁台湾等，海防频频告急，再不重视海防和海军建设，陆守将防不胜防，国家将无以自立。看到日本吞并琉球，沈葆桢更加意识到海防和海军建设的紧迫，“中国所以图自立者愈亟矣。”①他预言：“西洋或隐忍幸和，东洋则终须一战。”日本的伎俩不如西人，“而狡悍过之。其性如扑灯之蛾，不投诸火不止。舍中国又别无可逞处。”②日本侵略者对中国的领土野心，沈葆桢看得很透彻。十几年后，日本发动甲午侵华战争，再后挑起大规模的侵华战争，妄图灭亡中国，证实了沈葆桢的明智判断。沈葆桢的思考完全适应国家海防和海军建设的需要和他对时势的判断。海防建设要有近代海军，海军建设要有近代轮船、铁甲船等先进武器装备；海防和陆守、水师和陆军并重；海防建设和海军建设要有海军军事人才和专业人才；海防要有财力、治力等内治做基础等等，都在沈葆桢的思考中。这些思考促进晚清海防和海军建设近代化，是正确的不磨之论，具有爱国性和进步性。

沈葆桢对海防和海军建设不仅有思考，有建议和主张，而且履行职责，身

---

① 《沈文肃公牍》，江苏广陵古籍刻印社1997年版，第279页。

② 《沈文肃公牍》，江苏广陵古籍刻印社1997年版，第407—408页。

体力行付诸实践。在他的努力下，取得了如下主要实践成果：

1. 主持创办福建船政局，创制海防利器——兵轮船，分驻各海口，组建福建轮船水师，培养出一批轮船制造和轮船驾驶人才。

创办福建船政局是左宗棠倡议的，而福建船政局的创办成功，却是在沈葆桢主持领导下完成的。这是沈葆桢海防和海军建设主张的重要实践成果。沈葆桢总理船政事务10年，为船政局的规划建设、建章立制、生产运作、厂务、学务、船务管理奠定了良好基础，为船政创业做出了突出贡献。10年间，船政创造轮船16号，除2号系商船外，其他14号均为兵轮船，分驻天津、牛庄、山东、澎湖、台北、厦门、福州、浙洋、广州等海口，①为晚清海防和海军建设提供了近代先进装备。船政学堂培养的首届毕业生，毕业后走上轮船制造和轮船驾驶等岗位，他们或成为轮船管驾，或成为船政轮船制造技术员。其中，有制造学生14名、艺徒4名，被派往法国留学深造；驾驶学生12名，被派往英国留学深造。② 这些学生学成归国后，成为近代海防和海军建设的重要骨干。

兵轮船造出多艘后，沈葆桢奏请委派福建轮船水师统领，成为晚清最早组编的海军。

2. 主持修筑福州马尾炮台，台湾澎湖、安平、东港、旗后炮台，江苏吴淞、江阴等海口炮台，加强海口岸防建设。

3. 奏请福建巡抚移驻台湾，省台两地兼顾；改革台湾区划设置和军事设防，加强台湾海防建设和对台管理，修城垣，筑炮垒，练营勇，备枪械；奏请开旧禁以便民，方便大陆与台湾的人员往来，促进台湾番民的开化和与客民的融合等。

4. 在两江总督任上，殚心竭力兴利除弊，修河堤、行海运、缓开关、筹积谷、拔罂粟、挖蝗子、整顿盐务、筹划海防、筹办饷需等。

以上都是沈葆桢留给后人的重要海防和海军建设实践成果。其"政绩卓著"，③

① 郑剑顺：《福建船政局史事纪要编年》，厦门大学出版社1993年版，第43、50页。

② 郑剑顺：《福建船政局史事纪要编年》，厦门大学出版社1993年版，第56页。

③ 《江苏抚臣吴元炳奏折》，见《沈葆桢文集》，第5页。

"功绩昭彰",[1]为中国晚清的强军固防做出了值得怀念的贡献。

（原载《福建史志》2017 年第 3 期；亦载《明清海防研究》第十辑，广东人民出版社 2017 年 10 月版）

① 《礼部咨文》,见《沈葆桢文集》,第 10 页。

吕文经：晚清海军“不可多得之才”

吕文经，字纬堂，清朝同安人。清道光十八年（1838 年）生，光绪三十四年（1908 年）卒，葬于同安南城外之坑打（今厦门市同安区大同镇坑朴村）。晚清福建海军组建后，他历任福星、伏波等军舰管带，后又任北洋海军镇北舰管带等。他的轮船驾驶、航海技能、联络侦探等才干，深得左宗棠、丁日昌、李鸿章等封疆大员赞赏、奏保，由游击管带军舰。晚年官至副将、记名总兵。李鸿章在奏保中称他是海军“不可多得之才”。①

中法马江战役和中日威海战役的战败，使他两次遭贬，蒙受不良名声。史籍对他有关事迹的记载简略不详，学术界对他也无任何专文研究，有关著作有提及也语焉不详，评价也欠得当，致使他在学界一直沉没无闻、彰而不显，被埋没了整整一个世纪。

2004 年，吕文经后裔吕昭炎（曾孙）等献出吕文经墓志铭（因墓被盗，外露出墓志铭，墓志铭贴在墓碑的背后，所以之前没被发现），经郑成功纪念馆原副馆长、厦门闽南文化研究会副会长何丙仲等查证，确认墓志铭和吕文经墓的重要价值，呼吁有关部门加以妥善保护及学界同人加以重视和研究。② 此后，吕氏后裔多方搜集吕公资料，学界同人也开始重视对吕文经资料的发掘和研究。2008 年 3 月 9 日，厦门大学人文学院历史系、厦门市中华传统文化研究会主持召开了“吕文经生平事迹学术座谈会”，对推动吕文经研究起了重要的动员和促进作用。本文即是在此背景下完成的，企望对吕文经研究的深入有所裨助，并祈求方家指教。

---

① 《李鸿章全集》第 4 册，海南出版社 1997 年版，第 1993 页。

② 见《东南快报》2004 年 7 月 7 日；《厦门日报》2004 年 7 月 10 日；《厦门晚报》2007 年 1 月 8 日；《厦门日报》2007 年 11 月 29 日；《海峡生活报》2007 年 12 月 18 日。

一、“坎坷颠连”的生平

见于民国时期编撰的《厦门市志(民国)》卷二三《列传》,所载的《吕文经》传①,是笔者见到的唯一一篇前人撰写的吕文经传记。2004年发现的吕文经墓志铭,恰巧可以互为佐证。② 这是两篇记述吕文经生平事迹的重要文献资料。

据载,吕文经小时候“孤苦”,“善操西语”,“以善英语”为厦门海关税务司所赏识,所“爱重”。税务司去任之日,将吕文经带去英国学习,毕业后回国。同治三年(1864年),吕文经投身福建水师,以“善捕盗”,受知于闽浙总督左宗棠和福建船政大臣沈葆桢,由外委拔补至都司,先后管带靖海、长胜、福星炮舰。曾督带福星轮船,奉命赴台湾剿平番社之乱,战功卓著,以游击尽先补用。又先后管带安澜、济安、伏波各兵船。中法马江战役爆发时,吕文经是福建海军伏波号管带。战后,以中炮“先退”罪被朝廷革职充军处理。

马江战后,钦差大臣左宗棠督办福建军务,“以经罚非其罪”,奏请将吕文经“留闽差遣”。吕文经竭力效命,发挥其熟悉海道长处,“履险如夷”,七次冒险运兵渡台,增强台防实力,使法国侵略军未能攻下台湾。是时,吕率部援台,帮办军务杨岳斌又奏请将吕文经“留于台湾效力”③,由于清朝廷不肯原谅吕文经在马江战役中的“先退”,坚持要将吕解赴军台,既不允留闽差遣效力的奏请,也不准留台效力的奏保,所以吕仍赴军台充军。光绪十四年(1888年),充军期满,时任直隶总督兼北洋通商大臣的李鸿章任用吕文经在天津水师营务处翻译英文,绘制海图。光绪十六年(1890年)六月,朝廷命照原官降二等,赏给吕文经职衔。第二年,李鸿章于办理海军案内,奏奖出力人员,吕文经也在奏奖之列,奉命开复原官原衔。不久,北洋海军提督丁汝昌委命吕文经管带镇北炮舰。甲午中日战争,威海失防,吕文经与当事各员都遭“暂行革职、听

① 《厦门市志(民国)》,方志出版社1999年版,第520—521页。

② 见何丙仲:《厦门碑志汇编》,中国广播电视出版社2004年版,第618页。

③ 《清实录》卷二五〇,光绪十一年三月乙卯,中华书局1987年版,第五十四册,第911页。

候查办”处分。李鸿章仍奏留差遣,并于光绪二十二年(1896年),将吕文经推荐作为随员,随行出访英、法、俄、德各国。差竣后回京,以随行之功劳,李鸿章奏保注销对吕文经的“暂行革职”处分,并加副将衔。

戊戌政变后,李鸿章被调任两广总督,奏请召吕文经到粤差遣,仍委吕管带伏波轮船。八国联军战争,李鸿章奉命任议和全权大臣,吕文经留粤,奉命统领广东水师内、外海各兵轮。光绪二十九年(1903年),升赤溪协副将。以剿钦、廉匪盗之功,两广总督岑春煊奏保,给吕文经“以总兵记名简放”。此时,局势动荡,吕文经“灰心仕路”,遂告老回籍休养。不久,于原籍同安逝世。

考察吕文经生平,两次遭贬。尤其是马江战役之后遭贬,一直不被朝廷所宽容,可谓“坎坷颠连”①。然而,从左宗棠、沈葆桢、丁日昌,到李鸿章、岑春煊等封疆大员,都无不赞赏他的才干,无不奏保他,将他留置身旁差遣。特别是李鸿章,从直隶总督到两广总督任内,一直奏保任用吕文经。于此足以说明,吕文经是可用之才,是晚清海军“不可多得之才”②,是被封疆大臣“爱重”的人才。由于遭贬,“罚非其罪”③,使用人者不敢大胆重用他,也使他未能尽其才,影响他才能的充分发挥。

二、马江战役的“获咎”

关于吕文经评价的关键点是甲申中法马江战役中的表现。《吕公墓志铭》说:“马江一役为公最不白之冤。”吕在中法马江战役中的表现,据当时官员的奏报,有如下说法:其一,钦差会办福建海疆事宜大臣张佩纶奏报:“伏波、艺新亦各中炮,驶上中岐,则我上流之船已没”。④“我则七兵轮、两商船及艇哨各船均烬。惟余伏波、艺新两轮,少受伤损,即行驶回。”⑤其二,福建籍京官、翰林院编修潘炳年等联名递条陈称:“战船犹未启碇装药,敌发巨炮

---

① 《吕公墓志铭》,见何丙仲《厦门碑志汇编》,中国广播电视出版社2004年版,第619页。

② 《李鸿章全集》第4册,海南出版社1997年版,第1993页。

③ 《厦门市志(民国)》,方志出版社1999年版,第521页。

④ 朱寿朋编:《光绪朝东华录》(二),中华书局1958年版,总1797页。

⑤ 朱寿朋编:《光绪朝东华录》(二),中华书局1958年版,总第1798页。

七,福星、振威、福胜、建胜殊死战,船相继碎,余船放火自焚。是役也,毁轮船九,龙槽船十余,小船无数。伏波、艺新二艘均逃回,自凿沉。”①这两种说法基本一致,都提到吕文经管驾的伏波号舰船“驶回”“逃回”,而没有说是“临战逃跑”。

光绪十年(1884年)九月丁卯,清朝廷上谕对吕文经作出处理:“张佩纶奏,查明马江之战管驾轮船哨船各员弁请旨分别办理等语,管驾游击吕文经,于轮船中炮,辄即先退,仅予革职,不足蔽辜,著发往军台效力赎罪。”②可见清朝廷对吕文经所定罪名是“轮船中炮”后“先退”,所以认为不仅要革职,还必须充军。

由于伏波、艺新两舰只是福建海军的两艘普通军舰,且在法军开战后驶离原泊位置,驶向闽江上游而搁浅沉没(潘炳年等说是“自凿沉”),所以没有引起学术界的关注和评论。学术界关注的是造成此次战役惨败的指挥官如张佩纶、何如璋(船政大臣)、何璟(闽浙总督)、张兆栋(福建巡抚)、穆图善(福州将军)和福建海军旗舰扬武号管驾张成等的责任和表现③。

从感情上看,当时福建海军全军覆没,将士死难800多人。因此,死里逃生的将领,除艺新号管驾林承谟外④,都被处理,包括负责水师营务处的旗舰扬武号管带张成也受处理,被处于“斩监候”,是处理最重的一位。清朝廷认为:“若失事之员惩办轻纵,何以慰死事者之心。”⑤

从实际情况看,此种感情用事的处理都是不当的,包括对张成的处理,也是有失公道的。⑥

吕文经管驾的伏波舰在中炮后,驶离原泊位置,向邻近的闽江上游林浦驶去,应该说,这是躲避敌方炮火攻击,而不是“先退”。

当时,福建海军的整体处境很不好,法国侵略舰队各舰的炮口对准福建海

① 朱寿朋编:《光绪朝东华录》(二),中华书局1958年版,总第1816—1817页。

② 朱寿朋编:《光绪朝东华录》(二),中华书局1958年版,总第1813页。

③ 参阅郑剑顺:《甲申中法马江战役》,厦门大学出版社1990年版;俞政:《何如璋传》,南京大学出版社1991年版。

④ 千总林承谟管驾的艺新号,与伏波号一起驶向林浦,朝廷认为艺新号“船小被伤,情有可原”,所以“免其置议”。(见《光绪朝东华录》(二),总第1831页)

⑤ 朱寿朋:《光绪朝东华录》(二),中华书局1958年版,总第1890页。

⑥ 郑剑顺:《甲申中法马江战役》,厦门大学出版社1990年版,第38页。

军各舰,法国又选择马江退潮时开炮,福建海军处在上游各舰船尾对着法舰,船尾只有小炮,威力差。因此,法军开炮后,第一轮发炮,基本上就使福建海军各舰受到致命伤,旗舰扬武舰在27秒钟内就沉没了。有反击的各舰,所发挥的威力也很弱,据法方记载,法国侵略舰队只有“六人毙命,二十七人受伤,战舰则一处严重的损害亦没有”。①

吕文经管驾的伏波号中炮后驶向邻近的林浦,这是无可非议的战术,是躲避法军凶猛炮火再次攻击的必要行动。要是没躲避,法军再发一炮,说不定伏波号也毁了,谈不上有反击的时机。李鸿章说,吕文经管驾的伏波号“由于船舱中炮,退守林浦,以防内窜”。② 这也讲得过去。马江之战,半小时之内,福建海军参战的11艘轮船,被轰毁击沉9艘,伏波、艺新两艘在林浦一带沉没。是“搁浅”沉没,还是“自凿”沉没,尚有待考证,然而,由于这两艘船在航道中沉没,对法军军舰溯江往马江上游攻福州,显然增加了不利因素。法国侵略军于马江开战两天后,即于8月25日撤离马江,放弃进攻福州,可能有多种考虑,但是,马江上游航道复杂,应是他们的重要考虑。所以,李鸿章的“防内窜”讲的即是这层意思。吕文经发往军台效力期满后,曾在北洋受李鸿章差遣,因此,“防”法军“内窜”福州的意图,应是李鸿章与吕文经的思想沟通中得到的吕文经汇报的情况。

三、熟悉海道,善于驾驶的将才

吕文经是晚清掌握轮船驾驶技能较早的一位将才。福建船政学堂首届轮船驾驶学生毕业是1871年,在这批轮船驾驶学生毕业之前,吕文经已经是一位轮船驾驶能手,曾受委派管带靖海、长胜兵轮船。他曾以通事、六品军功身份屡次驾驶轮船出洋剿匪捕盗,著有功绩。③ 同治四年(1865年)十月,在湄

---

① 罗亚尔:《中法海战》,见中国近代史资料丛刊《中法战争》第三册,新知识出版社1955年版,第557页。

② 《李鸿章全集》第4册,《奏留吕文经片》,海南出版社1997年版,第1993页。

③ 左宗棠:《师船巡洋获盗在事出力员弁恳恩奖励折》,《左宗棠全集》第三册,《奏稿》卷十六,上海书店1986年版,第2606—2607页。

洲洋面有三只匪艇作案,掳商船 5 艘,抢夺勒赎财物,杀害 36 名客商弃尸于海,其中包括 2 名幼孩,未能幸免。吕文经与英国水师官穆兰德驾驶火轮船迅速驶赴案发地点,协同福建水师船围捕盗匪,“环施洋炮奋勇击剿,轰毁载火药大匪艇一只,焚溺盗匪甚多”,并“生擒艇匪十一名,夺获盗船一只”,取得剿匪捕盗胜利。左宗棠奏请将吕文经以把总归入水提营尽先拔补。①

首任船政大臣沈葆桢指出:“有船不能驾驶,与无船同。曩者官私均购有轮船,因驾驶未得其人,卒之呼应不灵,臂难使指。兴事以来,招中国素习洋舶之人为管驾官,当其任者,皆有奋于功名之念,不敢惟利是视而以效命圣主为荣”。② 吕文经即属沈葆桢所说“中国素习洋舶之人。”福建船政局制造出轮船后,在船政学堂轮船驾驶学生尚未毕业前,沈葆祯即招“中国之素习洋舶者充管驾官”。③ 吕文经也在应招之列。如他以尽先游击补用都司奉命管驾安澜轮船。④ 后来又先后受命管驾福星、济安、伏波轮船,成为福建海军舰船的重要将领之一。

吕文经熟悉海道,善于驾驶的才能还表现在如下几件事上:

其一,管带福星轮船,在台“剿平台湾番社”。⑤ 同治十三年(1874 年),日本开始侵略台湾,派三艘军舰、3000 多人在台湾东部登陆,占地建房,要挟清政府谈判。沈葆桢亲自赴台湾部署防务。吕文经管带的福星号兵船也奉命赴台北驻防。当时,共有 6 艘船政局制造的兵船派驻澎湖和台湾。⑥ 由于有军舰驻台,增强了台防实力,威慑了日本侵略者,使日本侵略者最后接受谈判撤出台湾。光绪六年(1880 年)正月,台湾狮头社“生番”抗不交凶,“居民不堪

① 左宗棠:《师船巡洋获盗在事出力员弁恳恩奖励折》,《左宗棠全集》第三册,《奏稿》卷十六,上海书店 1986 年版,第 2601—2608 页。

② 张作兴主编:《船政文化研究——船政奏议汇编点校辑》,海潮摄影艺术出版社 2006 年版,第 52—53 页。

③ 张作兴主编:《船政文化研究——船政奏议汇编点校辑》,海潮摄影艺术出版社 2006 年版,第 53 页。

④ 张作兴主编:《船政文化研究——船政奏议汇编点校辑》,海潮摄影艺术出版社 2006 年版,第 69 页。

⑤ 《厦门市志(民国)》,方志出版社 1999 年版,第 521 页。

⑥ 沈葆桢:《续行兴造轮船片》,《船政文化研究——船政奏议汇编点校辑》,海潮摄影艺术出版社 2006 年版,第 87 页。

其扰”,沈葆桢决心“痛加创惩”。[①] 吕文经在此次军事行动中“卓著战功,以游击尽先补用”。[②]

其二,光绪三年(1877年)二月,管驾济安轮船,奉命运送福建船政学堂首批赴英国、法国留学的学生到香港转乘外轮出洋留学。这批学生由出洋学习学生华监督李凤苞和洋监督日意格带领,有赴法国留学的学制造学生12名,艺徒4名,赴英国留学的学驾驶学生严复、刘步蟾等12名,还有随员马建忠、文案陈季同、翻译罗丰禄等,于二月十七日(3月31日)启程赴香港。[③] 同年三月,济安轮船又运送船政大臣吴赞诚前赴澎湖,“校阅各船操演”。[④]

其三,“查探洋情”,七次冒险“运兵渡台”。中法马江战后,法国侵略军转攻浙江镇海和台湾澎湖。吕文经在解赴军台之前,被左宗棠等留闽“差遣”。法军占据澎湖后,他奉命往探洋情,被法军拿获,巧妙编造言辞,没有被识破身份而获释。左宗棠称赞其“胆略尚有可取”。[⑤] 他七次驾船,冒着风浪和法军军事封锁的危险,“运兵渡台”,获得成功。之所以能成功,是他“熟谙海道,故能履险如夷”。[⑥] “台洋之险,甲诸海疆”,[⑦]台湾与大陆隔着台湾海峡,“洋面风浪之险,无过台湾”。而且,台湾尚未建造靠泊轮船口岸,轮船行驶靠泊十分艰难。台湾东部海岸,海浪更是“汹涌倍于山前,即当乘间抛停,而巨飓怒涛四起冲激,或斫碇以避,或留火防,颠簸磨荡,诸形吃重”。[⑧] 吕文经能在此情况下,多次成功完成运兵渡台任务,可见他高超的航行及驾驶技能。

---

① 沈葆桢:《船政销案勾稽就绪,刻日渡台折》,《船政文化研究——船政奏议汇编点校辑》,海潮摄影艺术出版社2006年版,第102页。

② 《厦门市志(民国)》,方志出版社1999年版,第521页。

③ 郑剑顺:《福建船政局史事纪要编年》,厦门大学出版社1993年版,第57页。

④ 张作兴主编:《船政文化研究——船政奏议汇编点校辑》,海潮摄影艺术出版社2006年版,第131页。

⑤ 《清实录》卷二五〇,光绪十一年三月辛酉,中华书局1987年版,第五十四册,第914页。

⑥ 《厦门市志(民国)》,方志出版社1999年版,第521页。

⑦ 张作兴主编:《船政文化研究——船政奏议汇编点校辑》,海潮摄影艺术出版社2006年版,第83页。

⑧ 张作兴主编:《船政文化研究——船政奏议汇编点校辑》,海潮摄影艺术出版社2006年版,第138页。

其四,“绘海图”。吕文经受革职充军期满后,被李鸿章招致北洋差遣。吕在天津水师营务处,“译英文,绘海图”。[①] 说明他对航海海道的熟悉,李鸿章才会委以“绘海图”的重任。

其五,中日《马关条约》签约后,清朝廷委派李鸿章儿子李经方任交接台湾全权委员,乘轮船在台湾基隆口外之海湾向日本派出的海军大将、台湾总督、全权委员桦山资纪办理交接台湾手续。李经方的随员中,有李鸿章推荐的吕文经。吕文经的身份是“武员”,重要职责是“向导”。[②] 因为吕对台湾海峡航道最熟悉。因此,吕文经称得上是沟通闽台和南北洋海上桥梁的能手,颇著功勋。

光绪十六年(1890 年),北洋海军提督丁汝昌向李鸿章呈文,要求将吕文经委派到北洋海军船上当差,呈文称:“吕文经前在闽粤,历带兵轮,洞晓机宜,善于驾驶,南北洋海道港汊均甚熟习,向办捕盗剿匪及转运兵勇、饷械,皆能奋勉。当马江获咎之后,恪靖营两次密渡澎湖,杨岳斌三次绕道密渡台湾,皆吕文经驾驶轮船护送,始能各登口岸,由是台防气壮,法焰卒销,是其冒险出入,有裨援台之役殊非浅鲜,曾经杨岳斌、左宗棠先后奏留有案。现值海军初创,需材孔亟,水师人员较陆军尤为难得,凡有才艺者无不准其投效。吕文经晓畅洋务,狎习风涛,管带兵轮船驾轻就熟,若令充当船上各差,必能力赎前愆,藉收臂助。”李鸿章很认同丁汝昌的举荐,遂向朝廷奏留吕文经,奏报中说:“吕文经勤干耐劳,管驾轮船十余年,谙练驾驶,于海上风涛沙线阅历已久,实为不可多得之才。”李建议将吕文经交北洋海军“差遣”。[③] 从丁汝昌、李鸿章对吕文经的荐举评语中,充分说明吕文经是一位不可多得的熟悉海道、善于驾驶的海军将才。

总之,吕文经是晚清海军一位颇著功勋的将领,由于马江一役蒙受“不白之冤”[④],多年受到朝廷错误压制,使他有才不得尽其用。虽然后来恢复了职

---

① 《厦门市志(民国)》,方志出版社 1999 年版,第 521 页。

② 《清光绪朝中日交涉史料》卷四五,3267 条,见杨家骆主编:《清光绪朝文献汇编》第 18 册,台湾鼎文书局 1978 年版,第 H872 页;《李鸿章全集》第 8 册,《电稿》卷二一,《寄伯行》,海南出版社 1997 年版,第 4041 页。

③ 李鸿章:《奏留吕文经片》,《李鸿章全集》第 4 册奏稿,海南出版社 1997 年版,第 1993 页。

④ 《吕公墓志铭》,见何丙仲:《厦门碑志汇编》,中国广播电视出版社 2004 年版,第 618 页。

衔，但耽误了许多效命的时光。他唯一能得到安慰的是，他得到当时封疆大吏的一致保举和肯定，逝世后获得“皇清诰授振威将军”的头衔①。今天，学术界该是给吕文经一个客观、公正评价、肯定吕文经在晚清海军史上具有不可忽视地位的时候了。

（原载《福建史志》2008 年第 3 期。与冯志华合作；亦载《明清海防研究论丛》第三辑，广东人民出版社 2009 年版；《厦门社会科学》2008 年第 3 期）

① 《吕公墓志铭》，见何丙仲：《厦门碑志汇编》，中国广播电视出版社 2004 年版，第 618 页。

严复的政治思想

严复是晚清接受西学教育最早的一批知识分子之一，有丰富的西学知识，对西方自然科学和社会科学都有较深造诣。他学古通今，学西贯中，成为大学问家。他报效祖国的不是他所学的轮船驾驶和航海专业技术，而是救国救民的学问。他留心国情、国事，考察西艺西政，努力探索强国富民之道，积极提出各种见解，在政治、经济、教育、学术等各方面都有深刻独到的思考和主张。

当严复进入船政学堂学习的时候，中国已遭受两次鸦片战争的沉重打击，千古未有之大"变局"引起思想界的大震动，"稍变成法"开始为朝野所接受，传统的"夷夏之防"观念、道艺观念、义利观念等开始突破。在船政学堂学习五年之后，严复作为首批船政公派留学生赴英国留学深造。当他学成归国步入社会时已是光绪初年。自强求富的洋务事业的进行和甲申中法战争、甲午中日战争的民族危难都是他步入社会后的亲身经历。所以，时事、政治引起严复的热切关注，如何改革政治、扭转局势是严复首先面对和考虑的重要问题。本文拟对严复的政治思想中的变法思想、民主思想、自由思想作考察和讨论。

一、变法思想

光绪二十年（1894 年），爆发日本侵略朝鲜和中国的甲午中日战争。在中国人心目中不起眼的东瀛小"蛮夷"在战场上连连击溃"天朝上国"的驻防军，使国人大受刺激。这场抵御侵略的战争是对兴办三十多年的洋务事业的严峻考验。原以为，对西洋人打不过是因为西洋人船坚炮利，所以赶紧"借法自强"，制造轮船、枪炮，编练了海军，训练了陆军，可是，有了这些却仍败在东洋岛人手下。于此，国人又一次大受震撼，大受教训，大受催醒。有识之士认真检讨洋务事业的不足和问题，更多的人开始把目光投向“变道”上，认为仅仅“变器”是不够的，还要赶紧“变法”。时任天津水师学堂总办的严复也清醒地认识到这一点。1895年，他在天津《直报》上连续刊发《论世变之亟》《原强》《辟韩》《原强续篇》《救亡决论》等文章，极力呼吁变法。他说：“天下理之最明而势所必至者，如今日中国不变法则必亡是已。”①

严复深刻分析中国面临的时局为“世变之亟”：“观今日之世变，盖自秦以来未有若斯之亟也。”②自视“礼仪之区”的中国屡受“犬羊夷狄”之族之侵侮，而莫与谁何，这是不必忌讳的“奇耻大辱”。何于至此？严复指出，原因就在于“今之夷狄，非犹古之夷狄也”。今之“夷狄”富强，而中国贫弱，这是明摆的事实。看不到西洋富强，是“无目者也”。在如此局势下，中国不讲富强，就无以“自安”，就会继续遭强国欺凌，而讲富强就要用“西洋之术”，用“西洋之术”，要有“通达事务的真人才”。严复说，认识不到这一点，就是“狂易失心之人”。③

“方今之计，为求富强而已矣；彼西洋诚富诚强者也，是以今日之政，非西洋莫与师。”④严复呼吁以“西洋”为师，变“今日之政”和“变今之俗”。变“今日之政”，包括“建民主，立真相”，“通铁轨，开矿功”，“练通国之陆军，置数十百艘之海旅”等。严复指出，仅此还不够，还必须“变今之俗”。他引用斯宾塞尔的话说：“富强不可为也，政不足与治也。相其宜，动其机，培其本根，卫其成长，则其效乃不期而自立。”他强调“变政”要有“民”的素质基础，就是“民力、民智、民德”三民素质基础。他说，如果民力茶，民智卑，民德薄，那么，“虽有富强之政，莫之能行”。因为政如“草木”，要有相宜的土壤、气候，否则就会“萎矬”，甚至“僵槁”。“物各竞存，最宜者立”。他说：“动植如是，政教亦如是也”。这是严复非常强调的“变政”前提。他写道：“夫如是，则中国今日之所宜为，大可见矣。夫所谓富强云者，质而言之，不外利民云尔。然政欲利民，

① 《救亡决论》，见卢云昆编选：《社会剧变与规范重建——严复文选》，上海远东出版社1996年版，第44页。以下凡引此书简称《严复文选》。

② 《论世变之亟》，见《严复文选》，第3页。

③ 《严复文选》，第6页。

④ 《严复文选》，第28页。

必自民各能自利始;民各能自利,又必自皆得自由始;欲听其皆得自由,尤必自其各能自治始;反是且乱。顾彼民之能自治而自由者,皆其力、其智、其德诚优者也。是以今日要政,统于三端:一曰鼓民力,二曰开民智,三曰新民德。”①在此,严复把鼓民力,开民智,新民德视为“变政”的重要内容。

中国民之现状,其力、智、德三者,经数千年之层递积累而形成的性格,不可能在“旦暮”之间“淘洗改革”。然而,严复认为:“自微积之理而观之,则曲之为变,固有疾徐;自力学之理而明之,则动物有由,皆资外力。今者外力逼迫,为我权借,变率至疾,方在此时。智者慎守力权,勿任旁守,则天下事正于此乎而大可为也。即彼西洋之克有今日者,其变动之速,远之亦不过二百年,近之亦不过五十年已耳,则我何为而不奋发也耶!”②

在《救亡决论》一文中,严复认为,变法首先要变的,“莫亟于废八股”。“夫八股自能害国也,害在使天下无人才”。他列举了八股的三大害:锢智慧、坏心术、滋游手。他说:此三大害,“有一于此,则其国鲜不弱而亡,况夫兼之者耶!”“此之不除,徒补苴罅漏,张皇幽渺,无益也,虽练军实,讲通商,亦无益也。何则?无人才,则之数事者,虽举亦废故也。舐糠及米,终致危亡而已。”因此,严复提出“痛除八股而大讲西学”的“救之之道”。他阐述西学为实用之学,为国家致富强之学,指出“欲救中国之亡,则虽尧、舜、周、孔生今,舍班孟坚所谓通知外国事者,其道莫由。而欲通知外国事,则舍西学洋文不可,舍格致亦不可。”“欲通知外国事,自不容不以西学为要图。此理不明,丧心而已。救亡之道在此,自强之谋亦在此。早一日变计,早一日转机,若尚因循,行将无及。”③

严复批评“天不变,地不变,道亦不变”的迂腐观念,指出天在变,地在变,道也在变:“夫始于涅菩,今成椭轨;无枢渐徙,斗分岁增;今日逊古日之热,古晷较今晷为短,天果不变乎?炎洲群岛,乃古大洲沉没之山尖;萨哈喇广漠,乃古大海浮露之新地;江河外啮,火山内崩,百年之间,陵谷已易;眼前指点,则渤澥旧界,乃在丁沽,地果不变乎?然则,天变地变,所不变者,独道而已。虽然,

① 《严复文选》,第29页。
② 《严复文选》,第30页。
③ 《严复文选》,第44—54页。

道固有其不变者，又非俗儒之所谓道也。请言不变之道：有实而无夫处者宇，有长而无本剽者宙；三角所区，必齐两矩；五点布位，定一割锥，此自无始来不变者也。两间内质，无有成亏；六合中力，不经增减，此自造物来不变者也。能自存者资长养于外物，能遗种者必爱护其所生。必为我自由，而后有以厚生进化；必兼爱克已，而后有所和群利安，此自有生物生人来不变者也。此所以为不变之道也。若夫君臣之相治，刑礼之为防，政俗之所成，文字之所教，吾儒所号为治道人道，尊天柱而立地维者，皆譬诸夏葛冬裘，因时为制，目为不变，去道远矣！第变者甚渐极微，固习拘虚，未由得觉，遂忘其变，信为恒然；更不能与时推移，进而弥上；甚且生今反古，则古昔而称先王，有若古之治断非后世之治所可及者，而不知其非事实也。"①他指出："夫数千年前人所定之章程，断不能范围数千年后之世变，古之必敝，昭然无疑。"

严复强调说：天下大势，既已日趋混同，中国民生，既已日形狭隘，而此日之人心世道，真成否极之秋，则穷变通久之图，无已谆谆然命之矣。"继自今，中法之必变，变之而必强，昭昭更无疑义，此可知者也。至变于谁氏之手，强为何种之邦，或成五裂四分，抑或业归一姓，此不可知者也。""善夫吾友新会梁任公之言曰：'万国蒸蒸，大势相逼，变亦变也，不变亦变。变而变者，变之权操诸已；不变而变者，变之权让诸人。'"②意思是说，在今天形势下，想变也变，不想变也会变。主动变法，变法之权掌握自己手里，被动变法，变法之权就会让别人掌握去。

1898年，严复在《国闻报》上刊发《拟上皇帝书》，阐述政见。他分析形势，强调变法的重要和变法所应采取的措施。他指出：朝廷在内治要变法，"法敝"就要"知变"，"天下无百年不变之法"。他说："夫甲午一役，不独挠败为辱也，其辱有余于挠败者焉。而吾国之权力，乃为天下所尽窥，虽欲为前之苟延岁月，有不可得者矣。"所以，变法图强的形势更为逼人。中国积弱，"至于今为已极矣"。为什么积弱？"由于外患者十之三，由于内治者十之七也。"内治问题在"法既敝而不知变"。"外国穷而知变，故能与世推移，而有以长

① 《严复文选》，第54—55页。

② 《严复文选》，第35页。

存。中国倦不思通，故必新朝改物，而为之损益。果使倦而能通，取来者之所损益而豫为之，因世变化，与时俱新，则自夏禹至今，有革制而无易主，子孙蒙业，千祀不坠可也，何必如汉臣刘向所言：自古及今，未有不亡之国也哉！"因此，一定要掌握变的主动权，才不会让人来变，"新朝改物"。他建议未变法前所亟宜行者有三事：一"联各国之欢"；二"结百姓之心"；三"破把持之局"。他写道："盖不联各国之欢，则侮夺之事，纷至沓来，陛下虽变法而不暇；不结百姓之心，则民情离涣，士气衰靡，无以为御侮之资，虽联各国之欢，亦不可恃；而不破把持之局，则摇手不得，虽欲变法而不能也。"①

二、民主思想

由专制制度变为民主制度是西方资本主义列强政治制度的重要转变。西方列强的民主制度建设已有200多年历史，而中国尚未出现这种转变。严复留学英国，亲身感受到西方民主制度的优越，并从西学、西方报刊宣传中了解、认识民主制度，结合中国的政治、社会现实，提出自己对民主的看法。

首先，严复称赞西方的民主制度，"无法与法并用而皆有以胜我者"。②"无法"指自由、平等、民主，其"捐忌讳，去烦苛，决壅蔽，人人得以行其意，申其言，上下之势不相悬，君不甚尊，民不甚贱，而联若一体"。"有法"指规章制度（"官工商贾章程"），其国"人知其职，不督而办，事至纤悉，莫不备举，进退作息，未或失节，无间远迩，朝令夕改，而人不以为烦"。"凡所以保民养民之事，其精密广远，较之中国之所有所为，其相越之度，有言之而莫能信者。"之所以如此，严复指出，西洋各国都"以自由为体，以民主为用"，③因此，国家强盛，甚为"可畏也"。④

严复说：西洋谈论国家治理者都认为，"国者，斯民之公产也，王侯将相者，通国之公仆隶也"。而中国尊崇帝王者认为，"天子富有四海，臣妾亿兆"，

① 《严复集》第一册，中华书局1986年版，第61—77页。

② 《严复文选》，第13页。

③ 《严复文选》，第14页。

④ 《原强》，见《严复文选》，第14页。

把天下当作私产，把臣民视为奴隶。“夫如是则西洋之民，其尊且贵也，过于王侯将相，而我中国之民，其卑且贱，皆奴产子也。设有战斗之事，彼其民为公产公利自为斗也，而中国则奴为其主斗耳。夫驱奴虏以斗贵人，固何所往而不败？”①他指出专制国之兵败于民主国之兵的必然结果：“窃尝观之西国矣，大抵民主之兵，最苦战而不易败，得能者为将，则当者皆靡，如华盛顿之自立与拿破仑之初起是已……真实民主之国，其兵所以最强者，盖其事虽曰公战，实同私争，所保者公共之产业国土，所伐者通国之蟊贼仇雠。胜则皆乐而荣，败则皆忧而辱，此所以临阵争先，虽挫而不溃也。……独至主尊将贵，邈然不亲，招以利而用以威者，民之应募而为兵也，如牛马然，其心固漠然无所向，迫于饥寒，觑数金之口粮以为生计耳。至于临阵之顷，于其上非所爱也，于其敌非所仇也，一军未破之时，顾法重不敢去耳。然而有时而可用者，则必内地之战争，前有城池掳掠之获，后有官职保举之优，有一不存，其兵皆废。”②

其次，严复认为，中国要谋富强，应该效法西洋，“道在去其害富害强，而日求其能与民共治而已”。他指斥自秦以来的“君”（皇帝）都是“大盗窃国者”。“国谁窃？转相窃之于民而已”。窃了国，怕民知觉而“复之”，所以，又行愚民政策，“坏民之才，散民之力，漓民之德”，对“天下之真主”的民“弱而愚之，使其常不觉，常不足以有为”，而后窃国者可以长保所窃而永世。③ 他希望清朝廷仿效英国，使民“自为”治理国家：“陛下惟恭已无为，顺民所欲，而数稔之间，吾国固已强已富矣。彼英国之维多利亚，不过一慈祥女主耳，非所谓聪明神武者也。至若前主之若耳治，则尤庸暗非才。然而英吉利富强之效，百年以来，横绝四海，远迈古初者，则其民所自为也。”④他指出，“天下未有民权不重而国君能常存者也。”⑤

严复说：“夫自由、平等、民主、人权、立宪、革命诸义，为吾国六经历史之不言固也，然即以其不言，见古人论治之所短。今使其人目略识旁行之文，足

① 《辟韩》，见《严复文选》，第 39 页。

② 《严复文选》，第 82 页。

③ 《辟韩》，见《严复文选》，第 39 页。

④ 《拟上皇帝书》，见《严复文选》，第 77 页。

⑤ 《论治学治事宜分二途》，见《严复集》第一册，中华书局 1986 年版，第 90 页。

稍涉欧、美之地，则闻闻见见，将无所遇而不然。彼中三尺童子皆知义务民直为何等物也。至于发明伦理治法之书，则于前数者之义为尤悉。”士生今日，如果不读西书、不治新学则已，如果读西书、治新学而乃取自由、平等、民主、人权之说而绝之，这是大笑话。①

严复介绍西方论政治名著：欧洲论治最古之书，有柏拉图之《民主主客论》，与亚里士多德之《经国论》，为泰西言治之星宿海昆仑墟。自百数十年来，英奇辈出，皆有论著，若郝伯恩、若洛克，若孟德斯鸠，若卢梭，若恭德，若边沁，若穆勒，若托克斐，若浑伯乐，皆蔚成一家之言，为言治者所取法。最后则有麦音、斯宾塞尔、伯伦知理诸家，为近世之泰斗。并就中西政治制度的不同及产生的不同效果作了比较，今泰西文明之国，其治柄概分三权：曰刑法，曰议制，曰行政。譬如一法之立，其始则国会议而著之；其行政之权，自国君以至于百执事，皆行政而责其法之必行者也。虽然，民有犯法，非议制、行政两者之所断论也，审是非，谳情伪，其权操于法官。法官无大小，方治职时，其权非议制、行政者所得过问也。谳成奏当，而后行政者施罚，责其法之必行。此文明通法，而盎格鲁之民尤著。故其国无冤民，而民之自任亦重。泰东诸国，不独国主君上之权为无限也，乃至寻常一守宰，于其所治，实皆兼三权而领之。故官之与民，常无所论其曲直。“是故中西二治，其相异在本源。治体之顺逆良楛，其因；而国势之强弱，民生之贫富，其果。”中国贫弱的根本原因是专制“治体”。“浅者耸于富强之表，则徒从其末而求之。稍进乃有所建设，有所补苴，有所变改，独至本源之地，则变色相戒，以为不道之言。则何怪徒糜财纷更，而于国事无毫末补益乎？”②其意思是说，中国仿行西法，如果仅仅“师夷”制船造炮、兴学育才等是“从其末而求之”，不可能收到满意效果，而应从治体这一根本上“变改”。但有识之士一谈及“本源”的变改，则被视为大逆不道之言，因而使人们谈“治体”而色变。

再次，严复强调“民质”在实施民主政治中的重要性。严复认为，民主要建立在民能自治的基础上，民要有政治觉悟、政治能力。严复所说的“民质”，

---

① 《主客平议》，见《严复集》第一册，中华书局 1986 年版，第 118—119 页。

② 《读新译甄克思〈社会通诠〉》，《严复集》第一册，中华书局 1986 年版，第 147 页。

就是民力、民智、民德的高下。民主的程度要与“民质”的水平相适应。由于两千多年专制统治者的愚民政策，使中国“民质”水平低下，所以实行民主制度要首在提高“民质”水平，实现民主的目标有一个过程，不能急于求成。

严复在《原强》《救亡决论》诸文中，“本之格致新理，溯源竞委，发明富强之事，造端于民，以智、德、力三者为之根本”，认为“三者诚盛，则富强之效不为而成；三者诚衰，则虽以命世之才，刻意治标，终亦隳废”。“是以今日之政，于除旧，宜去其害民之智、德、力者；于布新，宜立其益民之智、德、力者”。①

严复说：中国如“病夫”，民智下，民德衰，民力困，所以，有一倡而无群和，靠少数人想实行民主必无成效。“国之强弱贫富治乱者，其民力、民智、民德三者之征验也，必三者既立而后其政法从之。于是一政之举，一令之施，合于其智、德、力者存，违于其智、德、力者废。”“是故贫民无富国，弱民无强国，乱民无治国。”②

在《辟韩》一文中，严复批评韩愈《原道》对君主专制的看法：“君者，出令者也；臣者，行君之令而致之民者也；民者，出粟米麻丝、作器皿、通货财以事其上者也。”他指出，这是颠倒的说法，应该倒过来说：民者，出粟米麻丝、作器皿、通货财以相为生养者也，有其相欺相夺而不能自治也，故出什一之赋，而置之君，使之作为刑政、甲兵，以锄其强梗，备其患害。然而君不能独治也，于是为之臣，使之行其令，事其事。是故民不出什一之赋，则莫能为之君；君不能为民锄其强梗，防其患害则废；臣不能行其锄强梗，防患害之令则诛。意思是先有民，而后才有君、臣之立。所以，民是国家的主人。“民为重，社稷次之，君为轻”，严复很赞赏孟子的这句名言，称为“古今之通义”。由此，严复指出民主是合理的，“君臣之伦”是出于不得已的。因为民还没有达到自治的水平，所以“君臣之伦”还暂时不能摒弃。民之所以不能自治，是由于“才未逮，力未长，德未和也”。当今，应“孳孳求所以进吾民之才、德、力者，去其所以困吾民之才、德、力者。”一旦民能自治，君应还政于民，“悉复而与之”。③

在《〈日本宪法义解〉序》中，严复阐述民质高下与民主法治的关系：“今夫

---

① 《与梁启超书》，《严复集》第三册，中华书局 1986 年版，第 514 页。

② 《严复文选》，第 27、28 页。

③ 《辟韩》，见《严复文选》，亦见《严复集》第一册。

政学家之言国制也，虽条理万殊，而一言蔽之，国立所以为民而已。故法之行也，亦必视民而为之高下。方其未至也，即有至美之意，大善之政，苟非其民，法不虚行；及世运之进也，民日以文明矣，昧者欲殉区区数百千人之成势私利，执其湿束虏使之法，挟天祖之重，出死力保持，求与之终古，势且横溃荡决，不可复收，而其群以散。此为治之家所以必消息于两者之间，以行其穷变通久之术，则法可因民而日修，而民亦因法而日化；夫而后法与民交进，上理之治，庶几可成。”

言变革专制制度，实行民主政治，严复再三致意世人要体察民力、民智、民德。他认为，“数千载受成之民质，必不如是之速化；不速化，故寡和。寡和则勍者剋之，必相率为牺牲而后已”。[①] 他提出应“陶铸国民，使之利行新制”。[②]

当清政府筹备立宪之际，他在致学部书中写道：“今者吾国议立宪矣，立宪者，议法之权公诸民庶者也。然民庶不能尽议法也，则于是乎有国会之设而乡邑有推举代表之权，地方有行政自治之设，凡此皆非不学之民所能胜也，而不识字者滋无论矣。”“国家远取近观，知五洲列强，其进步之所以速；夫岂不愿国会早开，使吾上下棣通，君民相保，以成自强不息之局。顾乃回翔审顾，不敢沛然涣然者，亦以斯民程度之或未至耳，则不得已而为预备之说。”[③]

基于上述考虑，严复晚年面对民主革命形势，针对资产阶级民主派建立民主制度的努力更是表示疑议，反复强调中国民之程度不足民主，中国不可行民主共和。如他于1911年底，在写给张元济的信中说：“东南诸公欲吾国一变而为民主治制，此诚鄙陋所期期以为不可者”，因为今日“吾人之程度不合于民主”。[④] 1913年，在致熊纯如函中也表达同样意思，他说，他不是有爱于觉罗氏，所以哓哓者，是认为“亿兆程度必不可以强为”民主共和制度，民质的程度“乃真不足”行民主共和制度。[⑤]

1912年中华民国建立后，共和制度受到各方面挑战，诸种政治势力争夺

---

① 《主客平议》,《严复集》第一册，中华书局1986年版，第120页。

② 《宪法大义》,《严复集》第二册，中华书局1986年版，第246页。

③ 《严复集》第三册，中华书局1986年版，第592页。

④ 《严复集》第三册，中华书局1986年版，第556页。

⑤ 《严复集》第三册，中华书局1986年版，第610页。

权位,政局动荡不安。严复一方面认为,此为"人欲极肆之秋",政界无一"佳象","时政黑暗如故"。他说:身居北京,"耳目日受时局激刺,真不觉有生趣也。"①另一方面,他又认为,民主与专制的反复,新与旧的摇荡,是"社会钟摆原例,无可奈何者也。"②他指出,这是因为民初"破坏"旧法过头了,"举国暗于政理,为共和幸福种种美言夸辞所炫,故不惜破坏旧法从之"。造成混乱后,"令人人亲受苦痛,而恶共和与一切自由平等之论如蛇蝎,而后起反古之思,至于其时,又未必不太过"。③ 这种现象,严复都归结于民质程度与所施法度不相适宜所致。他在私人通信中一再表示:"夫共和之万万无当于中国"④,"吾国形势程度习惯,于共和实无一合,乃贸然为之,以此争存,吾决其必无幸也"。⑤

严复所理想的民主政治制度是君宪制度,认为这才是与中国民质相适宜的民主制度。这是他一贯的思想和主张。他说:"民国初建之时,吾辈于其国体,一时尚难断定。大抵独裁新倾之际,一时舆论潮热,自是趋向极端,而以共和为职志;数时之后,见不可行,然后折中,定为立宪之君主。此是鄙意,由其历史国情推测如此,不敢谓便成事实。"⑥为什么说"不敢谓便成事实"?因为严复认为:"君宪既定,孰为之主,乃为绝对难题。"袁世凯当上民国总统后,号为民主,而专制之政,实"阴行其中"。严复对此觉得也未尝不是君宪的一种模式,所以认为这也是与民质相宜的一种不得已的做法。当袁世凯仍不满足已有权位,想变更国体,登上皇帝宝座,拉拢严复参加筹安会、起草劝进书时,严复感到袁氏"怀抱野心",告诉前来示意的说客:袁公执政数年,号为民主,实行专制。"袁公既有其实,何必再居其名"。况且,政体改变已四年,"此时欲复旧制(帝制——笔者),直同三峡之水,已滔滔流为荆、扬之江,今欲挽之,使之在山,为事实上所不可能。必欲为之,徒滋纠纷,实非国家之福,不特于袁

① 《严复集》第三册,中华书局 1986 年版,第 652 页。
② 《严复集》第三册,中华书局 1986 年版,第 663 页。
③ 《严复集》第三册,中华书局 1986 年版,第 663 页。
④ 《严复集》第三册,中华书局 1986 年版,第 635 页。
⑤ 《严复集》第三册,中华书局 1986 年版,第 660 页。
⑥ 《严复集》第三册,中华书局 1986 年版,第 665 页。

氏有大不利也"[①],反对复辟帝制。并自此闭门谢客,筹安会开会,以至请愿,继续劝进庆贺,严复都"未尝一与其中"。

袁世凯倒台后,严复深感中国难觅一位贤能之才担当施行君宪的"总理":"今试观全国之中,欲觅一堪为立宪总理,有其资格势力者,此时实在尚未出现也。"[②]他痛心时局酿成"武人世界"。而中国的武人与欧美不同,大抵都是"下流社会之民",素质差,因此,是"以不义之徒,执杀人之器"。这些武人,"以盗贼无赖之人,处崇大优厚之地,操杀伐驱除之柄,而且兵饷之权不分,精械美衣,费帑无艺,则由是穷奢极欲,豪暴恣睢,分土据权,宁肯相让"。而且,他们为了疆场上争斗,"借款输械,动涉外交,于是密约阴谋,遂启卖国。"[③]

严复认为:"盖武人譬犹毒药,当暴民专制之秋,乃为对证(症),今暴民已去,则毒药徒有杀人之功,甚可畏耳。"武人对民主制度的摧残,使民主成为泡影。因此,"共和前途,无论如何,必其中央政府真具能力,能以约束进退此等武人者,而后国事可云顺轨"。[④]

三、自由思想

自由,指言论自由,行为自由,这是实行民主政治的重要基础。"自由为体","民主为用",自由是民主之"体"。民无自由,谈何民主。所以,自由、平等、民主是密切联系的。当然也有区别,区别在于:民主一般体现在政治活动中,自由、平等则不仅体现在政治活动,而且也体现在经济生活、文化生活、社会生活中。严复推崇自由,他在中西比较中指出西人有自由,中国无自由。无自由导致国弱民穷,导致民质低下。因此,中国要图振兴、谋富强,要仿行自由,使民享有自由。

1895年,在《论世变之亟》一文中,严复说:"夫自由一言,真中国历古圣贤

---

① 严璩:《侯官严先生年谱》,《严复集》第五册,中华书局1986年版,第1547页。

② 《严复集》第三册,中华书局1986年版,第669页。

③ 《严复集》第三册,中华书局1986年版,第675—676页。

④ 《严复集》第三册,中华书局1986年版,第670页。

之所深畏，而从未尝立以为教者也。”中国数千年教化，都是教人服从、听命，重三纲、重亲亲、以孝治天下，尊主、贵一道而同风、多忌讳等，从不谈自由。西方则不同，“彼西人之言曰：唯天生民，各具赋界，得自由者乃为全受。故人人各得自由，国国各得自由，第务令毋相侵损而已。侵人自由者，斯为逆天理，贼人道。其杀人伤人及盗蚀人财物，皆侵人自由之极致也。故侵人自由，虽国君不能，而其刑禁章条，要皆为此设耳。”这段话的意思是，西人认为，自由是天赋的，是人人、各国都具有的权利。国家立法订章保护自由，惩处侵犯人自由的行为。一方面，人人有自由、享受自由；另一方面，每个人，包括国君都不能去侵犯别人的自由，如杀人，伤人，抢夺别人财物等，都是侵损别人自由的行为。

严复指出：“身贵自由，国贵自主。”中国自秦以降，为治虽有宽苛之异，而大抵皆以奴虏待吾民。“上既以奴虏待民，则民亦以奴虏自待”，毫无自由观念。“西之教平等，故以公治众而贵自由。自由，故贵信果。东之教立纲，故以孝治天下而首尊亲。尊亲，故薄信果。然其流弊之极，至于怀诈相欺，上下相遁，则忠孝之所存，转不若贵信果者之多也。”①

1903 年，严复在《〈群己权界论〉译凡例》一文中对“自由”有较深刻阐述。首先，他对“自由”一词的词义作了解释。他在译文中把“自由”译为“自繇”，理由是由、繇二字虽然是古通假字，但是依西文规例，本一玄名，非虚乃实，所以写为“自繇”，而不作“自由”。自繇的西文原古文作里勃而达（Libertas），常用文作伏利当（Freedom），与奴隶、臣服、约束、必须等字为对义。中文自繇，常含放诞、恣睢、无忌惮诸劣义，然此自是后起附属之诂，与初义无涉。“初义但云不为外物拘牵而已，无胜义亦无劣义也。”其次，他阐述“自繇”的思想含义。他指出：穆勒的《群己权界论》为人们分别“何者必宜自繇，何者不可自繇”。自繇并非可为所欲为，无拘无束。如果有人独居世外，其自繇就没有什么界限了，为善为恶，一切皆自本身起义，没有谁会去禁止他。“但自人群而后，我自繇者人亦自繇，使无限制约束，便入强权世界，而相冲突。故曰人得自繇，而必以他人之自繇为界，此则《大学》絜矩之道，君子所恃以平天下者矣。”

① 《原强修订稿》，《严复文选》，第 34 页。

这里说的意思是,一个人的自繇要以不侵犯别人的自繇为界限,这就是处在人群中的每个人的自繇。他说:就政治上而言,“贵族之治,则民对贵族而争自繇。专制之治,则民对君上而争自繇,乃至立宪民主,其所对而争自繇者,非贵族非君上。贵族君上,于此之时,同束于法制之中,固无从以肆虐。故所与争者乃在社会,乃在国群,乃在流俗。”就言论上而言,“须知言论自繇,只是平实地说话求真理,一不为古人所欺,二不为权势所屈而已,使理真事实,虽出之仇敌,不可废也;使理谬事诬,虽以君父,不可从也,此之谓自繇。亚理斯多德尝言:‘吾爱吾师柏拉图,胜于余物,然吾爱真理,胜于吾师。’即此义耳。”“总之自繇云者,乃自繇于为善,非自繇于为恶。特争自繇界域之时,必谓为恶亦可自繇,其自繇分量,乃为圆足。必善恶由我主张,而后为善有其可赏,为恶有其可诛。又以一己独知之地,善恶之辨,至为难明。往往人所谓恶,乃实吾善;人所谓善,反为吾恶。此干涉所以必不可行,非任其自繇不可也。”最后,严复认为,自繇与民的“自治力”有密切关系:“治化天演,程度愈高,其所得以自繇自主之事愈众。由此可知自繇之乐,惟自治力大者为能享之。而气禀嗜欲之中,所以缠缚驱迫者,方至众也。”

在回复胡礼垣函中,严复肯定胡礼垣信中所说“平等自由之理,胥万国以同归;大同郅治之规,实学途之究竟”是“见极之谈,一往破的”。同时指出:世界各国虽然都以平等自由为“正鹄”,但是,中间所采取的“涂术”各有不同。因为各国“天演程度各有高低”,所以不能强求一律。吾国民此时之程度,如即给予平等自由,“适成其蔑礼无忌惮之风,而汰淘之祸乃益烈,此蜕故变新之时,所为大可惧也”。① 意思是平等自由度要与民质程度相适应。

1906年,严复应邀在上海青年会演讲政治学,严复说:此次讲政治,“乃取病夫症结,审其部位,一一为之湔涤,反复剖解,期与共明,并言此后立宪为何等事”。② 他在演说中,阐述政治学有关理论,介绍西方国家政治,并结合中国的政治“症结”,进行剖解,发表看法。演讲共八讲,其中有三讲谈自由问题,包括什么是自由,自由必须明确的界限,自由与民主、自由与立宪、自由与政府

① 《严复文选》,第552页。

② 《严复文选》,第548页。

管理、自由与民质的关系，各国的自由状况，中国的现状及对自由所应采取的态度。

严复说：民权、自由不仅为西国所乐道，也为吾国士大夫所崇拜。“独惜政治所明，乃是管理之术。管理与自由，义本反对。自由者，惟个人之所欲为。管理者，个人必屈其所欲为，以为社会之公益，所谓舍己为群是也。是故自由诚最高之幸福。但人既入群，而欲享幸福之实，所谓使最多数人民得最大幸福者，其物须与治理并施。纯乎治理而无自由，其社会无从发达；即纯自由而无治理，其社会且不得安居。而斟酌两者之间，使相剂而不相妨者，此政治家之事业，而即我辈今日之问题也。”①其意思是自由是有限度，不是无限度的。如何使自由与治理相协调，而不是相妨碍，这是政治家要处理好的重要问题。

严复指出，自由有政界自由，有社会自由。“政界自由，与管束为反对。政治学所论者，一群人民，为政府所管辖，惟管辖而过，于是反抗之自由主义生焉。”②社会自由即系个人对于社会之自由，即己与群之自由。他具体地阐述了政界自由。他说：“自由者，不受管束之谓也；或受管束矣，而不至烦苛之谓也。”③意思是政府对民该管束的管束，不该管束的不管束。这样的民就是自由的。如果对民不该管束的也管束了，这样的民就不自由了。所以，严复指出：“自由二字，合依最切之义，定为与政令烦苛或管治太过对立之名词。”“人生无完全十足之自由，假使有之，是无政府，即无国家。”“吾辈每言某国之民自由，某国之民不自由者，其本旨非指完全自由之事。乃谓一人之身，既入国群之后，其一生之动作云为常分两部：其一受命于他人之心志，其一自制于一己之心。以各国政俗不齐，是两部者，常为消长，有多受命于外志者，有多自制于己志者。后者谓之自由之民，前者谓之不自由之民，非言有无，乃论多寡。”④“民之自由与否，其于法令也，关乎其量，不关其品也。所问者民之行事，有其干涉者乎？得为其所欲为者乎？抑既干涉矣，而法令之施，是否一一由于不得已，而一切可以予民者，莫不予民也。使其应曰然，则其民自由，虽有

① 《严复文选》，第213—214页。

② 《严复文选》，第217页。

③ 《严复文选》，第220页。

④ 《严复文选》，第222页。

暴君,虽有弊政,其民之自由自若也。使其应曰否,则虽有尧、舜之世,其民不自由也。”[①]此处阐明的意思是,政界国民之自由与否,与政体无关,“其于法令也,关乎其量,不关其品”。

严复还认为:自由有时可以为“幸福”,有时会为“灾害”。“自其本体,无所谓幸福,亦无所谓灾害,视用之者何如耳。”如果“用之过早,抑用之过当”,自由就会为“灾害”。“夫国民非自由之为难,为其程度,使可享自由之福之为难。吾未见程度既至,而不享其福者也。”[②]

世俗对自由作如下三种理解:一是以国之独立自主不受强大者牵制干涉为自由。二是以政府之对国民有责任者为自由。三是以限制政府之治权为自由。此则散见于一切事之中,如云宗教自由,贸易自由,报章自由,婚姻自由,结会自由,皆此类。而此类自由,与第二类之自由,往往并见。严复指出,世俗对自由的这些理解都不“科学”。科学的定义,应“以政令简省,为政界自由”。政令简省至如何程度,必须掌握适度。过于简省,自由达于极点,是无政府,无责任。无责任,“政府自由而无制,则国民颦首蹙额之日至矣。”民不仅享受不到自由之幸福,反而会遭受灾难。[③]

严复旁征博引,以西方各国为例,说明自由在不同国家的不同程度。一个国家,在哪些方面可以给民自由,哪些方面要创章立制,不能给民自由,都各不相同。同一国家,因时移境迁,立制多少,听民自由多寡也不同。“但以政府权界广狭为天演自然之事,视其国所处天时地势民质何如。当其应广,使为之狭,其国不安,当其应狭,而为之广,其民将怨。必待政权广狭,与其时世相得,而后不倾。”[④]“国于天地,以所当时势民材之不齐,每有今所可任自由,而百年以前,乃政府之所必事者,亦有在此国可任自由,而彼国必为政府所管理者”。譬如宗教学术,此今日欧西各国,大抵放任者也,而古欧今亚,其干涉于此二事尤深。[⑤] 严复认为:对自由,“昨日之所是,可为今日之所非;此际之所祈,可为

---

① 《严复文选》,第 223 页。

② 《严复文选》,第 223 页。

③ 《严复文选》,第 224—225 页。

④ 《严复文选》,第 226 页。

⑤ 《严复文选》,第 228、233 页。

后来之所弃。国众有大小之殊,民智有明暗之异,演进程度,国以不同,故于此中,不得立为死法。即如十八世纪无扰之说,至于近世,其所致之反动力亦多。故于一切政事之中,其说有全胜者,而亦有不全胜者。全胜,如宗教自由是已。乃至自由商法,则虽得亚丹斯密 Adam Smith 之大力,而所胜者仅在三岛。若夫欧、美二大陆间,至今商务,犹为政府之所保护而维持,则众目所共睹者。甚矣!政之不可以一端论也。"①

严复指出,各国在自由限制上也有共同点,即政府所应做的事,"政府之天职"。如国防建设上的立法,以法部勒国民,使之共守国,"静则为守,动则为攻",由政府决定和与战。又如刑法,用以"锄强梗,诘奸欺,以保民之身家"。再如民法,用以"平争讼,正质剂,责契约"。凡此都是各国政府"所同事者",都要立法限制的。②

民国初年,帝王专制被推翻后的政局动荡,严复坚信是他的民主、自由要与民质程度相适宜的看法得到证实。他于 1914 年发表在《庸言报》上的《〈民约〉平议》文中说:"夫言自由而日趋于放恣,言平等而在在反于事实之发生,此真无益,而智者之所不事也。自不佞言,今之所急者,非自由也,而在人人减损自由,而以利国善群为职志。至于平等,本法律而言之,诚为平国要素,而见于出占投票之时。然须知国有疑问,以多数定其从违,要亦出于法之不得已。福利与否,必视公民之程度为何如。"③

四、评　论

以上我们考察了严复政治思想的三个方面内容。严复政治思想还有一个重要方面内容,即维护主权与对外开放思想,笔者已有专文论述④,此不重复。当然,政治思想的内涵很广泛,只能择要述评,不可能一一论列。

① 《严复文选》,第 231 页。

② 《严复文选》,第 229 页。

③ 《严复文选》,第 311 页。

④ 郑剑顺:《严复维护主权与对外开放思想》,载严复诞辰 150 周年纪念论文集《中国近代启蒙思想家》,方志出版社 2003 年版。

严复的政治思想突出的特点是实现了由传统政治思想向近代政治思想的转变,他从西方思想宝库和现实社会中获取知识和智慧,接受西方行之有效的政治观念和思想,将其介绍传播给国人,呼吁当局进行政治制度改革,走上强国富民之路,扭转危难国势,救亡图存,振兴图强,充分体现严复政治思想的先进性和科学性。

晚清需要改革和开放,不仅经济、军事上要改革,政治上也需要变革。变则存,则强;不变则亡,则弱,这是刻不容缓地摆在清朝当局面前亟待解决的重要课题。严复清醒地看到解决这一问题的重要性和紧迫性,反复阐明要进行变法的道理,大声疾呼,振聋发聩,不惜冒惊世骇俗之嫌,不遗余力呼吁变法,充分体现严复对国家命运的关切,对拯救民族危亡的责任感和不计个人言论安危的奉献精神。

国家要进步,要富强,就要改变传统观念,改变传统社会,学习西方,接受近代观念,步入近代社会,而不能故步自封,守旧不变。树立"变"的观念是改革旧政的前提。所以,严复非常强调这一点,他指出没有百年不变之法,不变的是自然法则、科学定理、原理,其他包括自然的、社会的,包括人、物,都在变。更何况已明显显露出比西方落后、显露出各种弊端的中国政治制度,没有理由守住不变。变是唯一出路。严复在这方面阐明的道理十分深刻、精彩,具有很强的感召力和启发性。

如何变革传统的政治制度,严复提出学习西方,仿行西法,实行民主制度。要实行民主制度,就要使民享受自由、平等权利。民主、自由、平等,这是近代西方政治的核心内容。西方的实践证明,民主政治制度比专制政治制度优越,是国家所以富强的根本原因和保障。面对西方列强的入侵,中国敌不过西方,屡屡失败,根本原因也是制度问题,是专制制度的失败。所以,严复认为,中国也要实行民主制度,否则,不会从根本上扭转颓势。民主制度是先进的政治制度,主张在中国行民主制度,是符合民族利益、人民利益,符合时代要求的进步主张和思想。严复对民主、自由的认识是正确的。至于自由是否要写作"自繇",无关主旨。

在实行民主制度,使民享受自由、平等权利上,严复非常强调提高民的素质,即提高民力、民智、民德水平。严复认为,行何种政治制度,要与民质水平相适应，要使传统的民质水平经过宣传、教育，提升到近代水平，才能保证传统政治制度的成功变革。这是严复很独到的见解。是同时代有识之士中最早注意到这一问题并加以强调的一位高明人士。

从理论上、理想上、目标上说，严复提出的民质水平要与民主政治制度相适应、相适宜，是正确的，对政治制度建设和公民的相关教育是很有指导和启发意义的，也很有现实借鉴意义。因为公民要很好地行使民主权利，要有相适应的素质，进入政治决策层、管理层的公民更要有高水平的素质。

然而，民质水平的提高是一个长期的过程，不可能在短期内完成。政治制度的变革依靠先知先觉的有识之士和政治精英，有可能在一年半载或一月数月间，甚至几天内实现，但是，民质水平的提高需要长期的教育和培养。两者在时间上是不对等的。不能等到民的素质提高到理想化的水平再来进行政治制度变革，实行民主政治制度，如果这样的话，必然延误政治制度变革，妨碍政治制度变革。严复一方面满怀政治制度变革的紧迫感，迫切呼吁变法；另一方面又强调民的素质要与民主制度的实行相适应，这在时间上成为矛盾。基于如此的指导思想，使严复对暴风雨式的民主革命接受不了，影响了他晚年的政治进步。

尽管如此，严复的政治思想在总体上还是进步的，是值得肯定的先进思想。他对民主和自由的理解都非常精辟。在民主制度上，尽管他主张君主立宪，但不影响他具有的民主精神。尽管他晚年反对民主共和，但不能因此否定他始终崇尚的民主、自由思想，指责他“倒退”“保守”“落后”是不妥的。应该说，他反对民主共和，只是反对在中国实行民主的一种形式，而不是反对民主。

严复在政治思想上，对变法、民主、自由的阐述，留给我们一份珍贵的思想遗产，前人曾受到鼓舞和启发，后人也从中多有受益，值得我们很好加以总结，继承和发扬。

（原载《厦大史学》第三辑，厦门大学出版社 2010 年版）

严复的学术思想

在严复的论著中，多处谈及“学术”，体现他丰富的学术思想。

“学术”是传统的话题，指的是如何做学问，学什么，如何学，如何理解所学内容。实际上就是思想方法、认识方法。因旧时以科举为奋斗目标，所学皆为应付科举考试的学问，即主要学四书五经和政书、史籍。对经书、政书、史籍等有不同的注解、不同的学法和认识，就是学术。对“事理”的理解和认识，也称学术。《皇朝经世文编》等古文献中，有“学术”类专目之设。

严复最早提及“学术”的论议是1895年发表的《论世变之亟》，在中西比较中提及的。他写道：“中西事理，其最不同而断乎不可合者，莫大于中之人好古而忽今，西之人力今以胜古；中之人以一治一乱、一盛一衰为天行人事之自然，西之人以日进无疆，既盛不可复衰，既治不可复乱，为学术政化之极则。”[①]这里所说的学术，是指对“事理”的认识，对古今治乱发展变化的认识。严复进而批评传统学术思想的危害，他指出：中国统治者为了不让民知道太多的事，期于“相安相养”，所以“以止足为教”，自夸多识，不求新知，不求进取。降而至于宋以来之制科，其防争尤为深且远。“取人人尊信之书，使其反复沈潜，而其道常在若远若近、有用无用之际。”这是“圣人牢笼天下，平争泯乱之至术”，而使“民智因之以日窳，民力因之以日衰”。[②] 严复说：西人的汽机兵械皆其“形下之粗迹”，天算格致是“其能事之见端”，而非“命脉”之所在。

① 卢云昆编选：《社会剧变与规范重建——严复文选》，上海远东出版社1996年版，第3页。以下凡引此书简称《严复文选》。

② 卢云昆编选：《社会剧变与规范重建——严复文选》，上海远东出版社1996年版，第3—4页。

"其命脉云何？苟扼要而谈，不外于学术则黜伪而崇真，于刑政则屈私以为公而已。"[①]严复把学术上"黜伪而崇真"，刑政上"屈私以为公"视为西人战胜中国的"命脉"，可见，严复十分看重学术思想。

一、中国"教化学术之非"

严复在反省中国的贫弱、落后中，深刻认识到中国学术思想存在的问题，如伪饰、虚骄、因人、信古、无实、无用等，他指出：中国四千年文物，九万里中原，"所以至于斯极者，其教化学术非也"。[②] 改变这种有弊病的学术思想是求强致富的关键。

信古、因人之非。中国读书人都向古人古书求知识，把先贤的话当作金科玉律，事事"率由旧章"。严复说："中土之学，必求古训。古人之非，既不能明，即古人之是，亦不知其所以是。"[③]士人所有精力都花在记诵辞章、训诂注疏上。用以开发儿童智力的，"不外区区对偶已耳。所以审核物理，辨析是非者，胥无有焉。"[④]严复批评这种"尚古贱今"的学术风气："夫稽古之事，固自不可为非。然察往事而以知来者，如孟子求故之说可也。必谓事事必古之从，又常以不及古为恨，则谬矣！"[⑤]他说，他曾经与友人辩论"中国尚古贱今之可异"。友人说"古人如我辈父兄，君家如有父兄，事事自必諏而后行，尚古之意，正亦如是。"严曰："足下所以事事必諏而后行者，岂非以其见闻较广，更事较多故耶?"友答："诚然"。严大笑说："据君之理，行君之事，正所谓颠倒错乱者耳。夫五千年世界，周秦人所阅历者千余年，而我与若皆倍之。以我辈阅历之深，乃事事稽诸古人之浅，非所谓适得其反者耶！世变日亟，一事之来，不特为祖宗所不及知，且为圣智所不及料，而君不自运其心思耳目，以为当境之应付，圆

① 卢云昆编选：《社会剧变与规范重建——严复文选》，上海远东出版社 1996 年版，第 4 页。

② 《救亡决论》，见《严复文选》，第 57 页。

③ 《严复文选》，第 32 页。

④ 《严复文选》，第 32 页。

⑤ 《救亡决论》，见《严复文选》，第 55 页。

枘方凿,鲜不败者矣!"友人愕眙失气,然叹严复之说"精确无以易也"。①

伪饰、虚骄之非。严复认为:"华风之敝,八字尽之:始于作伪,终于无耻。"他说:对此之敝,"吾欲与之为微词,则恐不足发聋而振聩;吾欲大声疾呼,又恐骇俗而惊人。"造成这种弊病,不徒嬴政、李斯为千秋祸首,则六经五子亦皆责有难辞。"嬴、李以小人而陵轹苍生,六经五子以君子而束缚天下,后世其用意虽有公私之分,而崇尚我法,劫持天下,使天下必从己而无或敢为异同者则均也。因其劫持,遂生作伪;以其作伪,而是非淆、廉耻丧,天下之敝乃至不可复振也。"②。

甲午中日战争,中国横决大溃,至于不可收拾。何以致此?有的说,必有强国阴助日本;有的说,必有吾国枭杰为之谋主;有的说,必有我之居要津者与表里为奸。严复为这些说法感叹:"嗟乎!诸君自视太高,视人太浅,虚骄之气不除,虽百思未能得其理也。夫所恶于虚骄恃气者,以其果敢而窒,如醉人之勇,俟其既醒,必怯懦而不可复作也。"中国溃败,非一朝夕之故,而是积贫积弱,"官邪民窳"所致。③

中国士子学八股之学,作八股之文,"剽窃以成章","习为剽窃诡随之事"。严复说:"夫取他人之文词,腆然自命为己出,此其人耻心所存,固已寡矣。苟缘是而侥幸,则他日掠美作伪之事愈忍为之,而不自知其为可耻。"学风如此,难怪其"通籍"步入仕途后,"以巧宦为宗风,以趋时为秘诀。否塞晦盲,真若一丘之貉。苟利一身而已矣,遑恤民生国计也哉!"④

严复指出:中土学术,自南宋以降"愈无可言","盖学术末流之大患,在于徇高论而远事情,尚气矜而忘实祸。"因此,处今而谈,不独破坏人才之八股宜除,举凡宋学汉学、辞章小道,"皆宜且束高阁也"。拿陆王之学来说,则直师心自用而已。自以为不出户可以知天下,而天下事与其所谓知者,果相合否?不径庭否?不复问也。自以为闭门造车,出而合辙,而门外之辙与其所造之车,果相合否?不龃龉否?又不察也。"惟其自视太高,所以强物就我。后世

① 《救亡决论》,见《严复文选》,第 55 页。

② 《救亡决论》,见《严复文选》,第 57—58。

③ 《严复文选》,第 40、41 页。

④ 《严复文选》,第 44、45 页。

学者,乐其径易,便于惰窳敖慢之情,遂群然趋之,莫之自返。其为祸也,始于学术,终于国家。故其于己也,则认地大民众为富强,而果富强否,未尝验也;其于人也,则神州而外皆夷狄,其果夷狄否,未尝考也。抵死虚骄,未或稍屈。然而天下事所不可逃者,实而已矣,非虚词饰说所得自欺,又非盛气高言所可持劫也。迨及之而知,履之而艰,而天下之祸,固无救矣。胜代之所以亡,与今之所以弱者,不皆坐此也耶!"①

无实、无用之弊。在《救亡决论》一文中,严复说:求才为学两者,"皆必以有用为宗"。而有用之效,要以富强为验证。"富强之基,本诸格致"。不本格致,将无所往而不荒虚,所谓"蒸砂千载,成饭无期"者矣。科举之事,为国求才,劝人为学,引导士人追求的是无实、无用的学问,造就的是无实、无用的人才。不仅剽窃、抄袭的八股文为无实、无用,就是那些厌制艺、恶试律、鄙折卷、薄讲章的"超俗之士"所治的古文词,所作的古文体,所研究的碑版篆隶书法,所从事的汉学考据等,"吾得一言以蔽之曰:无用"。这些学问,"皆富强而后物阜民康,以为怡情遣日之用,而非今日救弱救贫之切用也。"有士人认为,这些不足为学。"学者学所以修己治人之方,以佐国家化民成俗而已。"于是,他们"侈陈礼乐,广说性理"。周、程、张、朱,关、闽、濂、洛,学案几部,语录百篇。《学蔀通辨》《晚年定论》。关学刻苦,永嘉经制。深宁、东发,继者顾、黄,《明夷待访》《日知》著录。褒衣大袖,尧行舜趋。訑訑声颜,距人千里。灶上驱虏,折箠笞羌。经营八表,牢笼天地。严复指出:"夫如是,吾又得一言以蔽之曰:无实。非果无实也,救死不赡,宏愿长赊。所托愈高,去实滋远。徒多伪道,何裨民生也哉!故由后而言,其高过于西学而无实;由前而言,其事繁于西学而无用。均之无救危亡而已矣。"②

严复说:中国"旧学"之所以多而无补者,是因为其"所本者大抵心成之说",援引古训论证,不曾取"公例"考证其结论的正确与否,"此学术之所以多诬,而国计民生之所以病也"。③

以上是严复批评中国教化学术之非。严复说:"木老而枯,人老而病,支

① 《救亡决论》,见《严复文选》,第47—49。

② 《救亡决论》,见《严复文选》,第46—48页。

③ 伍杰编著:《严复书评》,河北人民出版社2005年版,第174页。

那之教化,盖已老矣！千年以来,日见凌夷,代不及代。观其风气,随波逐流,不复能有树立之意。”①如果取古人谈政治之书,以科学正法眼藏观之,“大抵可称为术,不足称学”。因为学和术有不同含义:“学者,即物而穷理,即前所谓知物者也。术者,设事而知方,即前所谓问宜如何也。然不知术之不良,皆由学之不明之故;而学之既明之后,将术之良者自呈。此一切科学所以大裨人事也”。②

严复指出:“夫学术之归,视乎科举;科举之制,董以八股;八股之义,出于《集注》;《集注》之作,实惟宋儒;宋儒之名,美以道学。”③意思是,学术的走向,是科举、八股和宋儒导引的。严复在《道学外传》中刻画了一位被传统学术所铸造的“道学先生”的典型形象:观其人,年五六十矣;问其业,以读书对矣;问其读书始于何年,则又自幼始矣。试入其室,笔砚之外,有《四书味根录》《诗韵合璧》《四书典林》,无他等书。其尤博雅者,乃有《五经汇解》之经学,《纲鉴易知录》之史学,《古文观止》之古文,《时务大成》之西学。微问之曰:“先生何为乐此?”答曰:“国家之功令在是也。”问曰:“功令脱改,先生奈何?”答曰:“功令曷为而改哉！天下之文,未有时文若者,惟时文之义理格律乃能入细,凡文之不从时文出者,尽卤莽灭裂耳。且功令若改,则国家将亡矣。汝毋为此亡国之言。”问他时文之“理法”从何而来,谁制定的,他回答不上来;问他有否阅报,他指责“今日之报,即今日天下之乱民也。”严复说:“夫支那积二千年之政教风俗,以陶铸此辈人才,为术密矣,为时久矣,若辈之多,自然之理。以钱财为上帝,以子孙为灵魂,生为能语之马牛,死作后人之殭石,悯恻不暇,安用讥评！独恨此辈既充塞国中,岂无上膺执政之权,下拥名山之席者?”他指出:中国与日本种相同,教亦相若,乃以十倍之地而败在日本手下,原因正是此辈人太多了。他希望“有事权者遇此人,毋使事权落此人之手;有子弟者遇此人,毋使子弟听此人之言。”④

面对中国特别是自宋以降的“学术之非”,严复心情十分沉重,指出这种

---

① 《严复文选》,第 109 页。

② 《严复文选》,第 182 页。

③ 《严复文选》,第 93 页。

④ 《严复文选》,第 93—95。

“学术之非”会导致亡国灭种，“此吾所以不能不太息痛恨于宋人也。”①

二、西洋的学术教化

严复注意考察西洋的学术教化，从中汲取有益的科学知识养分。他以西洋为一面镜子，对照中国的现状，从而发现中国的弊端，提出改革措施和建议。他十分赞赏西洋学术，指出：“近二百年，欧洲学术之盛，远迈古初。其所得以为名理公例者，在在见极，不可复摇。”②

在《原强》一文中，严复称赞英国动植物学家达尔文所著《物类宗衍》问世后，对泰西“学术政教”的巨大影响：“自其书出，欧美二洲几于无人不读，而泰西之学术政教，为之一斐变焉。论者谓达氏之学，其彰人耳目，改易思理，甚于奈端氏之天算格致，殆非溢美之言也。其为书证阐明确，厘然有当于人心。”③泰西还有群学、生学、心学、力学、质学、数学、名学等各种学说。“其民长大鸷悍既胜我矣，而德慧术知较而论之，又为吾民所必不及。故凡所谓耕凿陶冶，织纴树牧，上而至于官府刑政，战斗转输，凡所以保民养民之事，其精密广远，较之中国之所有所为，其相越之度，有言之而莫能信者。且其为事也，又一一皆本之学术；其为学术也，又一一求之实事实理，层累阶级，以造于至大至精之域，盖寡一事焉可坐论而不可起行者也。”④意思是西洋人都很重视研究现实问题，任何事都有研究依据，“皆本之学术”，而且所研究的问题没有一事只可“坐论”而不可“起行”，都有实践意义，很实用。

在《救亡决论》中，严复说：西学格致与中土所崇尚的“辞章”正相反，其道“一理之明，一法之立，必验之物物事事而皆然，而后定之为不易。其所验也贵多，故博大；其收效也必恒，故悠久；其究极也，必道通为一，左右逢源，故高明。方其治之也，成见必不可居，饰词必不可用，不敢丝毫主张，不得稍行武断，必勤必耐，必公必虚，而后有以造其至精之域，践其至实之途。迨夫施之民

① 伍杰编著：《严复书评》，河北人民出版社 2005 年版，第 135 页。

② 伍杰编著：《严复书评》，河北人民出版社 2005 年版，第 4 页。

③ 《严复文选》，第 7 页。

④ 《严复文选》，第 13—14 页。

生日用之间，则据理行术，操必然之券，责未然之效，先天不违，如土委地而已矣。”①

什么叫“学”？严复指出：“夫学之为言，探赜索隐，合异离同，道通为一之事也。”“‘学’者所以务民义，明民以所可知者也。明民以所可知，故求之吾心而有是非，考之外物而有离合，无所苟焉而已矣。”②意思是，“探赜索隐，合异离同，道通为一”，才称得上“学”。即物穷理，由之而知其道，至乎其极，知矣而得其通，称“道通为一”。西人举一端而号之曰“学”者，“至不苟之事也”。必其部居群分，层累枝叶，确乎可证，涣然大同，无一语游移，无一事违反；藏之于心则成理，施之于事则为术；首尾赅备，因应厘然，夫而后得谓之为“学”。因此，如果以西学之“规矩法戒”，以绳吾“学”，则凡中国之所有，举不得以“学”名；吾所有者，以彼法观之，特阅历知解积而存焉，如散钱，如委积。“此非仅形名象数已也，即所谓道德、政治、礼乐，吾人所举为大道，而诮西人为无所知者，质而言乎，亦仅如是而已矣。”③

严复说：西洋“以格物致知为学问本始”。自明代以前，西洋之于学与中国差不多，至晚近，则大不同。其言学则先物理而后文词，重达用而薄藻饰。且其教子弟也，尤必使自竭其耳目，自致其心思，“贵自得而贱因人，喜善疑而慎信古”。其名数诸学，则借以教致思穷理之术；其力质诸学，则假以导观物察变之方，而其本事，则筌蹄之于鱼兔而已矣。故赫胥黎曰：“读书得智，是第二手事，唯能以宇宙为我简编，民物为我文字者，斯真学耳。”“此西洋教民要术也”。④ 他指出：“考欧人之富强，由于欧人之学问与政治。”当其声光化电动植之学之初发端时，不过一二人以其余闲相讨论耳。或蓄一垆一釜，凡得金石，举加热以察其变化；或揉猫皮，擦琥珀，放风筝，以玩其相吸；或以三角玻璃映日以观其采色；或见水化汽时，鼓动其器之盖，而数其每时之动；其尤可笑者，或蓄众微虫而玩之，或与禽兽同卧起而观之。其始一童子之劳，锲而不舍，积渐扩充，遂以“贯天人之奥，究造化之原焉”。以若所为，若行之中国，必群

---

① 《严复文选》，第 49 页。

② 《教亡决论》，见《严复文选》，第 56 页。

③ 《严复文选》，第 56 页。

④ 《严复文选》，第 32 页。

目之曰呆子。天下之善政，自民权议院之大，以至洒扫卧起之细，当其初，均一二人托诸空言，以为天理人心，必当如此，不避利害，不畏艰难，言之不已；其言渐著，从者渐多，“而世事遂不能不随空言而变”。以若所为，若移之中国，又必群议之曰病狂。①

从西洋做学问的成功经验中，严复领悟到：“吾人为学穷理，志求登峰造极，第一要知读无字之书。”书册记载是第二手书，大地原本是第一手书。中西二学之不同，即在于西洋人重视实践、实验，读“无字之书”，即物穷理，求新知，求创新，所以有许多“后出新理”。而中国人只读圣贤书，读第二手书，“不独因人作计，终当后人；且人心见解不同，常常有误，而我信之，从而误矣，此格物所最忌者。而政治道德家，因不自用心而为古人所蒙，经颠倒拂乱而后悟者，不知凡几。”②

三、“用西洋之术”致富强

中土学术与西洋学术比较之后，自然是择善而从。中国要致富强，必须“用西洋之术”。这是严复得出的明确结论。

“用西洋之术”，就是要像西洋那样开民智、鼓民力、新民德。“欲开民智，非讲西学不可；欲讲实学，非另立选举之法，别开用人之途，而废八股、试帖、策论诸制科不可。”③“欲进吾民之德，于以同力合志，联一气而御外仇，则非有道焉使各私中国不可也。”然则使各私中国奈何？严复说：“设议院于京师，而令天下郡县各公举其守宰。是道也，欲民之忠爱必由此，欲教化之兴必由此，欲地利之尽必由此，欲道路之辟、商务之兴必由此，欲民各束身自好而争濯磨于善必由此。”④他指出：如果有人认为不用西洋之术，而富强自可致，必定是“狂易失心之人”。要致富强，就一定要“用西洋之术”。⑤

① 《严复文选》，第63页。

② 《西学门径功用》，《严复集》第一册，中华书局1986年版，第93页。

③ 《严复文选》，第33页。

④ 《严复文选》，第34页。

⑤ 《严复文选》，第6页。

“用西洋之术”,就要改变“徇高论而远事情”的空疏虚骄习气,要重视实学,研究现状,研究“事理”“物理”,研究技艺,研究政治、经济,学实在有用之学。像西人那样,“贵自得而贱因人”,“喜善疑而慎信古”,要“以有用为宗”。这些都是严复一再强调的主张。

综上所述,严复学术思想的特点是通过对中西不同学术观的比较,省悟到中国学术观的陈旧、落后和危害,认识到西洋学术观的先进及对科技进步、经济发展、国家富强的重大影响和作用,从而得出明确结论:中国要富强,必须“用西洋之术”,改变不合时宜的学术观念,树立科学、进步的学术思想。

学术思想是知识分子做学问、进行科学研究、从事发明创造的重要指导思想。中国固有的学术思想引导人们只重视经典文献,把古人的话当圣旨,视为金科玉律,严重束缚了思想创新和科学技术的发明创造;西洋学术思想重视理论与实际结合,重实证、重实践,不被前人的书本知识所束缚,重视对现实、对自然、对社会的实际研究,这是西洋国家致富强的重要思想关键。严复以敏锐的眼光洞察到这一点,以过人的胆识否定传统学术观,称赞西洋学术观,呼吁学习西洋学术观,“用西洋之术”,可谓振聋发聩,启人心智,为中国学术思想转变立下不朽功勋。

严复的学术思想发前人所未发,识前人所未识,具有重要的创新意义和启蒙影响。他告诉人们,做学问,求知识,不仅要读有字之书(书本知识),还要读“无字之书”,要重视即物穷理,在实验中,在实践中求新知,求“新理”,不要完全依赖旧有的书本知识。对圣贤之言,对书本知识要善于怀疑,要通过实践进行印证,不能一味信古、信书、以古人之是非为是非。

严复的学术思想对冲破传统思想禁锢、实现思想创新、推进思想进步、实现经济社会发展和国家富强具有重要学术理论价值和现实指导意义。

严复不愧为近代伟大的启蒙思想家。

(原载《严复思想与中国现代化》,
海峡文艺出版社 2008 年版)

严复维护主权与对外开放思想

维护主权与对外开放是近代中国两大突出主题。国家遭受资本主义列强的侵略和掠夺，要不要维护主权，如何维护主权，这是摆在国人面前的重大问题，有识之士更免不了要对此作出思考和反应。国家要生存和发展，要求富强，就必须对外开放，没有别的更有成效的选择。要不要对外开放，如何对外开放，这是摆在国人面前的又一重大问题，也是有识之士必然要考虑的问题。严复对此两个问题都有认真的思考和认识。以往学术界对此尚无完整、深入的考察和专论，因此，有必要对此进行探讨，以期对严复研究的推进有所裨助。

一、维护主权思想

维护国家主权，这是严复所关注的重要问题之一。他所注意的国家主权，包括领土主权、司法主权、关税主权、财政主权、企业主权、海权等。晚清时期，他对这些主权的丧失深感悲哀，强调收回这些主权的重要性。

1843 年，清政府同英国侵略者签订的《南京条约》之补充条约《虎门条约》，其中规定了领事裁判权，即英国人在中国境内犯法，如何科罪，由英国领事处理，使中国丧失了司法主权，中国的法律管不了在中国境内的英国人。这一规定在中法《黄埔条约》、中美《望厦条约》中同样得到了体现。1858 年，通过第二次鸦片战争，英、法侵略者又逼迫清政府签订了《天津条约》，其中规定“邀请英人帮办税务”，使中国海关管理权落入了英国人之手。此外，《南京条约》还规定“议定”关税，变成中国关税税率的确定要与英国“议定”。其他国家凭借片面最惠国待遇条款也“利益均沾”，同样攫取到此特权，使中国丧失了关税税率主权。所有这些主权的丧失，严复哀叹这是吾国之“不幸”。他说:“当道、咸订约之时,既以民刑裁判之权,付之领事矣,又以国家科税之柄公诸外人,则所谓保护政策者,斯无望已。”①由于中国失去对外人的司法权,失去关税税率主权和管理权,无法在市场竞争中有效保护本国新兴的工商业,所以政府谈不上对民族工商业的“保护政策”,使得民族企业经不起外商企业挤压,“朝起夕仆”。② 外国传教士、神甫牧师凭借条约在中国各地传教,“怙权袒护,以致地方屡起风潮,酿成交涉,杀官赔款,夺地占港,皆政界不公之事。以公道言,外人于此等事,必须受政府地方官约束者也。”③中国的法律约束不了在中国的外国人,这是很不公道的事,也是很悲哀的事。

甲午中日战争,日本侵略者以寥寥数舰之舟师,区区数万人之众,侵占了与我国关系最亲密的“藩属”国朝鲜,侵入了辽东半岛、山东半岛,夺占了旅顺口、威海卫,覆灭了北洋海军,严复对此痛心疾首,感叹这是无可讳的“深耻大辱”。④ 中日《马关条约》的签订,中国割地、赔款等,赔款数额达二亿两白银之巨,对此,严复指出:“倭患贫而我适以是拯之,以恣其虐我。是何异驱四百兆之赤子,系颈面缚以与其仇,以求旦夕之喘息,此非天下之至不仁者不为。”皇帝“仁圣”,不应该对此容忍“妄许”。⑤ 他认为,造成丧权辱国局面的原因之一是“和之一言”所贻误,中日之战应该“与战相终始”,不可求和。就是战十年二十年也要坚持打下去,与倭“任拼”。“诚如是,中倭二者,孰先亡焉,孰后倦焉,必有能辨之者。”⑥他说:“夫今日中国之事,其可为太息流涕者,亦已多矣。而人心涣散,各顾己私,无护念同种忠君爱国之诚,最可哀痛。”⑦文武官弁在甲午辽东之战中的脱逃表现就是实例。他指出,当今中国无“爱力”之

---

① 《论中国救贫宜重何等之业》,王栻主编《严复集》第二册,中华书局 1986 年版,第 297 页。

② 《论中国救贫宜重何等之业》,王栻主编《严复集》第二册,中华书局 1986 年版,第 298 页。

③ 卢云昆编选:《严复文选》,上海远东出版社 1996 年版,第 234 页。以下简称《严复文选》。

④ 《严复文选》,第 9 页。

⑤ 《严复文选》,第 43 页。

⑥ 《严复文选》,第 43 页。

⑦ 《严复文选》,第 82 页。

质点,“以此而当外洋,犹以腐肉齿利剑也”。[①] 而且,举国对真正应该极力维护的国家主权如旅顺、威海、胶州之割,关税、厘金、铁路、矿产之约“不甚措意”,而对外国人来中国经商、侨居、旅游则斤斤“相持”,视为“有碍孔教”,“若欲以国殉之者”。[②]

1897 年 11 月 24 日,严复在《国闻报》上刊文,谴责德国借端教案,突据胶澳,是“以野蛮生番之道待吾中国”,“其与海盗行劫、清昼攫金之子,又何以异哉!”指出德人“背公理、蔑公法”“捐弃公道,惟利是视”。[③] 他又著文谴责守土官员让地的失职行为。德人船入胶州,限令守将章高元部 48 小时内撤退,而章果听令退扎劳山。严复对此事“始而讶,继而悲”。“讶者何?讶德人久称开化之国,而行事类盗贼野蛮也。悲者何?悲章之葸懦畏死,而致外人视之如犬彘也。”他说,章不应听命撤退,他可以告诉德人:“吾为总兵,奉命守此,进止非所自由,上有皇上,下有抚军,皆吾所听命者也。汝力能得之于朝廷,抑能得之于巡抚,则令子下而吾丑退,不待两日之久也;如汝不能得此,而于我乎求之。我武人,知有战而已,尺寸之地,不能让也。……汝以兵力相逼耶?则我带兵数十年,所求者正是一死所耳。今明告汝,章某未死,此军未破,胶州尺寸之地,非汝所得觊觎也”。“果令如是,则吾意德人虽甚蛮暴,然彼以武功立国,虽在敌仇之间,见义烈敢战男子,尚知敬爱,且行太无道,亦虑各国之议其后,其竟不敢相逼者,什有八九。”严复指出:“万一战而至于败,败之极而至于死。夫既为兵官而死于战,上既不负国家付托之意,下可以见重于敌人,而壮国家之气。人谁不死,死而如此,又何不可?乃计不出此,依违之间,进退失据,事机之来,间不容发,及其既逝,挽之不留,惜哉!……中国兵官,大都纷华靡丽,日事酣嬉,以幸国家之无事。一旦有事,其不败者谁哉!”[④]从严复对章高元听命侵略者让地的谴责中,可见他对那些只图保命、不顾国家领土主权丧失的官员的失职行为的强烈痛惜,充分流露他提倡忠于职守、以死抵拒侵略、

---

① 《严复文选》,第 83 页。

② 《严复文选》,第 98 页。

③ 《驳英〈太晤士报〉论德据胶澳事》,王栻主编《严复集》第一册,中华书局 1986 年版,第 55—56 页。

④ 《论胶州章镇高元让地事》,《严复集》第一册,中华书局 1986 年版,第 57—58 页。

维护国家主权的浓浓情怀。他十分强调己轻群重的道理，认为“飞走之伦”都知道“舍一己以为其群”，何况于人，更要有舍己为群、舍己为国精神。[①] 直至晚年，他在临终遗嘱中，乃切切告诫家人及子女“事遇群己对待之时，须念己轻群重”。[②] 这是严复处理个人与集体、国家关系的准则，体现其高度的集体主义、爱国主义精神。

对义和团运动，严复认为，“其贻祸国家至矣，然而其中不可谓无爱国者”。只因其术“纯出于野蛮”，所以“终被恶名”，无以自解于天下。[③] 他肯定义和团也有维护主权的爱国表现，这在当时的知识分子中是不多见的。

在《原富》一书的按语中，严复对中国关税税则主权、关税管理权的丧失表示痛心，他说：“税则者，有国有土之专权也，而我则进出之税欲有增减，必请诸有约之国而后行。国之官事，晋用楚材，古今有之，而未闻监榷之政付之他国之吏者也。且古今各国之用外人也，必有人弃本籍而从仕国，功赏过罚，可以加诸其人之身，方其策名而授之以政也。……而今，则执我至重之税政利权，而其人则犹敌国之臣子也，所操者吾之政柄，而受封爵于其本国。立严约密章，禁吾国之人之为其属，而入其藩篱者，而其所监之税，又其本国者居什八九焉。呜呼！此真斯密氏所称自有史传以来，人伦仅见之事者矣。”[④]把管理关税的主权付之外人，而且所管的税收其本国占十之八九，这是破天荒的事，荒谬的事。为何会有这些主权的丧失，固然由于战败被迫签约，也由于中国士大夫高谈治平之略，数千百年来未尝研究商务，不知轻重，不知主权之所在所造成，“一旦兵败国辱，外人定条约，钳纸尾督其署诺，则谨诺之而已，不但不能驳，即驳之亦不知所以驳也。”给中国造成严重损害。[⑤] 严复指出，这种状况一定要改变，“设不取财政一切而更张，抑更张矣而其权皆操于外人，吾诚不知国之何以堪命也。”[⑥]甲午、庚子两战以后，巨额赔款使清政府财政危机，大借外债，并以关税、赋税作担保，严复认为，这是“以外人而操吾计柄”，财政主

① 《严复集》第一册，中华书局 1986 年版，第 57 页。

② 《严复集》第二册，中华书局 1986 年版，第 360 页。

③ 《严复文选》，第 120 页。

④ 伍杰编著：《严复书评》，河北人民出版社 2001 年版，第 121 页。

⑤ 伍杰编著：《严复书评》，河北人民出版社 2001 年版，第 121 页。

⑥ 伍杰编著：《严复书评》，河北人民出版社 2001 年版，第 153 页。

权丧失，十分有害。“哀哀下民，逢此百罹，吾真不知所以维其后矣。”①

对司法主权丧失的危害，严复在《原富》按语中指出：“夫国有五方异俗之民，至难治也。所恃者，国有大法以整齐之而已。乃今吾一国之内，有数十国之律令淆行其中，如此而不终至于乱者，未之有也。”②由于不知事理，国家常以至重之权付之非我族类者，“初若不甚重惜而弃之，不及三十年，将在在皆荆棘矣。”③严复在与张无济的通信中感慨说：“顾华人之权未尽失也，勉为更张，犹可振起。及乎一旦权失，或为外人所乘，彼则假剔弊之名，以一网取华人而尽之。继则以洋人或附于洋者代其位，从此遂为绝大漏卮，利虽至厚，于地主人无与焉。”④

对海权，严复十分重视。他认为，中国是“海陆兼控”之国，既要注意大陆的利益，又要注意大海的利益。然而，历代都舍海而注意于陆，“自弃大利”，闭关自封，“遂处于日屈之势”，使强敌乘虚入侵。探究中国每次抵抗侵略失败之由，“其弱点莫不在海”。他说：“向使高瞻远瞩，早建海权，国振远驭之良策，民收航海之利资”，那么将是另一种局面。⑤ 通过两次鸦片战争、中法战争、中日战争，列强取得在沿海、沿江通商口岸之间自由通航的特权，福建海军、北洋海军相继覆没，中国海权基本丧失。造成这种结果，严复指出，是当局计臣“以为糜费，徒主樽节”，舍不得投资海军建设所致，使海军得不到发展，装备不全，有铁甲而无快船，有钢弹而无快炮。“甲午海战，敌见吾短而用其长，又用其轻疾以乘吾之迟重”，使北洋海军吃亏。他说：筹费治军，维护海权，则惜数百万、千万金钱投资，而与敌媾和签约，“则出数万万之资，益之以土地而不顾，此其心计眼光之短，有令人思之而痛心垂涕者矣！”⑥

甲午战后，严复仍强调要“规复”（重建）海军，维护海权。他认为，有海军才能拥有海权。1908 年，他在代北洋大臣杨士骧草拟的《筹办海军奏稿》中，阐论

① 伍杰编著：《严复书评》，河北人民出版社 2001 年版，第 154 页。
② 严复译：《原富》下册，商务印书馆 1981 年 11 月版，第 587 页。
③ 严复译：《原富》下册，商务印书馆 1981 年 11 月版，第 589 页。
④ 《严复集》第三册，中华书局 1986 年版，第 541 页。
⑤ 《筹办海军奏稿》，《严复集》第二册，中华书局 1986 年版，第 257 页。
⑥ 《筹办海军奏稿》，《严复集》第二册，中华书局 1986 年版，第 258 页。

“规复”海军“必不可缓”，“虽知其难而不可不勉为其难”的道理。他说：“我若一无所操持，在在必为其鱼肉。”欧美诸国，如德国、俄国、英国、美国都十分重视海军。我国如果没有海军，就会像一只“无螯之巨蟹，渔人钓者，谁不得取而食之？”所以一定要有海军。有海军才能有海权，“必有海权，乃安国势”。①

如何维护主权，严复呼吁要变法，要自立、自强、要识外情、知洋文、明事理。中国由于衰弱，所以遭欺凌。衰弱由于不思变法，不求进取。严复强调说：“今日中国不变法则必亡是已。”②变法才能富强，“使中国一旦自强，与各国有以比权量力，则彼将阴消其侮夺觊觎之心，而所求于我者，不过通商之利而已，不必利我之土地人民也。惟中国之终不振而无以自立，则以此五洲上腴之壤，而无论何国得之，皆可以鞭笞天下，……”。③ 在进行变法之前，严复主张先做好三件事。第一，“联各国之欢”。在外交上联络西方各国，办法是皇帝亲自“游西国”，向各国宣传中国“将变法进治，俾中西永永协和”，希望各国相助。对“彼此交利”之事，如通商、如公法，义所可许者，“悉许之无所靳”。如果有阴谋无义、侮夺吾土地、蹂躏吾人民者，“吾将与有义之国为连以御伐之。”④通过皇帝“游西国”，“亲履其地，则有以知中西政俗之异同。知其异同，则有以施吾因应修改之治，其为益甚众”。⑤ 第二，“结百姓之心”。严复称赞西国“民主之兵”的战斗力，指出“真实民主之国，其兵所以最强者，盖其事虽曰公战，实同私争。所保者公共之产业国土，所伐者通国之蟊贼仇雠。胜则皆乐而荣，败则皆忧而辱，此所以临阵争先，虽挫而不溃也。”⑥相比之下，中国军队的战斗力令人“太息流涕”，缺的是没有“得其心”，兵不识为谁而战，民不知其国之可爱。因此要学习泰西各国，皇帝亲至沿海各省巡视，躬阅防练各军，“誓诰鼓厉，振其志气”。⑦ 第三，“破把持之局”，就是破守旧势力“把持”

---

① 《严复集》第二册，中华书局 1986 年版，第 259 页。
② 《救亡决论》，《严复文选》，第 44 页。
③ 《救亡决论》，《严复文选》，第 71 页。
④ 《拟上皇帝书》，《严复文选》，第 78—81 页。
⑤ 《拟上皇帝书》，《严复文选》，第 81 页。
⑥ 《拟上皇帝书》，《严复文选》，第 81—82 页。
⑦ 《拟上皇帝书》，《严复文选》，第 83 页。

政局。[①] 严复说:“以上三端,皆未变法之先所宜亟行者也。盖不联各国之欢,则侮夺之事,纷至沓来,陛下虽变法而不暇;不结百姓之心,则民情离涣,士气衰靡,无以为御侮之资,虽联各国之欢,亦不可恃;而不破把持之局,则摇手不得,虽欲变法而不能也。”[②]

对司法主权的丧失,严复在《原富》按语中指出其不合理及造成的危害。他说:中国与泰西各国交通以来,讼狱成为“大梗”,其“粤国体、伤民心有不殚语者。”任何国家都有自己的法律,外国人入境都要遵守所在国的法律。然而,泰西各国悍然不服吾法。“不服吾法,则其人有罪非吾吏所能制,于是乎有领事之设。(各国亦有领事,所治者商务而已,不理刑讼也)有领事之设,则其人不能与国民杂居,于是乎有租界之立。租界不止一国也,于是乎有各国之领事。各国之租界,樊然并兴,日以益众”。[③] 严复提出维护这一主权的办法:召集各国法律专家学者,商议研究出一份能得到“公允”的法律草案,用来“专治”来华的外国人,“勒为成宪”。朝廷委命一员“总理各国讼狱大臣”,任期若干年;各国寓华之民也公举一员代表,参与办案。“继自今,凡中外交涉与夫各国交涉之词讼,皆治以此官,断以此律,不得为异,其前之领事官理刑之权悉去之。”这样,各国必无话可说,没有理由不接受,“而吾民将从此受其赐。”否则,各国寓华之人因有领事裁判权为护符,为非作歹,有恃无恐,祸害无穷。严复指出:“通商之租界益多,领事之设益众,行将有权重者来而统治之,则所谓瓜分之势成矣。”[④]

有些主权的丧失,是当事人在签约画押时不明事理,不识西文造成的。他们不知道什么是该力争的主权,什么是可以通融的条款。如领土主权、税则确定权、关税管理权、司法主权、洋员的聘用与否主权、轮船运输经营权、领海的航行权等都是至关重要主权,而扩大通商、公使驻京、人员往来、侨居等,都是可以通融的事项。由于当事人不识西文,译者又含混颠倒,“但向华文咬嚼,尽属无补”。如开平矿务局的“出卖”案,即是被墨林骗诈而当事人张翼不识

① 《拟上皇帝书》,《严复文选》,第 84 页。
② 《拟上皇帝书》,《严复文选》,第 86 页。
③ 严复译:《原富》下册,商务印书馆 1981 年 11 月版,第 587 页。
④ 严复译:《原富》下册,商务印书馆 1981 年 11 月版,第 587—588 页。

西文所致的恶果。严复痛心地指出:“此不独开平一事为然,自有译署以来,所坐皆为如此。乃至今媢嫉之夫尚云办洋务与识洋文是两事,则宜乎其国权之日削也。”①因此,严复十分重视识西文,认为只有识西文,才不会上当受骗,糊里糊涂失去主权。

要谋富强、抗侵略、保主权,严复还十分强调要提高民的素质,包括官员的素质。他主张鼓民力、开民智、新民德。② 民力奋、民智开、民德和,加上有好的“篙师”,操舵指挥,那么同舟而遇风必不至于倾覆,必能济“大难”。③ 他说:“未有三者备而民生不优,亦未有三者备而国威不奋者也。”④他批评当时的现状:“将不素学,士不素练,器不素储。一旦有急,则蚁附蜂屯,授之以扞格不操之利器,曳兵而走,转以奉敌。其一时告奋将弁,半皆无赖小人,觊觎所支饷项而已。”⑤严复指出:要像西洋各国那样,把国家当作民之“公产”,“与民共治”。这样,设有捍卫国家之战斗,民就会自觉地“为公产公利”而战斗,就会无往而不胜。⑥

中国读书人和当官的熟读四书五经,好言孔教,还高谈什么“保教”,可是临事临难大多逃避,不如两位有华人血缘的女子。严复举例说,有一位法国人叫迈达,曾在福建船政学堂任教师多年,娶一位粤女为妻,生二女一男。迈达任期满后举家回法国。1897 年德占胶州、俄租旅顺后,欧洲舆论纷纭,传说中国将被列强瓜分。迈达两位年稍长的女孩从报上知道这一消息后,日夜伤心流泪,“至忘寝食”。每日早起,有卖报者过,必打听报上有无中国消息,如有就买下报纸,阅后又哭。她俩劝其弟长大后要努力学习,日后归华,“为黄种出死力”。严复感叹说:“诸公何必学孔子,但能以迈二女子之心为心,则不佞高枕无忧,有以知中国之不亡矣。”⑦严复举此例,从一个侧面说明他所提倡的民力、民智、民德在捍卫国家主权中的重要。

---

① 《与张元济书》,《严复集》第三册,第 553 页。
② 《严复文选》,第 29 页。
③ 《严复文选》,第 16—17 页。
④ 《严复文选》,第 21 页。
⑤ 《严复文选》,第 21—22 页。
⑥ 《辟韩》,《严复文选》,第 39 页。
⑦ 《有如三保》,《严复文选》,第 92 页。

上述严复维护主权的思想充分体现严复强烈的爱国情感。严复于1879年留学期满,从英国回国,先在福建船政学堂任教,后历任北洋水师学堂总教习、会办、总办等。戊戌政变后,"殚心"著译。严复所处的时代,正是晚清多事之秋。他耳闻目睹国家遭受列强侵略,主权不断丧失的现状。尤其是他亲历甲午中日战争和八国联军侵华战争,深受民族危机刺激,倍感"优胜劣败"的天演进化之切,所以,发出变法图"救亡"、更张"求富强"、自立保主权的呼喊。他说:"考五洲之历史,凡国种之灭绝,抑为他种所羁縻者,不出三事:必其种之寡弱,而不能强立者也;必其种之暗昧,不明物理者也;终之必其种之恶劣,而四维不张者也。"①"四维"指礼、义、廉、耻。此"三事",就是严复十分关注、再三强调的民之力、智、德。思考如何救国、富国、强国,是严复著作译作和通信中所体现的重要主线。这是严复维护主权思想的特色之一。

严复维护主权思想还充分体现严复进步的近代化意识。严复是晚清新式学堂培养出来的第一代新型知识分子,特别在留学英国期间,有机会广泛接触西学,感受西方社会,探讨"中西学术政制之异同",②使他对西方的政治、经济、军事、文化等有较深刻了解,对国家主权的丧失及所造成的危害有清醒的认识,对如何维护主权既有具体办法的思考,如解决领事裁判权问题的对策,又有整体的根本性措施的考虑,如提出变法救亡、图强求富,致意于民力、民智、民德的增强和提高等,这些都是很有见地的。没有"通知外国事",没有西学知识,是达不到这一认识水平的。严复说:"欲救中国之亡,则虽尧、舜、周、孔生今,舍班孟坚所谓通知外国事者,其道莫由。而欲通知外国事,则舍西学洋文不可,舍格致亦不可。"③"欲通知外国事,自不容不以西学为要图。此理不明,丧心而已。救亡之道在此,自强之谋亦在此。早一日变计,早一日转机,若尚因循,行将无及。"④严复身体力行,正是如他所说的努力去做。所以,他的认识比较近代化。这是严复维护主权思想的特色之二。

严复维护主权思想还与对外开放思想相结合,既主张维护主权,又强调对

---

① 《论教育与国家之关系》,《严复文选》,第145—146页。

② 严璩:《侯官严先生年谱》,《严复集》第五册,中华书局1986年版,第1547页。

③ 《救亡决论》,《严复文选》,第50页。

④ 《救亡决论》,《严复文选》,第53—54页。

外开放，这也是他进步的近代化意识的另一重要体现，也是严复维护主权思想的另一重要特色。

二、对外开放思想

要不要对外开放，如何对外开放？严复提倡对外开放，批评闭关锁港，指出闭关之害和“保商权、塞漏卮”之非，主张学西学，“用西洋之术”，提倡“通”，实行“自由通商”之政，主张“借助”外洋财力办造船厂、筑路开矿，主张借“洋债”，募洋员。

其一，批评闭关锁港。中国自明中叶以后实行闭关政策。清初进一步实行封关禁海，以后虽然开广州一口作为外国商人来华通商的口岸，但是仍有种种限制，且有来无往，所以基本上是封闭的。除在商品上允许外国输入呢羽钟表之类外，在政治上、学术文化上是绝对禁止输入和交流的，严“夷夏之防”，禁“华夷”交通。这种局面一直至鸦片战争后才有所改变。“自沿海通商以还，中国始弛其千余年之条禁，纵其人民，使得与员舆之种族相见。”①世界“舟车大通”，所以开放的形势是不可避免的，“而愦者不察，徒负气矜之隆，欲以古之所以待夷狄者待之”，结果没有不失败的。② 严复引郭嵩焘的话说：“天地气机，一发不可复遏。士大夫自怙其私，求抑遏天地已发之机，未有能胜者也。”③这里所谓“天地已发之机”，就是对外开放。这种对外开放的必然趋势是任何人也阻挡不住的，想阻挡，“无异持丸泥以塞孟津”。④ 严复指出，不仅阻挡不住，而且越阻挡越召祸。“惟其遏之愈深，故其祸之发也愈烈。”“三十年来，祸患频仍，何莫非此欲遏其机者阶之厉乎？”⑤他说：闭关是“塞一己之聪明以自欺，而常受他族之侵侮，而莫与谁何”，⑥“中国自海禁既开之后，则闭关

① 《学生会条规》序，《严复集》第一册，中华书局 1986 年版，第 121 页。
② 《学生会条规》序，《严复集》第一册，中华书局 1986 年版，第 121—122 页。
③ 《救亡决论》，《严复文选》，第 5 页。
④ 《严复文选》，第 120—121 页。
⑤ 《论世变之亟》，《严复文选》，第 5 页。
⑥ 《论世变之亟》，《严复文选》，第 4 页。

锁港之说，固不可行，而甲午、庚子两次兵事以还，华洋之交，更形密切。”①想阻挡开放是不可能的，也是有害的。“方今吾国，固当以开通为先而大害无逾于窒塞。”②

其二，强调“通”。1897年，严复在《国闻报》创刊号上刊文，把“求通”作为《国闻报》的宗旨。所谓“通”，有两方面含义：一“通上下之情”，指国内的上情下达，下情上达；二“通中外之故”，指通外情，了解、认识外国。他说：“为一国自立之国，则以通下情为要义；塞其下情，则有利而不知兴，有弊而不知去，若是者国必弱。为各国并立之国，则尤以通外情为要务；昧于外情则坐井而以为天小，扪籥而以为日圆，若是者国必危。”③他指出：世界二百年来之天运人事“皆为其通而不为其塞”，随着科学发明，蒸汽机、电气的广泛运用，“地球固弹丸耳”，各国的隔绝状态已被打破。“而谓五洲上腴如中国者，可深闭固拒以守其四千年之旧俗，虽至愚者，知其不然矣。”④他把“通”视为重要的“保国之道”，认为“国于天地，民工物产，必交相资，叩关求通，乃至受廛为氓，皆无可拒”，如果“深闭固拒”，反而会导致“丧亡”。⑤

一个国家只有与外国“通”，才能互通有无，“相资”互补，才能学习外国的长处，“不自私其治”。“国不自私其治，则取各国之政教，以为一国之政教，而吾之国强”。⑥ 因为中国贫弱，泰西各国富强，所以中国更应该在与外国“通”中探究外国富强之由，学习西学，采用“西洋之术”。⑦ 看不到西洋富强和讲富强而不用“西洋之术”，是“狂易失心之人”。⑧ 严复一再强调要学西学，要“大讲西学”。⑨ 他说：“日本非不深恶西洋也，而于西学，则痛心疾首、卧薪尝胆求之。知非此不独无以制人，且将无以存国也。而中国以恶其人，遂以并废其

① 《严复集》第一册，中华书局1986年版，第140页。

② 《严复文选》，第441页。

③ 《〈国闻报〉缘起》，《严复文选》，第59页。

④ 《〈如后患何〉按语》，《严复集》第一册，中华书局1986年版，第79页。

⑤ 《严复集》第二册，中华书局1986年版，第260页。

⑥ 《严复文选》，第61页。

⑦ 《严复文选》，第6页。

⑧ 《严复文选》，第6页。

⑨ 《严复文选》，第47页。

学，都不问利害是非，此何殊见仇人操刀，遂戒家人勿持寸铁；见仇家积粟，遂禁子弟不复力田。”①

其三，主张实行“自由通商”之政。不重视商是中国2000多年沿袭已久的传统。商不仅不受到重视，而且被压抑，得不到发展。鸦片战争后，列强的武力打开了中国的通商大门，商务逐步受到有识之士的注意。19世纪60年代，清政府开始兴办洋务，从讲求军政到同时讲求商政，商务观念有一定进步。但是仍有很大局限。如政府对商还有种种限制和保守认识，坚持官办或官督商办企业，不让商办轮船运输、商办机器纺织业、商办煤矿，对商人增捐加税；不愿增加通商口岸、扩大中外贸易，斤斤于进出口差和“塞漏卮”等。严复翻译《原富》，十分推崇亚当·斯密的这一经济学名著，称为“新学之开山”。②他很赞赏斯密的经济观点，认为其中所批评“当轴之迷谬”，大都是我国言财政者所“同然”，切中弊端。③ 如“以金为财”，200年前，泰西几无人不这样认为，中国也是如此。直至鸦片战争前，清政府仍严格禁止白银外流，中外贸易中只允许以货易货，少量差额只能以外国银元作补，不允许出口货少于进口货，以白银补差。“杜塞漏卮”成为皇帝和朝野人士的热门话题。“自道咸以来至今未艾。其所谓漏卮者，无他，即进出差负而金银出国之说也。此自林文忠、魏默深至于近世诸贤，皆所力持而笃信之者。”④严复指出：“由于以金为财，故论通商，则必争进出差之正负。既断断于进出差之正负，则商约随地皆荆棘矣，极力以求抵制之术，甚者或以兴戎，而不悟国之贫富，不关在此。此亦亚东言富强者所人人皆坠之云雾，而斯密能独醒于二百年以往，此其所以为难能也。”⑤严复这一段话的意思是说，第一，不能“以金为财”，因为“金”就如斯密所指出，只是“货物”的一种而已。第二，不应该以“进出差之正负”论通商，抵制通商，“保商权”，因通商而至于“兴戎”更是不值得的。第三，国之贫富的关键不在“进出差之正负”。第四，斯密这些认识“独醒”于200年前，十分难

---

① 《严复文选》，第54页。

② 《译斯氏〈计学〉例言》，《严复文选》，第111页。

③ 《译斯氏〈计学〉例言》，《严复文选》，第111页。

④ 《严复书评》，河北人民出版社2001年版，第108页。

⑤ 《严复文选》，第112页。

能可贵。他在《原富》按语中说:“东西二洲古今政策聚讼者亦多矣,往往此一是非矣,而彼亦一是非。独所谓保商权,塞漏卮之说,无所是而全非。”[①]他称赞斯密氏之说行,“长夜始旦”,感叹“民智之难开,可以见矣”。[②] 这就是严复所主张的实行斯密所创行的“自由通商”之政,或称“无遮通商法”。斯密氏之书问世后四十多年,英国言商政者大抵以“自由大通”为旨,[③]实行“自由商政。”“除护商之大梗,而用自由无沮之通商。”[④]为什么要实行“自由商政”?严复认为,此说“有裨西人不知凡几”,[⑤]他读斯密氏之书,“亲见英国尽革保商条令而为自由通商之效”,[⑥]在西方已得到验证是国家富强之术,在西人已成旧说,但对中国来说仍是“新知之创获”[⑦]。至于道理,斯密氏的书中均有阐论,严复在按语中也多有提及。如他举英国进口谷食为例说,英国在乾隆年间,进口谷食占民食五百余分之一,至光绪年间,进口谷食占至民食之半或三分之一。进口量如此之大,“而土著之农未常病,且乐利之,愈以见斯密氏之论之不刊也。”[⑧]斯密氏认为,谷之出入,“宜一任民之自由”。因为谷之外输,“其理犹江河之有湖薮,承其有余而即以济其不足。得此,则国之谷价自平,无俟常平社仓等之设也。且有外输,则农常不病而田业日兴。至于歉耗之年,农断无舍国中近市而反外运远销之理,则亦不虑外输而无以待歉也。大抵任其自然,则自相济”。[⑨] 又如他举英国进口法国各种丝货为例说,英国为了保护本国丝业,重税从法国进口的丝货,然而英国本土丝业仍兴盛不起来,至咸丰十一年平税,英之丝业遂废。因为英国的天时地利皆不利蚕桑,水性风日亦不宜于烘染之事,所以,“强而为之,亦终以无利也。”[⑩]再如他说,中国开放与外国通商,“则中外食货,犹水互注,必趋于平”,这是必然的。“外物之来,深

① 《严复书评》,河北人民出版社 2001 年版,第 107 页。
② 《严复书评》,河北人民出版社 2001 年版,第 108 页。
③ 《严复书评》,河北人民出版社 2001 年版,第 106 页。
④ 《严复书评》,河北人民出版社 2001 年版,第 154 页。
⑤ 《严复书评》,河北人民出版社 2001 年版,第 108 页。
⑥ 《严复书评》,河北人民出版社 2001 年版,第 123 页。
⑦ 《严复书评》,河北人民出版社 2001 年版,第 108 页。
⑧ 《严复书评》,河北人民出版社 2001 年版,第 105 页。
⑨ 《严复书评》,河北人民出版社 2001 年版,第 112 页。
⑩ 《严复书评》,河北人民出版社 2001 年版,第 106 页。

闭固拒，必非良法”。理智的态度是要在共同市场中“强立不反，出与力争，庶几磨厉玉成，有以自立。至于自立，则彼之来皆为吾利，吾何畏哉！”①严复认为，通商贸易，利益是相互的，而不是单方面的。某种洋货进口量大，说明该洋货有消费市场，本国同类产品被排挤，这是“优胜劣败”的天演公例。产品要在市场竞争中“磨厉”，成为能“自立”的产品，用现代的话说就是形成品牌，形成优势。这是实行“自由商政”的关键之一。实行“自由商政”的另一关键就是“出熟而进生”，出口熟货（制造品）、精品，进口生货（原材料、未成品）、粗品。严复说：“欧洲各国之于进出口货也，务出熟而进生，所以求民自食其力之易也。独中国之通商不然，其于货也，常出生而进熟，故其商务尤为各国之所喜。”②“出熟进生”就能“通工易事”，获取利益。他指出：中国地大物博，民多而勤，有此优势，“设他日有能者导其先路，以言通商，则转物材以为熟货，其本轻价廉，以夺彼欧人之市有余”。这是欧人所最担心的。③ 货之熟生、精粗，不仅工业品如此，农产品也如此。我国之茶丝是主要的出口产品，是国之“要货”，但从来不注意精加工、熟加工，“茶听其杂，蚕听其疫，毫末不加人力，一任于天事之自为”，④这必然使其在市场竞争中失败。

其四，主张“借助”外洋财力、人才。对外开放，包括开放商品市场、资本市场、人才市场，这都是严复所考虑到的。开放商品市场，如前所说实行“自由商政”即是。在开放资本市场、人才市场上，严复主张“借助”外洋财力、人才。他认为，筹一国之财政与一家之开支不同，家庭开支必须量入为出，不可举债贷赀，而筹一国之财政则不然，国家有人民、有土地，举债要看其借来的资金是否用来“生利养民”，尤其重要的还要看其是否附加条件，有否御侮和禁人之侵夺。“苟为生利御侮计者，虽举债不必病也。”欧洲各国列强，“何国无债”，但并无“病国”。⑤

1901 年，为了保护开平煤矿免遭八国联军侵夺，开平煤矿假卖与华洋合

---

① 《严复文选》，第 90、91 页。

② 《严复书评》，河北人民出版社 2001 年版，第 121 页。

③ 《严复书评》，河北人民出版社 2001 年版，第 121 页。

④ 《严复书评》，河北人民出版社 2001 年版，第 103 页。

⑤ 《严复集》第二册，中华书局 1986 年版，第 264—265 页。

股之公司,招募洋股(英商资本),改为"中外合办",名为"开平矿务有限公司",督办仍为张翼,由德璀琳代理,督办下有华总办二人,洋总办二三人,严复当时被聘为华总办之一。1903年,严复在为张翼代草的奏稿中陈述招募洋股的必要和利益,他写道:"议者动言开矿之事,万不可招用洋股,用则利权为所独操。然此皆知其一而不知其二者也。"因为矿学邃深,求之华人,不能胜任;成本宏大,集诸内地则应者无徒;官吏恣其婪索,股东无信任之心,财力不足久持,往往巨工遭"中仆"之祸(半拉子工程)。所以,严复指出:"窃谓使中国不求矿利,则亦已耳。必求矿利,揆之今日时势,非借助于外洋之财力不行。"①他引用西国理财学家分析的道理说:国家增殖财富,常资三物:土地、人力、资本(母本),三者缺一不可。三者在投资中各有应得之利:地主收其地租,人工获取工资(庸钱),而出资人则享出货(产品)之利润(赢息)。"今我与外洋合办,所以分之者,不过赢息之一部分而已耳"。土地、人力获利都为本国所得。我既不能自办,又不乐利与人,是"靳其一而兼亡其三"。这是很科学的分析。当然,华洋合办,严复认为,如果"处之不得其方,则亦固多流弊"。该注意的是所订"契约"责权要明确,防止外方"侵欺",喧宾夺主。②

开矿如此,建筑铁路也如此。1902年,严复在《路矿议》一文中,论述铁路和矿业的重要,认为是关系国家富强必定要办的重要经济建设。他写道:"是故使中国而不求富强,则亦已耳,必求富强,其要著发端,在开铁路。铁路开,则诸矿业至于一切制造树艺之事,将相随以自生。"③要开铁路、办矿山,最好的办法是成立股份公司,"股分则杂华洋而兼收之"。这样可以利用外国的资金、技术、管理经验。"夫谓母财出自外人,而彼为之指挥,则其利将在彼。此其说固然,然不知彼外人固利矣,而中国之利乃更大也。"④办路矿由于所需资金数额大,"动需千万",我国无能力自办。如能自办,中国就不称"贫"了。所以严复很强调要引进外资。时人对引进外资有错误认识,认为让外国人办路矿是"利源外溢"。严复说,如果自己有能力"自为",那固然"甚善",可是实

① 《严复集》第一册,中华书局1986年版,第140—141页。

② 《严复集》第一册,中华书局1986年版,第141页。

③ 《严复集》第一册,中华书局1986年版,第105页。

④ 《严复集》第一册,中华书局1986年版,第106页。

际上"不能",中国太贫穷了。所以,他反复强调指出:"使中国不以路矿救贫,则亦已耳;使中国而以路矿救贫,揆今日之时势,非借助于外力,固不可。"①他批驳"利源外溢"论,除了前面所说的土地、人力、资本三要素的各得其利外,严复说,这只是直接之利,还有间接之利,"较直接者为愈宏",如"往来之便,百货之通,地产之增值,前之弃于地而莫求者,乃今皆可以相易。民之耳目日新,斯旧习之专,思想之陋,将不期而自化,此虽县县为之学堂,其收效无此神也。"②

严复还主张利用外资办造船厂。1910 年,英国马克沁船炮厂代表干事员、英人窦纳逊向海军部筹办海军大臣载洵呈递说帖(由严复翻译代转),提出由马克沁船炮厂"于吾国通商口岸,择设最新式厂坞,军商并用,修造两宜,则此厂坞势足自立。除担保外,不累度支",逮资本由厂自行还清之日,此项巨工即为中国所有。时任资政院议员的严复在致筹办海军大臣载洵的信中认为:"此项建设,若订约得宜,预防流弊,其中所议尚属可采"。③ 由于清政府的保守,此建议没被采纳。

在引进人才方面,严复思想同样十分开放,除了清政府当时已经做的,如引进技术人才、学堂教习、军队顾问、教练外,严复还主张引进技术工程顾问。如 1902 年,他在《路矿议》一文中,主张"钦设"路矿总局中应置"洋参议"一员,聘请外国著名工师、洞悉中外路矿之事、深谙欧美现行路矿办法的洋员担任,"遇有报请领办之事,洋参议取其所知者详列之,以备路矿大臣之采择。"④

上述严复对外开放思想体现严复对世界大势的深刻了解和认识,体现严复思想的近代化。他的思想来源于对西方富强国家的观察,来源于西方近代思想宝库。可以说是他对西方行之有效的思想和实践的引进和借鉴,具有较高的认识水平,同一时代的治西学者"无其比也"⑤。对外开放是近代中国谋

① 《读新译甄克思〈社会通诠〉》,《严复文选》,第 137—139 页。

② 《读新译甄克思〈社会通诠〉》,《严复文选》,第 139 页。

③ 与载洵书,《严复集》第三册,中华书局 1986 年版,第 598—599 页。

④ 《严复集》第一册,中华书局 1986 年版,第 107 页。

⑤ 陈宝琛:《清故资政大夫海军协都统严君墓志铭》,《严复集》第五册,中华书局 1986 年版,第 1542 页。

求富强的需要，也是全球经济发展的必然趋势。对外开放是强国富民之路，是明智的选择，在开放中取长补短，在开放中更好地认识世界，在开放中学习、“磨厉”、奋发。至少有几百年的历史证明，不开放的闭关锁国导致了中国严重落后，使中国的民智不开，使中国挨打受辱而无力反击。严复指出，这是中国“宗法社会”造成的不良恶果。① 对外开放能够促进中国生产力的发展，促进社会进步、国家富强，所以，严复的对外开放思想是进步的，值得充分肯定。

严复对外开放思想中有发前人所未发者，如指出“保商权、塞漏卮”之非，主张行“自由商政”，允许外资办路、矿、建造船厂，驳“利源外溢”论等，这些言论在西方已成旧说，但对中国人来说却是很新鲜的，具有振聋发聩的启蒙意义。有的学者认为，“保商权、塞漏卮”是对民族工商业利益的保护，无可非议；行“自由商政”只有利于列强各国，不利于经济落后的中国，是“迎合”资本主义“经济侵略”的需要，不能加以肯定，将此视为严复思想的“局限”或“错误”等。笔者认为，这是不能苟同的。实际上，严复对“保商权、塞漏卮”之非，对行“自由商政”之必要都有明确阐述。有学者对此仍不理解，主要出于保护“弱小”民族经济的美好愿望。但是，且不说“弱小”民族经济在资本主义商品经济时代保不住，就是保住了又有何意义？“弱小”民族经济如果是传统社会的小农经济，就根本不值得保护，保护下去，只能更加贫穷落后；如果是新兴的资本主义工商业，在资本主义竞争时代（各国“并立”时代），自然要经受市场竞争考验。经考验而能“自立”的才能形成品牌，才有生命力。勉强扶持保护，势必不能持久，终归仍会失败。正如严复所举英国想保护本国蚕丝业的例子，终未能如愿一样。一种外国商品能在国内占有市场，说明这种商品受到消费者欢迎。本国同类产品受冲击，影响市场占有率，说明这种本土产品有欠缺。发现有欠缺，就会想办法改进、提高，增强竞争力。这就把冲击变成了改进提高、发展的动力。如果对这种有欠缺的本土产品加以保护，不仅不利该产品的改进、提高，也损害消费者利益。所以，应该说，行“自由商政”对中国来说，既有挑战，也有机遇。挑战促变革，促创新，机遇促进步、促发展。

① 《严复文选》，第136页。

"自由商政"必然促进市场经济、商品经济的扩大和发展,以市场带动生产,并有利中国传统农业的近代化转变,促进农产品商品化、产业化。正如严复所强调的,中国在"自由商政"的竞争中,关键要扬长避短,发挥土特产品优势,变生货出口为熟货出口,变粗产品为精产品出口,在缺资金、缺技术、缺管理经验的情况下,要"借助"外资,引进外国技术和人才,鼓励外国参股办企业、管理企业。此外,严复指出,中国关税主权、管理权的丧失,这才是最不公道的。行"自由商政"要力争挽回这种主权。再说,晚清工商业需要的是政府政策上的松绑,民营企业需要的是"自由"和与外商同等的待遇,"自由商政"正提供这种机遇。所以这是很高明、先进的认识。如果说,亚当·斯密是英国提倡"自由商政"的始祖,那么,严复是中国主张行"自由商政"的第一人。

严复对外开放思想是与维护主权思想紧密结合起来考虑的,既主张维护主权,又主张对外开放,在对外开放中注意维护主权。如他一方面希望"当轴"此时之政策,"宜以宽大而无诈虞为宗",对外国商人和本国商人同等看待,"外人固所重也,而华民亦不可以畸轻"。以"开通利源,俾民自由为宗旨",另一方面强调要"保持中国固有主权",两方面应"不悖而并行"。① 由于传统社会深闭固拒的习惯势力和清政府的持重、保守,严复的主张没有成为现实,只是给我们后人留下了一份宝贵的文化遗产。

在近代,面临列强入侵,国家贫弱,既要抵抗入侵,维护主权,又要学习外国,对外开放,强国富民,这是有识之士回避不了的问题。要在对外开放中"保持中国固有主权",并积极挽回已失主权,这是严复的回答。按理说,要在维护主权的前提下对外开放,这才是最佳的。但是,由于中国是在列强武力侵略下被迫开放的,开放中已经丧失了某些主权,所以,在维护主权的前提下对外开放已成空话,难于完全做到。能做到的就是在对外开放中"保持中国固有主权",不使主权更多地丧失,并力争已失主权的挽回。"保持中国固有主权"或挽回已失主权要靠实力,靠"通知外国事",靠对外开放后的富强。反之,丧失主权的对外开放也难于收到富强的实际效果。严复

① 《严复集》第一册,中华书局1986年版,第106页。

在那个时代能有那样的思考和认识,实属难能可贵。在今天也仍有现实意义。

（原载严复诞辰150周年纪念论文集《中国近代启蒙思想家》,方志出版社2003年版）

严复对中国富强的思考

严复是福建船政学堂（“求是堂艺局”）后学堂首届毕业生，学习轮船驾驶。毕业后官派赴英国留学深造。学成返国后，他没有当轮船管驾，而是先在母校福建船政学堂任教习，后调任北洋水师学堂总教习，从事教育工作和翻译，成为教育家、思想家、翻译家，是传播西方社会科学的先进、先贤，值得后人敬仰。他毕生热爱祖国，以满腔热忱关注国家的现状和前途，呼吁变法图强，振衰起弱，救亡图存，提出一系列谋求中国富强的建议和主张，警觉时人，启迪后人，成为一份宝贵的精神财富。本文拟就严复对中国富强的思考进行阐述和分析，以求加深对严复的认识和“中国梦”的理解。

一、中外“富强”差距

中国是贫还是富，是强还是弱？在第二次鸦片战争前和后，清政府对该问题的认识是不一样的。其主要表现是对来犯之敌的“夷”的认识不一样。第二次鸦片战争前，清政府基本上还是妄自尊大，鄙视“夷邦”“夷人”，认为天朝上国什么都好，什么都不缺，文物制度、风俗教化无不比外邦强。只有“夷”学中国，没有中国“师事”夷人的道理。道光皇帝把“师夷长技”的主张斥为“一片胡言”。第二次鸦片战争后，这种观念发生了改变。清朝抵抗英法侵略失败，再次签订丧权辱国的不平等条约，洋人入京，通商口岸遍布沿海，深入长江，“夷祸”造成的“变局”为数千年来所未有，疆吏们开始认识到“夷”的长处和自身的短处。夷的长处就是船坚炮利，自身的短处就是没有坚船利炮。

“彼之军械强于我，技艺精于我”。李鸿章表示“深以中国军器远逊外洋为耻。”①是时朝廷执掌权力的西太后也认识到这一点，所以，推动了以“自强”、求富为号召的洋务活动的开展，创办局厂，制船造炮，编练轮船水师，设立轮船招商局、机器织布局、矿务局，开办学堂等，以此举措振兴中国，缩小中外富强差距。当然，还存在顽固守旧势力不理解和反对的声音，但这种声音已不成为主流。而至此，中国富强了没有，为什么有采取措施而没有实效？严复在这种时代背景下，认真考察中外现状，指出两点：一是必须看到西洋的富强，认识本国的仍然衰弱，“夫士生今日，不睹西洋富强之效者，无目者也。”②只有不长眼睛的人，才看不到西洋的富强。西洋比中国富强，这是有目共睹、无可否认、不必忌讳的事实。严复说：“国之富强，民之智勇，臣愚不知忌讳，不敢徒以悦耳之言欺陛下，窃以为无一事及外洋者。”③二是要反省中国富强之政无实效的原因。严复肯定洋务活动仿行西法所举办的事业，如总署、船政、招商局、制造局、海军、矿务、学堂、铁道、纺织、电报、出使等，是“中国富强之政”，“皆西洋至美之制，以富以强之机”，而为何无实效，迁地弗良，若亡若存，“有淮橘为枳之叹”？严复认为，根本原因在“治体”。“治体之顺逆良楛，其因；而国势之强弱，民生之贫富，其果。”这是中西“本源”的差异。所以，看到中外富强的差距还不够，还要看到本源的差异。“浅者耸于富强之表，则徒从其末而求之。稍进乃有所建设，有所补苴，有所改变，独至本源之地，则变色相戒，以为不道之言。则何怪徒糜财纷更，而于国事无毫末补益乎?”④“本源”是什么？就是“治体”，政治和“学术”、政策和制度安排，以及国民的素质。“本源”问题没有变革，这是现行中国富强之政无实效的根本原因。如国民的素质滞后，“虽有善政，莫之能行”，“民智既不足以与之，而民力民德又弗足以举其事故也。”所办的事情就办不成。⑤ 这是严复在中外富强差距上，其认识具有超洋务官员和清朝廷讲西学、谈洋务者的独到之处。

---

① 《李文忠公全集》，《朋僚函稿》卷二，第 47 页。
② 《严复文选》，上海远东出版社 1996 年版，第 6 页。
③ 《严复文选》，上海远东出版社 1996 年版，第 73 页。
④ 《严复文选》，上海远东出版社 1996 年版，第 136 页。
⑤ 《严复文选》，上海远东出版社 1996 年版，第 15、17 页。

二、中国必须讲富强

严复充分认识到中外富强的差距，认识到由于这种差距而遭受到列强的侵略、掠夺、践踏，导致严重的民族危机，所以，感受到中国积弱不振的“深耻大辱”，感受到中国必须讲富强的紧迫性，极力呼吁变法图强。他指出：“天下理之最明而势所必至者，如今日中国不变法则必亡是已。”①他说：中国之积弱，“至于今为已极矣”。为什么会贫弱到如此地步，其原因“由于内治者十之七，由于外患者十之三耳”。② 内治的原因就是因循守旧，“傲而弗图”，“法既敝而不知变也”③。所以，变革、变法刻不容缓。要救亡，必须讲富强，讲富强必须图变法，“用西洋之术”，要有“通达时务之真人才”。“谓不讲富强，而中国自可以安；谓不用西洋之术，而富强自可致；谓用西洋之术，无俟于通达时务之真人才，皆非狂易失心之人不为此。”④“祖宗成法不可变”，这是根深蒂固的传统观念，严复指出：“既敝之法度，犹刍狗之不可重陈”，早就应该“改革”了。⑤ 讲富强而不变法，富强只能是一句空话。

必须讲富强，这是中国面临的现状和时局提出的迫切课题，再贫弱下去，就要亡国灭种。讲富强、图变革，严复认为，必须先做三件事：一是“联各国之欢”，二是“结百姓之心”，三是“破把持之局”。这是光绪二十四年（1898 年），严复在《拟上皇帝书》中提出的主张。“联各国之欢”就是做好中外联络，建立中外友好关系。严复建议皇帝亲率亲贤贵近之臣“航海以游西国”，向各国表明“维持东方太平之局，怀保中外之民人”的态度，凡对双方国家有利的，如通商、公法等，“义所可许者，吾将悉许之无所靳。”对怀有阴谋、不讲道理、侮夺吾土地、蹂躏吾人民者，“吾将与有义之国为连以御伐之”。同时，向对方表示，“吾将变法进治，俾中西永永协和，惟各国之助我。”皇帝亲履各国，还可以

① 《严复文选》，上海远东出版社 1996 年版，第 44 页。
② 《严复文选》，上海远东出版社 1996 年版，第 70 页。
③ 《严复文选》，上海远东出版社 1996 年版，第 70、71 页。
④ 《严复文选》，上海远东出版社 1996 年版，第 6 页。
⑤ 《严复文选》，上海远东出版社 1996 年版，第 73 页。

知悉中西政俗之异同。“知其异同,则有以施吾因应修改之治,其为益甚众”。[①]“结百姓之心”就是团结民心。“附民之要,在得其心。”若使举国之民皆感戴“陛下”,“则陛下何为而不成,何求而不得哉!”[②]“破把持之局”就是变法会触动利益既得者利益,要打破这些利益既得者把持旧局面的状况,才能推行变法。严复指出:“法久弊丛,则其中之收利者愈益众,一朝而云国家欲变某法,则必有某与某者所收之利,与之偕亡。尔乃构造百端,出死力以与言变者为难矣。是故其法弥敝,则其变弥不可缓;而亦其变之弥不可缓,则其欲变弥难。盖法之敝否,与私利之多寡为正比例;而私利之多寡,又与变之难易为正比例也。”中国由于法久敝多,有私利者多,所以,变法不可缓,而且艰难。这种艰难就在于破利益者“把持之局”之艰难。“治今日之中国,不变法则亦已矣,必变法则慎勿为私利者之所把持。”严复总结以上见解道:“以上三端,皆未变法之先所宜亟行者也。盖不联各国之欢,则侮夺之事,纷至沓来,陛下虽变法而不暇;不结百姓之心,则民情离涣,士气衰靡,无以为御侮之资,虽联各国之欢,亦不可恃;而不破把持之局,则摇乎不得,虽欲变法而不能也。”[③]

三、中国如何致富强

求富强、图振兴,这是自鸦片战争事变后,国人关注的重要课题,也是清朝廷上下将其摆在议事日程上探讨的重要问题。但是,清朝廷莫视先进建言,缺乏得力举措,没有任何收效,国家贫弱如故。经过 20 年观望、迟疑,再次发生第二次鸦片战争抗战失败后,清政府才接受了“师夷长技”的建议,开始制船造炮、创办学堂、编练海军,举办轮船招商局、机器织布局、开采煤矿、冶炼钢铁等洋务事业,收到一定成效。但是,由于变器不变道、莫视对富强“本源”的学习效法,富强的梦想没有实现。甲午日本侵略者发动侵略战争,清政府败在东瀛区区小岛国手下,不仅打破了中国人的富强梦,而且更加暴露了中国不堪一

① 《严复文选》,上海远东出版社 1996 年版,第 80—81 页。
② 《严复文选》,上海远东出版社 1996 年版,第 81、83、84 页。
③ 《严复文选》,上海远东出版社 1996 年版,第 84—86 页。

击的衰弱形象。重新审时度势、反省富强之路没有走好的原因,寻找真理强国富民、救亡图存,成为严复等先进前仆后继的不懈追求。

面临危难国势,严复清醒认识到中外富强程度、水平的差距,深刻感受到讲富强的必要性、紧迫性,并提出一系列对中国富强必须采取的做法和措施。概括起来有如下几点:

其一,改革"秕政",施"利民之政"。严复认为,富强"道在去其害富害强,而日求其能与民共治而已。"①西洋一国之大公事,"民之相与自为者居其七,由朝廷而为之者居其三",充分发挥民的主体作用。西洋之言治者把国家看成"斯民之公产",把王侯将相视为"通国之公仆隶"。因此,西洋之民尊且贵,而我中国之民卑且贱,都是奴隶。"设有战斗之事,彼其民为公产公利自为斗也,而中国则奴为其主斗耳。夫驱奴虏以斗贵人,固何所往而不败?"②严复从中外政治比较中,洞察到政治与富强的密切关系,认识到国家图富强,必须变君主独治为"与民共治",使民能自利自能自由自治,"能自治者,必其能恕、能用絜矩之道者也。"③最终实现法治社会。这是严复注意到政治制度变革对国家能否致富强的重要影响和作用。他说:"泰西各国所以富且强者,岂其君若臣一二人之才之力有以致此哉?亦其群之各自为谋也。然则今日谋吾群之道将奈何?曰:求其通而已矣。"要"与民共治",就要做到上下情通,中外情通。上下之情通,而后人不自私其利;中外之情通,而后国不自私其治。"人不自私其利,则积一人之智力,以为一群之智,而吾之群强;国不自私其治,则取各国之政教,以为一国之政教,而吾之国强。"④意思是,上下情通,群策群力,能使一人之智力积为一群之智力;中外情通,就能学习各国先进的政教,变为本国的政教,国家就能致富强。

其二,民智、民力、民德是国家富强的根本。严复非常重视民智、民力、民德素质的养成和水平、程度的提高。他说:西洋观化言治之家,莫不以民力、民智、民德三者断民种之高下,未有三者备而民生不优,亦未有三者备而国威不

① 《严复文选》,上海远东出版社 1996 年版,第 39 页。

② 《严复文选》,上海远东出版社 1996 年版,第 39 页。

③ 《严复文选》,上海远东出版社 1996 年版,第 17 页。

④ 《严复文选》,上海远东出版社 1996 年版,第 60、61 页

奋者也。所以,“国之强弱贫富治乱者,其民力、民智、民德三者之征验也,必三者既立而后其政法从之。于是一政之举,一令之施,合于其智、德、力者存,违于其智、德、力者废。”①“贫民无富国,弱民无强国,乱民无治国。”②意思是,施政的成效、国家的贫富、弱强的根本在民的智、力、德状况。民之智、力、德差,能人少,施政难,国家就必定贫弱。这正是前人和当局者注意不够的课题。前此中国富强之政无实效的原因就在于民智、民力、民德落后,与施政不相适应所致。所以,严复指出:今天中国要图富强,一定要标本并治。“标者何?收大权、练军实,如俄国所为是已。至于其本,则亦于民智、民力、民德三者加之意而已。果使民智日开,民力日奋,民德日和,则上虽不治其标,而标将自立。”③“以智、德、力三者为之根本,三者诚盛,则富强之效不为而成;三者诚衰,则虽以命世之才,刻意治标,终亦隳废。”④因此,严复反复强调,国家谋富强的要政“统于三端:一曰鼓民力,二曰开民智,三曰新民德。”如何鼓民力、开民智、新民德,严复都一一阐述了看法。⑤

民智、民力、民德何者为先,何者次之?严复在叙述中没有固定排序,但是,光绪三十二年(1906年),他在《论教育与国家之关系》一文中,把智、力、德的教育称为智育、德育、体育,认为“智育重于体育,而德育尤重于智育。”⑥这说明严复对“三民”的排序是德、智、力,认为民德最重要,其次是民智,再次是民力。这与当今教育强调的德、智、体全面发展和排序相同,说明后人传承了包括严复等先进在此问题上的思考。

其三,广交通、平法令、饰币制是“救贫”要做的三件重要事情。民国元年(1912年)12月和民国二年(1913年)4月,严复发表《原贫》和《救贫》,指出“论今日之国事,固当以救贫为第一义”。而如何救贫?他认为要做三件事:“广交通,平法令,饰币制而已。”⑦“广交通”就是修筑道路,尤其是铁路,“为

① 《严复文选》,上海远东出版社1996年版,第21、27页。
② 《严复文选》,上海远东出版社1996年版,第28页。
③ 《严复文选》,上海远东出版社1996年版,第16页。
④ 《严复文选》,上海远东出版社1996年版,第521页。
⑤ 《严复文选》,上海远东出版社1996年版,第29—33页。
⑥ 《严复集》第一册,中华书局1986年版,第167页。
⑦ 《严复文选》,上海远东出版社1996年版,第274页。

最亟之营造”。“平法令”就是法律法规建设,通过立法和修订法律法规,“不使强黠者侵愚弱”,消除“胥役豪夺,均输无法,关津林立”的不良状况。[①] “饰币制”就是改革货币制度,统一货币,改变“币制放纷”的混乱局面。[②] 中国的币制“颓弊已甚,苟图富强,则五均三府当其所首事者。”[③]严复说:“自居农国,治道涂以广交通,修法令以祛沮力,夫如是十年以往,而国不富者,治吾妄言之罪可耳。”[④]

其四,变学术、兴教育致富强。这是严复对中国如何致富强的又一重要思考。“学术”也称为“学问”,指的是自然科学、社会科学和思维方式方法。严复十分赞赏西洋学术之盛,认为西洋所以能富强,是因为他们有繁盛、先进的学术。“欧人之富强,由于欧人之学问与政治。”[⑤]做任何一件事,“皆本之学术”[⑥]。西人之所以立国以致强盛之“源”,就是西方的各种学说,如物理学、化学、数学、生物学、心理学、伦理学、天文学、社会学(“群学”)、法学、哲学、政治学、经济学(“计学”)等。“西洋今日,业无论兵、农、工、商,治无论家、国、天下,蔑一事焉不资于学。”[⑦]“不独兵战、实业,事事资于学科。”[⑧]而中国没有这些。严复说,中国可谓无学术。士子苦读四书五经以应科举考试,鄙视技艺,忌讳言利,数千百年来,未尝研究商务,不识计学,不懂物理、化学、生物等,所以,严复感叹:中国“四千年文物,九万里中原,所以至于斯极者,其教化学术非也”[⑨]。“学术之非,至于灭种”[⑩]。这是非常严重的问题。因此,中国要致富强,一定要变学术、兴教育,要学习西洋重视学术研究,重视教育。如再不改变,就会亡国灭种。严复因此致力于翻译、介绍西方的社会科学,翻译《天演论》《原富》等名著,产生了深远影响和启蒙作用。严复说:《原富》者,计学之

---

① 《严复文选》,上海远东出版社 1996 年版,第 298、299 页。

② 《严复文选》,上海远东出版社 1996 年版,第 299 页。

③ 《原富》按语,见《严复书评》,河北人民出版社 2001 年版,第 49 页。

④ 《严复文选》,上海远东出版社 1996 年版,第 298 页。

⑤ 《严复文选》,上海远东出版社 1996 年版,第 63 页。

⑥ 《严复文选》,上海远东出版社 1996 年版,第 13 页。

⑦ 《严复文选》,上海远东出版社 1996 年版,第 52 页。

⑧ 《严复集》第三册,中华书局 1986 年版,第 592 页。

⑨ 《严复文选》,上海远东出版社 1996 年版,第 57 页。

⑩ 《严复书评》,河北人民出版社 2001 年版,第 135 页。

书。“夫计学者，切而言之，则关于中国之贫富；远而论之，则系乎黄种之盛衰。”[①]如此重要的理财学，中国之治财赋者却从未问津，如何谈得上“阜民富国”？可见，改变此种状况“曷可须臾缓哉！”[②]

论教育，严复认为，教育是“强国根本”。中国此后教育“在在宜著意科学，使学者之心虑沉潜，浸渍于因果实证之间，庶他日学成，有疗病起弱之实力”。他尤其强调，要以实业教育为最急之务。“惟此乃有救贫之实功，而国之利源，乃有以日开，而人人有自食其力之能事。”[③]同时，他主张实施三年普及教育[④]，以提高全体国民素质。

其五，行“无遮通商”致富强。商政兴盛，则国家富强。严复在《原富》按语中写道：“窃维十九稘以来，国之贫富强弱明昧大抵视商政之盛衰，商政之盛衰视制造之精窳，农桑之优劣，而农桑制造舍化学格致之日讲，新理之日出，则断断乎莫能为也。”[⑤]意思是，19 世纪以来，商政之盛衰关系国家的贫富强弱，影响商政的盛衰是制造业、农桑业，关系制造业、农桑业发展的是技术改良、创新。与商政盛衰相关的还有贸易制度和关税政策。严复主张学习英国实行“无遮通商”（自由贸易），这样可以避免垄断，有利“平均”竞争，“民物各任自然，地产大出”[⑥]。这是英国富强采取的一项新举措，值得中国仿效。

其六，“通滞财”以致富强。严复指出，“滞财之致贫，其害烈于侈靡。”如何通滞财？严复介绍欧美诸邦的经验是通过“积累版克”来通滞财。“积累版克者，其受人寄贿而与之息也。”就是银行接受储蓄支付利息。严复很推崇这种做法，认为“版克者不徒富国之至术，而教化之行寓之矣。后有君子起而施其政于中国，功不在后稷下也，岂特转贫弱以为富强也哉！”[⑦]“版克”即是银行的英语读音。“积累版克”就是银行储蓄功能。通过银行储蓄和放贷，使“财”流通，并且增值。严复希望中国能人君子能效法西洋创办银行，其功劳

① 《严复文选》，上海远东出版社 1996 年版，第 114 页。
② 《严复文选》，上海远东出版社 1996 年版，第 52 页。
③ 《严复文选》，上海远东出版社 1996 年版，第 560、542、168 页。
④ 《严复文选》，上海远东出版社 1996 年版，第 148 页。
⑤ 《严复书评》，河北人民出版社 2001 年版，第 133—134 页。
⑥ 《严复书评》，河北人民出版社 2001 年版，第 65—66 页。
⑦ 《严复书评》，河北人民出版社 2001 年版，第 86 页。

之大不在“后稷”之下。

综上所述,严复对中国富强的思考彰显其炽热的爱国情怀、对中国富强之路的执着探索和奋力追求。他的见解贯通中西,他以中西对比的方式,洞察中国问题的症结,提出致富强必须采取的变法、改革和举措,把洋务官员“自强”、求富的思想推进了一大步,体现时代的先进性。特别是,为了致富强,为了提高民的素质,他以毕生精力,翻译、传播西方社会科学,如翻译的《天演论》《原富》《群己权界论》《穆勒名学》《社会通诠》《群学肄言》《法意》《名学浅说》等,填补西学引进在社会科学方面引进的空白,具有划时代的警醒时人的启蒙意义和启迪后人的深远影响,是近代求富强的“中国梦”一笔宝贵的精神财富。

(原载《福建史志》2014 年第 1 期;入选论文集《严复思想与中华民族伟大复兴》,海峡出版发行集团鹭江出版社 2014 年 11 月版)

严复的海权观及海军建设思考

严复于清同治五年(1866年)考入福建船政局创办的"求是堂艺局"(俗称船政学堂)学习轮船驾驶。学制5年,于同治十年(1871年)毕业。光绪二年(1876年),严复作为船政局的官派留学生,赴英国留学深造,入英国格林尼治海军大学,学习海军战术、海战、公法及建筑海军炮台等。光绪五年(1879年)学成归国。[①] 严复的这种中西兼修的学习经历,培养造就了他的海权观及对海军建设的独到思考。本文拟就严复这方面的观念和思考进行梳理和论述,或许有助于对严复思想进步性、先进性、前瞻性的全面认识。

一、奋海权则国强,"必有海权,乃安国势"

海权就是领海权、航海权、制海权。国人对海权的认识比西方人落后至少200年。西方国家对海权都十分重视,如英国,因为"擅海权",所以成为天下之强国。[②] 英国于近世"独握海权,牢笼商务,驾万国而上之"。[③] 其凭借海上实力,保护、发展海上交通运输和海外贸易,获取商业利益,称霸全球。严复观察到:全世界"英之海权最大,而商利独闳。""可谓筦五洲之锁钥者也。"[④]英国海权大不仅获取商利,而且控制海上交通,对外侵略扩张,攫取侵略利益。严复说:往读美国人马翰所著《海权论》诸书,其言海权,所关于国之盛衰强弱

① 严璩:《侯官严先生年谱》,见王栻主编:《严复集》第五册,中华书局1986年版。

② 伍杰编著:《严复书评》,河北人民出版社2001年版,第293页。

③ 伍杰编著:《严复书评》,河北人民出版社2001年版,第118页。

④ 卢云昆编选:《严复文选》,上海远东出版社1996年版,第78页。

者至重,“古今未有能奋海权而其国不强大者。”①中国由于不重视海权,重陆轻海,长期忽视海防建设,“国家拥一统无外之规,常置海权于度外”,②造成海防脆弱,海上防御能力差。19 世纪 40—50 年代,英国、法国等西方侵略者由海上侵扰中国沿海,经过侵略与反侵略的较量,中国海防军事实力在侵略者的军事实力面前,相形见绌。两次鸦片战争,清政府在组织、指挥反侵略战争中相继失败。探究失败原因,严复指出:“每次交绥,其弱点莫不在海。此则士大夫惩前毖后,亦可憬然知所宜亟图者矣。”③“所宜亟图者”,就是海权、海防。这是严复十分关注和强调的。

严复认为,道光、咸丰时期,时势、形势与前不同,忽视海权、海防的观念已不合时宜。“窃伏维五洲立国,形势不同,有海国,有陆国,有海陆并控之国。海国如英吉利,陆国如俄罗斯,海陆并控如德、法、美利坚。而我中国者,正海陆兼控之国也。徒以神州奥壤,地处温带上腴,民生其中,不俟冒险探新,而生计已足,此所以历代君民皆舍海而注意于陆。自弃大利,民智亦因以自封,遂致积重以成百年来之世面。向使高瞻远瞩,早建海权,国振远驭之良策,民收航海之利资,交通既恢,智力自长;则东北讫于百龄海角暨斐猎宾、婆罗洲、苏门答腊、新嘉坡,西南之远印度、马来亚,诸岛棋布星罗,百岛千屿,有不尽为中国之外藩,属神州之拱卫。而乃令强敌处邻,日忧窥伺,此诚理势之所必不然者也!”④在这段引文中,严复表达几点意思:第一,中国是海陆兼控之国,本应海陆兼顾,注意海权,但是历代君民满足于陆地农耕生计,皆舍海而注意于陆,忽视海权,自弃海洋大利,结果导致民智故步自封,国家落后,遭受列强侵略,积重以成百年来民族危机之局面;第二,假如我中国已往能高瞻远瞩,早些建立海权,强大海权,那么,既振兴国家远驭的能力,又使民获得航海的利益,获得海洋利益,发展海外交通和中外交往,增长见识和智慧;第三,海权强大,则东南亚各国才能成为中国之外藩和神州之拱卫,就不会出现被强敌侵扰、窥伺

① 《严复书评》,第 293 页。

② 伍杰编著:《严复书评》,河北人民出版社 2001 年版,第 294 页。

③ 《代北洋大臣杨拟筹办海军奏稿》,王栻主编《严复集》第二册,中华书局 1986 年版,第 257 页。

④ 《代北洋大臣杨拟筹办海军奏稿》,王栻主编《严复集》第二册,第 256—257 页。

的危难局势。

有没有控海权、制海权,事关国家盛衰存亡和民族复兴。为此,严复强调要“奋海权”,奋力建立海权,认为“必有海权,乃安国势”。①

二、“海军者,攻守之大器”,“非大修海军之武备不可”

海权重要,而海权靠什么维护?回答是:靠海军。严复说:“海军者,攻守之大器也。”②我国海岸线一万多公里,“非海军岂足图存,他日国权伸张,自必有强盛海军为之防卫。”③所以,严复非常强调海军建设,“独以国无海军为可虑”。④他指出:国家无海军犹如无螯之巨蟹,“渔人钓者,谁不得取而食之?”⑤要免受侵略渔夺,“非大修海军之武备不可”。“盖唯有海军而后有以电掣风驰,而供临时之策应,庶几得此,不徒为敌国所不敢轻,即与国亦不为藐视。”所以,“事处今日,欲以为自强固圉之图,必在筹办海军”。⑥没有海军,就没有海上防卫,不仅受侵略者轻视,由海上想来就来,想打就打,而且会被邻国、交往国藐视,没有威严。

严复考察西方史实,发现自上古至近世,希腊、罗马与英国因有海军故,所以“为之敌者莫能尚也。”1914年第一次世界大战爆发,“英人以海军国,与法、俄连横,而德、奥亦失势。”再看日本,其幅员不到中国国土十分之一,因“大治海军”,而发展为强国。甲午之役,割我台湾、澎湖之外,又索战费二万万两白银。这些都是海军呈威、海军之功效的实例。⑦严复说,见到这些史实,就会对海军建设早为之计。若还视而不见,毫无紧迫感,想待慢慢再计议,其后果

---

① 王栻主编:《严复集》第二册,中华书局1986年版,第259页。

② 《新译〈日本帝国海军之危机〉序》,见《严复集》第二册,中华书局1986年版,第348页。

③ 《严复集》第三册,“书信”,中华书局1986年版,第654页。严复称“吾国海线七千里”,不准确。

④ 《严复集》第二册,中华书局1986年版,第258页。

⑤ 《严复集》第二册,中华书局1986年版,第259页。

⑥ 《严复集》第二册,中华书局1986年版,第261—262页。

⑦ 《严复集》第二册,中华书局1986年版,第348—349页。

“必无幸耶!”①

中国注意到海军的重要,早在第一次鸦片战争后,林则徐、魏源等先贤先进就关注到了,提出师夷长技造船制炮、编练新式水师的主张,但没有得到清政府的采纳。二十年后,第二次鸦片战争抗战的再次失败,极大惊醒了国人,清政府才开始师夷长技,兴办洋务。清同治五年(1866 年),清政府创办了福建船政局,制造兵轮船,装备福建轮船水师(福建海军)。同时开办“求是堂艺局”(福建船政学堂),培养轮船制造和轮船驾驶海军人才。时年 15 岁(这是严复自称的岁数,应是虚岁)的严复被选为学习轮船驾驶的首届“海军生”。严复说,“中国之言海军自此始”。②《清史稿》写道:“沈葆桢兴船政于闽海,李鸿章筑船坞于旅顺,练北洋海军,是为有海军之始。”③

甲午中日战争,北洋海军在威海卫军港遭到日本侵略军海陆包围而全军覆没。清政府抗击日本侵略失败,割地赔款,“藩篱尽撤,堂奥皆虚”。从此,海军已不足道,仅剩四五艘快舰和十余艘运练船,而且均系旧式。“此以平时巡缉尚且不敷,矧在战时,实同无具。”严复认为,甲午战后必须刻不容缓“规复海军”。他列举规复海军“不可缓”的六点理由:第一,他举日本和欧美诸国为例说,日本能胜俄,是“海军之足恃”。日本还在添造一万九千吨以上之巨舰。“夫贯海之利,我与日本共之者也”,“我若一无所操持,在在必为其鱼肉”。④ 欧美诸国,如德皇锐意海军,“每饭不忘”;俄虽覆败,规复在指顾之间,虽以此重负国债,所不恤也;英国以殖民地领土之多,唯恐有失,所以国内既日为造船之储备,而又深交法国,以为联合之资;美国大力发展海军,长驾远驭,“必为太平洋之主人而后已”。可见各国都在重视海军建设,中国也不能没有海军。没有海军,就必定受人宰割。第二,海权、海军、内河航权、口岸炮台建设,同为海防之政,都很重要。“今者海军既已式微,斯炮台亦归荒废”。“所以庭户荡然,不徒排闼无虞,且将代司吾钥。是则将修内政,先固外封”。⑤

① 王栻主编:《严复集》第二册,中华书局 1986 年版,第 349 页。

② 《新译〈日本帝国海军之危机〉序》,《严复集》第二册,中华书局 1986 年版,第 348 页。

③ 《清史稿》卷一三六,志一一一,兵七海军,中华书局 1976 年版,第十四册,第 4029 页。

④ 王栻主编:《严复集》第二册,中华书局 1986 年版,第 258—259 页。

⑤ 王栻主编:《严复集》第二册,中华书局 1986 年版,第 259 页。

第三,“示弱召侮”,“欲求公道,必建强权”。20世纪为工商实业竞争时期,各国都极力于工商实业,“实亦意不在战”。然而,“盖国唯能战而后可期不战,而享和平之福也”,唯能战才能“均势平权,列为友邦,而公道以出。否则,废然无备,大启戎心;譬若慢藏诲盗之家,攘夺纷乘,不独自致于丧亡,乃亦为社会之所共苦。”海牙会议以各国海陆军备定其级次,“我国现已预会,本列在前,则亟宜乘时于整顿陆军之后,缮治海军,以副其实”。① 第四,“消内患”的需要。严复说:长江会匪游勇,其军械购自外洋,“挟精械以抗官兵”,此为“可虑”。“欲绝精械之源,必于外海内河为之梭巡严密,此非多置巡洋快船及浅水炮舰又不为功。是则消内患者,即所以弭外忧”。② 第五,“嘉谋及远,翕附侨黎”的需要。严复关注到,南洋数十百岛间,中国侨民最多,需要岁遣两舰遍至南洋各岛,“以为联络保护之资”。所可惜中国现有舟舰寥寥无几,“若不更添新舰,恐上之不足以壮国威,下之亦不足以联众志。”③第六,与其他国家结盟联合,需要大修武备、大修海军。不修武备,没有海军,不仅不能对付敌国,而且被他国所藐视。所以,严复强调,事处今日,要“自强固圉”,必要筹办海军,兴复海军。④

要筹办、兴复海军,在当时,严复认为有四难:人才之难、军港根据地之难、规划经办之难、筹款之难。

人才方面,福建马江之船政学堂、天津水师学堂以十几年时间培养的人才,不幸甲午一役,伤亡过半。军港方面,不幸甲午、乙未之间,旅顺、大连则始租于俄,继入于日;威海则以租英;青岛则以租德;芝罘流为商埠;秦皇岛又为公司;“盖上下十年之间,而辽渤之良港以资敌矣。至今兴复海军,欲于燕齐之间,谋一军港,可以为根据之地者,是诚至难。”规划经办方面,“海军之事极重,而其理亦至繁”,“缔造海权”,涉及港口营造、军舰制造、炮、炮台、船坞建造、鱼雷屯雷,及训练部署之宜等。筹款方面“最难”。严复建议“举债”。他

---

① 王栻主编:《严复集》第二册,中华书局1986年版,第259—260页。
② 王栻主编:《严复集》第二册,中华书局1986年版,第260页。
③ 王栻主编:《严复集》第二册,中华书局1986年版,第261页。
④ 王栻主编:《严复集》第二册,中华书局1986年版,第261—262。

说:“苟为生利御侮计者,虽举债不必病也。”列强之间,“何国无债?”①总之,规复海军虽然有困难,但严复认为,要正视困难,克服困难,办好事情。“但朝廷有意于振兴将事,功不期而日集。大举无力,则小办亦宜;速效难期,则徐图亦得”。②

三、“雪耻吐气,固亦有日,然非痛除积习不能”

自第二次鸦片战争后,清政府觉悟到海权、海军的重要,并开始兴办洋务,创办海军,谋求国家振兴、富强。然而,三十多年过去,没有收到应有的成效。“中国自海通以来”,有天津机器局、江南制造局、福州船厂等之设,然而“顾为之者一,而败之者十。畛域之致严,侵蚀之时有,遂使事设三十余年,无一实效之可指。”③甲午一役,区区大国,败在日本小岛国侵略军手下,丧师辱国,真是国人的奇耻大辱。为什么设船厂、办海军会没有实效?检讨原因,如严复上面所说,为之者一,败之者十,畛域之致严,侵蚀之时有。说白些,就是行动的、做事的一人,而不做事的、阻碍做事的有十人;地域观念浓厚,只顾局部、本辖境利益,不顾全局、整体利益;时常有贪污、侵蚀公款、侵害公共利益的事发生。所以,设船厂、办海军没有收到实效。中国之仿行西法不少,如总署、船政、招商局、制造局、海军、海军衙门、矿务、学堂、铁道、纺织、电报、出使,凡此都是西洋“至美之制”,国家致富强的有效举措,而到了中国就“迁地弗良”,若亡若存,“辄有淮橘为枳之叹”。

之所以如此,严复指出,这是因为“吾民之性”即民智、民力、民德存在问题。④ “教化学术非也”。⑤ “整军经武之道,徒众徒勇不足恃也,必且知方焉。然则,设学教民之道尚焉矣。”⑥严复认为,轮船制造、海军建设的成败与国家

① 《严复集》第二册,中华书局 1986 年版,第 262—265 页。

② 《严复集》第二册,中华书局 1986 年版,第 264 页。

③ 伍杰编著:《严复书评》,河北人民出版社 2001 年版,第 111 页。

④ 卢云昆编选:《严复文选》,上海远东出版社 1996 年版,第 17 页。

⑤ 卢云昆编选:《严复文选》,上海远东出版社 1996 年版,第 57 页。

⑥ 伍杰编著:《严复书评》,河北人民出版社 2001 年版,第 137 页。

的“教化学术”“设学教民之道”密切相关。教化学术、教民之道关系民的素质高下。民的素质高,办的事自然成功,民的素质下,办的事就办不好、办不成。中国的教化学术、教民之道形成传统的“俗”,这种“俗”必须改变,才能办好轮船制造、海军建设。“方今之计,为求富强而已矣;彼西洋诚富诚强者也,是以今日之政,非西洋莫与师。由是于朝也则建民主,立真相;于野也则通铁轨,开矿功。练通国之陆军,置数十百艘之海旅,此亦近似而差强人意矣。然使由今之道,无变今之俗,十年以往,吾恐其效将不止贫与弱而止也。”①严复十分重视“俗”的变革,再三强调“中国由今之道,无变今之俗,欲求不亡之必无幸矣。”②中国要富强,必须以西洋为师,建民主、通铁路、开矿山、练陆军、置舰办海军,这是没错的。然而,根本的工作要变“俗”,提高办事人的素质,改革不利于提高人才素质的教育、学术文化、海军军制等,才有可能把事情办好。他说:“雪耻吐气,固亦有日,然非痛除积习不能,盖雪耻必出于战,战必资器,器必资学,又必资财”,我国学术既不发达,谈不上发明创造新式武器,又无财力;而对公款公财,人人皆有巧偷豪夺之私,即使某项举措,可得万万之资,以为扩张军实之用,也经不起当事者之贪情欲望,结果该项举措则又必废无疑。③ 严复把西方“善政”比喻如草木,若移植而能成活长大,“必其天地人三者与之合也,否则立槁而已。”中国因民智下、民德衰、民力困,所以“虽有善政,莫之能行”。④ 有鉴于此,严复强调说:“窃谓中国处今,而欲自存于列强之中,当以教民知学为第一义。”⑤

四、意义和启示

综上所述,严复的海权观及海军建设思考具有时代进步性和重要意义,从中可以获得有益启示。

---

① 《严复文选》,上海远东出版社 1996 年版,第 28 页。

② 《严复文选》,上海远东出版社 1996 年版,第 50 页。

③ 《严复集》第三册,“书信”,中华书局 1986 年版,第 620 页。

④ 《严复文选》,上海远东出版社 1996 年版,第 15 页。

⑤ 《严复文选》,上海远东出版社 1996 年版,第 374 页。

时代进步性和重要意义体现在如下几方面：

第一，将中国准确定位为“海陆兼控之国”。由于是海陆兼控之国，所以，不仅有陆上领土主权，而且有海洋领海主权；不仅要重视陆防，维护领土主权，而且要重视海防，维护领海主权。陆防靠陆军，海防靠海军。海战要以陆军为后盾，以口岸炮台为“犄角”；陆战要以海军为驰援、为掩护。这就为前此封疆大吏们的“海防”“塞防”孰轻孰重之争论作了正确结论，把练陆军和办海军都提高到国家的重要战略地位，不可偏废。这对国家的国防建设战略认识和把控具有时代进步性和重要意义。

第二，认识到晚清中国的弱点在海，要奋力建设海军，“亟图”海防。海权、国家主权要有强盛海军为之防卫。甲午之役，中国海军受挫后，严复仍然强调要“规复海军”“缮治海军”。财力不够，他认为要不惜举债建设海军。这代表中国对海军建设的高度重视和不懈追求的正确声音，对中国的海军建设、海防建设具有重要促进意义。

第三，探讨海军建设实践经验教训，对海军建设具有重要参考意义。甲午中日大东沟海战，严复回顾说，北洋海军的表现“差强人意”，但是“尚未尽海军能事”，没有充分发挥海军的作用。“推求厥咎，大半皆坐失先著，绸缪之不讲，调度之乖方，合肥真不得辞其责也。”[①]当时，李鸿章任直隶总督兼北洋通商大臣，北洋海军是李鸿章经手筹建的。他于战前不重视战备，不加强先进军舰的添置，“徒主撙节”，不申报投入经费，遂使北洋海军“有铁甲而无游击之快船，有钢弹而无速放之快炮”，在大东沟海战中吃了亏。日本海军正是看到北洋海军的短处，有备而来，发挥其快舰快炮的长处作用，大大增强其攻击力。彼时若是北洋海军战前能不惜数百万、千万之金钱，购置快舰快炮，那么，“大东沟之役，彼此雌雄未可定也。”因此，严复批评当事者“心计眼光”短浅，令人思之“痛心垂涕”。[②] 而甲午战时，李鸿章负有指挥、调度陆军和海军职权，他没有对战略战术统筹谋划，而专注和谈，无心抗战。大东沟海战后，北洋海军仍有战斗力，李鸿章却命令北洋海军躲在威海卫军港不出战，任凭日本军舰横

---

① 《严复集》第三册“书信”，中华书局1986年版，第501页。

② 《严复集》第二册，中华书局1986年版，第258页。

行海上，运载兵员武器到旅顺、大连，配合陆地上的侵略进攻，最终使北洋海军陷入日军海陆包围而全军覆没。所以，严复指出合肥李鸿章对此难辞其咎是客观如实的，分析的教训是深刻的。严复说，甲午中国抗战失败，“岂倭之狡逞，实中国人谋之不臧”。①

第四，严复将海军建设置于社会环境和思想政治、文化环境中进行考察和思考，充分认识到社会环境和思想政治、文化环境对海军建设的影响和制约，提出“变俗”“痛除积习”的主张，体现严复的非凡识见和超前人的独到见解，对近代海军建设具有积极意义和深远影响。

通过对严复海权观及海军建设思考的考察，可以得到如下重要启示：

启示之一，海权和海军建设的重要性，今天仍然如此。近代以来，中国人民维护领土主权和海洋主权的斗争有170多年历史，先民先烈们付出许多宝贵的生命和惨痛代价，才赢得了这种刻骨铭心的认识。中国人民饱受侵略战争之苦，对和平倍感珍惜。然而，当今世界总有个别国家在谋求霸权，不时炫耀武力，干涉他国内政，蓄意制造事端。他们的手伸到那里，就给那里带去了灾难，使那里不得安宁。所以，我们仍然不能忘记海权和海军建设的重要性，要努力建设一支强大的现代化海军。严复说得好：“盖国唯能战而后可期不战，而享和平之福也。”②只有国家防卫实力强大了，那些怀有冒犯我国野心的国家才不敢轻举妄动，才能与人谈平权论公道。否则，“示弱召侮”，国家弱就会被欺侮，就会被侵略。

启示之二，社会变革、环境改造的重要性。海军建设不是孤立的，是国家的系统工程。其成功不能离开社会、经济、科技、教育、文化等条件和环境。如海军的创办，没有人主张、重视和支持就办不起来。办起来后没有经费支撑就维持不不去。没有科技、教育依托，就办不出先进、现代化强势的海军。没有优良的文化传统、文化建设、制度建设，就没有高素养、高水平的海军指挥官和海军士兵，就没有高水平高效的海军组织、指挥、调度和管理，就打不好战，打不了胜战。所以，建设海军要注意社会变革、制度变革和环境改造，注意人才

---

① 《严复集》第三册“书信”，中华书局1986年版，第499页。

② 《严复集》第二册，中华书局1986年版，第259—260页。

的素质培养和提高，注意海岸炮台建设和陆军、空军、信息化科技的协调发展和配合。

启示之三，创新发展与战略战术谋划的重要性。晚清海军成军后，国人为之振奋，倚为“海防支柱”。然而，执事官员满足已有的建设，沾沾自喜，以为从此高枕无忧，海防可深固不摇，而撙节经费，甚至挪用海军建设经费，不创新、不更新海军装备，不与时俱进配置快舰快炮；不了解、不研究敌情，没有知己知彼，没有随时谋划战略战术对策，导致海军覆灭，抗击日本侵略失败。严复说得一针见血，这是“人谋之不臧”造成的失败。今天的海军建设要在武器装备的创新、先进上下功夫，要在知己知彼、克敌制胜的谋略上下功夫，要创新发展、与时俱进、常备不懈，才能永远立于不败之地。

（原载《福建史志》2016 年第 4 期）

晚清问题研究

晚清对外开放的历史回顾及启示

晚清指清道光二十年至宣统三年(1840—1911 年)这 72 年的历史时期。道光二十年爆发英国侵略中国的鸦片战争,从此,改变了中国传统社会的历史进程,开始逐步沦为半殖民地半封建社会。至宣统三年,清政府这艘已十分破败的航船为资产阶级革命浪潮所推翻,至此,封建帝制退出中国历史舞台。

晚清时期,中国既面临抵抗外国侵略、维护国家主权的重要课题,又面临对外开放、强国富民的迫切课题。要不要抵抗外国侵略、维护国家主权,如何抵抗外国侵略、维护国家主权和要不要对外开放、强国富民,如何对外开放、强国富民,是国人必须正视、需要作出回答和解决的无可回避的重大问题。回顾这一历史,认识、总结这一历史,对理解今天所走的改革开放之路是有意义的。本文主要回顾晚清对外开放的历程,也会联系到维护主权问题。通过回顾,总结出对后人有益的启示。

对外开放,即开放中外通商贸易、往来交流,包括开放商品市场、人才市场、技术市场、文化市场、金融市场,允许外商投资办厂、开矿、筑路、创业,允许中国人走向世界等。

学术界以往对晚清对外开放的研究比较轻视,而且有许多偏见。如把外商在中国经商贸易、投资办厂一概说成是"经济侵略、经济掠夺",把引进机器、购买外国原材料、聘请外国技术人员说成是"买办""崇洋媚外",把允许外商投资办厂、开矿、筑路指斥为"迎合资本主义列强资本输出的需要",是"卖国","出卖民族利益",把开放通商视为"不利保护"民族经济,把对外开放与"迎合"侵略扩张等同起来,把对外开放与"独立自主"对立起来等等。20 多年来,我们大力推行改革开放政策,取得了举世瞩目的成效。实践证明,改革开放是强国之路、富民之路,没有改革开放就没有繁荣昌盛的今天。现实给我们上了生动的、有说服力的一课,由此,我们重新审视晚清的对外开放,认识就会比较清楚。

一、鸦片战争前的不开放:封闭型社会

鸦片战争前的中国是基本不开放的中国。不开放的表现是严格限制中外通商贸易和中外交往。中外通商贸易只开广州一口,并实行公行制度,由清政府特许的行商(亦称洋商、洋行商)经办对外贸易,只许以货易货,不允许以中国的纹银作交易。除丝、茶、瓷器外,禁止粮食、铜铁、经史书籍等出口。来华贸易的外商只能居住在广州城外特设的洋行里,不能进城,贸易毕即离开,不许在广州逗留。如有事要反映,要具"禀帖",由行商转递,官员们不接见夷人、夷商等等。这种贸易是很有限的一种贸易。长期实施这种政策使中国社会成为封闭型社会。耕织结合的自给自足的农业自然经济是这种封闭型社会的经济支撑点。统治者认为,中华"百产丰盈",万事不求人,外夷贩来的呢羽钟表并非中华不可缺少之物,所以,没有对外通商贸易,照样可以过日子。至于关税收入,清朝统治者也很轻视,认为区区关税收入,无关天朝财政"毫末"。[①] 统治者指出,之所以开广州一口让外国夷商来贸易,是给远人"恩惠"。如果夷商不听约束,就不给这种恩惠,立即驱逐,不让贸易("封舱闭市")。因此,总体上看,鸦片战争前的清政府虽然开广州一口让外商贸易,但从清政府的限制政策和对外的严"华夷之辨"观念看,还称不上是开放,充其量只不过是一种局部的、小范围的、极有限的开放。

清政府的不开放造成严重后果和危害:

其一,与世隔绝,盲目虚骄。由于没有对外交往,不知道中国外部世界的信息,特别是欧美资本主义世界的信息,不知道欧美的先进,自己的落后。统治者们仍以传统眼光看待外国,以"天朝上国"、礼仪之邦自居,视外国为"蛮夷""化外"之国,自以为文物制度"事事远出西人之上",小视、轻视外国,坐井

---

① 中国第一历史档案馆编:《鸦片战争档案史料》第一册,两广总督李鸿宾等奏,上海人民出版社 1987 年版,第 60 页。

观天,盲目虚骄,产生对西方列强的错误认识和估计。如认为“夷人”没有茶叶就活不了,中国可以以断贸易制其死命,“驯服其性”;英军海战厉害,陆战不行,因为其官兵“腿足裹缠,结束紧密”,弯曲不便,在岸上便“无能为”①等等。造成严重轻敌和对外交涉上的强硬态度,对外策略的失误。

其二,封闭型社会的思想观念陈旧落后,沿袭祖宗成法,故步自封,不思进取,不求变通。如“夷夏之防”观念(认为华夏是“天朝上国”,外国是“夷”,只有“夷”学中国,没有华夏“师夷”。“师夷”被视为不成体统、有违祖制,是可耻的),重农抑商、重义轻利观念(视农为本,视商为末,不重视商,在政策上压抑商;言义不言利,言利被认为是“小人”,士人君子只读四书五经,不谈经济,不研究经济),重道轻艺观念(重视三纲五常、孔孟之道,轻视技艺——工艺制造技术,鄙视技艺,认为技艺是工匠们讲求的,不是读书人讲求的)等,这些观念传承千百年未能突破,使中国谈不上学习外国,谈不上研究经济发展、技术进步,从而大大落后于资本主义各国。

其三,不知海洋的重要,动不动就封关禁海,造成造船业萎缩。为了防民出海为“匪”为“盗”或接济“匪”“盗”,便于扼杀海上反抗势力,统治者限民出海,禁民造大船,造二桅以上帆船就是违法,斤斤于造船梁头是否超过限度,严加查禁。② 由于造船的落后,完全失去海上交通优势,也失去水师控制海权能力。西方殖民者由于贸易需要和对外扩张侵略的需要,大力发展造船业,使中国的船舶相形见绌。1840 年鸦片战争时,英国战舰(帆船)大号者长 32 丈 5 尺,头尾宽 3 丈,中宽约 6 丈。船身内有三层。二号船长 27 丈,头尾宽 2 丈 4 尺,船身内也有三层。而且已经有火轮船,长 18 丈、20 丈、24 丈不等,头尾宽 1 丈 6 尺及 2 丈不等。③ 而清朝水师的战船以福建为例,用的是民间造的赶缯、赶艍等船。雍正十年(1732 年),议准福建大号赶缯船身长九丈六尺,板厚三寸二分,双篷艍舟与船身长六丈,板厚二寸二分。④ 乾隆六十年(1795 年),

① 《林则徐集·奏稿》中册,中华书局 1965 年版,第 676 页。

② 嘉庆十一年,福建巡抚温承惠奏准,“商船梁头以一丈八尺为率。已造之船既往不咎,新造者不得过一丈八尺。”(《厦门志》卷五,《船政略》,鹭江出版社 1996 年版,第 133 页)

③ 参赞大臣齐慎奏,道光朝《筹办夷务始末》卷五十九,台湾文海出版社,第 4816—4817 页。

④ 《厦门志》卷五,《船政略》,鹭江出版社 1996 年版,第 121—122 页。

总督长麟以缯、艍等船笨重,出洋缉捕,驾驶不甚得力,奏请将战船改造,仿照同安梭商船式制造同安梭式战船。[①] 嘉庆十一年(1806 年)造的同安梭式战船最大的梁头 2 丈 6 尺,是当时福建造的最大的战船。这些战船与英军 32 丈 5 尺长的大船比,不及其 1/3 大,简直是小巫见大巫。西方战船不仅船大、炮多,而且船身坚固,行驶快速。如此悬殊的差距,海上交锋如何能抵挡得住!

其四,不知改革对外交涉交往方式,只知祖宗成法要求外国朝贡"臣服",要求外国以君臣礼见皇帝,以臣民礼见中国官员,引起西方列强反感、不满。

其五,不知近代战争的通行军事常识,如竖白旗的含义、旗舰的指挥信号、接受对方书函等,屡屡闹出笑话。如鸦片战争英军进攻厦门之前,派小船竖白旗送一信件给驻守弁兵,请转递地方官府,被拒绝、驱逐。甲申中法马江战役爆发前,地方将领听到法军要开战的消息,竟然叫福建海军旗舰挂出"免战牌";福建海军旗舰管驾张成看到法海军旗舰伏尔他号舰上指挥信号旗降下又升起,还以为是法军舰上死了人,等挨了炮后才猛然大悟原来是开战信号。

诸如此属,都是长期封闭不开放造成的不良后果。其后果归结起来就是一不知外情,二不能进步和发展,三招祸。因此,这种封闭式的不开放政策和做法是完全愚昧落后的,有百弊而无一利。有的学者说:这种政策和做法起了"民族自卫作用",有"保护民族经济""遏制、防止外国入侵一面"等,这是不能苟同的。发展对外贸易、对外开放与民族防卫是不矛盾的。开放不等于撤除海防,封闭式的不开放也并不能万事大吉,并非门关起来,人家就打不进来了。所以不能从民族自卫的角度来肯定不开放政策。也不能从保护民族经济的角度来肯定不开放政策,因为自给自足的农业自然经济太落后了,需要变革是必然趋势和迫切要求,不值得保护。这种经济不仅抵挡不住商品经济冲击,也抗拒不了自然灾害袭击,想保护也保护不了。国与国之间正常的、平等的贸易是互惠互利的,有利于经济、文化等的交流和发展。这是我们今天越来越清楚地看到的事实。当然,开放或不开放是国家内政、主权问题。清政府如能适应时代发展潮流,适时地调整政策,改革内政,主动开放,发展对外贸易和对外交流、交往,促进本国商品经济发展和社会进步,增强国力,那么,晚清历史可

① 《厦门志》卷五,《船政略》,鹭江出版社 1996 年版,第 118 页。

能会出现另一种局面。可惜,清政府未能如此觉悟,未能主动解决对外开放这一重要课题,等待来临的就是挨打,被迫屈辱开放。

二、鸦片战争后的被迫开放:屈辱、艰难、被动的开放历程

马克思指出:“不断扩大产品销路的需要,驱使资产阶级奔走于全球各地。它必须到处落户,到处创业,到处建立联系。”①中国的不开放不仅不利于本国的进步和发展,也与资本主义商品经济时代不合拍、不协调。你不主动开放,资本主义列强就用武力强迫你开放。从这个意义上说,晚清发生的几次列强侵略中国的战争,都是列强强迫清政府扩大开放的战争,也是列强为了攫取更多侵略利益包括侵占中国领土的战争。

晚清 72 年中,侵略者发动五次大的侵略战争,发动战争的目的之一,就是要迫使清政府更开放。1840 年至 1842 年英国发动的鸦片战争,迫使清政府不仅允许英国恢复对华贸易(原来因不配合禁烟而被清政府断绝贸易),而且开放了五个通商口岸(除原有广州一口外,又开放厦门、福州、宁波、上海),取消了公行制度,英国占领了香港。英国等列强还获得了通商口岸上的传教开放、领事裁判权、议定关税、片面最惠国待遇、通商口岸之间的自由通航等特权。1856 年至 1860 年,由于不满足已有的开放,英、法联军又发动了第二次鸦片战争,迫使清政府进一步开放,增开了南京、天津、汉口、九江等 11 个通商口岸,范围从南中国沿海推延至北中国沿海(烟台、营口),从中国沿海扩展到中国长江中下游,从大陆发展至台湾(台南、淡水)。列强还取得“持照”到通商口岸外的各地经商、旅游、传教的许可,取得互派公使、外国公使驻京的许可,取得子口税、船钞的优惠,取得“帮办税务”的特权等,中国的商品市场至此已基本上向外国开放。1883 年至 1885 年,法国侵略者发动中法战争,逼迫清政府开放广西、云南边境通商,取得进出口税更为优惠的权益(进口税减 1/5,出口税减 1/3)。1894 年至 1895 年,日本侵略者挑起侵华的中日战争,迫

① 《马克思恩格斯选集》第 1 卷,人民出版社 1972 年版,第 254 页。

使清政府割让台湾，增开杭州、苏州、沙市、重庆 4 个通商口岸，取得在各通商口岸投资设厂权和税收优惠，中国开放了金融、资本市场。1900 年至 1901 年，英、法、俄、美、日、德、意、奥八国联军联合发动侵华战争，清政府被迫允许外国军队在京津一带驻扎，并付出巨额赔款四亿五千万两，以关税、盐税、常关税作抵押。这实际上是一次帝国主义列强以武力强迫清政府保证对他们的继续开放并保护、扩张他们的在华利益。

综观上述清政府由封闭型的不开放到逐步开放的历程，表现以下几个特点：

第一，被迫、被动。由于对开放的认识不到位、不情愿，所以，晚清的对外开放是挨打后被迫接受的，付出了沉重的代价。接受的形式都是以条约的形式加以确定的。统治者不知道该开放什么，不该开放什么，何者可以接受、可以通融，何者不可以接受、该据理力争。如开放通商贸易，这是完全可以接受的，随着风气日开，多开几个通商口岸并无害处，是对中国经济转型、经济发展有好处的事，却被一味拒绝。等付出了代价之后还得接受，这是不值得的。国与国之间建立外交关系，互派大使，这是必要的，也是正常的事，却被看作天大的事讨价还价，难于接受。引进外资设厂、筑路、开矿，这也是很正常、必要的对外开放，却也不被接受。而领事裁判权、关税主权、海关管理权、航运经营权等重要主权却没有力争，没有极力维护。直到晚清后期，清政府才认识到开放通商口岸有益处，没什么害处，所以，主动增开了一些通商口岸，如三都、岳州、秦皇岛、南宁、济南、吴淞等 20 口。①

第二，在外国武力胁迫下，开放程度逐步扩大。从开放通商口岸开始，由五口增至 16 口再扩展到总计 30 多口。通商口岸分布由沿海扩展到长江流域和西南、西北内陆边境。允许外国人经商、旅游范围从通商口岸扩展全国各地（“持照”）。外国轮船航运从通商口岸之间的航运扩展到内江内河航运。②从开放通商到开放外国投资办厂，从引进机器、技术、人才到引进资金，从开放商品市场到开放人力市场、资本市场、文化市场（办报、办学、办医院、传教），

---

① 《近代史资料》总 85 号，中国社会科学出版社 1994 年版，第 62 页。

② 1898 年签订的《内港行船章程》，允许外国轮船航运延伸至内港。

从租地发展到租港口,从经济开放发展到军事开放(外国驻兵)等。

第三,屈辱丧失主权。晚清在被迫开放中,丧失许多主权。重要的主权如关税税率主权、禁毒主权、海关管理权、港口管理主权(包括引水权)、司法主权、领海主权、领土主权、海防主权(外国可以在中国驻兵、驻泊军舰,中国要撤除军事设施)等。这些主权的丧失,使晚清对外开放变味、变形,造成外国人在中国到处跑,为非作歹,中国官府却管不着;税收上外商享受优惠,本国商人却无此优惠;海防、国防虚设、门户洞开,外国侵略势力横冲直撞,以战胜者、征服者自居,耀武扬威、盛气凌人,中国人蒙受巨大的灾难和耻辱。这种开放给中国人造成的心理创伤太深了,以致激起中国人的恶感,把开放与侵略混同起来。

三、启示:既要对外开放,又要维护主权

晚清对外开放的历程有许多经验教训值得总结,从中可以得到不少有益的启示。

启示之一,要对外开放。对外开放是强国富民之路,是任何国家都必须选择的道路。晚清面对这一重大课题没有正确对待,走了被动、艰难、屈辱的路程,使对外开放与丧失主权并存共生,影响了对外开放的声誉和成效。对外开放使晚清的经济、军事、教育、文化、思想观念等逐步近代化,政治近代化(仿行宪政)也见端倪。如第二次鸦片战争后,洋务官员们实行对外开放政策,开始“师夷”,引进机器、技术、人才,兴办工厂、近代企业,办学堂,派留学,通外情,开展对外交流等,从讲求军政到讲求商政,迈开了经济、军事、教育、思想观念等近代化的脚步。甲午战后,维新派在对外开放上有更多的认识,如主张学习“西政”,进行变法,引进亚当·斯密经济学理论,提倡行“自由商政”。严复指出:甲午、庚子两次兵事以还,华洋之交,更形密切,“方今吾国,固当以开通为先而大害无逾于窒塞”,①强调对外开放的必要性、重要性。这种认识促进了晚清的对外开放,使政治近代化迈开了脚步。历史证明,近代中国,“深闭

① 卢云昆编选:《严复文选》,上海远东出版社 1996 年版,第 441 页。

固拒”的不开放是“自毙”政策,是导致“衰亡”的政策,是没有出路的;只有开放,才能“适乎世界之潮流,合乎人群之需要”,才能促进社会进步,经济发展。反对对外开放或否定对外开放是完全错误的。

启示之二,既要对外开放,又要维护主权,这是最佳的道路,是能取得最佳效果的道路。主权丧失的开放是殖民地式的开放,是屈辱的、痛苦的。要做到不失主权的开放,在开放中维护主权。要防止两种不良倾向:以维护主权为由反对对外开放,或以对外开放为借口出卖民族主权。如允许外国人在中国经商、旅游、侨寓、投资办厂、创业,这是正常的必要的对外开放,但这些外国人在中国境内要遵守中国的法律,要受中国官府管辖、约束,这是国家主权,不能迁就、退让。不能对外国人开放而放弃对外国人的管理主权。也不能回避管理外国人的棘手而不让外国人来中国。

启示之三,对外开放既是发展机遇,又是严峻挑战。要在开放中谋发展、强实力。因为中国是落后国家,对资本主义列强开放后,一方面可以了解到资本主义强国的先进经验,包括强国富民经验,企业管理经验,便于学习,便于引进机器、技术、人才,改变落后的思想观念,是促进中国发展和进步的良好机遇。另一方面,落后、弱小的民族经济必然受到先进、强大的外国商品经济的冲击,面临严峻挑战。在这种冲击下,如果不善于把握,将给依附传统经济的人群带来痛苦;如果善于把握、引导,将促使传统经济转型,步入新型的商品经济轨道,利用本土优势,变生货出口为熟货出口,将粗产品变为精产品出口,形成品牌,在国际市场上争占一席之地。如丝、茶、瓷器等传统产品,都可通过引进机器和先进技术进行精加工以形成有实力的出口产品。

启示之四,在对外开放中要知外情、识西文、懂西学。要全面了解、掌握国际社会对外开放所应遵循的共同规则。“己所不欲,勿施于人”,有理有据有利地对外开放,防止、抵制外国的不合理要求和侵权。同时,学习经济发达国家的对外开放经验,对等开放,互惠互利。

启示之五,在思想观念和实践上要注意划清几种界限:

首先,对外开放与卖国的界限。正常的对外开放决不能与卖国画等号。晚清守旧官员以为让外国公使驻北京,让外国人来华经商、办厂、投资赚钱就是卖国;有些民众以为购买洋货、乘洋轮船就是不爱国等,就是没有划清对外开放与卖国的界限。应该明确:卖国是指出卖国家主权、民族利益。有人说,允许外国投资开矿、筑路是“利源外溢”,就是出卖民族利益。这是错误认识。严复曾精辟论述了此事。他引用西国理财学家分析的道理说:国家增殖财富,常资三物:土地、人力、资本(母本),三者缺一不可。三者在投资中各有应得之利:地主收其地租,人工获取工资(庸钱),而出资人则享出货(产品)之利润(赢息)。“今我与外洋合办,所以分之者,不过赢息之一部分而已耳”。土地、人力获利都为本国所得。我既不能自办,又不乐利与人,是“靳其一而兼亡其三”。[①] 这是很科学的分析。严复批驳“利源外溢”论,除了指出前面所说的土地、人力、资本三要素的各得其利外,他说,这只是直接之利,还有间接之利,“较直接者为愈宏”,如“往来之便,百货之通,地产之增值,前之弃于地而莫求者,乃今皆可以相易。民之耳目日新,斯旧习之专,思想之陋,将不期而自化,此虽县县为之学堂,其收效无此神也。”[②]严复所说的“间接之利”,就是外商投资路矿后,经济开发对该地经济发展、社会文明进步的巨大拉动促进作用,“虽县县为之学堂,其收效无此神”的一种作用。这是很客观实际的分析。

其次,对外开放与买办、崇洋媚外的界限。极左思潮时期,把清政府办洋务、对外开放批为“买办”,把引进机器、原材料,引进技术、人才斥为“依赖外国”“崇洋媚外”。这是荒谬的。向先进国家购买本国未能制造的产品和缺乏的原材料,聘任外国技术人员,正是对外开放的便利和好处,是利国利民之举,与买办,崇洋媚外完全是两码事,混同于对外开放,是为了否定对外开放的需要。

再次,对外开放与“迎合资本主义经济侵略的需要”的界限。以往有的学者把主张和实行对外开放说成是“迎合资本主义经济侵略的需要”而加以否定,这是似是而非之论。对外开放是资本主义列强所需要的,因为他们要扩大商品市场和资本市场,要谋求利益,这是对的,但这只是问题的一面。问题的另一面是对外开放对本国也有利,外国商品销售和资本投资将刺激、拉动本国商品经济的发展,经济开发建设、中外来往、交流将促进本国的物质文明建设

---

① 王栻主编:《严复集》第一册,中华书局1986年版,第141页。

② 《读新译甄克思〈社会通诠〉》,《严复文选》,上海远东出版社1996年版,第139页。

和社会文明进步。这不仅仅是理论问题，而是发达国家、后进国家无可辩驳的成功经验。

最后，外国的技术援助与侵略应当划清界限，正常的对华贸易、经济投资与经济侵略应当划清界限，某些善良的、有正义感的传教士、文化人在中国兴学、办报、传播西方文化与文化侵略应该划清界限，正常的文化交往与文化侵略应当划清界限，侵略分子与来华做正当工作的商人、职员、教员、技术人员等应当划清界限等等。

所有这些，如果没有划清界限，就会阻碍对外开放，影响对外开放，不利对外开放。

（原载《中国社会经济史研究》2004年第1期；入选《潮声——厦门大学人文讲演录》，黄山书社2003年版）

传统精神文化在晚清的传承演变与启示

传统文化包括:传统的器物文化如各种遗存文物、古建筑、庙宇寺院、生产工具等;传统的精神文化如各种思想、观念、信仰、道德规范、准则等;传统的风俗习惯;传统的戏剧、诗歌、艺术、绘画等。本文拟探讨传统的精神文化在晚清的传承、演变与启示,以期对当代先进文化建设提供有益的历史借鉴。

一、传　承

1840年(道光二十年)至1911年(宣统三年)是清朝晚期,一般称为晚清。晚清中国遭受世界强国的侵略,由封闭逐步转向开放,传统政治、经济、社会、文化面临严峻挑战和冲击。在复杂、多变、危难之中,传统精神文化仍在不绝如缕地传承。

其一,帝王专制的政治观念传承。晚清的政治制度保持不变,一直维持着封建帝王专制制度。朝野虽然有变革政治制度的呼声,但不被当局采纳。执掌政柄的西太后和保守官员认为中华文物制度是最好的,不必改变。变革政治制度的主张被视为“离经叛道”“犯上作乱”,戊戌维新变法被扼杀就是例证。帝王专制仍然被认为是神圣的。皇帝有至高无上的权威,皇帝的话就是金科玉律,“君叫臣死,臣不得不死”的观念一直在传承着。直至20世纪初,在民族危机深重、举国要求政治制度变革声浪高涨的形势下,清政府才开始筹备“立宪”,可是为时已晚,为急速发展的革命局势所不容。保守落后的封建专制制度不变招致清政府的灭顶之灾。

其二,“御侮”抗战的民族精神传承。世界强国一次又一次地侵略中国,扩大在华利益，中国人民举国上下、官民、军民都奋起抵御外侮、反抗侵略。鸦片战争中，清朝廷调兵遣将，命令沿海用兵省份筹办“团练”，抵御英军侵略。广州三元里民众自发起来反击入侵的英军，保卫家园。甲申中法战争，法国海军舰队入侵福州马尾，福建海军将士奋勇抗击，800多人壮烈为国殉难。马江沿岸民众自发袭击入侵的“法国佬”。甲午中日战争，北洋海军在黄海海战中，英勇反击日本舰队的攻击，台湾军民顽强反抗日本侵略者侵占台湾，表现出了令人敬佩的民族爱国精神。庚子义和团群众掀起大规模的反洋教、反侵略斗争，为维护民族主权、民族独立和民族尊严而浴血战斗。团民们以大无畏的勇敢和为国为民的凛然大义群起抗争，体现了他们反抗外来侵略的浓烈爱国情怀和民族主人翁态度。这是中华民族不可磨灭的灵魂，是外来侵略势力的克星。中华民族正是有这样一批又一批英雄儿女的前仆后继、奋起斗争，才迎来了民族独立和人民解放的光明前程。

其三，“自强”振兴的奋斗精神传承。鸦片战争后，逐步暴露中华民族的衰弱、落后，魏源提出“自修自强”主张。以后，早期维新人士王韬、郑观应、马建忠、薛福成，洋务官员奕䜣、曾国藩、左宗棠、李鸿章及清朝廷，再到戊戌维新派康有为、梁启超及光绪帝，直至革命派孙中山、黄兴等，都是“自强”、振兴奋斗精神的传承者，他们为“自强”求富、振兴中华尽了各自的努力，作出了各自的贡献。

其四，“民为邦本”的民本观念传承。鸦片战争前的鸦片论议中，主张严禁的官员黄爵滋、林则徐等认为严禁鸦片才能“塞漏培本”，即堵塞白银漏出外洋，并能保全民命，培植“邦”之根本。在赋税征收中，官员和朝廷都强调要减轻农民负担，要舒“民力”，以培植邦本；在赈灾救灾中，官员和朝廷同样认为要重视，要扶贫济困，保护邦本；在重视农务中，朝廷强调“求治之道，养民为先”。这些都是“民为邦本”的民本观念传承。

其五，儒家伦理道德的传承。以三纲五常（君为臣纲、父为子纲、夫为妇纲，仁、义、礼、智、信）为核心的儒家伦理道德仍在晚清传承。越是危难之际，清朝廷越强调三纲五常，特别强调“忠君亲上”。在用人上，朝廷和官员们把德看作“体”，看作本质的东西，把才能看作“用”。在新式学堂中，道德素质教育是清政府始终强调的大事。光绪二十九年（1903年），清政府出台的《学堂章程》，其中规定的立学育才宗旨是：“无论何等学堂，均以忠孝为本，以中国经史之学为基。

俾学生心术壹归于纯正，而后以西学瀹其智识，练其艺能。务期他日成才，各适实用，以仰副国家造就通才、慎防流弊之意。”①清朝廷谕旨指出，育才要“以圣教为宗，以艺能为辅，以理法为范围，以明伦爱国为实效”。② 光绪三十二年（1906年），清廷宣示教育宗旨为：忠君、尊孔、尚公、尚武、尚实“五端”。把忠君、尊孔摆在首要位置。上谕说：“自古庠序学校，皆以明伦，德行道艺，无非造士，政教之隆，未有不原于学术者。……君民一体，爱国即以保家；正学昌明，翼教乃以扶世。人人有合群之心力，而公德以昭；人人有振武之精神，而自强可恃。”③

上述是几方面大的精神文化传承，还有其他方面及更细的精神文化传承，不一一赘述。

二、演　变

晚清时期，随着中国社会由封闭转向开放，传统文化既有传承，也有演变。在精神文化方面，有如下重要的观念演变。

——华夷观演变。传统观念认为，中国（华、夏）是“天朝上国”，中国以外的国家是“夷”，中国有悠久的文明，是“礼仪”之邦，“夷”是“蛮夷”，是未开化的民族。历来只有“夷”学中国，没有中国“师夷”的。执政者在处理对外关系中，明“华夷之辨”，严“夷夏之防”。第一次鸦片战争后，这一观念开始改变。魏源提出“师夷长技以制夷”的主张，在晚清第一个提出“师夷”，突破“夷夏之防”防线，产生重大影响。经第二次鸦片战争国难后，促使更多的中国人觉醒。冯桂芬指出中国有六“不如夷”：“人无弃才不如夷，地无遗利不如夷，君民不隔不如夷，名实必符不如夷。……船坚炮利不如夷，有进无退不如夷”。④他称赞魏源的“师夷”主张，提出要“采西学”“制洋器”。“师夷”办洋务，终于成为朝廷国策，付之于行动。尽管还有反对办洋务的，认为“师夷”不成事体、

① 刘锦藻撰：《清朝续文献通考》卷一二〇，《学校》九，浙江古籍出版社2000年第2版，第二册，考第8608页。

② 刘锦藻撰：《清朝续文献通考》卷一三〇，《学校》十，考第8621页。

③ 朱寿朋编：《光绪朝东华录》（五），中华书局1958年版，总第5496—5497页。

④ 冯桂芬：《制洋器议》，见《校邠庐抗议》，中州古籍出版社1998年版，第198页。

可耻,会“以夷变夏”,但已不成气候。“师夷”成为主流思潮。甲午战后,有更多的国人对“夷”先进的认识由器物转向制度,认识到“夷”的教化、制度也应该“师”,突破了不师夷“政教”的观念防线。

——本末观演变。农本商末、重农抑商是传统的产业观念和政策。鸦片战争前后,这一观念开始改变。魏源主张“缓本急标”,根据实际情况采取相应措施,确定轻重缓急。他认为,并非都是农重要,商不重要,商有时也很重要。第二次鸦片战争后,由于受到西洋以商致富的启迪,商务开始受到普遍重视,早期维新人士郑观应、王韬、薛福成等强调要开展“商战”,“恃商为国本”“以商务为本”;洋务官员及清朝廷从讲求军政,发展到同时讲求商政,强调要经商致富,“振兴商务”。戊戌维新派同样重视商务,提出要“惠商”、重商,“以商立国”。严复指出:19 世纪以来,“国之贫富强弱明昧,大抵视商政之盛衰”[1]。因此,他十分重视商务,主张仿效西洋实行“自由商政”,大力发展商务。19 世纪末的政治界、经济界、思想界同时强调工业生产,讲求“工政”“工艺”。张之洞说:“富民强国之本,实在于工”,“工为体,商为用”,“工者,农、商之枢纽也。”[2]康有为提出“定为工国”主张,指出“国尚农则守旧日愚,国尚工则日新日智”,强调不能再“以农立国”,要“举国移风,争讲工艺”。[3] 梁启超也主张“以工立国”。[4] 光绪二十四年(1898 年)上谕强调说:“振兴商务为富强至计,必须讲求工艺,设厂制造,始足以保我利权。”[5]

从重农、农本到重商、商本,再转向尚工、工本,晚清的本末观发生了根本性变化。

——道艺观演变。道是孔孟之道,艺是技艺。传统观念视道为安身立命之本,视技艺为“奇技淫巧”。读书人只研读四书五经,不讲经济,不研究技

---

① 卢云昆编选:《社会剧变与规范重建——严复文选》,上海远东出版社 1996 年版,第 372 页。

② 苑书义等主编:《张之洞全集》,河北人民出版社 1998 年 8 月版,第二册,第 998 页;第十二册,第 9756 页。

③ 1898 年《请励工艺奖创新折》。

④ 《变法通议》。

⑤ 刘锦藻撰:《清朝续文献通考》卷三八三,《实业》六,浙江古籍出版社 2000 年第 2 版,第四册,考第 1130 页。

艺,认为技艺是工匠们做的事,不屑读书人挂齿。这种观念的改变从魏源发端,魏源提出要“师夷长技以制夷”,讲求学习西洋的制船造炮技术、养兵练兵之法。① 因不为当局所采纳,其主张被搁置了20年。20年后,采西学、制洋器、讲技艺才成为朝廷内外重视的事。清政府开始办学堂,派留学,培养技艺人才、军事人才、外语人才。李鸿章指出:“综核名实,洋学实有逾于华学者”②,中国若不认真取法,“终无由以自强”。他希望士大夫留心经世者“皆当以此为身心性命之学”。③ 把研究技艺的西学视为“身心性命之学”,这是传统技艺观的重大改变。

——义利观演变。传统观念重义轻利、贵义贱利。“君子喻于义,小人喻于利”,把言利视为“小人”。这种观念长期束缚士大夫头脑,不关注、不研究商务和经济,耻言利,回避言利。同治光绪年间,这种观念发生变化,朝廷和官员们开始倡导言利、求富,重视发展商务,“分洋商之利”,创办营利性企业,如轮船运输、机器织布、开采煤、铁、金等矿,谋求利益。

——人才观演变。传统的人才是官人才,读书人苦读四书五经,通过科举考试,中式者登上仕途。这种人才已适应不了形势变化的需要,适应不了办洋务的需要。因此,人才观发生变化。变化的标志:一是认识到人才不仅仅是官人才,还有技术人才、军事人才、外语人才;二是将西学与人才培养相结合,认为有西学而后有人才,强调兼学中学、西学,“中西会通”,学习各种实用本领;三是改变人才培养、选拔模式,不仅靠私塾、书院培养、靠科举考试选拔,而且办学堂、派留学生培养,学以致用。

上述都是晚清时期精神文化的重要演变,还可以列举出一些更细的演变,恕不赘述。

三、启　示

从晚清传统精神文化的传承、演变中,我们至少可以得到如下几方面重要

① 魏源:《海国图志》卷二,《筹海篇》三,岳麓书社1998年版,上册,第26页。

② 《李文忠公全集·朋僚函稿》卷一五,第4页。

③ 《李文忠公全集·奏稿》卷一七,第16页。

启示。

第一,优秀传统文化必须传承、弘扬。如民族精神、爱国精神,这是民族的族魂、国家的国魂,必须代代传承,加以弘扬。晚清时期抵御外来侵略的反侵略爱国精神、维护国家主权和民族权益的精神,对外开放、虚心向先进国家学习的"自强""振兴"精神等,都是值得我们当代人继承、弘扬的优秀传统精神文化。当代有的学者对晚清政府表现的妥协、不抵抗政策一味加以赞赏、肯定,认为打不过列强,所以不要抵抗,"抗战必败",这是不能苟同的观点。面对外国入侵,抗战是第一选择,敌强我弱并非不能抗战,古今中外军事史上,弱胜强的情况不乏事例,关键在于得力的组织和正确的指挥。更重要的是,抗御侵略是对所有官民基本的民族道德、民族性格要求。面对外国侵略者入侵,主张不抵抗,或在行动上抗战不力,都是与基本的民族道德、民族性格相违背的。假如可以以敌强我弱为由而不抗战或逃避抗战,坐视侵略者耀武扬威,为所欲为,那么,国家必亡,民族必灭,人人必成为亡国奴。假如人人在侵略者面前都像江南提督陈化成那样"临难无苟免",英勇抗战,尽力抗战,那么,就是打不过侵略者,其表现的爱国精神、民族精神也是十分珍贵的,他将激励、鞭策后人继续战斗,直至最后胜利。

第二,先进文化的巨大作用。晚清传统精神文化的演变中,"师夷"观念、重商、重利、重艺、重工观念的确立,是对传统凝固的精神文化的重大突破,具有划时代的先进性,对晚清军事、经济、教育、政治等的近代化起巨大的促进作用,大大推进了经济发展和社会进步。晚清近代化、工业化脚步的迈动,是在观念变革的前提下进行的。近代化、工业化的实践又促使观念的进一步变革。光绪二十九年(1903 年),清朝廷也觉悟到"积习相沿"的旧观念导致国之贫弱,"亟应变通"。上谕指出:"通商惠工为古今经国之要政,自积习相沿,视工商为末务,国计民生日益贫弱,未始不因乎此。亟应变通尽利,加意讲求"。①

第三,"变"和创新是先进文化的灵魂。文化建设必须与时俱进,适时变革、创新。精神文化同样要适应形势发展,适时更新观念。晚清执政者变革观

---

① 刘锦藻撰:《清朝续文献通考》卷三九一,《实业》十四,浙江古籍出版社 2000 年第 2 版,第四册,考第 11400 页。

念有很大局限性,显得被动、迟缓。如“师夷长技”主张提出后没有被接受,时机延误了20年;科举制度改革,从鸦片战争后设特科变通科举的提出,到1906年科举的完全废止,历经60多年;专制政治制度改革,从早期维新人士呼吁,到1906年清政府宣布预备立宪,费时约30年;兴筑铁路,从主意的提出,到全面付诸实践,也历时近半个世纪。由于观念改变的被动、滞后,保守观念的阻挠、制约,延缓了晚清近代化步伐的迈动,影响了近代化的成效和经济社会的发展与进步,给后人留下了深刻教训。

第四,要处理好新旧文化、中西文化的关系。传统的旧文化要注入新时代的新内涵,才有意义和生命力。单纯保守旧文化,缺乏时代新精神是没有意义的,相反,还可能起负面影响。如爱国观念,“反清复明”在清初有爱国性,在晚清就失去爱国意义,因为满族已融合为中华民族的一员。晚清爱国的精神文化有新的内涵,那就是反对外国侵略,维护国家主权以及坚持维护主权或不丧失主权的对外开放。反对侵略、维护主权的爱国性为大家所理解,坚持对外开放的爱国性就不为国人所普遍理解。开放通商、引进外国的人才、技术、机器,引进外资、开展中外交流被指为“买办”,视为“卖国”,闭关自守被看成是“民族自卫”、是“爱国”,这是完全错误的、不恰当的看法。对外开放是进步之路、强国之路;对外开放与反对侵略、维护主权是不矛盾的,都是晚清新形势下爱国精神文化的重要内涵。又如道德观念,“礼义廉耻”在新时期应有新内涵,要摈弃不适宜、过时的旧内涵。什么是“义”“耻”,旧内涵中言利被认为不义,言“师夷”言“技艺”被认为可耻,妇女参与社会活动、妇女改嫁被视为可耻等。到了晚清,情况有所不同,已不都是如此看了,并有新内涵。这样,“礼义廉耻”在新时期才有新意义。

晚清时期,西方文化在自然科学、社会科学、军事科学,在重视科学技术研究、重视教育、重视经济社会研究等观念方面都比中国先进,引进、学习西方文化是强国富民的必由之路。如何引进、学习西方文化,晚清执政者采取的模式是“中学为体,西学为用”。这种“中体西用”式是当时处理中西文化关系的重要方针。所谓“中学”就是本国的传统学问,传统的政治制度、纲常伦理体系,“体”就是主体;“西学”就是西方的声、光、化、电、军事、公法公理、外国语言及制造轮船、驾驶轮船、制造枪炮、制造机器、开矿、炼铁等实用技术。这种模式在由闭关转向开放之初期，有其适应性、合情性，符合国人还处在保守状态下的国情。随着国人对西方的更多了解和观念的进步，“中体西用”就显得滞后了，制约了晚清政治制度的改革和经济、军事改革的成效。维新派康有为等提出“会通中西”的主张，是比“中体西用”更适应形势发展需要的主张。严复曾对“中体西用”作了尖锐批评，他指出：“体用者，即一物而言之也。有牛之体则有负重之用，有马之体则有致远之用，未闻以牛为体以马为用者也。中西学之为异也，如其种人之面目然，不可强谓似也。故中学有中学之体用，西学有西学之体用，分之则并立，合之则两亡。议者必欲合之而以为一物，且一体而一用也，斯其文义违舛，固已名之不可言矣，乌望言之而可行乎！”①实践证明，以“中体西用”处理中西文化关系有很大局限性，影响了晚清近代化的进程和成效。正确的处理方式应该是中西“会通”，既学习、引进西方的先进文化，又继承、弘扬本国优秀的传统文化，使之成为促进政治文明、经济发展、社会进步的新文化。

总之，要以与时俱进的观念、以发展的观念对待传统文化，还要以博采众长的观念、以科学创新的观念对待世界文化，才能构建为政治文明、物质文明建设服务的先进文化，建设好当代精神文明。

（原载《传统文化与先进文化构建》论文集，
鹭江出版社 2006 年版）

---

① 卢云昆编选：《社会剧变与规范重建——严复文选》，上海远东出版社 1996 年版，第 536 页。

中国传统经济思想的近代化

——晚清经济思想概论

一、晚清经济思想研究对象

清朝自1644年定鼎北京，至1911年被推翻，为中华民国所取代，历经268年。晚清指清道光二十年(1840年)至宣统三年(1911年)，这72年的历史时期。

经济思想研究是思想史研究的一个重要方面。经济思想研究的对象是研究人们对经济问题的看法。经济问题主要是国计民生问题，即国家的财政经济和人民的生计、社会经济活动等问题，包括国家的财政收入、开支和社会物质资料的生产、分配、交换、消费、经营管理等问题。研究社会各阶级、各阶层人士对这些问题的认识、主张，所创立的学说、理论，所提出或制定的解决经济问题、促进经济发展的方案、纲领、政策，以及这些认识、主张、学说、理论、纲领、政策的发展、演变过程，从中考察其收效、是非得失，评价其影响和作用，总结其规律、经验。这就是经济思想所要研究的对象。

经济思想与政治思想有密切联系。政治思想研究的是人们对政治问题如治国理政方略、方针政策，对国体、政体、法律和政治生活、文化活动等问题的看法。人们对某些问题的看法，既可以看成是经济思想，又可认作是政治思想。因为经济思想研究的国计民生问题本身就是很重要的政治问题。重大的经济决策也是重要的治国方略，也是政治问题。如晚清禁烟(鸦片)决策、对外通商决策、“师夷长技”决策、引进机器决策、以工商立国决策等都可以看成是政治问题。当代中国由计划经济体制向市场经济体制转变的决策也是政治问题。可以说，重要的经济思想都具有政治意义，它直接关系国家的兴衰存亡、贫富强弱。江泽民同志在党的十四大报告中指出：“我国经济能不能加快发展,不仅是重大的经济问题,而且是重大的政治问题。”说的就是这种道理。

晚清经济思想研究的对象就是研究晚清这一历史时期人们对国计民生问题,包括对国家财政收入、开支,对社会物质资料的生产、分配、交换、消费,对人民经济活动、社会生活等问题的看法、主张和意见,研究这些看法、主张和意见及重要的经济方略、纲领、方针政策的发展演变,考察其收效,评价其是非得失、影响和作用,总结其规律、经验。

二、晚清经济思想的特点

晚清经济思想有三大主要特点:

其一,变化的特点。中国2000多年的封建社会,由于“独尊儒术”,孔孟之道长期处于独尊的一统地位。直至鸦片战争前,传统经济思想少有变化。重道轻艺、拙奢崇俭、言义不言利、严“夷夏之防”、重“华夷之辨”等成为千古不变的信条和陈陈相因的祖宗成法。随着古老的国门被西洋“夷人”的坚船利炮轰开之后,严重的“变局”促使人们思想观念包括经济思想观念产生变化。这种变化随着外国侵略的步步深入、社会“变局”的加剧、民族危难的深重、中外交通的扩大而不断演进。人们在传统经济观念的沉睡中觉醒,在时局变化中反思,经济思想往近代化方向转化、发展。经济思想不断出现新气象、新变化、新发展,体现时代进步性。

其二,反侵略的特点。晚清72年中,西方列强和日本先后发动了侵略中国的鸦片战争、第二次鸦片战争、中法战争、中日战争、八国联军战争共计五次大规模的侵略战争,把中国一步步推进半殖民地和殖民地的深渊。列强发动侵略战争的重要目的之一就是谋求能让他们满意的经济利益,对中国进行经济掠夺。如以武力逼迫清政府签订有利于他们获取最大经济利益的不平等通商条约,及保护他们这种经济利益和侵略行为的条约。“议定关税”、领事裁判权、“帮办税务”、子口税规定、航运经营权的规定及各种减税免税等的规定,都是明显的事例。面对这一切,有识之士都深感痛心,主张“挽回利权”,废除关税特权,“分洋商之利”,抵制经济侵略,维护民族经济利益,提出有关对策和方略,体现他们维护国家主权和民族利益的浓烈爱国情怀。

其三，"变器不变道"思想特点。晚清有识之士在国门被迫打开后，放眼世界，努力探索强国富民之道。如看到西方以工商致富，就主张效仿，讲求商政，兴办民用工业、振兴商务，经营航运，开采矿藏，建造铁路等。重视商政商务，提倡"农商并重"等，这种观念的转变体现时代进步性，也体现时代局限性，即转变得不充分。特别是前期，体现在官方的经济政策、经济观念上尤其明显。如军工企业只能绝对官办，民用企业或官办或官督商办、官商合办，不能完全商办。对民办不放心，不认可。这就是"变器不变道"思想的一种体现。西洋的机器、技艺可以引进为我所用，中国传统的"治道"包括政治制度和管理经济活动、管理工商企业的做法不能变。

以上是晚清经济思想的主要特点，也是本课题研究应该把握的突出主题。

所谓经济思想近代化，是相对古代而言的，是比封建传统经济思想进步的近代水平的资本主义经济思想。笔者不赞同把这种近代化称为"现代化"。因为"现代化"是比近代化更高一个层次的文明，不宜混为一谈。

三、晚清经济思想的主要线索、阶段

晚清经济思想的主要线索，就是贯穿晚清这一历史时期经济思想发展历程的脉络、轨迹。考察清楚晚清经济思想的主要线索，就把握住了要领，对晚清经济思想的发展走向、来龙去脉就会有更明晰的认识，也有助于对晚清经济思想发展规律的总结。

阶段性体现在经济思想的发展脉络、发展走向中，在主要线索的发展过程中表现出阶段性。

晚清经济思想的主要线索和阶段，研究前辈们在已有的研究成果中或多或少有所涉及，有各种概括和分段。或归纳为"改革与守旧、进步与反动两根主线"；①或"以具有资本主义倾向的经济思想和民族资产阶级经济思想的产生和发展变化为主线"；②或指出有"五股经济思潮"③等等。各有各的说法。

---

① 赵靖、易梦虹主编：《中国近代经济思想史》，中华书局1980年第2版。

② 侯厚吉、吴其敬主编：《中国近代经济思想史稿》，黑龙江人民出版社1982年版。

③ 马伯煌主编：《中国近代经济思想史》，上海社会科学院出版社1988年版。

笔者认为,晚清经济思想有三条主要线索:

线索之一,对封建传统经济思想的反思,亦即经济思想的近代化。这是很突出的一条线索。鸦片战争及其后,中国面临资本主义列强入侵,在抵抗侵略中屡屡失败,严峻的现实促使国人认真反省、检讨自己,开始认识到"天朝上国"的贫弱和落后。如何去贫振弱、强国富民以抵抗列强侵略和摆脱困境?有识之士反思传统的政策和思维,认为沿袭成法、故步自封已经不行了,试图挖掘本国深厚的儒学(中学)思想资源以拯救时局已无济于事。他们的目光开始投向入侵的列强,"反求"、探寻西方富强之秘术,逐步从西学资源中吸取他们认为有用的成分,觉悟传统经济观念的不合时宜,提出新的解决经济问题、发展经济实力的主张和看法。这种反思随着局势的不断恶化而演进,贯穿晚清72年,并延伸到民国。如对传统经济观念义利观、道艺观、夷夏观、本末观等的反思,从重义轻利、重道轻艺(工艺制造技术)、耻言利、耻言艺到义利并提、道艺并论,到强调谋求利、讲求艺;从重本(农)轻末(商)转化为"本末皆富"、农商并重、重农兴商;从耻言商到讲求商政、重视商政、重商;从以农立国转化为以商立国、以工商立国、以工立国;从轻视贸易、沉迷闭关到重视贸易、强调开放;从认为封建土地占有关系的天经地义到否定封建土地占有制等等,都是对传统经济思想的重要反思和转向近代化的突出表现。这是体现晚清经济思想进步性的线索。

线索之二,反对资本主义列强经济侵略的思想。晚清72年,一直面临资本主义列强的军事侵略、经济侵略、文化侵略等。反对侵略既是晚清史的主要线索之一,也是晚清思想史包括经济思想史的主要线索之一。如禁烟(毒品鸦片)思想,反对鸦片走私和鸦片贸易思想,兴工商"塞漏卮"、应对"商战"思想,"挽回利权""分洋商之利"思想,废除列强攫取的关税特权和领事裁判权主张等,都是反对列强经济侵略的呼声。这是体现晚清经济思想爱国性的线索。

线索之三,提倡保护、发展民营工商业的思想。如主张商办工矿企业,反对官督商办,批评官商思想,吁请"惠工恤商"等,为民营工商业发声,鸣锣开道。这种思想代表新兴民营工商业者的呼声,是近代工商业者谋求自身存在和发展的必然声音。这是体现经济思想阶级性的线索。

以上是晚清经济思想三条主要线索。下面论述晚清经济思想发展演变的阶段。

阶段是以上三条主要线索在不同时段的不同程度表现所客观形成的,而不是人为主观划分的。根据以上三条主要线索在不同时段的不同程度表现状况,晚清72年的经济思想史形成如下四个阶段:

第一阶段,19世纪30—50年代,即鸦片战争前10年和鸦片战争及其后20年,这一时段是中国开始遭受西方资本主义列强侵略的时段。先是列强将鸦片这一毒品通过走私强行打入中国市场,以牟取暴利,运走白银。这一货币"漏卮",使清政府财政出现银荒,并冲击民众正常的经济生活,危害人民身心健康。在受到清政府的抵制和严禁后,英国殖民者发动侵华战争——鸦片战争,以维护非法的鸦片贸易,并打开不能令他们满意的中国市场。通过武力征服,签订不平等条约《南京条约》等,英国殖民者取得了占领香港为殖民地,开放五口通商(除原有广州一口外,增加厦门、福州、宁波、上海四口),取消通商贸易的公行制度,外商与中国商人直接贸易,不必通过清政府特许的行商作为中介。并得到"议定"关税、领事裁判权、片面最惠国待遇等特权。法国、美国等侵略者通过胁迫清政府签订《黄埔条约》《望厦条约》等不平等的通商条约,也同样获得有关通商的特权。中国开始沦为半殖民地半封建社会。南中国海五个重要口岸对外开放之后,在经济上,不仅鸦片走私放任自便,由地下转向公开,而且西方工业制造品棉布棉纱、呢羽钟表等在通商口岸及其附近地区打开了市场,土货与洋货开始碰撞,中国传统的手工纺织业开始受冲击。如何对付鸦片贸易问题、白银外流问题,土货如何与洋货竞争,中国为什么战败,"夷情"如何,要不要"师夷"等等,一系列新问题摆在国人面前,引起思想界包括经济思想界的波动,有识之士开始反思"不变"的观念,反思闭关自守、故步自封的观念,反思传统"食货"观念等。

由于封建经济剥削的残酷和地主阶级兼并土地的加剧,引发农民革命,创建了与清朝对峙14年之久的太平天国政权。农民群体否定封建剥削制度和地主土地占有制,发出建立公有制社会和平均分配土地、实现"无处不均匀,无人不饱暖"的呼喊。并在实际实行的"交粮纳税"政策中,"着田收粮""着佃收粮",承认自耕农、佃农的土地耕作权,变交租为交粮,在一定程度上改变了土地占有关系。

这一阶段，由于民族传统的小农经济受到资本主义商品经济的冲击面和程度还不大不深，人们对“夷情”的认识还不多，相对肤浅，所以，传统经济思想的变化还有限。

至于农民群体建立公有制社会和平分土地的呼喊，是历代农民群体共同的理想，只是发生在这一时段的这一呼喊，更加理论化、纲领化。这是以往农民起义所不能比拟的。而更有创意的是，这一时段末的1859年，太平天国农民革命领袖提出了仿行资本主义经济建设的纲领《资政新篇》，预示不同社会地位的先进中国人都把目光投向西方，投向近代化。民族传统的思想“宝库”已应对不了西方的挑战，西方资本主义思想已成为先进中国人日益关注的新思想资源。

第二阶段，19世纪60—90年代，即清政府兴办洋务时段。这一时段是传统经济思想开始解冻、变化的重要阶段。由于列强不满足已经获取的侵略利益，又再次发动侵华战争——第二次鸦片战争，迫使清政府又签订一批不平等条约。英、法等列强攫取了内地子口税优惠、前往内地经商、经营通商口岸间航运和由英国“帮办税务”等特权，增开了通商口岸，大大扩张了中国市场的开放程度，形成“华夷混一”的千古未有“大变局”。“大变局”给思想界以大震动，引起大反思、大变化。反侵略抗战的再次失败，农民起义的难平定，使清朝廷上下对国家的衰弱有切肤之感、刻骨之痛。被搁置了20年的“师夷长技”主张此时被洋务官员和有识之士及清朝廷接受，并付之实行，改变了“夷”不能“师”的传统观念。

洋务官员和有识之士、早期维新人士改变了耻言“艺”(制造技艺)的观念，提出了引进机器，引进人才，引进西洋先进的制造工艺技术的主张，并主张办学堂、派留学，培养制造工艺技术人才和军事、翻译等专门人才；改变了讳言利、轻视商的观念，从讲求军政进而讲求商政，重视商务，谋求营利致富等，都是这一阶段经济思想出现的近代化变化。这是大势所趋。顽固守旧官员尽管还在重弹老调，惊叹并力加阻止这种变化，却总是阻挡不住。

19世纪60年代末，民营资本主义企业产生。70年代，产生官股、商股合资的股份制资本主义企业。民营企业和官商合股企业的资本都是民族资本。

企业倡办者抱有“分洋商之利”、与洋货竞争、夺占市场的反经济侵略思想。鉴于民族资本企业遭受外国同行经营和同类产品的挤压，并遭受封建官员的贪劣督控，前行步履艰难，有识之士呼吁清政府“惠工恤商”，减免税收，转官督商办为商办，批评官商不分做法，主张废除外商关税特权等。

第三阶段，19 世纪末 10 年（1891—1901 年），这是晚清经济思想出现较大飞跃的时段，初步完成由封建经济思想向资本主义经济思想的转变，即由小农经济思想向工业化经济思想转变。这一阶段中爆发的日本侵华战争——甲午中日战争，清政府抗战失败，被迫签订了空前丧权辱国的不平等条约——《马关条约》（1895 年），台湾被日本侵占，沦为殖民地，2 亿两白银的赔款是日本对华的经济大掠夺。同时，增开了通商口岸，日本获得在通商口岸的设厂权和产品销售的优惠特权，极大方便了日本利用中国的原材料和廉价劳动力制造商品并就地销售，获取暴利。这些权益也为其他列强“一体均沾”，成为列强扩张侵略势力、夺取经济利益的侵华新标志。

清政府将设厂权并非自愿地向外国开放之后，再也没有理由不对国内开放。因此，民办工厂、企业得到某些松绑和发展。从商品市场的对外开放到资本市场的对外开放，封建自然经济受到更大程度的冲击；中外强弱贫富的强烈对照，商品经济效益的刺激，农业国家、工业国家不同经济形态的贫富结果反差，促使传统经济思想的更深刻反思和转变。早期维新人士和戊戌维新派提出了“以商立国”“以工商立国”“以工立国”的主张。维新派明确主张要把农国转为工国，要“定为工国”，实现工业化，才能强国富民。并提出保护、奖励工商业的政策和措施。这是晚清经济思想近代化的重要表现。

第四阶段，20 世纪初 10 年（1902—1911 年），这是晚清经济思想发展到最高水平的时段。清政府对戊戌维新变法的扼杀，八国联军入侵北京逼迫清政府签订空前卖国条约《辛丑条约》，使清政府大失民心，大失民之所望。国家面临灭亡危机之际，推翻清政府、推翻封建专制制度的民主革命思潮高涨起来。以孙中山为首的资产阶级革命派提出了“驱除鞑虏、恢复中华、创立民国、平均地权”的民主革命纲领，即民族主义、民权主义、民生主义的三民主义纲领。民生主义是全面解决社会经济问题的经济纲领，包括解决土地问题、贫民问题、保护和发展民族工商业问题及其他经济建设思想。把解决土地问题与发展资本主义经济问题结合起来，把发展资本主义经济与政治上的民主革命结合起来，这是晚清经济思想发展的最高水平。

与此同时，立宪派提出“实业救国”“物质救国”主张，在发展民族工商业的认识上与革命派相同，方向是一致的，是传统经济思想的近代化。但在政治态度上，立宪派反对推翻清朝，反对通过革命实现政治文明，与革命派形成尖锐对立。

这一阶段中，严复翻译的《原富》问世，引进了英国古典政治经济学理论。这是晚清经济思想界的大事，表明西方经济学理论开始为中国人所认识和接受，是经济思想近代化的重要标志之一。

以上是晚清经济思想发展演变的四个阶段。

新中国成立60多年来，晚清经济思想研究是有成绩的，特别是改革开放以来，成绩更为突出。随着时间的推移和研究的深入，应编写新的经济思想史，这是重要的学科基础建设。经济思想史的近代部分，可以分别撰写《晚清经济思想史》和《民国经济思想史》，而不必沿袭“中国近代经济思想史”之称。

（原载《老教授论坛》第十六辑，厦门大学出版社2018年5月版）

清代咸同年间同安、马巷的抗粮与械斗

清代福建同安县辖境包括厦门、金门。乾隆三十九年（1774 年），割同安辖境之民安、同禾、翔风三里为马巷厅。本文拟对清代咸丰、同治年间同安、马巷的抗粮与械斗问题作一简略探讨。

一

抗粮就是抗拒或拖欠交纳田粮。械斗就是乡村之间的宗族武装冲突。据史籍志乘记载，咸同年间，同安、马巷辖属的这种抗粮与械斗十分严重，成为“积蠹”“锢蔽”，被地方官吏视为“难治”之区。当时的马巷地方，“民性强悍，素称难治”。“民风之顽梗，习俗之嚣凌，以盗贼械斗为生涯，以抗官欠粮为能事，既为下游难治之区，复为通省瘠苦之缺。”①据《马巷厅志》载：马巷“地方瘠薄，民性剽悍，故嚣于讼而逋于赋者恒多”。② 咸丰六年（1856 年），署马巷厅通判程荣春（号桐轩）上任，对此很有感触。他在禀报中详细叙述了这两个严重的社会问题。他写道：

“一械斗也。厅辖乡民皆聚族而居，习尚嚣凌，以强欺弱，以众暴寡，睚眦之仇，动辄列械互斗。其无业棍徒故挑衅端，彼此勒令本乡殷户出资助斗，迨伤毙人命，尸亲亦舍正凶而控殷户。游荡者滋事逞凶，良善者（无）辜受累，地方官下乡查办，明知其弊，故于斗案完结之后，其命案不得不以缉凶了事。甚

---

① 程荣春：《署马巷厅禀求卸事由》，《桐轩案牍》（抄本，厦门大学历史系资料室藏），第 5、8 页。

② 《马巷厅志》卷一一，“风俗”，台湾成文出版社 1967 年版，第 90 页。

者两造累年斗杀,并不报官为之清理,只得延请公正绅耆往为调处,则计两造所伤人命照数准抵,多则偿以银钱,名曰赔补。每名多则百余千,少亦数十串。其钱或出于本乡之匀摊,或出公亲之赔垫。游手无赖之徒,生则藉械斗勒派,死又可藉赔补肥家。乡曲愚民,无不以斗为乐,踊跃从事,转辗报复,数世不休。性命伤残,死而无悔。厅属弹丸之地,查历年斗案共有三十余起,每起百十名至数十名不等,经年累岁,愈积愈多。思欲逐案清厘,实属无从措手,此械斗之难治也。一抗欠钱粮也,则各乡皆然。……不特编户小民群思觊觎,即殷富绅户无(不)效尤。……桀黠者倡首把持,各花户从而观望,甚至一士在庠,则庇及合族,一丁入伍,则霸及通乡。缓之则任意拖延,急之则鼓众抗拒。厅署向无实征清册,粮户完欠姓名,则惟图承是赖。而图承则世代相传,丛为利薮,其乡民完纳钱粮,亦仅取图承片纸为凭,不复制领串票,故图承则以民欠欺官。此非逐段丈量,就田问赋,另立鱼鳞细册,不能绝此弊端。然清丈事繁,费重一时,安能举行?……此钱粮之难治也。……种种情形,无不甲于通省。"①

程荣春对地方上的械斗、抗粮及"盗贼"三大社会问题深感不安,却又无可奈何。他在禀报中说:"治民之道首重除暴安良,官斯土者深知盗贼不除,则善良受害;械斗不止则狱讼滋繁;钱粮不完,则考成攸系,未始不竭尽精神力图整顿。乃严于治盗贼而抢掠如故,严于治械斗而扰攘如故,严于征钱粮而逋欠如故。……卑职初谓天下无不可治之地、无不可化之民,特患不能(因)势利导耳。迨亲履斯土,始知积蠹之久,锢蔽之深,虽竭虑殚神多方厘剔,毫无成效。"程荣春为此而"饮食无味,坐卧不安",禀求卸事去职。②

二

为何会出现如此严重的械斗和抗粮?据笔者考察有关史料,约有如下主要因素:

其一,历史积怨造成械斗不息。冰冻三尺,非一日之寒。一次械斗,互有

① 程荣春:《署马巷厅禀求卸事由》,《桐轩案牍》,第5—7页。

② 程荣春:《署马巷厅禀求卸事由》,《桐轩案牍》,第4—5页。

伤残,甚至击毙人命。由于得不到妥善公正处理,怨仇愈结愈深,以致“转辗报复,数世不休”,①形成水火不容、不共戴天之势。据乾隆四十二年(1777年)修撰的《马巷厅志》载:“银同海滨斥卤,俗趋利轻生,一言不合,聚众械斗,重洋内港舣舟横劫,不第白昼祛箧探丸于都市,命盗两大案岁不绝爰书,而民安、同禾、翔风三里为尤甚”。② 这一记载说明,至同治年间,同安、马巷械斗至少已有近百年之久的历史。

其二,游手好事之徒煽动。械斗参与人数多至百余人,往往是“无业棍徒故挑衅端”。③ 这些“无业棍徒”大多是“游手无赖之徒”,“生则藉械斗勒派,死又可藉赔补肥家。”④有钱者出资,无钱者出力。械斗中,或由乡村中的“殷户出资助斗”,或由村民们“匀摊”,本村本族壮丁不足,则雇请别处打手参与斗杀。参与者受伤或毙命,可得到“赔补”。因此,经好事之徒煽动,“乡曲愚民,无不以斗为乐,踊跃从事”。⑤

其三,讼棍拨弄是非,兴风作浪。由于械斗而引起狱讼。因此,“讼棍毕集马巷”,“恣弄刁笔布成陷阱,甚者通同胥吏高下其手,使两造经年累月骨尽皮穿,而渠之生涯已无穷矣。”⑥

其四,周围社会风气影响。械斗之不良社会风气在福建闽南、广东沿海一带盛行。如曾任漳泉永道的张集馨在《道咸宦海见闻录》中记载:“内地漳、泉、兴、永,民风蛮悍,械斗习以为常,数百年来斗风未熄。”⑦“漳州毗连粤省潮州、本省泉州,风气大略相仿,其俗专以械斗为强,而龙溪、漳浦、云霄三属为尤甚。大姓则立红旗,小姓则植白旗,掳人勒赎,纠众残杀,习以为常。此风起于明永乐年间,相寻干戈,至今愈烈。”⑧同安、马巷处漳、泉之间,漳、泉数百年械斗之风必然影响同安、马巷。

---

① 程荣春:《署马巷厅禀求卸事由》,《桐轩案牍》,第5—7页。
② 万友正:《泉州府马巷厅志原序》,见《马巷厅志》。
③ 程荣春:《署马巷厅禀求卸事由》,《桐轩案牍》,第5—7页。
④ 程荣春:《署马巷厅禀求卸事由》,《桐轩案牍》,第5—7页。
⑤ 程荣春:《署马巷厅禀求卸事由》,《桐轩案牍》,第5—7页。
⑥ 《马巷厅志》卷一一,“风俗”,台湾成文出版社1967年版,第91页。
⑦ 张集馨:《道咸宦海见闻录》,中华书局1981年版,第274页。
⑧ 张集馨:《道咸宦海见闻录》,中华书局1981年版,第61页。

其五，地方官吏腐败无能。早期械斗，“由于控诉到官，不能伸理，遂自相报。彼杀其父，此杀其兄，并迁怒杀其同社，以致结成不解之仇。”①由于官吏腐败无能，未能妥善、公正处理械斗，导致事态恶性发展，越发展越难收拾。“经年累岁，愈积愈多。思欲逐案清厘，实属无从措手。”②甚且吏胥差役还前往收取“械斗费”，把械斗视为“利薮”。③ 这帮人借办命案敲诈勒索、受贿中饱。“官贪民乃斗，民斗官乃喜”。张际亮的诗句正反映了官与械斗的不正常关系。④

以上是产生械斗的主要因素。产生抗粮的主要因素至少有如下几点：

（一）地方粮册管理混乱。清代的征粮制度仍是封建社会一贯沿用的“佃户交租，业主完粮”，粮从租出。地方政府粮册上的户名都是业主（土地所有者），这种粮册是征粮的依据。政府按粮册向业主征收田粮。随着时间的推移，土地的转手买卖，业主变更，可粮册依旧。“有业去产存之累，故逋赋者有之”。⑤ 衙门粮册上的名字没有随着土地的转手而过户，而有的是诡名，甚至“多系前明人名字”。按此名实不符的粮册去征粮，“民间转以为奇。官若据案核办，必有殴差拒捕诸患。”⑥所以，衙门书吏另立“草簿”，登记某处田亩，现归何人执业，“持串往索”，“从中侵渔”，“是以每年交纳分数，有减无增。”⑦要解决这一问题，只能重新丈量土地，“就田问赋，另立鱼鳞细册。”然而，“清丈事繁，费重一时，安能举行？”⑧问题也就一直存在下去。

（二）灾荒。据《同安县志》载：咸丰元年（1851 年）九月，同安水灾，斗米卖至七百文；同治元年（1862 年）五月地震，三年（1864 年）闹饥荒；同治九年（1870 年），金门大旱，饥民掘草根、煮干叶以食，“饿殍载道”。⑨ 由于灾荒，粮食无收或歉收，业主交不起田粮而积欠。年复一年，积欠愈多，愈交不清。这

---

① 张集馨：《道咸宦海见闻录》，中华书局 1981 年版，第 61 页。
② 程荣春：《署马巷厅禀求卸事由》，《桐轩案牍》，第 5—7 页。
③ 张集馨：《道咸宦海见闻录》，中华书局 1981 年版，第 62 页。
④ 张际亮：《思伯子堂诗集》卷 27《送史梅裳大令》。
⑤ 《马巷厅志》卷一一，“风俗”，台湾成文出版社 1967 年版，第 90 页。
⑥ 张集馨：《道咸宦海见闻录》，中华书局 1981 年版，第 62 页。
⑦ 张集馨：《道咸宦海见闻录》，中华书局 1981 年版，第 62—63 页。
⑧ 程荣春：《署马巷厅禀求卸事由》，《桐轩案牍》，第 5—7 页。
⑨ 《同安县志》卷三“大事记”，台湾成文出版社 1929 年版，第 98 页。

也是导致中小业主破产、田亩转手易主的重要原因。

（三）地方势力作怪。那些逋粮“顽户”“桀黠者”大多有一定地方势力，或“朝中有人”，从而“倡首把持”。“一士在庠，则庇及合族，一丁入伍，则霸及通乡。缓之则任意拖延，急之则鼓众抗拒”。[①] 地方官为息事宁人，往往不严加惩办。其耽心若严办而激成巨案，“办理不善之咎，百喙奚辞？”[②]因此逐渐形成“痼俗”。

（四）赋役不均引起业主不满。“赋役不均之弊，深为害民之事。窃谓租税科敷，奸狡税家，将己产税苗，折作诡名挟户，岂止十亩？如遇科役，倒在小户，潜匿苟免。又豪户买田，不行过割，只令业主代输苗税，交结县道，知而不问，靠损淳良。役谓差设乡都保正等役，县道多凭猾吏乡司，接受贷贿，放富差贫，定一卖百，弊幸无穷。”[③]康熙年间的郑端把此事提醒为官“须知”，说明此事具有普遍性。乾隆年间的汪辉祖谈到治理州县经验时也指出催科中存在“户粮各书，往往搁大户，摘小户”的弊端，提醒州县注意。[④] 由于少数豪户作弊并贿通县道，逃避粮赋，所以加重中小业主负担，引起中小业主不满而抗粮或拖欠交粮。

（五）官民矛盾的恶果。据清初期记载：当时县衙派下去催粮的吏胥、差役势如狼虎，“所过鸡犬一空，酒家无算，动辄锁索打逼钱物，乞取不满，枝蔓乡邻，往往破产。”[⑤]吏胥、差役往往额外浮收，索取“差礼”“脚费”，稍不遂意，即逞凶威逼。嘉庆时，曾任惠安、宁德两县教谕的林化雨，其诗《催租行》写道：“入门鸡犬为不宁，惯向贫良索礼数。强取釜铁并鸡豚，敛手谁敢触其怒？触之瓦石自破头，濡血淋漓走官诉。官怒民顽投袂起，抗粮殴役辱两股。”[⑥]诗中反映官在催粮中“索礼”“强取”，引起“抗粮殴役”事件。这种情况，清末愈益严重。鸦片战争后，清政府由于对外妥协、对内镇压民众反抗，造成日趋严

---

① 程荣春：《署马巷厅禀求卸事由》，《桐轩案牍》，第5—7页。

② 程荣春：《署马巷厅禀求卸事由》，《桐轩案牍》，第4—5页。

③ 郑端：《为官须知》，《官箴》，中央民族大学出版社1996年版，第254页。

④ 汪辉祖：《学治臆说》，《官箴》，中央民族大学出版社1996年版，第391页。

⑤ 郑端：《为官须知》，《官箴》，中央民族大学出版社1996年版，第255页。

⑥ 《林希五诗集初稿》，转引自朱维干著《福建史稿》下册，福建教育出版社1986年3月版，第531—532页。

重的官民矛盾。官员的腐败无能,更使政府失去威信。封建宗族关系也使抗粮易于煽动、纠集一批族众。此外,咸同年间,太平天国农民反抗斗争,对各地抗粮也是一种鼓动。

三

总之,清代咸同年间同安、马巷的抗粮与械斗是日趋没落的封建统治下整个社会不稳定的一个缩影。这种不稳定的现象,固然有"刁民""顽户"在起坏作用,但主要还是官府的问题。官府管理不严、处理不善、政风不廉是导致抗粮与械斗的最重要因素。嘉庆初年,马巷通判冯国柄上任后,治理械斗曾见成效,为志书所称道。当时厅辖有班股会名目,"各纠党数十庄众,械斗不休"。冯国柄分析械斗起因"多由掳人",因此,遇有呈控人被掳,立即亲率勇役前往押令放人,并"严究主掳之犯,毁其屋庐"。使"乡村畏威,不敢私掳,械斗之风熄"。冯国柄还在每乡设乡长、族长,以约束乡民、族众。"稍有嫌隙,著其约束,不至酿成巨祸"。① 咸丰六年(1856 年),马巷通判程荣春抵任后,拿办林禄抗粮拒捕一案,"民情颇为允服"。② 同治三年(1864 年),程荣春任泉州知府,果断处理同安浒井乡张姓抗粮拒捕案,先施以威,声言"会剿",该乡"闻风畏罪",请武进士叶春晖、举人陈腾鲲出面到县衙说情,表示悔罪。事后该乡保证在三日内将咸丰十年起至同治三年止欠完新旧银谷,"照数全完"。③ 这说明,遇上廉明贤能官吏,抗粮与械斗还是可治的。只是这种廉能之吏太少了。

近代中国社会外受列强欺凌、掠夺,内受封建压迫、剥削,经济凋敝,民不聊生。马巷为"通省瘠苦之缺",这也是出现社会问题的经济因素。然而,抗粮和械斗都不是维护贫苦劳动人民的利益。抗粮是在维护土地所有者利益,械斗受族权、绅权所操纵。雇农和佃农被卷进这两股斗争旋涡中,只是充当有钱人的牺牲品或无辜受累。问题长期得不到解决,也说明其利益所在。因为事件本身除了使政府减少田粮收入外,并没有威胁到官府的统治地位。官府

---

① 《同安县志》卷三五《人物录 · 循吏》,台湾成文出版社 1929 年版,第 1169 页。

② 程荣春:《桐轩案牍》(抄本,厦门大学历史系资料室藏),第 3 页。

③ 程荣春:《桐轩案牍》(抄本,厦门大学历史系资料室藏),第 48—49 页。

吏胥反而借处理抗粮和械斗问题,从中勒索受贿、侵吞渔利。

令人痛心的是,这种斗争,特别是械斗,给社会造成极大危害。宗族情掩盖了民族仇、阶级恨,使贫苦农民被利用、自相残杀。"或父子二人,父受大姓雇募,子受小姓雇募,及至临场,父子各忠所事,若不相识。"①由于长期械斗,造成村村残破,户户颠连。② 并使参与械斗双方处于紧张戒备之中,影响正常的生产和生活环境,破坏了地方经济发展。由于械斗而引起不休的命案狱讼,造成人亡家破。当时,"民间千金之家,一受讼累,鲜不破败。"③汪辉祖在《佐治药言》中反映清代因讼破家的情景:

"谚云:'衙门六扇开,有理无钱莫进来'。非谓官之必贪,吏之必墨也。一词准理,差役到家,有馔赠之资;探信入城,则有舟车之费。及示审有期,而讼师词证,以及关切之亲朋,相率而前,无不取给于具呈之人;或审期更换,则费将重出,其他差房陋规,名目不一。谚云:'在山靠山,在水靠水'。有官法之所不能禁者,索诈之赃,又无论已。……如乡民有田十亩,夫耕妇织,可给数口。一讼之累,费钱三千文,便须假子钱以济,不二年必至鬻田,鬻一亩则少一亩之入,辗转借售,不七八年,而无以为生。"④

汪氏所处的是乾隆时代,所反映的情况至咸同年间随着吏治的更加腐败,不仅没有消除,反而更为严重。

所以,械斗是一种乡民自残的恶习。历代统治者都想根治这种恶习,却总不如愿。新中国成立后,这种恶习根除了,充分体现中国共产党的英明、伟大和非凡的领导能力。

(原载《中国社会经济史研究》1997 年第 2 期)

---

① 张集馨:《道咸宦海见闻录》,中华书局 1981 年版,第 62 页。

② 宋际春:《柘耕诗文集》(钞本)卷一〇《泉漳治法论跋》。

③ 汪辉祖:《学治续说》,《官箴》,中央民族大学出版社 1996 年版,第 430 页,

④ 汪辉祖:《佐治药言》,《官箴》,中央民族大学出版社 1996 年版,第 337—338 页。

晚清不平等条约对中国海防的破坏

清朝晚期，自道光二十年(1840年)后，西方列强英国、法国、美国、德国等国侵略者纷至沓来，利用武力不断轰开中国的海防大门，胁迫清政府签订一个又一个不平等条约，不断攫取侵略利益。后来的俄国、日本等国侵略者也接踵而至，大肆侵犯中国，威迫清政府签订多个不平等条约，占夺中国领土，攫取侵略利益。据统计，晚清政府从道光二十二年(1842年)签订第一个不平等条约《南京条约》起，至宣统三年(1911年)清朝被推翻止，同入侵和来华的列强共签订五百多个不平等条约。[①] 一个个不平等条约，记录着列强一步步将中国变为受其控制的半殖地半封建和殖民地化社会的中国的过程，实现列强在中国利益的最大化的过程。一个个不平等条约，使中国丧失了关税主权、治外法权、领土主权、领海主权、内水主权、海防、边防、国防主权、禁毒缉私、海关管理、内河管理、港口管理、出入境管理、市场管理等一系列主权。本文拟就不平等条约侵犯中国的领海主权、海防和岸防主权、破坏中国海防的情况作专题考察、分析，总结历史的教训和启示。

一、不平等条约的相关规定

不平等条约对中国海防破坏的相关规定，主要有如下内容：

1. 在通商口岸自由贸易、居住、租地、设领事官

所有列强与清政府签订的首个条约都有同样规定。如中英《南京条

① 梁为楫、郑则民主编：《中国近代不平等条约选编与介绍》，中国广播电视出版社1993年版，第9页。学界对近代不平等条约的数量有不同见解，详见侯中军著《近代中国的不平等条约——关于评判标准的讨论》，上海书店出版社2012年版。

约》规定:“准英国人民带同所属家眷,寄居大清沿海之广州、福州、厦门、宁波、上海等五处港口,贸易通商无碍;且大英国君主派设领事、管事等官住该五处城邑,管理商贾事宜”。[①] 中英《上海租地章程》约定,清政府划定洋泾浜以北、李家庄以南之地,“准租与英国商人,为建筑房舍及居住之用”。[②] 租地界内由英国领事官管理,牵涉地方事项会同“地方官宪”商定。[③] 中美《五口贸易章程》、中法《五口贸易章程》、中瑞(瑞典)、中挪(挪威)《五口通商章程》等,都有同样规定。[④] 开放通商贸易本身是正常的,但是由通商而产生的协定关税,由领事官管理其本国商人,外国商人可以在通商口岸租地建房居住、自己管理租借地等,这就超出通商贸易范围,严重侵犯了中国对外防卫权和管理权。

2. 在通商口岸准许外国“官船”“兵船”“师船”停泊、巡查、通航

中英《虎门条约》写道:“凡通商五港口,必有英国官船一只在彼湾泊,以便将各货船上水手严行约束,该管事官亦即藉以约束英商及属国商人。”“其官船将去之时,必另有一只接代,该港口之管事官或领事官必先具报中国地方官,以免生疑;凡有此等接代官船到中国时,中国兵船不得拦阻”。[⑤] 中美《五口贸易章程》其中一条款说:“嗣后合众国如有兵船巡查贸易至中国各港口者,其兵船之水师提督及水师大员与中国该处港口之文武大宪均以平行之礼相待,以示和好之谊;该船如有系买食物、汲取淡水等项,中国均不得禁阻,如或兵船损坏,亦准修补。”[⑥]中法《五口贸易章程》也没有忘记写上同样内容:“大佛兰西国皇上任

① 梁为楫、郑则民主编:《中国近代不平等条约选编与介绍》,中国广播电视出版社 1993 年版,第 19 页。

② 梁为楫、郑则民主编:《中国近代不平等条约选编与介绍》,中国广播电视出版社 1993 年版,第 49 页。

③ 梁为楫、郑则民主编:《中国近代不平等条约选编与介绍》,中国广播电视出版社 1993 年版,第 51 页。

④ 梁为楫、郑则民主编:《中国近代不平等条约选编与介绍》,中国广播电视出版社 1993 年版,第 51 页。

⑤ 梁为楫、郑则民主编:《中国近代不平等条约选编与介绍》,中国广播电视出版社 1993 年版,第 25 页。

⑥ 梁为楫、郑则民主编:《中国近代不平等条约选编与介绍》,中国广播电视出版社 1993 年版,第 37—38 页。

凭派拨兵船在五口地方停泊，弹压商民水手，俾领事得有威权。”①并且还进一步写道：“凡佛兰西兵船往来游弋，保护商船，所过中国各口，均以友谊接待。其兵船听凭采买日用各物，若有坏烂，亦可购料修补，俱无阻碍。”②与瑞典、挪威签订的《五口通商章程》依样仿效写道：瑞典国、挪威国“兵船巡查贸易至中国各港口者”，中国该处港口之文武大宪以“平行之礼相待”，采买食物等，“中国均不得禁阻”。③

英国在发动第二次鸦片战争后签订的中英《天津条约》中再次确认：“英国师船，别无他意，或因捕盗驶入中国，无论何口，一切买取食物、甜水，修理船只，地方官妥为照料。”④英国在“通商各口分设浮桩、号船、塔表、望楼，由领事官与地方官会同酌视建造。”⑤中法《天津条约》也再次明确写道：法国“任凭派拨兵船在通商各口地方停泊”。“凡大法国兵船往来游弋，保护商船，所过中国通商各口，均以友谊接待。其兵船听凭采买日用各物，若有坏烂，亦可购料修补，俱无阻碍。”⑥乘势跟进的中俄《天津条约》仿照约定：“俄国在中国通商海口设立领事官，为查各海口驻扎商船居住规矩，再派兵船在彼停泊，以资护持。”俄国兵、货船只“在中国沿海地方”维修、取水、买食物，“地方官不可拦阻”。⑦ 中德《通商条约》同样约定：允许德国“官船”驶入通商各口。⑧ 比利时、意大利、奥地利与清朝政府签订的《通商条约》无一例外规定，其国“师船”

---

① 梁为楫、郑则民主编：《中国近代不平等条约选编与介绍》，中国广播电视出版社1993年版，第41页。

② 梁为楫、郑则民主编：《中国近代不平等条约选编与介绍》，中国广播电视出版社1993年版，第45页。

③ 梁为楫、郑则民主编：《中国近代不平等条约选编与介绍》，中国广播电视出版社1993年版，第59页。

④ 梁为楫、郑则民主编：《中国近代不平等条约选编与介绍》，中国广播电视出版社1993年版，第92页。

⑤ 同上，第91页。

⑥ 梁为楫、郑则民主编：《中国近代不平等条约选编与介绍》，中国广播电视出版社1993年版，第100—101页。

⑦ 梁为楫、郑则民主编：《中国近代不平等条约选编与介绍》，中国广播电视出版社1993年版，第75页。

⑧ 梁为楫、郑则民主编：《中国近代不平等条约选编与介绍》，中国广播电视出版社1993年版，第138页。

进入通商港口，同签约各国一样对待。①

1861 年签订的《长江各口通商暂订章程》规定："凡商船来往长江，准带应用兵器以为保卫之资"。②

3. 在通商口岸之间任便通航

中英《虎门条约》约定：允许"广州等五港口英商或常川居住，或不时来往"。③ 中美《五口贸易章程》中也写道：美国"民人"在广州等五港口之船只"装载货物，互相往来，俱听其便"。④ 中法《五口贸易章程》同样写道："所有佛兰西船，在五口停泊，贸易往来，均听其便"。⑤ 其他国家与清朝政府所签的通商章程，都有相同约定内容。而且，随着新的条约签订，通商口岸的添开，签约国船只在通商口岸之间任便通航的地点、范围不断延伸、扩大。从中国沿海延伸进长江流域和西南、西北内地。

4. 进出港口"自雇引水"，自雇小船驳运货物

中英《五口通商章程》中关于进出口雇用引水作如下规定："凡议准通商之广州、福州、厦门、宁波、上海等五处，每遇英商货船到口准令引水即行带进；迨英商贸易输税全完，欲行回国，亦准引水随时带出，俾免滞延。至雇募引水工价若干，应按各口水程远近、平险，分别多寡，即由英国派出管事官秉公议定酌给。"⑥关于自雇小船剥运货物事写道："每遇卸货、下货，任从英商自雇小船剥运，不论西瓜扁及各项艇只，其雇价银两若干，听英商与船户自行议定，不必官为经理，亦不必限定何船揽载。"⑦中美《五口贸易章程》也同样约定："凡合

① 梁为楫、郑则民主编：《中国近代不平等条约选编与介绍》，中国广播电视出版社 1993 年版，第 155、159、177 页。

② 王铁崖编：《中外旧约章汇编》第一册，三联书店 1957 年版，第 154 页。

③ 梁为楫、郑则民主编：《中国近代不平等条约选编与介绍》，中国广播电视出版社 1993 年版，第 24 页。

④ 梁为楫、郑则民主编：《中国近代不平等条约选编与介绍》，中国广播电视出版社 1993 年版，第 33 页。

⑤ 梁为楫、郑则民主编：《中国近代不平等条约选编与介绍》，中国广播电视出版社 1993 年版，第 41 页。

⑥ 梁为楫、郑则民主编：《中国近代不平等条约选编与介绍》，中国广播电视出版社 1993 年版，第 28 页。

⑦ 梁为楫、郑则民主编：《中国近代不平等条约选编与介绍》，中国广播电视出版社 1993 年版，第 29 页。

众国民人贸易船只进口,准其自雇引水,赴关隘处所,报明带进;俟税钞全完,仍令引水随时带出。其雇觅跟随、买办及延请通事、书手、雇用内地艇只,搬运货物,附载客商,或添雇工匠、厮役、水手人等,均属事所必需,例所不禁,应各听其便,所有工价若干,由该商民等自行定议,或请各领事官酌办,中国地方官勿庸经理。”。①

由于添开通商口岸,所以中英《天津条约》中再次可以见到自雇引水内容:“英国船只欲进各口,听其雇觅引水之人;完清税务之后,亦可雇觅引水之人,带其出口。”②并可见到自雇小船剥运货物规定:英船“游行往来,卸货、下货,任从英商自雇小船剥运,不论何项艇只,雇价银两若干,听英商与船户自议,不必官为经理,亦不得限定船数,并何船揽载及挑夫包揽运送。”③中法《天津条约》同样写上自雇引水和自雇小船剥运货物条款:“凡大法国船驶进通商各口地方之处,就可自雇引水,即带进口,所有钞饷完纳后,欲行扬帆,应由引水速带出口,不得阻止留难。”“凡大法国船主、商人,应听任便雇各项剥船、小艇,载运货物,附搭客人,其船艇脚价,由彼此合意商允,不必地方官为经理,若有该舰艇诓骗、走失,地方官亦不赔偿。其船艇不限以只数,亦不得令人把持,并不准挑夫人等包揽起货、下货。”④

其他国家如美国、俄国、德国、比利时、意大利等,与清政府签订的条约都有同样的条款内容。⑤ 日本在中日《通商行船条约》中,用“悉照现行各国通商章程办理”一句话,囊括日本在各通商口岸享有与签约各国同样的特权,包括自雇引水等特权。⑥

---

① 梁为楫、郑则民主编:《中国近代不平等条约选编与介绍》,中国广播电视出版社 1993 年版,第 34 页。

② 梁为楫、郑则民主编:《中国近代不平等条约选编与介绍》,中国广播电视出版社 1993 年版,第 91 页。

③ 梁为楫、郑则民主编:《中国近代不平等条约选编与介绍》,中国广播电视出版社 1993 年版,第 88 页。

④ 梁为楫、郑则民主编:《中国近代不平等条约选编与介绍》,中国广播电视出版社 1993 年版,第 98 页。

⑤ 梁为楫、郑则民主编:《中国近代不平等条约选编与介绍》,中国广播电视出版社 1993 年版,第 76、82、135、149、159 页。

⑥ 梁为楫、郑则民主编:《中国近代不平等条约选编与介绍》,中国广播电视出版社 1993 年版,第 315、317 页。

引水的管理权当时归海关理船厅管理，海关由英国“帮办”的海关总税务司署统辖。同治七年（1868 年）制定的《各海口引水总章》规定：“凡华民及有条约各国之民有欲充引水者，均准其一体充当”。① 这样，中国港口的引水不仅中国人可以当任，外国人也可以充当。

5. 占据、租借沿海要地、港口

通过不平等条约，英国占据香港，日本占领台湾、澎湖列岛，德国租借胶州湾，俄国租借旅顺、大连，英国租借威海卫，法国租借广州湾等。

中英《南京条约》写道：“因大英商船远路涉洋，往往有损坏须修补者，自应给予沿海一处，以便修船及存守所用物料。今大皇帝准将香港一岛给予大英国君主暨嗣后世袭主位者常远据守主掌，任便立法治理。”②香港即被英国占据。中日《马关条约》写道：中国将辽东半岛、台湾全岛、澎湖列岛这些地方管理之权，“并将该地方所有堡垒、军器工厂及一切属公物件，永远让与日本”。③ 台湾、澎湖就这样被日本占领。辽东半岛没被日本吞进肚，因为俄国、德国的在华侵略利益受侵碍，所以在俄国、德国干预下，清政府以三千万两白银为“酬报”日本，日本交还辽东半岛。

光绪二十四年（1898 年）签订的中德《胶澳租界条约》写有如下内容：“大清国大皇帝已允将胶澳之口，南北两面，租与德国，先以九十九年为限。德国于所租之地应盖炮台等事，以保地栈各项、护卫澳口。”“德国所租之地，租期未完，中国不得治理，均归德国管辖”。“因胶澳内海面均归德国管辖，德国国家无论何时，可以定妥章程，约束他国往来各船；此章程，即中国之船，亦应一体照办”。④ 同年签订的中俄《旅大租地条约》有如下条款约定：“大清国大皇帝允将旅顺口、大连湾暨附近水面租与俄国”。“租地限期，自画此约之日始，定二十五年为限，然限满后，由两国相商展限亦可。”“在俄国所租之地以及附

---

① 王铁崖编：《中外旧约章汇编》第一册，三联书店 1957 年版，第 265 页。

② 梁为楫、郑则民主编：《中国近代不平等条约选编与介绍》，中国广播电视出版社 1993 年版，第 19 页。

③ 梁为楫、郑则民主编：《中国近代不平等条约选编与介绍》，中国广播电视出版社 1993 年版，第 287 页。

④ 梁为楫、郑则民主编：《中国近代不平等条约选编与介绍》，中国广播电视出版社 1993 年版，第 345 页。

近海面,所有调度水、陆各军并治理地方大吏全归俄官,……中国无论何项陆军,不得驻此界内”。俄国在旅顺大连港口“备资自行盖造水、陆各军所需处所,建筑炮台,安置防兵”。① 中俄《续订旅大租地条约》又约定:“租与俄国之旅顺口及大连湾、辽东半岛陆地,……租界附近水面及陆地周围各岛,均准俄国享用”。“中国兵应退出金州,用俄兵替代。”②同年签订的中英《订租威海卫专条》写道:“中国政府将山东省之威海卫及附近之海面租与英国政府,以为英国在华北得有水师合宜之处,并为多能保护英商在北洋之贸易;租期应按照俄国驻守旅顺之期相同。所租之地系刘公岛,并在威海湾之群岛,及威海全湾沿岸以内之十英里地方。以上所租之地,专归英国管辖。”而且在所租的沿海及附近沿海地方,“均可择地建筑炮台、驻扎兵丁,或另设应行防护之法”。③

光绪二十五年(1899 年)签订的中法《广州湾租界条约》中的条款写道:“中国国家将广州湾租与法国国家,作为停船趸煤之所,定期九十九年”。“于九十九年内所租之地,全归法国一国管辖”。“在租界之内,法国可筑炮台,驻扎兵丁,并设保护武备各法。又在各岛及沿岸,法国应起造灯塔,设立标记、浮桩等,以便行船,并总设整齐各善事,以利来往行船,以资保护。”④“其租界各地湾内水面,均归法国管辖,法国可以立定章程,并征收灯、船各钞,以为修造灯桩各项工程之费。”⑤

6. 驻兵特权。在重要港口、要隘驻兵

在通商口岸和租借的港湾驻兵。如前述在通商口岸派驻兵船,在胶州湾、旅顺大连、威海卫、广州湾等处驻兵。在被占据的香港、台湾驻兵。

---

① 梁为楫、郑则民主编:《中国近代不平等条约选编与介绍》,中国广播电视出版社 1993 年版,第 349—350 页。

② 梁为楫、郑则民主编:《中国近代不平等条约选编与介绍》,中国广播电视出版社 1993 年版,第 351 页。

③ 梁为楫、郑则民主编:《中国近代不平等条约选编与介绍》,中国广播电视出版社 1993 年版,第 375 页。

④ 梁为楫、郑则民主编:《中国近代不平等条约选编与介绍》,中国广播电视出版社 1993 年版,第 408 页。

⑤ 梁为楫、郑则民主编:《中国近代不平等条约选编与介绍》,中国广播电视出版社 1993 年版,第 409 页。

光绪二十七年(1901年),清政府与德、奥、比、日、美、法、英、义、日本、和、俄十一国签订的《辛丑各国和约》毫不含糊规定各国在北京至海口地带"留兵驻守"特权。条约写道:"中国国家应允,由诸国分应主办,会同酌定数处,留兵驻守,以保京师至海通道无断绝之虞。今诸国驻守之处系:黄村、郎(廊)坊、杨村、天津、军粮城、塘沽、芦台、唐山、滦州、昌黎、秦皇岛、山海关。"①同时解除清军防备:"大清国国家应允将大沽炮台及有碍京师至海通道之各炮台,一律削平"。②

二、相关规定对中国海防的破坏

以上相关规定严重侵犯中国海防主权,破坏了中国海防建设,造成中国有海无防,有防无用,无防备之权,随时随地都可能挨打。主要表现在:

其一,通商口岸派驻兵船的危害

从不平等条约的相关规定看,来华列强都是在通商贸易的幌子下,谋求达到其贸易利益最大化,并保护其利益不受损害。他们以武力胁迫清政府妥协,给予利益,并以武力为后盾,保护并扩充其利益。通商口岸开到哪里,他们的商船就能自由航行到那里,他们的兵舰也就跟随派驻到那里。这是任何主权国家所不能接受的。1836年出版的惠顿《万国公法》明确指出:"各国所管海面及海口、澳湾、长矶所抱之海,此外更有沿海各处,离岸十里之遥,依常例亦归其管辖也。盖炮弹所及之处,国权亦及焉,凡此全属其管辖而他国不与也。"③"即和平时有约,准各国商船进港,不准兵船进港"。④ 所以,在通商口岸派驻兵船违反国际法,严重侵犯中国海防主权。因为有兵舰在,又有领事裁判特权,任意可以居住在通商口岸的外国商人、侨民就有恃无恐,霸凌中国商

① 梁为楫、郑则民主编:《中国近代不平等条约选编与介绍》,中国广播电视出版社1993年版,第430—431页。

② 梁为楫、郑则民主编:《中国近代不平等条约选编与介绍》,中国广播电视出版社1993年版,第430页。

③ [美]惠顿:《万国公法》,上海书店出版社2002年版,第73页。

④ [美]惠顿:《万国公法》,上海书店出版社2002年版,第74页。

人和本地居民。中国沿海由南到北的重要口岸广州、福州、厦门、宁波、上海、镇江、南京、天津等，不仅成为外商的天堂，而且成为各侵略国在华的海军据点。一有什么对抗，他们的兵舰立即可以做出反应，取得军事主动权，中国在各港口及沿海的海防设施形同虚设。因为是不平等条约规定的，所以，相关国家在中国各通商口岸的军事存在还要享受清政府保护，不受攻击。甲甲中法马江战役爆发前，法国侵略舰船就利用这种特权，以所谓“游历”为名，轻易地开进福州马尾港，停泊福建海军基地——马江，与福建海军舰船对峙。并等待时机，向福建海军舰船发起攻击，在半小时内，福建海军就全军覆没，造成悲惨恶果。这一事例说明，允许外国兵船在各通商口岸存在，就破坏了沿海各通商口岸海防，侵略者随时可能在各通商口岸发难，清政府失去了各通商口岸的起码防卫门户。在这些通商口岸已谈不上海防了。

其二，台湾被日本占领的危害

台湾是中国东南海疆重要屏障，具有重要海防战略地位。日本走上军国主义发展道路以后，猖狂谋求对外侵略扩张，其第一步目标就是吞并琉球，占领朝鲜和中国台湾，再进一步向中国大陆侵犯，并向东南亚扩张。通过发动甲午中日战争，日本终于占领了朝鲜和中国台湾。而此前已吞并了琉球。朝鲜和中国台湾被日本独占后，迅速膨胀了日本侵华野心。晚清时期，日本把福建和东北三省划定为其势力范围，大力扩充军备，为再次发动更大规模的侵华战争磨刀霍霍。中国台湾被日本占领，成为日本的重要军事基地，极大方便了日本进一步对中国大陆的侵略。

其三，重要港湾被租借的危害

随着列强在华势力步步深入和扩张，日本发动甲午战争的侵华“成果”，大大刺激了其他列强的胃口。通过向清政府迫签不平等条约，胶州湾被德国租借，旅顺、大连港被俄国租借，英国获得威海卫租让，广州湾被法国租借。名为租借，实为占领。包括海防设施在内，全归租借国管理。清政府已失去这些港湾的海防建设权和防卫权。广州湾是中国南大门，法国把控后，与其在越南殖民地连成一片，直接威胁南中国的海防安全。法国获得广州湾的租让，攫取

“海军基地”。① “海防的近在咫尺使广州湾除作避风港以外失去一切功用，不过租让的主要作用乃是使法国国旗又向中国的心脏推进一步。”②英国取得威海卫租借地的目的仅限于“作为一个基地”，“作为英国舰队可以随时派往而不会有任何问题的一个英国的港口罢了。”③胶州湾是山东门户，旅大港是华北东北海上门户，都是中国海防战略要冲。旅顺、威海港原是北洋海军军港，重要的海军基地和国都门户，这些港湾的被租占，也意味着清政府在这些港湾的海防建设权、防卫权的丧失。海防建设权、防卫权的丧失，就意味着没有任何海防安全可言。

其四，自雇引水的危害

“引水”，亦称引航、引港，就是船舶进出港口的引航员。对引水的管理是港口管理中一项重要事务。由于引水熟悉港口航道和港口标识、地形，是港口航道秘密的掌握者，所以，引水不仅对进出港船舶安全十分重要，而且对海防建设、维护港口防卫安全也十分重要。要管控进出港船舶，必须严格管理引水人员。引水的管理权是港口防卫、港口管理的重要主权之一。不平等条约规定进出通商口岸，允许“自雇引水”，这就使引水成为任凭自由雇用的人员，而不属于港口管理的人员。引水在重金诱惑下，难于保证其不出卖港口航道秘密，或为非法进出港船只提供方便。凡主权国家的引水人员都由本国港口管理机关遣派，均为本国人。允许外国人可以充当中国通商口岸引水，不仅侵犯中国引水主权，而且埋下港口防卫安全隐患。1884 年，甲申中法马江战役爆发前，法国侵略舰队的战舰就是在任便自雇来的引水导航下，从闽江口便捷安全进入马尾港，完成其侵略的开战准备。所以，这一规定使清政府丧失通商口岸管理的重要主权，也是对沿海通商口岸海防建设的恶劣破坏。

其五，多地驻兵特权的危害

11 个国家联合胁迫清政府签订的辛丑条约，赔款数额之巨，列强攫取

---

① 马士:《中华帝国对外关系史》第三卷，上海书店出版社 2006 年版，第 123 页。
② 马士:《中华帝国对外关系史》第三卷，上海书店出版社 2006 年版，第 124 页。
③ 马士:《中华帝国对外关系史》第三卷，上海书店出版社 2006 年版，第 131 页。

利益之多,惩办中国人民反抗侵略之严厉,由京师至海口多地派驻军队之举措等,都达到登峰造极的地步。清政府"接受在它的都城里建立一个外国堡垒和一支驻防军"。中国"已经达到了一个国家地位非常低落的阶段,低到只是保持了独立主权国家的极少的属性的地步。"[①]在清政府的心脏地带驻兵,意味着清政府已完全置于列强的军事控制之下,清政府已完全被解除反侵略武装,被解除海防、岸防武装,天津、塘沽一带的海防、岸防不复存在。

总之,不平等条约不断破坏清政府的海防建设,使中国有海无防,有海不能防,有防不能用,完全丧失海防、岸防等主权。清政府被一个个不平等条约的绳索捆绑住手脚,任由列强摆布、控制,中国陷入殖民地半殖民地半封建社会深渊。

三、历史启示

晚清海防建设自鸦片战争后,开始受重视。第二次鸦片战争后,开始"师夷长技",制船造炮,编练海军,构筑新式炮台,安设先进大炮,海防建设有所建树,略有成果。然而,面对列强发动的一次次侵略战争,清政府一次次妥协退让,签订一个又一个不平等条约,海防建设一次又一次被破坏,福建海军、北洋海军先后被毁灭,海防港口、海防要津被窃据,国家处于灭亡的边缘。"这中国,那一点,我还有分!这朝廷,原是个,名存实亡。"[②]清朝廷成为"洋人的朝廷"。[③] 为什么会造成如此危局?从中可以得到哪些启示?笔者认为,认真总结、审视这一段惨痛、屈辱历史,至少有如下重要启示:

首先,对侵略者不能存任何幻想。晚清时期,清政府面对来华的外国侵略者,抱有幻想和错误认识,以为其仅仅为通商贸易而来,只要给予通商就没事

① 马士:《中华帝国对外关系史》第三卷,上海书店出版社2006年版,第386页。

② 陈天华:《猛回头》,见《中国近代对外关系史资料选辑》上卷第二分册,上海人民出版社1977年版,第190页。

③ 陈天华:《猛回头》,见《中国近代对外关系史资料选辑》上卷第二分册,上海人民出版社1977年版,第191页。

了。中英《南京条约》签订,清朝当局以为,通商口岸由原先一口添至五口,英国侵略者应该满足了,何况条约中明确写上这是“永久和约”,[①]应该太平无事了。然而,仅隔一年,英国又迫清政府签订《虎门条约》。条约中照样少不了“万年和好”“万年和约”的字眼。[②] 但是,没等到万年,只不到二十年,英国又伙同法国侵略者发动第二次鸦片战争,攫取更多侵略利益。两次鸦片战争之间的二十年,清政府的海防建设就在对侵略者的“和好”幻想中耽误了二十年,“师夷长技”制船造炮的呼吁不被理睬。直到第二次鸦片战争后,海防建设才有所动作。英国窃据香港后也并没有满足,又谋求香港界址的扩展,谋威海港的窃据,并谋长江流域和西藏的侵略范围。英国如此,法国、日本等又何尝不是如此。法国看到英国发动鸦片战争图到了利益,很快仿效,也要求清政府签约。清朝当局以为“抚夷不外通商”,本着“一视同仁”的态度,与法国签了《五口贸易章程》。获得利益后,与英国侵略者一样货色,法国也并未满足,不仅与英国联合发动第二次鸦片战争,而且于 20 多年后的光绪十年(1884年)挑起中法战争,以“游历”“和好”之名,把武装舰队开进福州马尾港,在马江江面上开火攻击福建海军舰船,毁灭了东南海防支柱——福建海军。法国也没有为获得更多通商利益而止步,其又图谋租借广州湾,将其在越南殖民地的侵略势力与中国两广连成一片。再看日本,其侵华野心就更大了。日本吞并琉球、入侵台湾,小试牛刀后,没有引起清政府的足够重视和警觉。北洋海军建设止步不前,没有注意到日本正在针对中国营造战斗力超越北洋海军的海军舰队。结局可想而知,在日本发动的甲午中日战争中,北洋海军吃了亏,终于在错误的指挥下,在威海卫军港,陷入日军海陆包围,全军覆没。日本占领台湾后仍没有停止侵略中国的脚步,30 多年后,又发动侵略我国东北、华北的侵华战争,妄图吞并中国和东南亚各国。由此可见,对侵略者不能存任何幻想。不能幻想侵略者发动一次侵略战争、获得一次侵略利益后就会与你永远和好,不会再有第二次侵略战争,不会再向你索取更多的利益,甚至完全“吃”掉你。

---

① 梁为楫、郑则民主编:《中国近代不平等条约选编与介绍》,中国广播电视出版社 1993 年版,第 18 页。

② 梁为楫、郑则民主编:《中国近代不平等条约选编与介绍》,中国广播电视出版社 1993 年版,第 23、25 页。

其次，要加强海防建设，强实力抗战。侵略者上门来了，要丢掉幻想，准备战斗。面对强敌不抗战是错误的；战后不觉醒、不加强备战更是错误的。要增强海防、边防实力，切实备战，动员好、组织好、训练好、指挥好抗战力量，包括军事武装和民间力量。还要不断讲求先进的海防、边防、海军、陆军建设和武器装备。历史证明，不抗战、不备战不会得到和平，结局必然是亡国。抗战、备战、奋斗才是爱国之举，才是国家不亡、民族不灭的保障。

再次，国家主权关系国家命运，要全力维护主权。国家主权包括领土主权、领海主权、内水主权、领空主权、立法、司法、行政等主权。主权的丧失，表明掌控国家命运权力的丧失，表明国家命运处于受人摆布、任人处置的险境。所以，国家主权要全力维护。晚清政府只知道维护其统治权，而不知道或不重视维护国家的相关主权。从《南京条约》等第一批不平等条约内容看，通商口岸之间的任意航行和通商口岸的派驻兵船、自雇引水、领事裁判权等，使中国丧失沿海通商口岸之间的领海主权和通商口岸的军事防卫权、港口管理权、司法权，造成不良影响和祸害。但是清朝统治者并没有意识到。按照国际通行规则，外国人要遵守侨居国的法律法规、风俗习惯，接受地方行政管理。然而，晚清来华的外国人凭借不平等条约，成为中国法律管控不到的特殊群体。清朝统治者传统的严夷夏之防、华夷之辨观念，认为夷夏不能混同，更不能以夷变夏，所以，通商口岸设立领事官、管事官管理其本国商民等，根据该国法律裁判该国商民发生的民事、刑事案件，并在通商口岸租借一块地方，专供外国人居住、管理，这些不合国际常规的侵权内容能被清政府认为没有什么不妥，允许写进条约，多少有"夷夏之防"的传统观念在作怪。"夷夏之防"观念影响、妨碍了主权的维护。这说明通商口岸开放了，但清朝统治者对待外国人、管理外国人的观念还停留在鸦片战争前广州口岸对待外国人、管理外国人的旧观念上。长期闭关自守使清朝统治者几乎没有世界知识，不懂国际贸易规则和国与国交往规矩，从而在谈判签约中吃亏，蒙受国家主权丧失的危害。到了《辛丑各国和约》签订的时候，西太后已全然不顾国家主权不主权的，完全只顾自己的统治权了，公然表示要"量中华之物力，结与国之欢心"①，"当视我

① 《中国近代对外关系史资料选辑》上卷第二分册，上海人民出版社1977年版，第184页。

力之所能及，以期其议之必可行”①，不惜出卖所有能够出卖的主权和利益，以换取列强对其统治权的支持。

历史告诉我们，晚清签订的一系列不平等条约，把晚清的海防彻底破坏，中国一步步沦为殖民地、半殖民地半封建国家。民族危机深重。拯救这一危机，清政府已不能担此重任，有待中国人民的普遍觉醒、奋起和新的领导者及革命力量的诞生。

（原载《明清海防研究》第十一辑，广东人民出版社 2018 年版）

① 《中国近代对外关系史资料选辑》上卷第二分册，上海人民出版社 1977 年版，第 185 页。

学术研究综述

近十年林则徐研究回顾

林则徐是晚清传统社会向近代社会转折点上的先贤，历来备受关注。总结、回顾以往的研究情况，明确已有研究成绩、分歧点和研究的薄弱点，对发展、深化林则徐研究是必需的、有益的。2005 年 8 月 29 日至 9 月 2 日，在北京香山举行的“纪念林则徐诞辰 220 周年学术讨论会”上，与会者提交的论文中没有这方面的文章，大家认为有必要作弥补，遂委托我完成这一任务。我自觉学识浅陋，但凭热忱，不自量力承担下来。两个多月来集中精力检阅已有研究成果，摘录资料，进行梳理，虽然尽心尽力，恐仍不免有缺失或遗珠之憾，谨请识者饬教、补正。

本文只回顾近十年（1995 年至 2005 年 10 月）林则徐研究情况。因为 1995 年之前的林则徐研究情况，萧致治教授已有详细述评。①

一、研究概况

近十年，林则徐研究成果不菲。据笔者统计，出版有关著作 14 种，资料 8 种，研讨会论文集 2 册，纪念论文集 1 册；发表论文 87 篇（不含研讨会论文集中论文）。下面就著作、资料、论文、研讨会分别作简要介绍。

（一）著作。有林则徐传：屈小强著《制夷之梦：林则徐传》，②薛桂芬著《林则徐》，③林庆元著《林则徐评传》；④有林则徐后裔联络组编《林则徐世系

① 见萧致治主编：《鸦片战争与林则徐研究备览》第三编“林则徐研究述评”，湖北人民出版社 1995 年版。

② 四川人民出版社 1995 年版。

③ 哈尔滨出版社 1996 年版。

④ 南京大学出版社 2000 年版。

录》(增订本)[①];有专著:邵纯著《林则徐为官之道》[②],郭国顺主编《林则徐治水》[③],林子东、啸马著《民族之魂林则徐——林则徐生平事迹简述》[④];有论文集:王碧秀、林庆元主编《林则徐经世思想研究》[⑤],本书编委会编《林则徐与江苏——全国"林则徐与江苏"学术研讨会论文集》,[⑥]啸马主编《林则徐与民族精神》[⑦];有研究鸦片战争其中涉及林则徐的著作:茅海建著《天朝的崩溃——鸦片战争再研究》,[⑧]萧致治主编《鸦片战争——中国历史发展中第三次社会大变革研究》[⑨],郑彭年著《国门烽烟:第一次鸦片战争》[⑩],朱谐汉著《鸦片战争史话》[⑪],萧致治主编《鸦片战争与林则徐研究备览》[⑫];有小说:于德才著《劲吏林则徐》。[⑬]

林庆元著《林则徐评传》,全书分为上下篇,上篇"生平篇",下篇"思想篇",既考察林则徐从早年到晚年的生平事迹,又探讨林则徐一生的重要思想,如经世思想、"师夷""制夷""款夷"思想、爱国主义思想、经济改革思想、军事思想等。

《林则徐世系录》(增订本)以林则徐及其嫡系子孙为编录对象,以林则徐为第一代,下至第八代。内容包括林则徐世系表及附录林则徐传等。

《林则徐治水》汇集林则徐的治水事迹,旨在宣传林则徐的治水精神,进行爱国主义思想教育和爱岗敬业教育。书中介绍、评价林则徐开发畿辅水利的设想与《畿辅水利议》,介绍林则徐在苏鄂治水及在福州修浚小西湖;治理黄淮;开发伊犁水利与边疆垦荒等。

---

① 2000年8月印。
② 福建教育出版社2001年版。
③ 黄河水利出版社2003年版。
④ 2005年印。
⑤ 中国文史出版社2002年版。
⑥ 当代中国出版社2004年3月版。
⑦ 海峡文艺出版社2005年7月版。
⑧ 生活·读书·新知三联书店1995年版。
⑨ 福建人民出版社1996年12月版。
⑩ 中国社会科学出版社2000年版。
⑪ 社会科学文献出版社2000年版。
⑫ 湖北人民出版社1995年版。
⑬ 辽宁画报出版社2001年10月版。

《劲吏林则徐》，作者以小说的体裁写林则徐的勤政恤民、销烟御侮、忍辱负重、鞠躬尽瘁，通俗、形象地展现林则徐的为官作风和精神风貌。

《林则徐经世思想研究》是 2000 年 11 月在福州举行的“纪念鸦片战争 160 周年暨林则徐经世思想学术讨论会”的论文集。集中刊发了 24 篇论文，内容有综论、林则徐的经世思想、林则徐与经世派等，涉及林则徐经世思想的形成及基本内容、时代特征，林则徐的“师夷”“制夷”“款夷”思想，林则徐的海防观念、商办思想，林则徐与朱熹、林雨化、冯桂芬、魏源、梁章钜、陶澍、左宗棠、梁廷枏、沈葆桢等思想比较，鸦片战争前鸦片论议中的经济思想，道光朝经世派的主要成就等。

《林则徐与江苏》是 2003 年 10 月在江苏省姜堰市召开的全国“林则徐与江苏”学术研讨会论文集，选录提交研讨会的论文 42 篇，并附录张卫明《林则徐研究的新进展——2003 全国“林则徐与江苏”研讨会综述》等。收录论文主要探讨林则徐在江苏任职期间的思想和实践及政绩，其中有论述林则徐的“民本”、重农、赈灾、货币、禁烟思想、科学思想、军事思想等及其在江苏的实践。

《林则徐与民族精神》是为纪念林则徐诞辰 220 周年，由林则徐基金会与《炎黄纵横》杂志社特约专家、学者撰文编成。全书收入 29 篇纪念林则徐及研究林则徐文章。

《天朝的崩溃——鸦片战争再研究》是研究鸦片战争及相关人物的专著，对鸦片战争的起因、结果、各战役、相关官员的思想、作为及道光帝对抗战的指导、对“剿”、“抚”的思考、对战败原因的认识等有深入的资料考察、辨正和理论分析，提出不少与传统观点不同的见解。在鸦片战争这一看似无话可说的研究课题上理出新问题，亮出不同凡响的看法，无异在平静的学术水面上投入一块大石头，激起水花和波浪，引起学界的普遍关注。其中关于林则徐的评价也提出许多颇具挑战的观点，否定传统评价和学界形成的某些共识。下面摘要列举该书中对林则徐的有关评价。

1. 批评史料作者和著作家们把鸦片战争胜利的希望系在林则徐、关天培、裕谦、陈化成等主张或实行抵抗的人士身上，说只要重用林则徐，中国一定胜利。茅著认为这是传统的忠奸理论和“奸臣模式”，是错误的。当时就是多几个林则徐,也不可能取胜。

林则徐当时之所以得到喝彩,并非其“知夷”或“师夷”的功夫,对于这些当时并不受欣赏的内容,时人大多不清楚,林则徐本人也不宣扬。他得到众人的拥戴,正是他表示出与“逆夷”不共戴天。

由此,书中提出问题:鸦片战争的失败,究竟应当归结于中国的落后和保守,还是应当归结于琦善等人的卖国?当时中国的正确之途,究竟是彻底地改弦更张,还是只需重用林则徐等力主抵抗的官僚?

作者认为,鸦片战争是一场必定要失败的战争,当时清政府中没有人可以领导或指导这场战争获得胜利。

2. 关于林则徐在广州禁烟,对外国人操之过急过激,应对后来发生的战争负责的说法,茅著不同意这种看法,认为此说有失公允。按照清朝的标准,断绝通商本是广东大吏权限范围之内的事,林则徐又事先请过旨,绝无过激的问题。即使按照今天的国际标准来看,对于不执行本国法令的外国实行经济制裁,也不会成为什么过激的问题。林则徐在此举之中也有失误之处:一是不应当把英国政府的代表也关起来;二是当个别美国商人和荷兰领事分别申诉本人或本国商人并未从事鸦片交易时,没有及时甄别而区别对待;三是对外国商人提出的两项要求的后一项“具结”,“人即正法”一语,此时在清朝法律之中尚无必要的根据。

3. 禁烟与战争的关系问题,茅著认为,禁烟必定引起战争。摆在林则徐面前的两种选择:要么杜绝鸦片来源而引起战争,要么避免战争而放弃禁烟的努力。既要杜绝鸦片来源又不许挑起衅端,道光帝这一训令本来就是一个悖论,任何人都无法执行。

4. 林则徐对敌情的判断问题。茅著指出,林则徐接受义律表示愿意交出鸦片的禀帖,犯了第一个错误,因为他把作为个人的外国商人的对手转变为英国政府。1839 年 10 月 1 日,英国内阁会议决定,派遣一支舰队前往中国。这一侵华决定是根据 1839 年 6 月中旬以前的形势而作出的。林则徐对此毫无觉察。1840 年 6 月,英军舰抵达广东海口,林则徐竟将一次即将到来的战争,判断为一次大规模的鸦片武装走私。前方主帅没有发出战争警报,林则徐犯下了他一生最大的错误。这与林则徐分析情报时使用的思维方法与价值观念有关。

有论者据林则徐的书信和奏折，称其早已预见到了战争，并向道光帝和沿海各省督抚发出了做好战争准备的预告，茅著认为，林则徐关于“咨会”的奏折和关于“请敕”的书信，都是战争爆发之后他自我辩解的说法，都是不足以为据的。况且，林则徐的咨会和奏折，并未预告战争，说的仍是鸦片武装走私问题。

5. 否定林则徐的制敌方略，茅著认为林则徐采用避免海上舰船交锋、严守海口的“以守为战”的制敌方略存在很大弊陋，如所倚重的炮台靠不住，用传统的“火攻”战法是书生议兵的典型，雇募民勇袭扰，“也是不足恃的”。有论者将林则徐利用民众的种种做法，与后来的人民战争相比拟，茅著指出，这是不恰当的。

英军没有进攻广州，林则徐误认为他的制敌方略成功了，指责浙江方面未能如广东那样早有准备，茅著指出，林则徐的这种说法，只是主观的臆断，后来的事实证明，英军有着制胜的武力，绝非害怕林的武备。林则徐不可战胜是“一个神话”。

6. 否定林则徐建立“水军”的思想。茅著说：有论者谓林则徐建立“水军”的思想为正确的救国之方，我以为，此论似为不妥。林则徐提出“船炮水军”的建议，是对其先前的作战指导方针（以守为战）的否定，显示其探求新知的努力，是他思想的一大进展。但是，林则徐所设想的“水军”，只是传统水师的强化，并非近代海军。一支近代化的海军须由近代化的科技和工业为基础。缺乏这一基础，林则徐或其他人，空手是建不成近代海军的。林则徐关于“水军”的设想，只有思想史上的意义，并无军事史上的价值。

7. 是否要抗战的问题。茅著写道，我在研究鸦片战争史时，很快便得出结论：清朝迎战必败，应当尽早与英军缔结一项对其相对有利的和约。对于列强的入侵，武力抵抗无疑是正确的，但这种抵抗注定要失败，另作选择也是明智的。前者是道德层面的，后者是政治层面的。负责任的政治家可以选择对其民族更为有利的策略。对此不能简单地以“爱国”或“卖国”的道德观念概括之。

8. 关于林则徐是否有改革现状的进步思想问题。茅著认为没有。书中说:最近几十年的研究,普遍认定林则徐具有改革中国现状(主要是军事方面)的进步思想。依照这一思路,他复出后应当有所建言,应当有所行动。可是,很遗憾,我找不到这方面的证据。林则徐的思想被今人夸张了。林则徐并没有正面回答其对外部世界的看法,因此对其开眼看世界的广度和深度难作准确评估。从他对战争判断失误来看,似未有透彻的了解。今人称林则徐具有改革中国的思想,主要源于魏源《海国图志》中"师夷之长技以制夷"这一著名命题。但这一思想是否出自林,尚无直接证据。至于他在广东购买西洋船炮,似也不能拿来作为证明。在林之前,虎门炮台上就架有行商购买的洋炮,在林之后,奕山主粤时期,行商捐建西式战船、仿制西式兵器的规模又大大超过林。由此,我们可以认定林则徐有着可贵且有限的开眼看世界的事实,但还不能推导出他有着改革中国的思想。以强硬反对英国人租福州城内神光寺房屋为例,看不出林则徐有高于当时中国社会的思想和手段。在林则徐的遗折中,仍是臣子对君主的一片忠诚,看不到我们所希望的新气象。

茅著认为:作为一名士绅、一位民众,战后无论以何种形式抗英(包括反入城)都不应受到指摘,这是他们关心国家命运、民族前程的表现。他们的思想落后、手段陈旧、目标错误,应当由当时社会的思想家、政治家来负责。但是,林则徐作为一名富有思想的政治家,应当有更高的眼光,应当有负责任的态度,善于将自发的斗争纳入正确的轨道。鸦片战争给中国提出的使命是近代化,偏离这一轨道就不可能真正的"制夷",反有可能偾事。林则徐没有认识到这一点是他的错误,尽管他那对抗的姿态是可以表扬的。

上面用了一些篇幅摘录展示茅著对林则徐的评价,因为这些见解基本上对传统评价持否定观点,是近十年的头一年出现的解读林则徐的歧异声音,所以有必要作突出介绍。其他著作虽然都在已有研究基础上有所深入和进步,但对林则徐作更加全面、系统的阐述和更有高度的肯定则是一致的,肯定林则徐是禁烟抗英的民族英雄,是具有民本思想和改革精神的杰出政治家,是近代开眼看世界的伟大先驱或第一人,是清官、廉吏、能吏,是近代学习西方风气的开启者、第一人等。这是大家耳熟能详的,不作赘述。

（二）资料。近10年中，出版的资料书有《林则徐全集》（共10册）[①]、《林则徐选集》[②]、《林则徐》（画册）[③]、《林则徐书法集》[④]《四洲志》[⑤]《清抄本林则徐等西部纪行三种》（影印本）[⑥]。

《林则徐全集》比起60年代出版的《林则徐集》，在内容范围和数量上都有新的突破，内容范围扩大，增加了译编卷，收录译作六种，包括《四洲志》《澳门新闻纸》《澳门月报》《华事夷言录要》《滑达尔各国律例》《洋事杂录》，所收奏折件数增加近一倍。奏折绝大部分录自中国第一历史档案馆，共收录奏折1138件，加上清单等附件94件，共计1232件。文稿基本上以原件为依据，有些文稿和手迹是首次发表。文录卷、诗词卷经校订辑补，更加准确可靠。该全集的出版，为林则徐研究提供更准确、全面的资料和极大方便。

《林则徐书法集》是《林则徐全集》编辑计划的一部分，因受开本限制，所以没有与全集成套出版，而是单独出版大开本。所收录作品，包括条幅、对联、中堂、诗笺、信札、横批、扇面、条屏、题签、笔记等，基本上拍摄自原件，其中有不少作品为首次公开发表，具有重要史料价值。附录中还选刊了林则徐的部分印章。

《林则徐选集》选辑了林则徐各个时期具有代表性的诗文，有“文选”“诗选”“词选”。“文选”包括序、记、奏折、函牍、日记等选录。在版本的采择上，编选者尽量采用原稿或档案原件，或原稿的抄本、刻本，注释上，注明每篇作品的写作时间、地点、人事背景和词语典故，考订史实，匡正讹误。

（三）论文。近10年中，据笔者统计，发表在报刊的论文87篇，加上论文集上刊发的论文95篇，共计182篇。不少研究鸦片战争的论文也或多或少涉及林则徐评价，如果将这部分论文统计进去，则更不止此数。从总体上看，论文在已有研究基础上有所深入和发展，对林则徐的评价更全面、具体、充分。论文内容包括研究林则徐的禁烟思想、策略，研究林则徐的民本思想、爱国思

① 《林则徐全集》编辑委员会编，海峡文艺出版社2002年版。

② 杨国桢选注，人民文学出版社2004年版。

③ 杨国桢编，福建美术出版社1996年版。

④ 《林则徐全集》编辑委员会编，海峡文艺出版社2005年版。

⑤ 张曼评注，华夏出版社2002年版。

⑥ 石丽珍、王志民、陈玉红编，全国图书馆文献缩微复制中心2001年版。

想、经世思想、荒政思想、重农思想、赈灾思想、货币思想、治水思想、外交思想、师夷思想、制夷思想、塞防思想、筹海思想、法律思想、军事思想，研究林则徐在江苏、新疆的思想和作为、政绩，研究林则徐与澳门、香港、台湾的关系，林则徐与魏源、陶澍、何秋涛的比较等，其中也有不少独到见解或某些不同看法。

（四）研讨会。1996 年 7 月，在福州举行纪念民族英雄林则徐、迎接香港回归座谈会。座谈会由福建省电视台综艺台、福建省国际文化经济交流中心、福建省社科联、林则徐基金会主办。与会专家学者以爱国主义为主题，抚今追昔，称赞林则徐的爱国精神、维护主权的坚定立场和表现，指出香港回归是林则徐遗愿的实现，是对林则徐的最好纪念。

2000 年 11 月，在福州举行“纪念鸦片战争 160 周年暨林则徐经世思想学术讨论会”。会议由福建省社科联和林则徐研究会主办，以林则徐的经世思想作为研讨主题，讨论了林则徐经世思想的形成、经世思想的内容、时代意义，比较了林则徐与同时代具有经世思想人士的思想。讨论会论文汇编成《林则徐经世思想研究》。

2002 年 10 月，在武夷山市召开《中英南京条约》签订 160 周年学术研讨会。会议由林则徐基金会、林则徐研究会主办。会议主要讨论了《天朝的崩溃》中对林则徐的评价和鸦片战争研究的一些观点，与会者均表示不能赞同《天朝的崩溃》中的观点。

2003 年 10 月，在江苏省姜堰市召开“林则徐与江苏”学术研讨会。会议由江苏省社会科学联合会、福建省社会科学联合会、江苏社会科学院、福建社会科学院、南京大学历史系、扬州大学、江苏省中国现代史学会、福建省林则徐研究会共同主办，由姜堰市委、市政府、福建省林则徐研究会承办。会议集中研讨林则徐在江苏任职期间的思想和实践及政绩，论文汇编成《林则徐与江苏——全国“林则徐与江苏”学术研讨会论文集》。

2005 年 8 月 29 日至 9 月 2 日，在北京香山举行“纪念林则徐诞辰 220 周年学术讨论会”。会议由中国史学会、中国国际文化交流中心、福建省社会科学界联合会、福建省国际经济文化交流中心、福建省林则徐研究会主办。提交会议论文有 50 多篇，对林则徐的地位、林则徐与禁烟斗争、林则徐的抗战问题、林则徐与国际法、林则徐对夷情的探访、林则徐的哲学思想、林则徐在文学上的地位等问题作了较深入探讨。

二、值得关注的观点

近10年的论文成果中,粗略检阅梳理,有如下一些值得关注的观点:

1. 关于鸦片论议的分歧问题。王开玺在《黄爵滋禁烟奏疏平议》文中认为,黄爵滋的"重治吸食"主张是片面的,这种片面主张是有鉴于清廷吏治腐败,各种禁止之法皆不足恃而提出的,最终为清廷和林则徐的禁烟实践所修正扬弃。"林则徐虽在某一特定的历史条件和时空范围内,取得了禁烟的显著成效乃至重大胜利,但最终难免贬斥新疆的命运。"①王开玺在另一篇文章《鸦片战争前清统治集团禁烟方针错位略论》中又指出:黄爵滋提出重治吸食而置鸦片走私入口于不顾的"治内不治外"的禁烟方针,是清统治集团禁烟议论的第二次错位。(第一次错位是许乃济弛禁论,第三次错位是鸦片战争结束后签约谈判中对鸦片贸易的不禁止)错位在于遏流不断源。② 邱远猷《林则徐禁烟抗英的法律思想》,文章阐述林则徐在禁烟抗英活动中,运用法律武器进行卓有成效的斗争,形成林则徐的法律思想。其中阐述了"重治吸食者为先"的立法思想,认为十分合情合理;"死刑禁烟"是因时制宜,辟以止辟;阐述了林则徐提出的"夷商"应与内地民人同遵法度的思想,肯定这一内外并举的严禁方略,同英国侵略者妄图推行领事裁判权的行为作有力斗争。③ 郑剑顺《鸦片战争前的鸦片论议新探》认为:当时的鸦片论议,有弛禁论、例禁论、严禁论的分歧,例禁论不能称为严禁论。严禁论中有"重治吸食"和"严惩兴贩"及既"重治吸食"又"严惩兴贩"三种主张。弛禁论不能肯定,例禁论不足取。严禁论中的"重治吸食"、罪以死论主张是不妥当的,在源流、主次、利害、难易、量刑上有失权衡,有欠妥当;"严惩兴贩"、罪以死论才是值得肯定的较合理合情主张。林则徐主张既"重治吸食",又"严惩兴贩",这种把"吸食"与"兴贩"鸦

① 《近代史研究》1995年第1期。

② 《安徽史学》1998年第2期。

③ 《中州学刊》1995年第3期。

片罪同等量刑的意见也不是一种好办法。①

2. 关于封关“绝市”评价。王开玺《鸦片战争前后清政府制夷思路探论》，文章评论了“以商制夷”“以夷制夷”“以民制夷”的三种制夷思路得失，认为“以商制夷”是建立在封建愚昧基础上的，就连办事干练精明、注意了解夷务的林则徐，也曾于1839年3月按“抗命封舱”的惯例停止了中英贸易，以打击破坏中国禁烟运动的义律等人。对“以夷制夷”“以民制夷”也作了非议。②郑剑顺认为：主张封关“绝市”以断绝鸦片来源和为了杜绝鸦片来源制服“夷人”而采取封关绝市举措，都是错误的、不可取的。林则徐虽然没有主张不分青红皂白封关，但他也把断绝贸易作为“塞源”的重要辅助手段。由于英方不肯如式具结，所以林则徐奏请断绝中英贸易。林则徐虽然不赞同无区别地断绝各国贸易，反对封关禁海，但他却没有意识到，断绝中英贸易也同样失策，道理是一样的。③

3. 广东禁烟与鸦片战争的爆发问题。传统观点认为，林则徐在广东禁烟，导致鸦片战争爆发，“衅端”由禁烟而起。郑剑顺在《鸦片战争前清政府的对外态度》文中指出：清政府对外态度的失当，特别是停止中英贸易的决策，促使了英国侵略者发动侵略战争。正如魏源在《海国图志》中所指出：“激变绝不由缴烟，而由于停贸易。”④李金明文章认为：中英两国之间的贸易，由于清政府制定的对外贸易制度存在有一些不合理的地方，英商对此极为不满，经常煽动英国政府以武力迫使清政府改变贸易制度。但是英国政府之所以迟迟没有下手，主要是因为英商从鸦片走私贸易中可攫取巨额暴利，因此双方的利益平衡还暂时可以维持。而到1839年林则徐实行禁烟后，这种平衡就被打破了。林则徐的坚决态度意味着英商攫取巨额暴利的途径将被切断，于是，为了维护鸦片贸易，为了继续从中攫取暴利，英国政府终于发动了侵华的鸦片战

① 《厦门大学学报》2001年第3期。

② 《近代史研究》1995年第6期。

③ 郑剑顺：《鸦片战争前鸦片论议中的经济思想》，见《林则徐经世思想研究》，中国文史出版社2002年版。

④ 载《漳州师院学报》1998年第1期。

争。[①] 萧致治、许增纮《怎样评价鸦片战争中的林则徐与琦善?》,文章针对蒋廷黻及有学者通过贬低林则徐来抬高琦善,进行辩驳,文中说:所谓林则徐禁烟引起战争,是倒果为因。因为是先有英美等国鸦片贩子贩卖鸦片,才有中国的禁烟,战争是英国"旨在维护鸦片贸易",林则徐认真执行严禁政策,符合中华民族和中国人民的利益,应予充分肯定。战争之起,根子和责任全在英国。[②] 杨国强文章称:鸦片战争是"通商与禁烟的冲突,导致了中西之间的第一次民族战争"。[③] 王开玺文章写道:英国以"平等"外交为借口发动鸦片战争,却以不平等条约束缚中国,使中国丧失政治、领土、领海、司法、海关等主权,与西方列强毫无平等可言。陈少牧《关于鸦片战争爆发的原因再探》文中说:英国以中国禁烟运动为借口,采用军事手段,发动了侵略中国的非正义的鸦片战争,这只是鸦战爆发的一方面原因,鸦战爆发还有另一方面原因,那就是英国国内政治矛盾、经济危机、商品"过剩"、工人运动高涨,为了向海外扩张,转移国内斗争的矛盾和视线,稳定局势,巩固统治地位,遂发动了侵略中国的鸦片战争。[④]

4. 关于"具结"和"惩凶"的处理问题。郑剑顺《鸦片战争前清政府的对外态度》文中指出:具结与惩凶的连坐法是以落后的对内法规用以对外。甘结并非只是个人的保证书,而是涉及他人的一种协定书,体现"一人犯法,株连九族"的封建法律精神。按照西方法律,谁贩毒就逮捕谁,不连累无辜。而禁贩鸦片甘结,一查出鸦片,连船及全船货物都"没官",人即正法。这样,就会因鸦片而累及船上其他正常贸易的货物,因一个烟贩子而株连全船。英国商务监督义律不肯接受这样的具结内容,理由即是他声称要保护他们商人中的无辜者及其货物不受损失。"其船多人众,万一遇一二水手不肖,私自夹带,不拘多少,岂不思货物入官而人亦受杀戮之惨耶?"美国商人给两广总督的联名上书中说:"如果为了一斤鸦片而将船上所有的合法财产都没收,还要夺人性命,战争又如何能避免呢?"可见,这种做法使外商难以接受。就是外商在

① 李金明:《中英通商冲突与鸦片战争》,《南洋问题研究》1997 年第 1 期。

② 载《文艺理论与批评》1998 年第 5 期。

③ 杨国强:《通商与禁烟:中英鸦片战争的历史因果》,《学术季刊》2000 年第 1 期。

④ 《华侨大学学报》2003 年第 2 期。

压力面前屈服签写了甘结,也起不到保证作用。内外犯法者敢于知法犯法,是不会把一纸甘结放在心上的。在惩办殴毙林维喜的英方凶手问题上,林则徐维护民族法律尊严,坚持要惩办凶手,这是值得赞赏的。但是,在一时查不出真凶的情况下,清政府断然下令封关绝市,驱逐英国人,这显然也是连坐法的滥用。因一水手犯法,累及来华贸易的商人蒙受做不成生意的损失。要求外国人遵守本国的法律,这是正当的。但是,为了有利于中外贸易和交往,改革本国不合时宜、落后于时代的法律,也是不容忽视的。①

林启彦、林锦源《论中英两国政府处理林维喜事件的手法与态度》,文章厘清鸦片战争前英国水手在中国领土上殴毙林维喜事件的事实真相,认为林则徐根据国际法准则要求英方交出凶犯,据理力争,有理有节。而义律作为英国驻华商务监督,其所作所为,背离国际法原则,藐视中国法律尊严,也使英国政府声誉受到严重损害。义律在林维喜命案中设立的法庭与所进行的审讯是非法的,他的裁决也是无效的。林则徐要求交出凶手,义律却托词拖延,敷衍搪塞。林则徐全面掌握凶案的实情,要求义律交出凶犯,是完全合理和正确的。可以说,林则徐处理林维喜案已做到遵从国际法标准行事。义律拒绝交出凶手更显出其理屈词穷的一面。因为义律不遵守中国的律例,拒绝交凶,结果导致一些无辜英国侨民受累(被驱逐),"以今天的眼光来看,中方措施是否合乎人道标准,虽然有商榷的余地,但亦不能对林则徐所采取的措施的法理基础提出质疑。"林则徐根据国际法准则要求交凶,在经过多次交涉不果之后,才采取驱逐英人离开澳门的断然措施,以迫使义律就范。这些举措,都证明林则徐办事有理、有节,毫不畏缩含糊。义律一时说无法找出真凶,一时又说凶案之中有美国人牵涉在内,意图拖延,拒绝交凶,以及最后自行作出裁决,都无法洗脱其侵犯中国司法自主权和破坏国际法准则的卑劣行径。他派人贿赂收买中国官员和林维喜的亲人,意图蒙混过关,却又不敢向其上司巴麦尊交代实情。"欠缺一个外交官应有的诚信,既不尊重所在国的法律,又做出种种使自己国家声誉严重受损的事情,使英国蒙羞。"②

---

① 《漳州师院学报》1998 年第 1 期。

② 《历史研究》2000 年第 2 期。

5. 经世思想研究。林庆元、翁纪阳《论林则徐经世思想产生的时代背景及其主要内容》认为:林则徐深受传统思想教育,加上家庭贫寒,父母正直,富有同情心,这些都使他比较容易在从政经历中感受社会现实中民众生活状况,了解民众生产的层面,从而形成以经世和爱民为内容的早期政治思想。西方侵略者的叩关大炮又把林则徐推向反侵略斗争的前线,其爱国主义精神由此产生。重民和爱国、经世和反侵略浑然一体地结合并贯穿于林则徐的一生活动中。① 林庆元在另一篇文章《林则徐经世思想的形成及基本内容》中指出:林则徐经世思想的形成主要受出身和所受教育的影响。出身儒学世家,家道贫寒,因此产生同情人民的思想;在鳌峰书院师友的影响,产生经世思想。经世思想的基本内容:主张汉宋兼容,儒学百家兼备;"足食安民"与民本思想;爱国思想;学西方思想。② 在《论林则徐经世思想中的海防观念》中,林庆元还认为:林则徐的海防观,也体现了他的经世思想。林则徐在抗英斗争中,认识到敌人的"坚船利炮",从而产生了必须制船造炮、建立外海水师控制海面的思想。虽然当时还没有"制海权"的概念,但林则徐是提出建立外海水师的先驱,比洋务派在 19 世纪 70 年代提出早二三十年。他的"制海权"思想萌芽,是我国军事思想史上一次有着重要意义的突破。③

王宏斌《关于"经世致用"思潮的几点质疑》,文章考察"经世"的含义、源流,认为经世的主要含义是"经理世事""经纬世事",是治理国家、治国安邦的意思。"经世"与"致用"都含有实践的意思,重复在一起,不符合古人的习惯用法。古人只将"通经"与"致用"合用,即"通经致用"。"经世致用"的使用开端于梁启超。作者认为,"经世"一词与现代汉语里的"政治""行政管理"近似,本身就包含着实践之"用",无须在其后面添加"致用"一词。"经世"意识是儒学各派共同的传统意识,主张变革的或保守的,都有"经世"意识,都在讲求"经世之学",因此不存在所谓"经世派"的对立面。清代儒家各派无论是汉学家、理学家还是今文经学派,从未忽视"经世"观念,他们之间的区别在于学术路径不同,"经世"方法不同,而不在于"经世"意识的强与弱。因此,"经

---

① 《林则徐经世思想研究》,中国文史出版社 2002 年版。
② 《林则徐经世思想研究》,中国文史出版社 2002 年版。
③ 《林则徐经世思想研究》,中国文史出版社 2002 年版。

世派”的划分是不能成立的。作者指出:“经世”观念与“师夷制夷”之间并无必然联系,因为有“经世”观念的人不一定都主张“师夷”,也有反对“师夷”的。①

6. 关于民本思想和传统文化。陈胜粦《论林则徐的民本主义——以“民惟邦本”为中心》,文章认为:贯穿林则徐一生的民本主义思想,在不同时期有不同的内容和表现形式,林则徐对传统的民本思想有继承,也有发展。他继承、发展和丰富了中华文化中强调“民惟邦本”为重点的传统的民本主义,适应形势的剧变,不但丰富了“安邦”的内容,而且增添了新的内容——以依恃民众抵抗“侵略的西方”为主要特色的,视“民”为“卫邦之本”的内容;以保护商民利益、发展民族经济和接触“近代世界”、学习“先进的西方”为主要特色的,视“民”为“兴邦之本”的内容。古老的“民惟邦本”思想,在新形势下得到延伸和发展。“林则徐的全部思想与活动,都没有离开其所属阶级的根本利益。林则徐走完了养民安邦、恃民卫邦、率民兴邦和残民保邦的全部历程。他是一位民本主义思想哺育出来的典型的清官、忠臣和爱国者。”②吴其全、姜蕙《林则徐民本思想在实践中的升华》,文章中说:林则徐继承传统的民本思想,又在实践中审时度势、与时俱进,不断发展升华,如从恤民生以筹国计到恃民力兴民利抓固本之根本的升华,从传统的富民强国之方,到商农并举,开眼看世界,扶持和发展新的生产力的升华,从恃民兴邦,到足民实边,恃民卫邦,实现民本主义与爱国主义的并进升华。林则徐继承和发展了传统的民本思想,创造性地实现了民本思想的新升华。③

来新夏《林则徐对传统文化的接受与奉献》,文中指出:林则徐通过家庭、师友、前人和时贤的渠道受到传统文化优良部分的培育和灌输,汇聚融合成指导他一生言行的思想资料。林则徐不仅是传统文化优良部分的受益者,他也对传统文化有所扬、弃而奉献了若干可贵的内涵,如施行许多仁政,在鸦片战争中形成的“恃民”思想,视民心为可用,丰富了“民本”思想;不泥古、守旧,接受外来事物,参读西书西报,成《四洲志》,开启研究边疆史地的

① 《史学月刊》2005年第7期。

② 《中山大学学报》1992年第4期。

③ 《江淮论坛》2004年第1期。

新思潮和海防塞防并重的国防思想，对中国传统文化的更新起了重要作用。①

7. 关于林则徐的军事思想问题。季云飞《林则徐军事思想研究二题》，文章认为：对林则徐“以守为战，以逸待劳”的防御思想，史学界或称之为“积极防御思想”，或称之为“积极的海防战略思想”，如此高的评价有失实之处。客观地讲还不能说是积极的战略防御思想。其后，林则徐基于沿海疆域陆路防御溃败，对敌海上进攻防不胜防的客观现实，提出“谋船炮水军”，与敌海上交战的主张，但这一思想仍不能称为“积极的海防战略思想”。关于“民心可用”思想的评价，作者说：林则徐确实认识到反侵略的强大力量存在于民众之中，但是，由于主客观条件所限，林则徐没有、也不可能有效地动员民众，切实地把民众的力量组织到反侵略战争中去；在实际利用民心民力方面，雇用思想占主导地位。这反映了林则徐对民心民力仅仅在于“利用”，而不是“依靠”。因此，那种把林则徐的“民心可用”的思想称作为“一定程度上反映了他的人民战争思想”，是“朴素的游击战和持久战的战略思想”，显然是有悖于史事的。②

8. 林则徐的官德。萧致治《林则徐吏治研究》③，文章全面阐述并肯定林则徐的为官道德和作风，认为在林则徐当年为官之地，在人们心目中有崇高威望，“首要的因素不是禁烟抗英，而是他为官勤政清廉，并在各地留下辉煌的政绩。”“是因为他体恤人民，有德于人民，为人民造了福，人民受到了实惠。”林友华《林则徐思想境界探讨》称：忘我爱国是林则徐思想境界的鲜明特征，无欲清廉是林则徐十分难能可贵之处，诚勤求实也是林则徐令人敬仰的品格和作风。④

9. 关于抗战的评价。林华国《中国近代对外战争的“和”、“战”问题》⑤，文章针对蒋廷黻和《天朝的崩溃》中的和战观点提出不同意见。蒋廷黻认为：

① 《福建论坛》1996 年第 6 期。
② 《军事历史》1994 年第 2 期。
③ 《近代史研究》1996 年第 4 期。
④ 《林则徐经世思想研究》，中国文史出版社 2002 年版。
⑤ 《清史研究》2004 年第 2 期。

以落后的中世纪的中国抵抗先进的近代强国,“战则必败”,最后仍需求和。“不战而和当然要吃亏,……但战败以后而求和,吃亏之大远过于不战而和”。林则徐等坚持抵抗实为不智之举,于国于民有害无益。琦善坚持屈辱求和,不但并非卖国,反而是他的“超人处”,表明他在“知己知彼”“审时度势”“权衡利弊”方面“远在时人之上”。蒋氏观点的理论核心为:“近百年的中华民族根本只有一个问题,那就是:中国人能近代化吗?能赶上西洋人吗?……”也就是说,中华民族面前的根本问题、根本任务“只有”一个,就是学习西方,实现近代化。至于抵抗侵略,则不是当时能做和应做之事。蒋氏观点在20世纪30年代发表,受到冷遇,50—70年代,也无人提及。70年代末以后,在一些“创新派”的史学著作中,反帝反封建这一传统主题被学习西方、走向近代化所取代。蒋氏著述受到一些著名学者青睐,重新出版,蒋氏对“和”“战”问题的观点广泛流行。文章对茅海建的成名作《天朝的崩溃》作了中肯恰当剖析,指出茅著观点有同蒋著观点不同之处,也有相同之点。茅著对鸦片战争的具体考察只是手段,其目的在于从中总结出一些具有普遍意义的理论观点,不仅用以指导对近代战争史的研究,更重要的是用以指导人们应对今天和明天可能遇到的重大国际冲突。茅著在“本书的主旨”一节中首先联系鸦片战争这一历史事件提问:“鸦片战争的失败,究竟应当归结于中国的落后和保守,还是应当归结于琦善等人的卖国?”接着回答:“鸦片战争的真正意义,就是用火与剑的形式,告诉中国人的使命:中国必须近代化。”茅著作者希望人们从鸦片战争的失败中得出结论:中国落后和保守必然失败,当时中国人的使命是致力于近代化而不是进行徒劳无益的抵抗。茅著对事件、人物的具体考察确有不少超越前人之处,足以引人注目。其理论性论述却在观点和思路上基本沿袭蒋氏,只是论述更细、与事例结合更紧而已,对读过蒋氏著述的人自然缺乏影响力。林华国文章批驳茅著上述所谓中国落后不可能战胜先进的侵略者、抗战必败、不应抵抗的论断,指出把中国战败单纯归因于落后,不仅不谴责清政府屈辱妥协,反而认为清政府根本不应抵抗,似乎欠妥。中外战争史中,被侵略者以顽强抵抗迫使侵略者降低侵略要求的事例并不少见,以放弃抵抗赢得侵略者让步的事例却闻所未闻。文章认为,不抵抗只能加速殖民地化而不是近代化,没有失败就没有胜利,没有“血的教训”,就没有中国更快的觉醒。

萧致治、许增纮文章说:认为敌强我弱不能抗战,甚至说三元里抗英是干了蠢事,这是完全错误的。当侵略强盗打进门来的时候,奋起抵抗是完全正当的,也是每个中国人为保卫社稷家园应尽的义务。林则徐坚持反抗侵略理所当然地受到当时和后人的崇敬。① 2002 年 10 月在武夷山举行的"《中英南京条约》签订 160 周年学术研讨会"上,郑剑顺提交的论文提纲《该不该抗战——如何评价鸦片战争中清政府的"剿"、"抚"决策》,文章写道:指出清政府在战后必须猛醒,进行近代化改革,这是目前学术界的共识,没有疑义。问题是:面对强敌入侵,该不该抗战?如何评价清政府在鸦片战争中的"剿""抚"决策?这是个重大的原则问题,是非问题,不仅涉及鸦片战争,而且涉及近代 110 年的反侵略斗争史,必须讨论清楚,才有历史的公正性、科学性。文章指出:当时的道光帝及其臣子们既想解决海口鸦片走私问题,又想不启"边衅",这不是"悖论",而是正确决策。没有达到这一理想目的,并非这一理想错误,而是采取的手段和方法错误。其错误就在于"闭市",而不在"缴烟"。既然英国侵略者挑起了战争,对中国来说,就不是想不想战争的问题了,而是要如何抗战的问题。因而,此时抗战是第一选择。因为首先,英国侵略军既发动了战争,就不会那么轻易停战。其次,清朝与英国侵略军首次武力较量,胜负难料,所谓"必败无疑"是事后诸葛亮,又像旁观者偷看了英国的"牌"之后来指导清朝下"牌"一样。面临挑战者的拳头,举手招架是本能的选择。没有招架则是不可思议的。再次,只有抗战,才能通过交手,认识挑战者。最后,清朝作为"天朝上国",传统观念驱使必然作出抗战选择,对"蛮夷"妥协退让是不切合实际、难以想象的。文章认为:从义理层面讲,敌强我弱并非不能抗战,并非"拒战必败"。古今中外军事史上,弱胜强的情况不乏事例。就鸦片战争期间而言,三元里人民抗战、台湾姚莹、达洪阿率部拒战等也并非失败。清军抗战为何失败?并非纯军事上敌强我弱造成的,而是由各方面的综合因素导致的。如组织力差,地方上随意议和,将弁的临战逃跑等。总体上敌强我弱,但局部上、具体战役上可以改变。从道德层面讲,作为一个国家一个民族基

① 萧致治、许增纮:《怎样评价鸦片战争中的林则徐与琦善?》,《文艺理论与批评》1998 年第 5 期。

本的道德要求,就是要捍卫国家不受侵犯,捍卫民族的生存和发展,这是对所有官民的基本道德要求。这一道德要求形成爱国精神、民族精神,是国魂、民族魂。面对外国侵略者入侵,主张不抗战,或在行动上抗战不力,都是与基本的民族道德要求相违背的。"和"与抗战一样,同样要付出代价。况且,不抗战也未必能换取和,"苟战亦亡,和岂遂免!"和的影响恶劣,战则能激励后来人。①

10. 关于"师夷"问题。林庆元在谈到林则徐的"师夷"思想时,认为:林则徐并非是中国学习西方的第一人,但他却是把学习西方与反对外国资本主义侵略紧密结合的第一人。林则徐"师夷",对西方近代文化思想的引进,表现在:(1)请人翻译滑达尔的《各国律例》,接受其中一些国际法观念,作为外交斗争的依据;(2)整理《畿辅水利议》,表现林则徐在传统科学基础上吸收西方近代科技的意向;(3)承认英国船坚炮利"长技",主张仿造西方的坚船利炮;(4)认识到中国之外,还有众多国家,天外有天等。② 郑剑顺《林则徐的货币思想及在江苏的实践》文中指出:林则徐在江苏期间的货币思想有不少闪光点。洋钱对中国来说是一种新事物,林则徐对洋钱的青睐和仿造,体现他开眼看世界和"师夷"的兆头。③

11. 关于镇压农民起义问题。潘旭澜认为:林则徐受命赴广西,是非常崇高悲壮之行,是这位伟大爱国者达到他品格顶峰的攀登。国家的命运和前途受到严重的威胁,使他不计个人祸福生死,抱病奉旨前往广西,终于不支,病逝于途中。这一事迹称不上是"罪名或污点",是林则徐忧国、爱国而舍命赴任。④ 全国"林则徐与江苏"学术研讨会上,邵纯在发言中说:有一本《林则徐传》用"可耻"两字说林则徐接受咸丰帝之命去镇压太平天国,这是不公道的、不能接受的。林则徐没有镇压太平天国。邵纯不同意说林则徐的阶级属性是地主阶级,因为林则徐不是出身于地主家庭,虽然当了地主阶级的官,但他为

---

① 郑剑顺:《晚清史研究》,岳麓书社 2004 年 1 月版。

② 林庆元:《论林则徐的"师夷"、"制夷"和"款夷"思想》,《林则徐经世思想研究》,中国文史出版社 2002 年版。

③ 《三明高等专科学校学报》2004 年第 3 期;《林则徐与江苏》(全国"林则徐与江苏"学术研讨会论文集),当代中国出版社 2004 年 3 月版。

④ 潘旭澜:《是污点还是忧国——林则徐与太平军评议》,《福建论坛》1999 年第 6 期。

国为民做了很多好事,在当时那个社会有“三个代表”那样一种表现,所以不能给他加上地主阶级帽子,留个尾巴。①

12. 关于官督商办思想。陈勇勤在《林则徐最先提出官督商办模式与近半个世纪官方办企业方针的实质》一文中指出:1848 年,林则徐在《查勘矿厂情形试行开采折》中,主张对云南矿务要采用“官督办”“民间采”形式,可以归纳为官督民办或官督商办。林则徐提出的官督商办模式,其要点是把私矿厂的财产组织形式——合伙制和官府的行政权力——官权结合在一起了。这种官督商办模式虽然当时没被朝廷采纳,但在 20 年后,竟成了洋务企业经营形式的主流。“就一定历史时期来作客观的评价,林则徐倡发的官督商办模式,对 19 世纪 80 年代以前清政府经济变革所起的积极作用,是永远载入史册的。”②

13. 林则徐与中国边疆问题。吴福环、何景雷《林则徐与中国边疆》论述了林则徐晚年在新疆、云南等地区的主要活动,特别在人才培养、经济开发、边防建设、民族团结等方面作出的重要贡献。③ 周新国、高奋强《林则徐与新疆史地研究》,文章从林则徐谪戍新疆期间所写的日记、信札、诗词、奏折、杂录等,探讨林则徐对新疆历史、道里、形胜、古迹、地名、环境、物产、驻防、屯田及民生等的关注和研究,认为林则徐不但是近代伟大的爱国者和民族英雄,也是研究清代新疆史地的杰出代表。④ 周轩《林则徐〈回疆竹枝词三十首〉新解》⑤,文章就林则徐流放期间所作《回疆竹枝词》三十首进行解说,认为这三十首竹枝词反映清代维吾尔族的历史、制度,反映南疆的农作、节气,反映维吾尔族历法、宗教、文化艺术、建筑、医疗、衣食起居、婚嫁丧葬及其人民生活的艰辛,向我们展示出一幅反映清代维吾尔族人民生活的风俗图画。

---

① 见《林则徐与江苏——全国“林则徐与江苏”学术研讨会论文集》附录《小组讨论发言记录》,当代中国出版社 2004 年 3 月版。

② 《福建论坛》1998 年第 2 期。

③ 《西域研究》2000 年第 2 期。

④ 《中国边疆史地研究》2004 年第 1 期。

⑤ 《西域研究》2003 年第 2 期。

三、几点思考

林则徐研究如何在已有研究基础上进一步深入发展，来新夏教授在“林则徐与江苏”学术研讨会上倡议建立“林学”研究体系。他阐述了建立“林学”研究体系的依据条件和研究内容，期望“林学”研究真正在学术界占有一席之地。① 这是很好的思路，通过“林学”研究体系的建立，必将促进林则徐研究的发展。

在此，笔者再提出几点思考，作为交流参考和集思广益。

（一）加强对同时代世界各国的研究。包括国际公法，特别是有关禁毒的法律，英国的贸易政策、鸦片政策，英国国内对鸦片贸易、对侵华战争的反映、态度，其他国家的反映、态度，战争是因禁烟还是因闭市而引起，这些需要进一步论证清楚，需要更全面的资料支撑，尤其是外国资料。鸦片作为毒品，贩卖中获取厚利，但在贸易交涉中，英国执政者还不敢明目张胆打出“维护鸦片贸易”的旗号发动战争，他们需要堂皇的借口，因此，打出“维护商业利益”的招牌挑起战争就不足为奇了。

（二）林则徐及道光帝对禁烟采取的办法、政策问题，对外态度问题，是否正确，有否偏激？有否需要反思、改变的做法？不能以是否符合当时清朝的“法”及惯例为标准评判林则徐的禁烟举措是否正确，而应以实际效果是否达到预期的满意效果为检验标准，如果没有，就应该反思，应该探索缘由，改变不合时宜的成法和惯例。

（三）对战、和问题还须讨论。近代中国面临外国列强的多次武装侵犯，先民先烈们有许多英勇抗战的事迹。林则徐是主张抗战、坚持抗战、实践抗战的杰出的晚清官员、民族英雄先驱，他的抗战对后人有很大影响、激励和鼓舞。因此，对林则徐抗战事迹的评价牵涉此后类似抗战行为的评价，对弘扬民族正

① 来新夏：《关于“林则徐与江苏”及“林学”研究》，见《林则徐与江苏——全国“林则徐与江苏”学术研讨会论文集》，当代中国出版社 2004 年 3 月版。

气、爱国精神，履行“申以劝诫，树之风气”的历史社会功能和职责，开展爱国主义教育至关重要，也是林则徐评价中的一个重要核心问题，必须进一步摆事实、讲道理，讨论清楚，以明是非，以正视听。

（四）进一步多方面、多角度研究林则徐。林则徐的生平事迹、为人为官、待民处世、道德作风研究，林则徐思想的再细化研究，包括林则徐的政治思想、经济思想、军事思想、社会思想、文化思想等。政治思想还可细化考察林则徐的吏治思想、民生思想、人才思想、执政思想、维护主权思想、华夷观、道艺观、道德观、民族观、世界观、自然观等；经济思想还可细化探讨林则徐对农、工、商的看法，对防灾抗灾的认识，对税收、蠲免、货币的主张，对内外贸易的认识，对外开放思想、看世界思想、企业管理思想、水利建设思想、盐务思想、漕务思想等；军事思想包括海防、塞防思想，制炮造船练水军思想，抗击侵略的战略战术，恃民思想、团练思想等；社会思想包括赈灾思想，社会贫困救济，调解民间纠纷思想等；文化思想包括教育思想，社会教化思想，宗教思想，书法艺术思想等，凡此都有进一步研究或再研究的空间和余地。林则徐为官任职的省份可以继续开展林则徐在本地区的思想、政绩和官德作风研究，如林则徐与福建、江苏、两湖、广东、新疆、陕西、云贵等研究。林则徐与师友的关系研究，与师友、时贤的比较研究等，都有值得继续研究的课题。

（五）资料建设。这是推进研究的基础性工作，在原有基础上是否可考虑做如下两件事：一编辑出版《林则徐选集》。由于《林则徐全集》分量大，价钱高，一般研究者或兴趣者购置不起，图书馆藏书又基本没有复本，借阅不便，已有《林则徐选集》又分量太单薄，因此，为了普及利用、方便利用林则徐研究的基础资料，应考虑编辑出版《林则徐选集》（1 册或 2 册），既可普及宣传，又可方便研究者查阅、利用。二编辑出版《林则徐研究资料汇编》。该资料汇编主要应包括清代上谕、奏折、档案资料、中外时人、外国舆论对林则徐的有关记述和评论，晚清时期撰写的林则徐碑传、行述，清代笔记、日记、书信、野史中有关林则徐的记述、轶闻趣事等。总之，凡林则徐著作以外的有关林则徐的记述、评论资料都应在搜集、汇编之列。如果能将此两项资料建设列入国家或地方社科研究课题计划，组织实施，将是功德无量的事,必将更加方便、推进林则徐研究。

(原载《明清海防研究论丛》第一辑,广东人民出版社2007年版;入选论文集《林则徐与近代中国》,海峡文艺出版社2009年版)

中法马江战役研究55年回顾

农历甲申年七月初三(1884年8月23日)爆发的中法马江战役,至今(2004年)已120周年。这是当年法国挑起的侵华战争——中法战争的一次重要战役,晚清史上的重大事件。1949年中华人民共和国成立以来,至2004年的55年,国内学界对这一战役的研究状况如何,有何重要见解和分歧,今后如何继续推进这一研究,笔者不揣愚陋,拟就识见所及作一回顾,并提几点思考,供学界讨论和指教。

一、研究概况

总体上看,新中国成立后的五六十年代,国内学界对中法马江战役的专题研究还不多见,发表在报刊上的文章只有60年代的3篇。① 介绍中法马江战役情况的大多在国内早期中国近代史教科书或《中法战争》专著中提及。

"文化大革命"10年,研究基本停顿。"文化大革命"后的80年代是研究的高潮时期,特别是1984年中法马江战役100周年之际,在福州马尾召开了学术讨论会,有一批研究成果问世。② 这是研究较有突破、长进的时期。

90年代和21世纪初3年,研究又趋于沉寂,成果数量偏少。

在学术动态介绍方面,有王华《中法马江战役述评》③,黄政、邓华祥《中

① 阿英:《邓世昌习战马江》,《人民日报》1961年1月11日;兆寅等:《马江海战》,《福建日报》1961年5月10日;林世芬:《尚干乡万人请战——马江海战的传说》,《福建日报》1961年5月21日。

② 会后由福建社会科学院历史研究所编辑、福建论坛杂志出版了《中法战争史学术讨论会论文集——纪念马江战役一百周年》。

③ 载《福建文博》1985年第1期。

法马江战役述评》[1]。此外，在中法战争的学术动态介绍中，有涉及马江战役的，如何平《中法战争的两个问题》、闵杰《中法战争研究》[2]，黄振南编著《中法战争史热点问题聚焦》[3]，壮强《中法战争研究四十年》[4]，黄振南《中法战争史研究百年回眸》[5]等。

1. 著作

首先，在中国近代史教科书中写到中法马江战役的，有范文澜著《中国近代史》（上册）[6]，郭沫若主编《中国史稿》第四册[7]，近代中国史稿编写组编著《近代中国史稿》[8]，林增平编《中国近代史》[9]，中国社会科学院近代史研究所编著《中国近代史稿》第二册[10]，胡绳著《从鸦片战争到五四运动》[11]，陈庆华主编《近代中国简史》[12]，翦伯赞主编《中国史纲要》（下册）[13]，吴雁南主编《中国近代史纲》[14]，李有明、沈庆生主编《中国近代史讲话》[15]，张革非、王汝丰编著《中国近代史》[16]，吕良海、张海鹏等《中国近代史简明读本》[17]，王良、许孟飞著《中国近代史十讲》[18]，张寄谦《中国通史讲稿》（下册）[19]，王承仁、吴剑杰《中国近代八十年史》[20]，

---

① 见广西中法战争史研究会编《中法战争论文集》第一集，广西人民出版社 1986 年 2 月版。

② 见《中国历史学年鉴》1988 年。

③ 广西人民出版社 1994 年 4 月版。

④ 《历史教学》1991 年第 7 期。

⑤ 《近代史研究》2002 年第 3 期。

⑥ 人民出版社 1955 年第 9 版。

⑦ 人民出版社 1962 年版。

⑧ 人民出版社 1976 年版。

⑨ 湖南人民出版社 1979 年第 2 版。

⑩ 人民出版社 1984 年 6 月版。

⑪ 人民出版社 1981 年 6 月版。

⑫ 北京出版社 1982 年 7 月版。

⑬ 人民出版社 1983 年 3 月版。

⑭ 福建人民出版社 1982 年 12 月版。

⑮ 四川人民出版社 1983 年 5 月版。

⑯ 红旗出版社 1984 年版。

⑰ 中国青年出版社 1994 年版。

⑱ 浙江人民出版社 1984 年版。

⑲ 北京大学出版社 1984 年版。

⑳ 武汉大学出版社 1985 年版。

苑书义等著《中国近代史新编》[①]，龚书铎、方攸翰主编《中国近代史纲》[②]，李侃、李时岳等编著《中国近代史》[③]，郭豫明主编《中国近代史教程》[④]，李宜霞、谢铭主编《中国通史》第二卷《中国近代史》[⑤]等。这些教科书都在写中法战争中写到马江战役，所写分量都不多，少的几行，十几行，多的也只 3 页或 4 页。内容大多是叙述性的，观点基本上差不多。

其次，在军事专门史中涉及中法马江战役，如张墨、程嘉禾著《中国近代海军史略》[⑥]，胡立人著《中国近代海军史》[⑦]，吴杰章、苏小东、程志发主编《中国近代战争史》[⑧]等。

其三，在中法战争专题史中记述中法马江战役，如牟安世《中法战争》[⑨]，叶国昌《中法战争》[⑩]，章回《中法战争》[⑪]，中国近代史丛书编写组编《中法战争》[⑫]，陈书麟编著《中法战争》[⑬]，刘子明著《中法战争始末》[⑭]，廖宗麟著《中法战争史》[⑮]等。这类著作或多或少写及中法马江战役。尤其是改革开放以来的著作，在学术研究上体现新的进展。

其四，马江战役专题著作，有郑剑顺著《甲申中法马江战役》[⑯]。该书对中法马江战役作了深入的历史回顾和考察，探讨了战争的前因后果，战役过程，总结战败的原因、教训，对当事的封疆大吏闽浙总督何璟、福建巡抚张兆栋、福州将军穆图善、钦差会办福建海疆事宜大臣张佩纶、船政大臣何如璋及福建海

---

① 人民出版社 1986 年 6 月版。
② 北京大学出版社 1988 年版。
③ 中华书局 1994 年版。
④ 华东师范大学出版社 1993 年版。
⑤ 中州古籍出版社 1994 年版。
⑥ 海军出版社 1989 年版。
⑦ 解放军出版社 1989 年年版。
⑧ 军事科学出版社 1984 年版。
⑨ 上海人民出版社 1955 年版。
⑩ 通俗读物出版社 1956 年版。
⑪ 上海人民出版社 1962 年版。
⑫ 上海人民出版社 1972 年版。
⑬ 海洋出版社 1988 年 3 月版。
⑭ 江西人民出版社 1988 年版。
⑮ 天津古籍出版社 2002 年版。
⑯ 厦门大学出版社 1990 年版。

军将士在战役中的作为、表现作了考察和评价，对战役的有关问题如宣战问题、开战时间、战斗经过时间等作了考证。这是至今唯一的一本马江战役专题著作。

其五，在有关人物传记中写到马江战役。如俞政著《何如璋传》①，在该书第八章血战马江、第九章百年沉冤两章中论述何如璋在马江战役中的表现，为何如璋因战败受惩处而鸣冤叫屈，辩驳对何如璋的种种"诬陷"。

此外，中国近代史知识手册编写组《中国近代史知识手册》②，其中有"马尾海战"词条，陈旭麓等主编《中国近代史词典》③，有"马尾之战"词条，陈道章著《马尾史话》④，其中写到"中法马江海战"。

2. 论文

据笔者统计，1949 年至 2003 年，在各种报刊、论文集发表有关马江战役研究论文约 130 多篇。在这些论文中，有叙述战役过程的，有考证有关史料和有关史实的，有当事人物张佩纶、何如璋等评价的，也有研究其他有关人物如许寿山、林培基、潘炳年、詹天佑、魏瀚、萨镇冰、陈明良、陈宝琛、李鸿章、孤拔等，有探讨战败责任、战败原因的等。⑤

3. 资料建设

解放前后，有关部门陆续整理、出版了包括马江战役在内的中法战争资料。有关马江战役的资料，大多合编在中法战争、中法交涉史料中，也有的收录在地方政协编的文史资料中，数量上约有 10 多种。如解放前，北平故宫博物院从清宫档案中整理、编印了《清光绪朝中法交涉史料》《清光绪朝中法越南交涉资料》。解放后，中国史学会主编了中国近代史资料丛刊《中法战争》（全七册）⑥，有关奏疏档案史料，主要从《清光绪朝中法交涉史料》《清光绪朝中法越南交涉资料》中选录。该书第三册（战纪类史料）中有法人罗亚尔《中

---

① 南京大学出版社 1991 年版。

② 中华书局 1980 年 11 月版。

③ 上海辞书出版社 1982 年版。

④ 福州市马尾区文化局印行，1991 年 7 月。

⑤ 参阅郑剑顺：《甲申中法马江战役》附录三《中法马江战役研究文章索引》；黄振南：《中法战争史热点问题聚焦》附录《中法战争史论著引得》等。

⑥ 新知识出版社 1955 年 9 月版（首册）。

法海战》，记述马江战役、台湾基隆、淡水之役、镇海之役等情况；第四册（文集类）中选录了马江战役当事人李鸿章、张佩纶等文集资料。郭廷以、王聿均主编《中法越南交涉档》①，选录中越关系、中法战争及中法越南交涉的各项档案文件。朱寿朋编《光绪朝东华录》②，其中，收录有关奏折、上谕，包括潘炳年弹劾张佩纶、何如璋的奏疏。

1983 年 8 月，由中国近代经济史资料丛刊编辑委员会主编、中华书局出版的帝国主义与中国海关资料丛编之一《中国海关与中法战争》，其中，收录了各口海关税务司报告，如闽海关税务司法来格报告，有副税务司贾雅格所记中法马江战事情况，还附有战前中法两国及中立国船舰所处地位图。闽海关所在地就在战事发生地——马江边上（长乐营前）、船政局斜对岸。贾雅格所记是一个现场目击者的记录，具有很高的史料价值。如所记开战时间、福建海军各舰抗击法舰进攻和被击沉情况、双方伤亡情况、战争经过时间、封疆大吏表现等，对研究马江战役是很珍贵的史料。

1957 年 12 月，由阿英编、中华书局出版的《中法战争文学集》，收录有关中法战争的散文、诗词、小说、戏剧、回忆、奏疏等，其中有不少反映马江战役的内容，如郑丙炎《福建马江战事大略情形》、潘炳年等《劾大臣玩寇疏》及咏马江败事、吊唁马江英烈的诗歌等，有重要参考价值。

1984 年 12 月，福建地图出版社出版了林萱治主编《福州马尾港图志》，汇录了包括马尾港的历史地理、马尾船政局、甲申马江之役、史事、人物、名胜古迹、艺文等有关资料，其中，马尾船政局和甲申中法马江战役的资料占大部分。

1982 年 5 月，海洋出版社出版的张侠等编的《清末海军史料》，其中有福建海军及马江战役的有关资料。

1984 年 7 月，福州市政协文史资料工作委员会编印的《福州文史资料选辑》第 3 辑，是甲申马江战役专辑，汇辑了一些有关马江战役的史料，包括选录罗亚尔《中法海战》、闽海关税务司报告，有关奏折、电文，《益闻录》摘录等，有一部分奏折、电文是从中国第一历史档案馆馆藏清宫档案中选录的，为研究

① 全七册，台湾 1962 年 12 月初版，1983 年 4 月再版。

② 中华书局 1958 年版。

者提供方便，有一定史料参考价值。

1986年12月，广东大埔县政协编印的《大埔文史》第五辑（何如璋特辑），其中有《何如璋奏稿杂存》、《何如璋家书选》、有关马江战役的奏折、电文选录等。

1993年5月，福州市马尾区政协编印的《马尾文史资料》（二），其中有郑剑顺《闽安、长门调查》，是马江战役发生地的口碑材料。

20世纪90年代，由张振鹍主编的中国近代史资料丛刊续编《中法战争》已陆续面世，①该续编征集了大量外文资料，是功德无量的一项新的资料建设成果。

二、重要观点

在已有的著作、论文中，学者们一致认为，中法马江战役是法国侵略者在中国通商口岸的内港蓄意发动的一次侵略中国的战争。福建海军面临法国侵略舰队的猛烈进攻，进行英勇顽强的抵抗。战争的结果是残酷的，福建参战的海军舰船全军覆没，将士的鲜血染红了马江，从马江到闽江口两岸的炮台基本被摧毁。马江两岸的民众对侵略者的侵略行为十分愤怒，自发行动起来袭击侵略者，给侵略者以极大困扰。学者们在深入研究中，也提出了一些不同看法。在某些问题的认识上还存在较大分歧。现就一些重要观点和分歧情况列述如下。

1. 能否称海战

20世纪50至80年代的教科书、论著基本上都把马江战役称为“马尾海战”或“马江海战”。如中国近代史丛书《中法战争》《近代中国史稿》《从鸦片战争到五四运动》《中国近代史纲》《中国近代史新编》《中国近代史讲话》《中国近代史》（张革非、王汝丰编著）、《中国近代史简明读本》，兆寅等《马江海战》②，林世芬《尚干乡万人请战——马江海战的传说》③，潘君祥《马尾海战中

---

① 首册，中华书局1995年11月版；第二册，中华书局1995年版；第四册，中华书局2002年10月版。

② 《福建日报》1961年5月10日。

③ 《福建日报》，1961年5月21日。

的勇士——詹天佑》①,郑师渠《论张佩纶与马尾海战》②,丁名楠等《“甲申马江海战烈士祠”应予修整》③等,都称“马尾海战”或“马江海战”。

1984 年,郑剑顺撰文认为,发生在马江江面上的战斗,严格地说,不能称“海战”,只能称“战役”。因为从马江到入海口,尚有八十里水程。④ 这一观点提出后,曾在 1984 年 10 月于福州马尾举行的“纪念马江战役一百周年学术讨论会”上引起与会者的共鸣。此后,学界虽然提“马江战役”的增多了,但也仍然有提“马江海战”的,如萧学法文章《何如璋在马江海战中主战有功》⑤,韦健玲文《马尾海战与中国近代化》⑥等。马尾昭忠祠内的“马尾海战纪念馆”也仍称“海战”。

2. 是否有作战通知

范文澜《中国近代史》写道:“九月(七月),法通知何如璋定期开仗”,认为法国侵略者是发了作战通知的。⑦ 中国近代史丛书《中法战争》说:法国驻福州副领事白藻太将作战决定通知各国驻福州领事,又通知闽浙总督何璟。何璟连忙告诉会办海疆大臣张佩纶和福建船政大臣何如璋。《近代中国史稿》称:法国驻福州副领事白藻太将作战通知给各国驻福州领事,并给中国地方当局。龚书铎、方攸翰主编《中国近代史稿》指出:何璟、何如璋、张佩纶等接到法国“进攻通牒”。《中国近代史简明读本》写道:8 月 23 日晨,法驻福州领事通知何璟即日开战。李侃等《中国近代史》(第四版)也认为,孤拔向何如璋和张佩纶投递了“最后通牒”。郑师渠《甲申马尾之役法国宣战史实辨误》,辨析有关法国宣战照会递送日期、时刻的三种错误史料记载。⑧ 俞政在《马江宣战考》中,也考证了法方递送开战照会的日期、地点和接收人,指出是何璟

---

① 《人物》1982 年第 2 期。

② 《史学月刊》1983 年第 4 期。

③ 《人民日报》1981 年 8 月 9 日。

④ 郑剑顺:《“将士英雄吏未醒”——关于中法马江战役的几个问题》,见《中法战争史学术讨论会论文集——纪念马江战役一百周年》,1984 年 12 月编印。以下凡引此书,简称《论文集》。亦见郑剑顺《关于中法马江战役的几个问题》,载《学术月刊》1985 年第 2 期。

⑤ 《光明日报》1990 年 12 月 19 日。

⑥ 《学术论坛》1991 年第 4 期。

⑦ 这句话所说的“九月”,不确,应是八月;“通知何如璋”,不确,应是通知闽浙总督何璟。

⑧ 载《福建论坛》1983 年第 3 期,亦见《福州文史资料选辑》第三辑。

延误了开战照会的转达。[①] 郑剑顺认为,法国舰队挑起战争是下了战书(作战通知)的,是公然挑战,而不是"突然袭击""偷袭"。[②] 龙永行《关于马江战役中的几个问题》也指出,马江战前,法国向清政府和福建地方政府下了照会和战书,因此,不能说"突然袭击或不宣而战"。[③] 郭豫明主编《中国近代史教程》也说:法国驻福州领事向闽浙总督下战书。

郭沫若主编《中国史稿》(第四册)认为,法国军舰"突然"向中国海军船舰"偷袭"。[④] 中国社会科学院近代史研究所编著《中国近代史稿》没有提到作战通知,称"法国发动突然袭击""法舰偷袭马江"。[⑤] 章回《中法战争》[⑥]、吴雁南主编《中国近代史纲》也持这种观点。《中国近代史知识手册》称:"法国舰队突然袭击我福建水师"。张寄谦《中国通史讲稿》(下册)说:法军在马江采取了违反国际惯例的"突然袭击手法"。[⑦] 戴学稷也认为法舰在马江"发动偷袭""突然袭击"。[⑧] 韩路《马尾海战中的何如璋》也说孤拔"不宣而战",向福建水师"突然袭击"。[⑨]

3. 开战时间问题

学界对8月23日(农历七月初三)这一开战日期是没有疑异的,具体到几时开战,史料记载有多种说法,学界也有不同采信。中国近代史丛书《中法战争》说是"下午一点三刻"开战。林增平《中国近代史》称开战时间是约"下午二时"。中国社会科学院近代史研究所编著《中国近代史稿》称是"午后二时开仗"。徐凤晨、赵矢元主编《中国近代史》[⑩]也认为是下午"一点三刻"开仗。《中国近代史简明读本》说,"下午一时",法舰发炮。郑剑顺经考证史料,

① 见《论文集》。

② 《关于中法马江战役的几个问题》,载《学术月刊》1985年第2期。

③ 载《云南省社会科学院历史研究所研究集刊》1989年第2期。

④ 人民出版社1962年版。

⑤ 人民出版社1984年版。

⑥ 上海人民出版社1962年版。

⑦ 北京大学出版社1984年版。

⑧ 戴学稷:《清政府与马江战役》,见《论文集》;王华:《中法马江战役述评》,《福建文博》1985年第1期。

⑨ 载《岭南文史》1984年第2期。

⑩ 辽宁出版社1982年5月版。

指出开战时间是“下午一点五十六分”，而不是“十点钟”“午刻”“一点二刻”“一点四十五分”“一点钟”“二点钟”等。①

4. 战斗经过时间

中国近代史丛书《中法战争》说:“在三十分钟之内”,福建海军统统被击毁击沉。胡绳《从鸦片战争到五四运动》写道:法国舰队发动攻击,“只用一个多小时”就击沉了在这里的全部中国船只。吴雁南主编《中国近代史纲》也称“经过一个多小时的激战”。苑书义等著《中国近代史新编》称战斗经过时间为“短短二十多分钟”。《中国近代史简明读本》说战斗“半小时”。李侃等编《中国近代史》(第四版)说战斗时间:“福建水师的军舰和运兵船在很短的时间内几乎全被击沉、击毁。”郑剑顺《中法马江战役江面战斗时间考》认为,中法马江战役江面上战斗只打了 30 分钟,福建海军就全军覆没。其他记载或说法,如从下午一点战到“将夕”“战四时久”“阅三点钟久”“开仗两点钟之久”等,都是虚构或传闻失实的。②

5. 伤亡人数问题

范文澜《中国近代史》说:“福建水师阵亡将士七百六十人”。张革非、王汝丰《中国近代史》也持此说。中国近代史丛书《中法战争》说“将士死伤达七百多人”。施满玉《马江风云——1884 年福州人民反抗法国侵略者的斗争》称“阵亡官兵八百六十多人”。③ 林增平《中国近代史》说“死伤千余人”。庾裕良也说伤亡官兵 1000 余人。④ 中国社会科学院近代史研究所编著《中国近代史稿》称“死难士兵七百余人”。陈庆华主编:《近代中国简史》、李有明、沈庆生主编《中国近代史讲话》、《中国近代史简明读本》、《中国近代史十讲》、《中国近代史知识手册》、《中国近代史词典》、吴雁南主编《中国近代史纲》、李侃等《中国近代史》(第四版)、郑剑顺《甲申中法马江战役》等也认为将士死伤七百多人,或称官兵伤亡七百多人。

---

① 见《关于中法马江战役的几个问题》,《学术月刊》1985 年第 2 期。

② 见郑剑顺:《甲申中法马江战役》附录一。

③ 《福建师大学报》1978 年第 3 期,亦见《福州文史资料选辑》第三辑。

④ 庾裕良:《中法马尾战役刍议》,载广西中法战争史研究会编:《中法战争史论文集》第三集,广西人民出版社 1989 年 1 月版。

牟安世《中法战争》、苑书义等著《中国近代史新编》确认的伤亡人数是：官兵阵亡521人，受伤150人，下落不明者51人，共720人。郭豫明主编《中国近代史教程》、廖宗麟《中法战争史》也认为，福建舰队共阵亡官兵800多人。此外，还有阵亡796人①、伤亡819人②、阵亡856人③等之称。

6. 关于战败原因

范文澜指出，福建水师是"在投降主义者统率下"失败的。④ 牟安世说，马尾军港地势险要，清政府却听任侵略者的舰船出入，实际上是把敌人请到家里来厮杀；李鸿章不派南北洋水师援闽；何璟、何如璋都属于李鸿章一派，放任法国兵舰进口，并不把法国侵略者进攻的消息通知水陆各军；何如璋、张佩纶"均无战志"。因此，福建海军和数百人的性命完全断送于李鸿章、张佩纶、何如璋等人手中。⑤ 中国近代史丛书《中法战争》认为，马尾海战是在"投降主义的罪恶指挥下"失败的。"马尾海战的失败，完全是由清政府一贯的卖国投降政策造成的"，表现在：一不敢阻拦法舰进入马尾；二南北洋不作任何救援；三福建舰队的船只华丽不实，实战能力差。"总而言之，清朝政府的卖国投降政策葬送了福建海军，造成了马尾海战的惨重失败。"《近代中国史稿》说：清政府幻想和平，"请求各国出面调停，不准中国海军主动出击，这种束缚自己手脚的妥协行为，终于带来了马尾海战失败的悲惨结局。"施满玉认为：马江战役的失败，其根本原因，是由于清政府和前线高级官僚推行投降卖国路线造成的。他们对外向侵略者屈膝投降，对内压制人民和爱国官兵的抗战要求。在战争爆发前夕，既不调遣南洋、北洋海军舰只援闽，又不做任何作战准备，致使福建水师处于孤立无援、被动挨打的境地。⑥ 林增平《中国近代史》写道："闽浙总督何璟和福建巡抚张朝栋（应为张兆栋——笔者）都是浮沉官场的人物，才识鄙陋。钦差大臣会办海疆事务张佩纶则刚愎自用，矫情傲物。船政大

① 林庆元：《中法马江之役及其历史教训》，载《福建论坛》1984年第4期。

② 韩路：《马尾战役中的何如璋》，载《岭南文史》1984年第2期。

③ 陈书麟：《中法战争》，海洋出版社1988年3月版。

④ 《中国近代史》上册。

⑤ 牟安世：《中法战争》，上海人民出版社1955年11月版。

⑥ 施满玉：《马江风云——1884年福州人民反抗法国侵略者的斗争》，《福建师大学报》1978年第3期，亦见《福州文史资料选辑》第三辑。

臣何如璋系李鸿章的党羽，只图妥协投降，不作任何战守准备，且严令各军舰，战期未至，不准发给弹药。清朝朝廷虽采取较强硬的态度，但也没有抵抗的决心，屡诫我军不得先向法舰进攻。当此战机在弦之际，清统治者内部存在这样一些畏葸怯懦、犹豫分歧的情况，因此就不能不招致战事的失败。”《中国近代史简明读本》指出：“马尾海战的惨败，完全是清廷腐败妥协造成的结局”。龚书铎等主编《中国近代史纲》说：“由于清政府当权者妥协路线的指导，福建水师遭到全军覆没的悲惨命运。”

郑师渠《论张佩纶与马尾海战》认为，马尾之败，非战之罪，乃是清政府屈辱退让有以致之。清政府是真正的“厉阶祸首”①。刘子明、丛培欣《中法马江战役军事部署初探》，以军事部署为重点，探讨清军失败之原因，指出主要原因有：(1)清政府的妥协政策和消极防御的作战指导；(2)清军技术装备落后，军事实力弱；(3)清军兵员素质低，部分官员缺乏献身精神。② 戴学稷《清政府与马江战役》认为，马江战役战败的根本因素是清政府对法国侵略者的妥协退让和避战求和的方针政策及其对于福建前线防务的严密控制。而不应该归罪于福建的诸大吏，特别集中于张佩纶、何如璋两人身上。③ 陈舍《从马江战役看福建地方大员》指出，马江战败的主要原因，一个是清政府决策上的错误，另一个是福建地方大员忠实执行李鸿章的妥协投降政策，放弃地方官守土保民的职责。“张佩纶负有指挥失当的直接责任，他是历史的罪人，这个结论是改变不了的。”④

郑剑顺《“将士英雄吏未醒”——关于中法马江战役的几个问题》认为马江惨败是“不应有的结局”，战败的主要原因是“投降主义的错误指挥”。在《甲申中法马江战役》一书中，作者分析马江的险要地理形势和中法双方的军事实力，指出：军事力量上各有短长，中方战舰及武器装备虽然不及法方“精坚”，但却有数量上的优势和有利的地理形势，熟悉水道；并有罗星塔及船厂周围陆上炮台作为后盾；有从马江到出海口两岸炮台的钳制；有马江两岸人民

① 《史学月刊》1983年第4期。

② 《论文集》。

③ 《论文集》。

④ 《论文集》。

群众的声援等等。加上敌从远道而来,物资补给难继,总体优势仍是属于中方而不属于法方。清方如能扬长避短、发挥优势,是可以稳操胜券的。然而,事实却是败局,这完全是妥协被动指挥造成的恶果,是不应有的结局。[①] 林庆元《中法马江战役及其历史教训》认为,由于清政府“避战求和”的妥协路线,造成法舰长驱直入马江,何璟不积极备战,张佩纶坐失战机、被动挨打,以及南北洋水师未能与福建水师通力合作,敌我军事技术差距,这些都是马江之役失败的重要原因。[②] 苏斌指出:清朝廷的妥协求和政策给福建前线的备战布置带来极大的不利和困难,但并不能完全决定战局。张佩纶消极防御的指导思想和既不知己、又不知彼,没有从实际出发而造成的布阵上的错误,是马江战败的重要原因。苏认为马江战役中敌我双方都存在若干有利和不利条件,并非马江之战清军必败或没有他种布阵可能。[③] 庾裕良说,马江战役中,清军失败的根本原因是封建制度政治腐败,中国受不平等条约制约;经济、军事落后,难以抵制装备先进的资本帝国主义的进攻。加上法国侵略者狡诈凶狠,清朝最高当局对其本性认识不足,守土大员指挥不当等。[④] 廖宗麟的观点是:综观马江之战的全过程,可见由于主客观的种种原因,如中方在事前无法阻止法舰入口,清政府在和战问题上的犹豫不决,张佩纶、何如璋不懂军事,敌我战斗力对比悬殊等,因而战败是必不可免的。但是,损失能不能减轻些呢? 如果张、何二人不是自作聪明地从各地将福建舰队的弱舰集中到马尾,送给法舰作靶子,也许就可挽救福建舰队,而法国侵华舰队要一次消灭那么多中国舰艇是根本不可能的。少了和福建舰队作战的乐趣,再加上登陆作战不容易占便宜,也许孤拔的马江之行不会有多大的战果,马尾惨败也就能避免。[⑤]

7. 关于张佩纶、何如璋评价

当年,张佩纶任钦差会办福建海疆事宜大臣,何如璋任福建船政大臣,是福建五位封疆大吏之二。他们对马江败事要不要负责任、负多大责任,有何过

---

① 郑剑顺:《甲申中法马江战役》,厦门大学出版社 1990 年 10 月版。

② 载《福建论坛》1984 年第 4 期。

③ 苏斌:《关于张佩纶在马江战役中的几个问题》,《福建文博》1985 年第 1 期。

④ 见前揭庾裕良文。

⑤ 廖宗麟:《中法战争史》,天津古籍出版社 2002 年 7 月版。

失，学界的评价颇有异词。

1949年后的头30多年，评价基本是一致的，即认为张佩纶、何如璋对马江败事负有直接指挥责任，是应该受到处置的。如范文澜指出，何如璋恐妨碍和议，“不敢阻止”法舰入马尾；禁止马江的华船移动，“不令海陆军备战”，接开仗通知“坚守秘密”。[①] 中国近代史丛书《中法战争》也说何如璋竟对福建海军封锁作战消息。接到开战通知后，竟派魏瀚向法军请求改变开战日期。《中国近代史稿》评价说：闽浙总督何璟、福建船政大臣何如璋等“都是李鸿章投降主义路线的追随者”，面对进犯的敌人，不但不严加戒备，反而举行隆重的欢迎仪式，让法国舰队开进马尾，和中国的舰队同泊一处。张佩纶表面上慷慨激昂，主张抵抗，实际上只会说大话，纸上谈兵，而且“矫情傲物，达于极点”，“非三品以上之官吏概不在眼”。在接到作战通知后，何如璋“竟然封锁消息，不让海军中的中下级官兵知道，他还向法国建议，请推迟一日开战，但立即遭到拒绝。”开战后，船政大臣何如璋连忙逃往乡下，在一个祠堂里躲避，当地人民愤恨已极，半夜放火烧掉祠堂，几乎把他烧死。会办大臣张佩纶在大战开始后，吓得神慌意乱，晕倒在地，由随从扶起逃命。[②] 施满玉有同样看法。[③] 林增平《中国近代史》除了有上述类似看法外，还指出：何如璋系李鸿章的党羽，只图妥协投降，不作任何战守准备，且严令各军舰，战期未至，不准发给弹药。

改革开放20多年来，评价上有较大分歧，有类似上述评价的，也有不同意上述评价的。类似上述评价的，如中国社会科学院近代史研究所《中国近代史稿》说，张佩纶、何如璋等“都当了可耻的逃跑主义者”。胡绳《从鸦片战争到五四运动》说：“福建的地方大员们（他们大多是李鸿章淮系的将领和官僚）居然把敌人引进自己的腹心要地。”陈旭麓等主编《中国近代史词典》“马尾之战”条写道：“在清政府妥协求和政策影响下，福建会办海疆事务张佩纶和船政大臣何如璋等，不作战备，并禁止港内福建水师舰只移动，自缚手足。”吴雁南主编《中国近代史纲》作如下评价：闽浙总督何璟“拜佛念经，以冀退敌”，

① 见范文澜：《中国近代史》。

② 人民出版社1976年12月版。

③ 见前揭施满玉文。

“别无良策”。福建船政大臣何如璋主管福建水师,“日事宴饮,擅作威福”,“且下令严禁各军舰,战期未至,不准发给子弹,并不准无命自行起锚”,甚至“严谕水师,不准先行开炮,违者虽胜亦斩”。接到战书后,何如璋、张佩纶误信“和谈大有进步”,不将实情告诉官兵,福建水师战机全失,终致全军覆没。李有明、沈庆生主编《中国近代史讲话》有类似评价。张革非、王汝丰编著《中国近代史》指出:“清朝政府在福建前线的指挥闽浙总督何璟、船政大臣何如璋、福建巡抚张兆栋、钦差大臣张佩纶等空谈抗战,不事战备”,开战后,张佩纶赤脚狂跑二十里,何如璋也跟着逃去。《中国近代史简明读本》说:对法舰进入马尾军港,清前敌统帅,既不加防备,更不敢拦截。有一管驾报告说,应该禁止一些渔船商贩给洋船供应酒肉,那个督办福建军务的张佩纶却毫不介意,还说:朝廷正在议和,那有堂堂大国断绝人家饮食的道理。海防大事,本大臣自有主意,你小子懂得什么?反而把人训斥一顿。接到开战通知时,何璟、张佩纶、何如璋仍是半信半疑,不是及时把这重大军情向各舰下达,却还想派人打听确实消息,甚至荒唐地提请法军改期开战。苑书义等著《中国近代史新编》评价中只提及何璟、何如璋,未提张佩纶等,称:“临事昏庸”的闽浙总督何璟、船政大臣何如璋等,唯恐影响和谈,不但不严加防范,阻拦法船闯入马尾港,反而举行隆重的欢迎仪式,给孤拔这个“强国的代表”以“友好的接待”。何璟、何如璋还“严谕水师,不准先行开炮,违者虽胜亦斩”。何如璋接开战挑战书后,不将实情告诉官兵,听任各舰抛锚江心,实际上是让各舰坐以待毙。龚书铎、方攸翰主编《中国近代史纲》写道:福建船政大臣何如璋和会办福建海防大臣张佩纶等认为拒绝法舰入港就会妨碍和局,竟给法舰队以隆重的欢迎。并勒令水师官兵“不准无命自行起锚”。接战书后,何璟、何如璋、张佩纶等惊慌失措,向孤拔请求延期开战,遭拒绝。“由于何如璋等从未积极备战,接到战书后又对官兵封锁消息,致使福建水师毫无戒备,只能仓促应战”。战斗中,“何如璋、张佩纶等仓惶逃跑”。李侃等《中国近代史》(第四版)也作出同样评价。

郑师渠《论张佩纶与马尾海战》认为,张佩纶历来被视为李鸿章一类的投降派,而予以否定,此种观点值得商榷。(1)文章论述张佩纶于马尾战前的主战,指出这种主张积极抵抗,是值得称道的。(2)文章辩驳把张佩纶指为马尾战败的罪魁祸首是“不确”的，认为张“勇于任事”，马尾之战，“张之谬误，不在于无备，实在于让敌机先”。至于说张接战书秘而不发，临战乞缓，是反对派的“诬蔑不实之词”。张坚持主战，但受到主和派的“挟制”，以致进退失据，陷入了困境。张主张先发制胜，反对毁厂、弃厂，战前进行了备战，这都是值得肯定的。张等被驱前敌，是主和派对主战的清流派的一种“整治”。(3)认为战后张佩纶被处置，原因有二：一锋芒太露，树敌过多；二介入宫廷之争，见恶于当道。马尾之败成为当道狠狠整治张佩纶的“借口”。(4)文章也认为“张佩纶身临前敌，以会办大臣专任船局，马尾战败难逃其咎”。主要有二：一视敌太易，临战怯敌；二刚愎自用，措置乖方。张的悲剧在于：他的主战见解不无道理，但缺乏足够的力量和勇气在战场上加以坚持；相反，屈服于主和派的压力，临战怯敌，结果兵败误国，反授人口实。①

郑剑顺认为，马江败事，虽然主要是由于清朝廷的妥协投降，但是，守土的封疆大吏也难辞其咎。张佩纶、何璟、何如璋、张兆栋、穆图善“都与马江败事有关”。“张佩纶、何如璋更负有直接指挥责任”。他们的主要错误表现如下：(1)任虎入室；(2)不作实战准备；(3)临阵脱逃。张佩纶、何如璋只作了些虚张声势的准备，而不是实战准备。他们调集兵船聚泊马江与法舰对峙只是想“恐吓法人”。像他们那样的防备，只能是投进的物力越多，蒙受的损失越大。马江开战前六天，清廷曾命令沿江、沿海将军、督抚、统兵大臣“极力筹防、严行戒备”，著“便宜行事，不为遥制”，还专门电示张佩纶等：“现在战事已定，法舰在内者应设法阻其出口，其未进口者不准再入”，张佩纶等完全可以凭这些“谕旨”进入高度战备状态，并相机“先发”或后发制人。可惜他们没有这样做。所以，张等是难辞无备之咎的。关于张、何的逃跑记载，虽然不免有“里巷快心之说”，夸张失实之词，但是，逃跑的基本事实却是不可否认的。② 马洪林、亓曙冬指出：张佩纶以钦差特使的身份，集大权于一身，凌驾于将军督抚之

① 郑师渠：《论张佩纶与马尾海战》，《史学月刊》1983 年第 4 期。文中说张佩纶“以会办大臣专任船局”，误。时张佩纶只任“会办大臣”，没有任“船局”，船政大臣是何如璋。战后，张才被命以会办大臣兼署船政大臣。不久，被革职充军。

② 郑剑顺：《关于中法马江战役的几个问题》，《学术月刊》，1985 年第 2 期；《甲申中法马江战役》，厦门大学出版社 1990 年 10 月版。

上,成为马江战役的主要指挥者。张背弃他早期的抗法言论,听任法舰入闽口,不积极备战,拒绝各轮船管驾关于福建水师舰只应同法舰拉开距离的正确建议,压制福建水师官兵的抗法激情等,因此,张对福建水师的败亡,负有直接的责任,这是无可置疑的。[①] 戴学稷认为,马江战役战败,主要是清政府的责任,“而不应该归罪于福建的诸大吏,特别集中于张佩纶、何如璋两人身上”。何璟、张佩纶、何如璋、穆图善、张兆栋有失职之处和自身的问题,“但较之清政府,那些毕竟是从属的,是居于第二位的”。张佩纶、何如璋、穆图善还是有“可取之处,不应因战败而把他们说成是一无是处”,他们“是主张抵抗的”。[②] 陈舍指出:“张佩纶负有指挥失当的直接责任,他是历史的罪人,这个结论是改变不了的”。[③] 杜江南不同意指责张佩纶在马江开战后“临阵脱逃”,说不能把“登山观战”、退驻彭田指责为“临阵脱逃”。张佩纶不是如李鸿章之类的“对外妥协投降主义者”,他是“主战派”,有心反侵略,却无力违抗清政府最高统治者的旨令。[④] 徐如《张佩纶与中法马江战役》论述张佩纶在马江之战中的表现,结论是:张佩纶在马江战前,积极主战并进行了认真的备战,力图加强福建水师以保全马尾船厂。马江之战之失败,应归根于清政府的避战求和、对外妥协投降政策,福建水师的全军覆灭,不该由他负主要责任。但有一点却是与他有直接关联的,即在法船深入闽江的情况下将我兵轮与敌舰聚泊一处,遂至被其轰沉,“此调度之失宜也”。[⑤] 陈赛惠《马江海战中的张佩纶》,基本肯定张佩纶在马江战役中的表现,认为说张佩纶“轻敌怯战”“毫无准备”“玩寇弃师”“怯战潜逃”是不如实的,应该说张佩纶尚属“勇于任事”、“不避艰险”、力图取胜、保厂,是个主战派,不是投降派。“他既是一个坚决的主战派,但对清政府的乞和遥控抵制不力,他勇于任事,但又缺乏作为一个军事统帅应有的胆略;他才识夙优,有见地,但缺乏付诸实践的魄力;他不避艰险,有打败敌人的愿望和行动,但缺乏实践经验和指挥艺术。历史地全面地衡量张佩纶在马江

① 马洪林、亓曙冬:《试论马江之战福建水师失败的原因》,《上海师范大学学报》1985年第3期。

② 戴学稷:《清政府与马江战役》,见《论文集》。

③ 陈舍:《从马江战败看福建地方大员》,见《论文集》。

④ 杜江南:《张佩纶在中法马江战役中几个问题的辨析》,见《论文集》。

⑤ 见《论文集》。

海战中的功过是非,尽管他咎无可辞,但仍然不失为勇于任事的抵抗派”。[①] 王植伦《试论张佩纶与马江海战》评论说:张佩纶在马江战前主战,临危受命,是爱国行为;到马尾后认真备战。但在开战时调度乖方,弃师潜逃,战后掩盖失败,谎报战绩,表现极不光彩。张是马江战败的责任者之一,但不是罪魁祸首,与何璟等相比,他的责任尚在其次;与执政中的投降派、主和派相比,他只是替罪羊而已。[②] 苏斌《关于张佩纶在马江战役中的几个问题》分析彭田与马尾的实际距离和地理位置,指出张佩纶在战时“登山观战”(或督战,或指挥)是骗人的,在彭田是无法指挥战争的。所以,说张怯战潜逃是合适的。[③] 叶玉琴《何如璋与中法马江战役》批驳福建海军不属何如璋指挥、何如璋与马江败事无关的说法,论证福建海军属船政大臣调度,张佩论到闽后,与何如璋会同指挥福建海军,指出何如璋对马江战役负有直接指挥责任。[④] 庾裕良《中法马尾战役刍议》认为,张佩纶等令清军舰船与法舰衔尾停泊,为互相牵制之计,是机智勇敢、切合实际的“正确决策”。有些评论将批判的火力集中在清政府求和、张佩纶不亲临舰艇指挥、临阵脱逃、贻误战机等,是“不符合事实”的。[⑤]

俞政认为,马江战役的惨败,把责任推到张佩纶、何如璋身上是错误的,“何如璋决不是马江战败的第二罪魁”。何如璋被发配充军,成了专制朝廷的替罪羊,是“百年沉冤”。他指出:何璟延误了开战照会的传达,“是马江之战中最大的失职者”;潘炳年等呈文“谬误百出”;纵敌入口一事,根本与何如璋无关;何如璋、张佩纶并非“不做任何战斗准备”,相反尽了极大的努力,之所以不能准备得更好些,是因为南、北洋拆台,朝廷不支持。俞政反驳关于何如璋等“藏匿战书”“乞缓战期”“不发军火”“不塞河先发”“连舰之非”“盗帑通款”“怯战潜逃”的指责。[⑥] 萧学法说:一些史籍和教科书将马江之役中的何如璋写成投降派“不符合事实”,马江之役保住了船厂和马尾领土,何如璋“力

---

① 见《论文集》。

② 载《福州社科通讯》1984 年第 4 期。

③ 见前揭苏斌文。

④ 叶玉琴:《何如璋与中法马江战役》,《福建师大福清分校学报》1988 年第 2 期。

⑤ 见前揭庾裕良文。

⑥ 俞政:《何如璋传》,南京大学出版社 1991 年 8 月版。

战有功”。慈禧为推卸马江战败的责任，授意潘炳年等炮制《劾大臣玩寇疏》，对何进行“诬陷”。[①] 赵琳文章辩驳《清史稿·张佩纶传》对张在马尾之战中表现的记述，认为张亲督防守船厂的举措是必要的。“关于张佩纶临阵脱逃的传言，是与他有隙的那些官员捏造而成的。”潘炳年等对他的弹劾是由于张“开罪闽官及当地士绅”，“招闽官嫌怨”，“一些措施触及到某些当地官绅的私利”，“开罪了一批人物”，“导致了闽、京官绅联通一气”，陷害张佩纶。“在中法战争的历史上张佩纶爱国反侵略的言行和作为是应该予以肯定的”。[②] 赵慧峰文章指出：张佩纶身临前敌，马尾战败固然难逃其咎，但不能由他一人承担战败罪责。“张佩纶成了主和派的替罪羊”，将其斥为一心求和、丧师误国的罪魁祸首“有失公允”。“马尾之败，张佩纶咎由自取，但不能因此否定他曾作过的努力，更不能一笔勾销其在反侵略方面表现出的爱国热情”。[③] 廖宗麟说：张佩纶有“轻敌”思想。张“天生傲气而又急于表现，就成了他指挥马江之战中犯下战术错误的思想基础”。张佩纶、何如璋不懂海战规律，把陆战和木帆船作战的一些作战方式如“靠近击撞并碎”等，放到新式炮舰的作战上来。在他们糊涂想法的指导下，他们千辛万苦地将散在各处的弱舰调集，送到法方强舰的炮口下当靶子，无异是将羊肉送进虎口，怎么不闯祸呢！“如果张、何二人不是自作聪明地从各地将福建舰队的弱舰集中到马尾，送给法舰作靶子，也许就可挽救福建舰队，而法国侵华舰队要一次消灭那么多中国舰艇是根本不可能的。”[④]

8. 关于张成评价

张成当时任扬武舰管驾，主持轮船营务处，“统带兵船”。有资料记载说，张成在开战后“凫水而遁”，“坐舢板载红旗而遁”。清朝廷在“上谕”中也指出张成“弃船潜逃”，所以被定为“斩监候”，是马江失事案中被处置最重的一名海军将领。施满玉说，当时一些下级官员纷纷上书，控告张佩纶、何璟“丧师辱国之罪”，要求严加惩办，特别指出舰队指挥官张成丢盔弃甲，泅水逃走，

① 萧学法：《何如璋在马江海战中主战有功》，《光明日报》1990 年 12 月 19 日。

② 赵琳：《张佩纶与中法战争》，《学术月刊》1997 年第 7 期。

③ 赵慧锋：《重评张佩纶》，《烟台大学学报》1996 年第 4 期。

④ 廖宗麟：《中法战争史》，天津古籍出版社 2002 年 7 月版。

是"罪不容诛"。[1] 郑剑顺为此作了辨正,认为张成并非弃船逃跑。法船开炮后,张成在船上指挥发炮还击法舰,在船破"倾侧"下沉的情况下才跳水逃生。说张成弃船逃跑是"不白之冤"。把他定为斩监候,是封疆大吏推出的替罪羊,"有失公道"。[2]

9. *詹天佑有否参战*

郭廷以在《近代中国史纲》(上册)一条注中写道:马江之役爆发时,詹天佑在扬武号舰上任职,并参加是役,表现极为优异。[3]《人物》1982年第2期刊载潘君祥文章《马尾海战中的勇士——詹天佑》,文中说:当时,刚从美国耶鲁大学毕业回国的詹天佑仅二十四岁,正在福建舰队旗舰、轻巡洋舰"扬武"号上担任驾驶官,在战前提出连舰之非,主张舰船拉开距离,遭张成拒绝。在战斗中英勇发炮击敌,船沉时,方跳下水。[4] 张敏、余宣等在报上作了同样的宣传。[5] 黄梦平、李世伟、龙永行也撰文持同样看法。[6] 郑国珍经考证认为,马江之战时,詹天佑没有参战。当时,詹已不在扬武舰上当练生,而是在船政学堂任教习。[7] 詹天佑孙子詹同济也认为,他先祖父确是经历了马江战役,但当时没有参加战斗,而是在船政学堂任教习。有可能当时他参加营救战船沉没后落水的士兵。[8] 包遵朋指出:如果我们没有获得更直接的史料证据,具体明白的记载詹天佑参战的事实,我们似不能确定詹天佑果真参战之说。[9]

10. *孤拔死在何处*

孤拔是法国侵华舰队司令。中文史料记载中,有说孤拔在马江之战中被打死,有称在闽江口被炮击毙,有说在浙江镇海被炮毙,有说"因病死亡"等。

---

① 见前揭施文。

② 郑剑顺:《甲申中法马江战役》,厦门大学出版社1990年10月版。

③ 转摘自黄振南:《中法战争史热点问题聚焦》,广西人民出版社1994年4月版,第292页。

④ 史料根据是当时上海《晋源西字报》和《申报》报道。

⑤ 张敏:《马尾海战中的英雄詹天佑》,《北京晚报》1983年1月10日;余宣:《罗星塔战役中的詹天佑》,载《新民晚报》1983年12月14日。

⑥ 黄梦平、李世伟:《詹天佑与福建水师》,《历史知识》1985年第6期;龙永行:《马江海战三题析辨》,《近代史研究》1990年第4期。

⑦ 郑国珍:《马江海战时詹天佑在福州船政学堂任教并未参战》,见《论文集》。

⑧ 詹同济:《詹天佑和他在甲申海战中几点史实》,《福建史志》1987年第1期。

⑨ 包遵朋:《詹天佑曾否参加甲申马江战役质疑》,《福州文史资料选辑》第三辑。

学者遂有不同采信、不同见解。

倪孔铮说孤拔座舰撤出马江时，在闽江口金牌炮台的炮击中死亡。[①] 林其泉、张步奇《关于孤拔之死》指出：孤拔于1885年6月11日因伤因病死于澎湖。说死于马江战役是误传。[②] 雷雨《法酋孤拔死因之探讨》，将有关不同记载作了汇列，为研究者提供方便。[③] 高炳康认为，孤拔在马江遭林狮狮乘夜偷袭受伤。说孤拔在闽江口被炮击毙是不符合历史事实的。孤拔是在澎湖岛上得疫病致死。[④] 邓华祥也认为，孤拔不可能死于马江战役，而是死于马江战役后的1885年6月11日。[⑤] 王泰栋也否定孤拔死于马江战役的说法。[⑥]

三、几点思考

55年来，中法马江战役研究是有成绩的，特别是改革开放20多年来，成果卓著，学者们深入探讨有关问题，把中法马江战役研究大大推进了一步。

今后，如何把这一研究再往前推进，笔者识陋学浅，本不敢多置喙，但念集思广益、愚者千虑或有一得，因此，仅呈孔见，以作交流和讨教。

思考之一，加强资料建设。史料是史学的"细胞"，历史研究的基础。马江战役研究，首先，同其他课题研究一样，要重视资料建设。资料建设工作，一是对有关史料进行研究，辨别其真伪和准确性，考证其得失。学界已有对魏瀚奉派向法军乞缓战期记载可靠性的辨别，[⑦]对采樵山人回忆准确性的辨别[⑧]等，这是很扎实的基础性工作。评价中的歧异见解，多少都与对不同史料记载的不同采信有关。马江战役有关史料，概括地说有五大类：第一是中方当事官

---

① 倪孔铮：《中法马江战役拾遗——记杨金宝击毙孤拔的战绩》，《文史资料选辑》总第66辑，中华书局1979年9月版。

② 《厦门大学学报》1983年第4期。

③ 《福州文史资料选辑》第三辑，1984年7月印。

④ 高炳康：《中法马江战役孤拔伤亡问题的探讨》，见《论文集》。

⑤ 邓华祥：《也论孤拔之死》，《福建文博》1985年第1期。

⑥ 王泰栋：《发炮击退法舰重伤孤拔者考》，《浙江学刊》1985年第3期。

⑦ 林庆元：《近代爱国的造船专家魏瀚——兼对魏瀚向孤拔乞缓开战史料质疑》，见《论文集》。

⑧ 俞政：《〈中法马江战役之回忆〉不可信》，《江海学刊》1982年第5期。

员奏报，如张佩纶、何如璋、何璟等奏报，左宗棠等查办马江失事案奏报，当事者的电文、函牍和清朝廷的“上谕”、电函、外交文件等。第二是法方当事者如孤拔及其将领的报告、回忆、法方外交文件、档案等。第三是战争现场目击者的记载，如闽海关报告等。第四是非当事官员根据他们所得到的材料所写的奏报、弹劾，如潘炳年等的呈奏。第五是时人的有关著述、记载，报刊报道，战事发生地民间传说等。在我们采用某一类史料记载时，都要作出令人信服的准确性、可靠性辨别，否则，不分青红皂白，“各取所需”，难免得出不同的结论。如张佩纶、何如璋等当事官员奏报，我们不能完全采信，因为这种史料往往有掩饰过失、夸大敌情和战绩、想摆脱不良后果罪责的情感在困扰、在左右，我们不能完全据此来评价张、何在马江战役中的表现。又如法方在马江之战中的损失、伤亡情况，法方的记载最清楚，最有权威性。张佩纶等在奏报中说法国军舰被打沉某艘，将士被击毙多少，就不足采信。因为他们可能是夸大战绩以邀战功或减轻罪责。再如战事发生地民间传说，可能有“里巷快心之说”或诬称讹传之事。这些都需要研究者加以认真辨别、考证。先有准确、可靠的史料，才有客观、公正的结论。

二是搜集、发掘新史料。尤其是法方记载资料和现场目击者记载资料、私家笔记资料、档案史料等，有待研究者继续努力去搜集、发掘。

三是资料的整理、汇编。至今学界尚无一部中法马江战役的专题资料汇编。浙江宁波市已编辑出版《中法战争镇海之役史料》①，福建省也应该组织力量，编辑出版《中法马江战役资料汇编》，全面、系统整理有关资料，集各种资料于一编，以方便学者研究。

思考之二，加强战争的国际法研究。法国侵略舰队在被接纳的马尾港内发起攻击，违反了国际公法，并在马江用机关枪扫射落水、没有反抗能力的福建海军军舰士兵，也违反了国际公法。这都有学者指出。但违反了哪一部国际公法的哪些条文规定，法国为什么敢于如此违反，这种违反在国际社会的反响如何，却少有专文论述。应加强这方面的研究，以认清列强的假文明、真野蛮面目。

---

① 光明日报出版社1988年12月版。

思考之三，重视清朝廷对马江战役指导责任的研究。马江败事，是否责任都在清朝廷的指导上？究竟清朝廷如何指导福建封疆大吏，包括对法舰入口的态度、如何备战，对张佩纶等将福建军舰集结马江有何表态，对守护船厂还是放弃船厂有何指导，对福建的军事部署有何谕旨批示等。要将清朝廷的有关上谕全部梳理一遍，对照前线指挥者的实际行为，是否与朝廷的指导一致，如完全一致，就能令人信服地得出责任在清朝廷的指导上的结论，如不一致，或不完全一致，就可以分清中央和地方的是非责任。这是马江战役研究中的一个重要问题。

思考之四，重视对马江地理形势、社会环境的研究。马江不是闽江海口，马尾没有“海”。从马江到闽江口航道复杂，地理形势险要，岸上炮台重重。法国舰队敢于深入内港，挑战险要地形，凭借什么？他们是如何熟悉地理形势的？马尾港是约开通商口岸，马江有外国船只，法方于战前是如何清理这些船只的？影响通商，有关国家、闽海关有何反应？福建当局对马江的各种动态有否关注？中岐山距马江江面有多远，张佩纶等“登高督战”“登山观战”对马江江面上的战斗有何意义？马尾及附近地区民情如何？马江开战后，民众自发的抗击侵略者的斗争对法国舰队撤出马江有何影响等，需要进一步考察、探讨清楚。

思考之五，重视对“情报”的研究。作战双方是如何搜集对方情报的，掌握对方哪些情报？尤其是福建当局对法国侵略舰队的情报掌握了多少？包括进入马江的法国军舰有多大、舰上装备如何，大炮射程有多远，兵员有多少，他们如何补给生活物资等，有否了解，有否关注？指挥战争，指挥员如果没有了解对手，不知道对手的实力，不去搜集、打探对方一举一动情报，这种指挥员是不称职的。

以上是几点思考，不周不妥之处，谨请教正。笔者衷心祝愿中法马江战役研究再创佳绩。

（原载《船政文化研究》第二辑，中国社会出版社 2004 年版）

1949年以来中国近代经济思想史研究述评

本文述评1949年中华人民共和国成立至2000年，这51年来的中国近代前80年经济思想史研究概况，以介绍研究动态为主，并作简要评论。

一、研究概况

1949年以来，中国近代经济思想史研究有长足发展，取得丰硕成果。据粗略统计，有著作17种以上，论文1165篇。其中，1949—1965年的17年，有著作2种，论文89篇。“文化大革命”10年（1966—1976年），研究基本停顿，只有一篇文章。改革开放24年（1977—2000年）来，是该学科研究最辉煌的时期，有著作15种以上，论文1075篇以上，占51年来论文成果的92.3%。

二、著作述评

1964年至1966年由中华书局出版、赵靖、易梦虹等编著的《中国近代经济思想史》，是新中国成立后第一部中国近代经济思想史专著。该书作为高校文科教材，于1980年经修订后重版。这是填补学科专著空白之作，对推动学科研究发展和高校该课程教学起重要作用。但也有明显的时代局限，如内容上按改革与守旧、进步与反动两根主线、两种思想营垒和模式写，有失简单化、公式化，缺乏具体分析。有些观点较陈旧，如把洋务经济思想视为“反动经济思想”，而且写得过于简略等，此其一。书中写历史背景、思想背景等非经济思想的叙述篇幅过多；有些不属经济思想的，如农民革命思想、冯桂芬的宗法思想、泛论张之洞的洋务思想、康有为、严复、谭嗣同、梁启超的变法思想及其活动事迹等都不纯属经济思想，此其二。全书基本按人头写，给人物的经济思想“画像”，这样，主要的经济观点无法集中归纳、分析，难免出现重复分析，此其三。尽管如此，该专著对本学科建设的贡献还是功不可没的

叶世昌著《鸦片战争前后我国的货币学说》①，是新中国成立后中国近代经济思想史专题研究的“开先河”之作。

改革开放以来，在赵靖、易梦虹主编出版的《中国近代经济思想史》（修订本）之后，又有侯厚吉、吴其敬主编《中国近代经济思想史稿》②，胡寄窗著《中国近代经济思想史大纲》③，姚家华编著《中国近代经济思想简史》④，马伯煌主编《中国近代经济思想史》⑤，叶世昌著《近代中国经济思想史》⑥等编著出版。还有赵靖《中国近代经济思想史讲话》⑦，何炼成主编《中国经济管理思想史》⑧，欧阳卫民《中国消费经济思想史》⑨，钟祥财《中国近代民族企业家经济思想史》⑩，刘永佶、张华、王郁芬《历史的经济大思路——中国近代经济思想史 100 题》⑪，郭庠林、姚家华、张立英《中国近代振兴经济之道的比较》⑫，刘枫、曹均伟《孙中山的民生主义研究》⑬，韦杰廷《孙中山民生主义新探》，黄同明、卢昌健《孙中山经济思想研究》⑭，施增平、陈文亮《中国近代改革开放思想探索》⑮等经济思想专题研究著作问世。

侯、吴本分三编写中国近代 80 年的经济思想。观点上吸收了一些改革开

① 上海人民出版社 1963 年版。
② 黑龙江人民出版社 1982 年版。
③ 中国社会科学出版社 1984 年版。
④ 安徽人民出版社 1985 年版。
⑤ 上海社会科学院出版社 1988—1992 年版。
⑥ 上海人民出版社 1998 年版。
⑦ 人民出版社 1983 年版。
⑧ 西北大学出版社 1988 年版。
⑨ 中共中央党校出版社 1994 年版。
⑩ 上海社会科学院出版社 1992 年版。
⑪ 中国青年出版社 1991 年版。
⑫ 上海财经大学出版社 1995 年版。
⑬ 上海社会科学院出版社 1987 年版。
⑭ 广东人民出版社 1996 年版。
⑮ 厦门大学出版社 1995 年版。

放后几年的学术界新成果，有所创新。但仍有旧框架的简单化痕迹，如仍按“地主阶级改革派”“地主阶级顽固保守派”“对外妥协派、投降派”“洋务派”“封建顽固派”“资产阶级改良派”等划“派”，有关人物的经济思想对“派”入座。这种划“派”是把并不成派的官员、知识分子零星复杂多样的经济思想作简单化的归类，必定影响对有关人物经济思想的客观、全面评价。晚清思想界称得上“派”的，是资产阶级政团组织建立之后，如兴中会成立之后，才形成资产阶级革命派。维新人士有强学会、保国会组织，也称得上“派”。前此都称不上“派”。在学术观点上，也仍有沿袭旧观点之处，如仍把“洋务派”的经济思想和清末民初“买办官僚”的经济思想概称为“反动的经济思想”。此外，侯、吴本在每编之首，都专章叙述该时段的“中国社会与中外关系”，这种把时代社会背景，包括中外关系，单独于经济思想之外叙述的模式，仍不脱旧思想史撰写框架，似乎无此必要。不仅增加篇幅，且未能收到“水乳交融”的效果，完全可以将时代社会背景融入对具体经济思想的分析评价中。

胡著打破了改革与反改革、进步与反动的论述格局，就具体人的经济观点作简略阐述。其长处是“外引内联”，探究经济思想源流，对人物经济思想的代表作作较深入剖析。在研究范围上，把“中国近代”断限到1949年中华人民共和国成立之前。在对经济思想评价上，有些独特见解，如对魏源的经济思想评价较高，超过龚自珍、林则徐，称魏是“卓越的地主阶级改革家。在经济思想领域，他可算是典型的中国式经济思想的最后一位足值称述的思想家，同时也是向西方文明学习的这一巨大历史潮流的发轫者，所以，魏源的经济思想标志着我国传统的经济思想之历史变革的转折点。”又如对早期维新人士经济思想的评价“扬马抑郑”，认为马建忠是“一位对资产阶级财政、贸易学识具有相当理论素养的学者”，“具有很渊博的西方政治和经济学识”，是“最早坚持引进外资以发展生产的一位思想家”。而郑观应“理论修养不足”，有私人利害关系偏见等。再如对戊戌维新派康有为、梁启超、严复的经济思想评价不高，认为康有为是好夸大其词，富有理想，但少有实践，多所文过饰非，窃人之有占为己有。康有为戊戌前的经济思想“很少独特的创见”。他的著作大多是“轰动一时却无长远学术价值”；《大同书》是“极矛盾荒唐之能事。它的每一个可取的设想几乎全夹杂着一些陈旧或矛盾乃至荒唐的论述”；《大同书》

的编写，只不过是变法失败后，在百无聊赖中借发挥旧作以自遣的文字游戏而已，既不急于发表，也不曾产生任何影响。梁启超是写作随便，看风使舵。康、梁都喜欢自我吹捧。严复"不能算是一位近代意义的资产阶级经济学家。因为他只有对许多经济学说或问题的片断见解，缺乏对任何一个经济理论范畴的较完整的表述，何况其中尚有不少理解不够深透之处，更谈不上对资产阶级经济体系的系统理解与论述。"从作者的论述中，让人感到，似乎康、梁、严的经济思想都不如马建忠高明。作者认为，评价 20 世纪开始的经济思想，得首先以近代经济学的尺度去衡量，然后予以分析批判。这种尺度要求显然是脱离中国实际的。经济思想的进步与否，不仅要与先进的西方经济学比，更要与本国的过去比，与同时代的其他人比。其衡量尺度不能是某种现成的西方理论，而是邓小平提出的三个是否"有利"：是否有利于生产力发展，是否有利于综合国力提高，是否有利于人民生活水平的提高。

胡著存在的问题除了观点有某些偏颇外，对经济思想内容也有某些界定不清之处，如把洋务思想等同于经济思想（洋务思想不仅包括经济思想，还包括政治思想、军事思想、教育思想、外交思想等），学习外国思想等同于经济思想，对洋务企业性质、作用的评价也不属经济思想范畴等。还有叙述中，对史实的表述有某些失误或欠妥。如第十二章就有以下数处主要差错或不妥：

其一，书中写道："洋务思想不是一出现就引起争论的。第一次洋务思想与反洋务思想的斗争开始于 1874 年。"事实是，洋务思想与反洋务思想的争论早在 1874 年前就开始了。首次是在 1866 年，关于要不要办京师同文馆算学馆，引起了一场大争论。1874 年的争论是围绕筹办海防问题（总理衙门总结的练兵、筹饷、简器、造船、用人、持久六条及丁日昌拟的海洋水师章程六条）而展开的，已非第一次。80 年代，则还有关于办铁路问题的争论。

其二，书中有这样一段描述："一八七二年，洋务机构第一次派三十名留学生赴美国。顽固派知道后，勃然大怒，竟下令把他们中途撤回。"从 1872 年开始，清政府选派 120 名学童赴美留学，分四批出洋，每批 30 人。只写"三十名"，误。这 120 名学童赴美后，学习了 10 年，至 1881 年被提前撤回（原定学习期限 15 年）。说"中途撤回"，似乎是赴美途中就被撤回，显然表述不当。学童在美学习 10 年中，留学生正监督四易其人，先后有陈兰彬、区谔良、容增祥、吴嘉善,副监督为容闳。陈、区、吴思想保守,屡以学童在美沾染“洋习”、恐将来不为清朝所用禀报朝廷,作了许多歪曲事实的汇报,才使清政府最后下决心提前撤回。以“顽固派知道后,勃然大怒”来描述这长达10年之事,言之有形,按之失实,有欠妥当。

其三,该书在写张之洞的经济思想时说:张是同反对洋务的顽固派作坚决斗争的“最早带头人”。这是没有史实根据的。“最早带头人”应是总理衙门大臣奕䜣,而非张之洞。张是洋务运动后期的洋务要员,何来“最早”?

这些,希望作者在该书再版修订时能注意及此。

关于洋务官员的经济思想,在近代经济思想史上占有重要地位和分量,赵著和胡著都论述得很简略。从章节安排上看,赵著和胡著都安排得有欠妥当。赵著安排在第六章写,即在“资产阶级改良派”康、梁等之后写,标题是“清朝统治集团中的顽固派和洋务派的经济思想”,十分不显眼。所谓“洋务派”,只写张之洞一人。作者认为,张之洞的经济思想是“比较完整,也比较典型的洋务派经济思想”。这显然是回避洋务要员李鸿章等人的经济思想。胡著把“洋务派”的经济思想安排在第十二章,也是在写康、严、谭等经济思想之后写“洋务派”的经济思想,其章名是“十九世纪六十—九十年代的洋务和反洋务思想”。洋务官员的经济思想、主要活动时代在维新派康有为、梁启超、严复、谭嗣同之前,因此,把洋务官员的经济思想写在维新派康、严、谭之后,有失妥当是很显然的。从观点上看,赵著观点陈旧,把“洋务派”和“顽固派”都称为“反动派别”,把他们的经济思想斥为“反动思想”。这种观点已为当代学术界所普遍否定。胡著的观点已更新,与学术界的观点较贴合。只是评价中没有扣紧“经济思想”,而泛评洋务运动、洋务思想、洋务企业,没有把经济思想界定清楚,有点超范围了。

姚著的特色是按经济思想的一些重要命题进行阐述,如本末论、奢俭观、义利观等,分量较单薄,内容欠充实。

马伯煌主编的《中国近代经济思想史》分三册,从1840年写至1949年,共110年的经济思想史。该书改变按人头写法,基本按时段的主题经济思想展开,如“鸦片战争前后中国封建经济思想同西方资本主义思想的冲合与发展”,“鸦片战争后各种政策思想的分歧与交错”,“资产阶级改良思潮的形成及其经济思想的前进与后退”，“资产阶级革命派经济纲领的提出及其与改良主义者的论战”等。在学术观点上一定程度吸取学术界新的研究成果，体现20世纪80年代末的学术水平。但本书也有同前面提及的论著一样的缺点，即叙述内容中没有严格界定“经济思想”，有不必多花笔墨的非经济思想的阐述，如把“洋务思想”等同于洋务官员的经济思想，“维新思潮”“革命思潮”着墨过多等。

叶世昌著《近代中国经济思想史》是在作者已有成果《中国经济思想史》下册（1980年版）的基础上修订、扩充而成，内容写到1919年“五四”运动前。全书分成三章三个时段写各时段人物的经济思想，有龚自珍、王鎏、包世臣、魏源、许楣、王茂荫、徐鼒、孙鼎臣、汪士铎、洪秀全、洪仁玕、冯桂芬、李鸿章、郭嵩焘、陶煦、王韬、钟天纬、薛福成、郑观应、陈炽、谭嗣同、张之洞、张謇、何启、胡礼垣、康有为、严复、梁启超、孙中山、章炳麟、刘师培、朱执信、廖仲恺等共计33位人物的经济思想。该书显示作者深厚的专业功底。全书特点是述而少论，对人物经济主张、看法的分析评论篇幅较少，学术观点较平稳。此外，按人头“画像”，正如前面所指出，难以将相同的论题集中比较分析，以避免重复论述。

以上著作尽管有局限，但都不失为中国近代经济思想史研究的重要阶段性、开拓性、基础性成果。

三、论文述评

新中国成立后的前17年，中国近代经济思想史研究具有开拓性，但论文数量少，思路狭窄，观点陈旧。89篇论文内容包括太平天国经济政策、经济制度研究，如《天朝田亩制度》《资政新篇》评价，对天国供给制、商业政策、赋税制度探讨，对康有为“大同书”思想实质评价，中国近代经济思想的发展阶段及其特点研究，重商主义思想研究，人口“理论”研究，以及近代人物的经济思想研究，如薛福成、孙中山、龚自珍、王茂荫、许楣、魏源、包世臣、冯桂芬、郑观应、陈炽、马建忠、林则徐、谭嗣同、章太炎、严复、梁启超等经济思想探讨。

改革开放以来，1075篇论文涉及闭关政策、太平天国经济思想、“大同”思想、企业管理思想、人口思想、商业思想、重商思想、保路思想、货币思想、土地改革思想、理财思想、“重农抑商”思想、工业化思想、自开商埠思想、公司意识（公司思想）、财政金融思想、对外开放思想、利用外资思想、市场理论、市场意识、社会主义观、赋税思想、经济伦理思想、奢俭观、义利观、晚清和民初经济政策等，研究人物的经济思想涉及人物有60多人，如孙中山、洪秀全、洪仁玕、康有为、梁启超、严复、谭嗣同、龚自珍、魏源、林则徐、包世臣、许乃济、琦善、冯桂芬、郑观应、马建忠、王茂荫、许楣、薛福成、汪士铎、左宗棠、朱执信、廖仲恺、张謇、陶澍、喻培伦、崔敬伯、杨增新、陈炽、王韬、邵作舟、刘铭传、张之洞、李鸿章、黄遵宪、张元济、丁日昌、盛宣怀、曾国藩、黄兴、袁世凯、熊希龄、胡林翼、郭嵩焘、汤寿潜、宋教仁、孙宝瑄、黄乃裳、曾鲲仪、李大钊、陈独秀、刘师培、刘揆一、徐世昌、穆藕初、何启、胡礼垣、蔡锷、经元善、陈焕章、伍廷芳、李维格等经济思想研究。

从论文的内容看，涉及的面广，人物多，论述的问题深入，涵盖经济思想的几乎所有方面。如对孙中山经济思想的研究文章多达292篇，是研究人物经济思想文章最多的一个人物。这些文章涵盖了孙中山经济思想的各个方面，如孙中山的民生主义、平均地权思想、土地思想、经济利益调和论、国民经济管理思想、近代化经济策略思想、与毛泽东大同思想的比较、开发西北、西南思想、银行建设思想、交通建设思想、区域经济思想、经济平等思想、节制资本思想、“天下为公”思想、“货畅其流”思想、经济干预思想、内河整治与经济开发的实业思想、振兴中国商业的经济思想、“赶超”思想、国民经济现代化的思想、人口思想、铁路建设思想、地价思想、经济学理论、劳工思想、集产社会主义思想、开放主义与世界主义、经济改革思想、早期重农思想、农业经济思想、建设海南岛思想、海港建设思想、备荒救灾思想、利用外资思想、对外开放思想、工业化思想、货币思想、发展国家资本的思想、帮助少数民族发展经济思想、社会主义观、开发长江及其沿岸资源的设想、财政收入思想等，几乎是无所不论及。当然，也有不少文章重复论述相同的问题，做无用功。

从论文的观点看，有明显的创新和突破，如对鸦片战争前清政府“闭关政策”的评价，对“闭关政策”的落后性和造成的严重后果有较清醒的认识，指出“民族自卫”与对外开放是不矛盾的，闭关政策不仅不利本国经济、社会的发展和进步，而且“招祸”挨打，从哪一方面讲都是不可取的。又如对太平天国《资政新篇》仿行资本主义建设的经济思想的肯定，对洋务官员经济思想的基本肯定，对公司思想的探讨和肯定，对重商思想和西方重商主义的比较分析。又如对自开商埠思想的研究，辨明对外开放与“出卖民族利益”的界限。再如对保护路权、矿权思想的评价，分清引进外资与“出卖民族利益”的界限。其他如对实业救国思想、货币观、人口观、奢俭观、义利观、道艺观等问题的分析和评价，都有较客观公正的新见解。

对外开放和维护主权是近代中国面临的两大主题。既要对外开放，又要维护主权，要在维护主权的前提下对外开放，只有对外开放，才能发展和进步，增强国力，更好更有效地维护主权，这是近代中国的最佳选择和最好出路。近代中国人面临这两大主题，都有可能作出自己的思考和选择，我们要以此为准则衡量其思考和选择，才能有客观公正的评价，防止以一种倾向掩盖另一种倾向，如以对外开放掩盖维护主权，或以维护主权掩盖对外开放，都是片面的。

评价中国近代经济思想的得失，进步与否，其标准应是前面提及的邓小平提出的“三个是否有利”。这“三个是否有利”，既是我们检验当今一切工作得失的标准，也完全可以作为我们评价中国近代经济思想得失的标准。这一标准，与我们坚持历史唯物主义的指导思想是一致的。

四、几点思考

新中国成立50余年来，中国近代经济思想史研究是有成绩的，特别是改革开放以来，成绩更为突出。今后，如何将该学科的研究引向深入，推上一个新台阶，笔者不揣愚陋，提出如下思考，以利集思广益，聊备刍荛之采。

思考之一，基础研究，包括本学科研究的指导思想、研究对象、研究方法、评价标准、基本框架、基本线索、分期分段等，都需要进一步探讨，提高研究水平，在辩证唯物主义和历史唯物主义理论指导下，开拓、创新，明辨是非，客观、公正评价各种经济思想和经济政策。随着研究的深入，应组织力量编写新的经济思想史，作为该学科的基础建设。经济思想史的近代部分，可以分别撰写

《晚清经济思想史》和《民国经济思想史》，而不必沿袭“中国近代”经济思想史之称。

思考之二，“条条”研究，即纵贯的“线条”研究，如主要线索研究，农本商末观念的演变，货币思想研究，人口思想研究，“师夷长技”思想研究，商务观念（商品经济观念）研究，企业管理思想研究，近代工业化思想研究，土地改革思想研究，对外开放思想研究，西方政治经济学说的引进及其影响等，这些从近代经济思想史中抽出的重要专题，可以进行“线条”式的历史回顾和考察，深入追溯其发端、源流、来龙去脉和发展、演变过程，探讨其得失及其历史作用。

思考之三，“块块”研究，就某一时期某一经济思想、经济主张、经济政策或单就某一人物的经济思想、经济主张作进一步深入研究，评价其历史地位、作用和局限。如鸦片战争前的“塞漏培本”思想、“重治吸食”的禁烟思想、“严惩兴贩”的禁烟思想、“封关绝市”的禁烟思想，洋务官员的商务观念，早期维新人士的重商思想，维新派的“重工”思想，立宪群体的实业救国思想，孙中山的引进外资思想、土地改革思想等，都值得进一步深入剖析。

思考之四，比较研究，同一时期的人物经济思想比较，探讨同一时期不同人物的经济思想差异性；或不同时期的人物经济思想比较，研究其经济思想的承继性、先进性或落后性；或中外经济思想比较，探讨中国近代经济思想在西学影响下的近代化进程及其特点等等，都可以作为进一步探讨的研究课题。

思考之五，资料建设。中国近代思想史（包括经济思想史）资料建设比起经济史资料建设相差甚远，显得很落后。50余年来，笔者读到的中国近代经济思想史资料编辑本只有巫宝三等编《中国近代经济思想与经济政策资料选辑（1840—1864）》①，赵靖、易梦虹主编《中国近代经济思想资料选辑》②，陈绍闻主编《中国近代经济文选》③等三种。这与本学科研究的发展很不相称。因此，要组织力量，广泛发掘、搜集、整理、编辑更有分量的中国近代经济思想

① 科学出版社1959年版。

② 中华书局1982年版。

③ 上海人民出版社1984年版。

史资料,出版一套中国近代经济思想史资料丛刊。这是本学科建设的重要基础工程。此项工程功在当代,利在后人,既为学人提供研究方便,又可通过资料建设推进本学科研究的进一步发展。

(原载《史学月刊》2002 年第 5 期)

近 50 年来中国
近代史史料学研究综述

中华人民共和国成立 50 年来①,历史研究在马克思主义理论指导下,研究的质量和数量比起解放前都有巨大的提高和发展。中国近代史史料学研究也取得了辉煌成绩。下面试作简要综述。

一、学科基本理论研究

史料学是以史料为研究对象的一门学科,"其任务是为历史研究者提供研究史料的科学方法和详尽而可靠的具体史料,直接为历史研究服务。"②中国近代史史料学是以中国近代史料为研究对象的学科。③

新中国成立后的 50 年代至 70 年代,研究中国近代史料学基本理论的专著几乎是空白。只有不多的介绍近代史料和考证近代史料文章。还有就是此阶段曾有过"史与论"关系的讨论。"史"就是史料,"论"就是史观。究竟是史料重要还是史观重要,是以史观统率史料,还是以史料为出发点引出结论,是纯"客观"写史,还是史论结合,寓史观于史料分析之中等,众说纷纭,莫衷一是。这实际上涉及史料研究的科学理论指导和史料运用方法问题。

"文化大革命"结束后 20 年来④,该学科的基本理论研究勃兴。许多高校

① 1949 年至 1999 年。

② 李永璞:《中国近代史料学概论与史料书籍汇录·序》,厦门大学出版社 1996 年 5 月版。

③ 本文所指"中国近代史料"为近代前 80 年史料。

④ 1979 年至 1999 年。

历史系开设中国近代史料学和中国近代史料目录学课程。全国性的中国近现代史史料学学会应运而生,形成一支庞大的研究队伍。

就基本理论研究成果而言,约有五六种著作出版。陈恭禄著《中国近代史资料概述》①开了先河。该书是作者解放后在南京大学讲授“中国近代史史料介绍”课程的讲稿,经修改、整理,正式出版。书中注重介绍中国近代第一手史料,旨在使学生“熟习近代史史料,并能利用它进行初步分析批判,为将来独立研究树立基础。”

1985 年出版的龚书铎、方攸翰主编《中国近代史学习手册》②,是为配合电大文科学员学习中国近代史而编写的。其中重要内容之一也是对中国近代史资料作介绍。

全面对中国近代史料学作通论的,要算张革非、杨益茂、黄名长编著《中国近代史料学稿》首开其端。③ 该书论述中国近代史料学研究对象、方法和各种类别史料、近代通史史料、近代专史史料的特点并加以介绍。

林增平、林言椒主编《中国近代史研究入门》④,其中有一部分内容也分析中国近代史资料的特点和类别,并介绍中国近代史重要资料书。

郑剑顺编著《中国近代史料学概论与史料书籍汇录》⑤,与《中国近代史资料概述》《中国近代史料学稿》等比较,有如下特色:第一,简要性。该书将中国近代史料学概论、中国近代史料目录学概述和中国近代史料书籍评介三者结合,集史料学理论、史料书籍分类、利用、史料特点分析、史料书籍介绍于一书,而且偏重于史料书籍评介,期于实用。如此编述,极为简要,易于读者掌握。第二,启发性。该书的内容大多为作者 20 多年来从事中国近代史史料研究所得之积累,又将其研究史料若干科学方法的具体运用之体会熔铸于史料书籍的评介中。凡此种种,颇能启迪读者对史料研究的重视,并可引发其热爱史学工作。第三,实用性。该书系作者在大学讲授中国近代史料学、史料目录

① 中华书局 1982 年版。
② 北京大学出版社 1985 年版。
③ 中国人民大学出版社 1990 年 3 月版。
④ 河南人民出版社 1990 年 10 月版。
⑤ 厦门大学出版社 1996 年 5 月版。

学课程讲稿，并经十年的课堂验证，反复修补，始正式出版。“所以该书有较强的针对性，是可供大专院校历史学专业采用的一部好教材，同时也是初学历史者入门的参考书。”①

此外，20 世纪 80 年代，还出版有三种涉及史料研究理论和方法的著作：翦伯赞著《史料与史学》②，谢国桢著《史料学概论》③，荣孟源著《史料和历史科学》④。

翦著是旧作整理而成，其中论及历史学的“三基”（基本理论、基本知识、基本技能）、搜集史料的方法，对史学和史料学研究很有参考价值。如谈到搜集史料的方法，作者说：“假如我们知道某几种书上有我们所需要的史料，最好是一本一本书从头到尾一字不放松地去搜查。因为也许我们所需要的史料就在我们放松的那一页，或者就是我们放松的那个字。

“搜查一本书，可以作一次搜查，这种方法就是不管史料的性质，只要是我们所需要的史料，就毫无遗漏地把它们抄下来，抄下来之后，才来分类整理。但我以为搜查的方法，最好是依史料的性质分作若干次进行。例如第一次，搜查经济史料；第二次，再搜查政治史料；第三次，再搜查文化思想史料。这样依次搜查的方法有两种好处：第一，它可以使我们的注意力，完全集中到一点。比如我们搜查经济史料时，要把全力注意经济史料，对于政治和文化思想的史料，暂时不管；反之亦然。这样，就会养成我们的专注力，使我们所注意的史料，在我们面前浮凸出来。第二，可以使我们在搜集某种史料的当中，同时得到与这一史料有关之各方面的知识。比如我们搜集经济史料时，把政治和文化思想史料搁在一边，我们就可以分出注意力来注意与经济史料有关的事项。此外，这种分次搜集下来的史料，不必经过整理，自然就有它的系统。这样一次一次地搜查下去，笔记起来，则这本书便被我们完全拆散，而其中所含的史料，也就在我们的笔记中分别归队了。一种书如此，第二种书以至无数种书都是如此，积而久之，我们抄录的史料便日益丰富。”这是作者严谨治学的成功

---

① 李永璞：《中国近代史料学概论与史料书籍汇录 · 序》，厦门大学出版社 1996 年 5 月版。

② 北京大学出版社 1985 年 9 月版。

③ 福建人民出版社 1985 年 6 月版。

④ 人民出版社 1987 年 3 月版。

经验之谈,非常难得。

谢著是在作者授课讲稿的基础上整理而成。虽然较多谈论古代史料,但也涉及近代史资料问题。其中阐述史料学的形成、学科特点、与邻近学科金石学、地理方志学的关系和史学研究方法等,对中国近代史料学研究仍不失参考价值。

荣著是作者的一部遗著。作者长期从事中国近代史和近代史料研究,是中国近代史料学研究的重要开拓者之一。书中汇总了作者15篇文章。前8篇谈对于史料工作的认识和基本方法,后7篇结合《近代史资料》编辑工作的经验和教训,谈史料编辑的有关问题。史料的搜集、研究、编辑是史料学面对的重要任务。作者在这三个方面都有丰富的实践经验和独到的理论见解。不仅对中国近代史料学研究,而且对中国古代、现代等史料学研究都有指导意义。

还有,该时期出版的张宪文著《中国现代史史料学》①、张注洪著《中国现代革命史史料学》②、何东著《中国现代史史料学》③、陈明显主编《中国现代史料学概论》④、冯尔康著《清史史料学初稿》⑤等,对中国近代史料学基本理论研究也有重要参考价值。

改革开放后,报刊上也发表一些史料学基本理论研究的文章。如李时岳《史料的考订》⑥,谢刚生《要重视对史料的整理》⑦,荣孟源《史料学是历史科学的辅助课目》⑧和《关于史料的鉴别》⑨,陈智超《史料的搜集、考证与运用(介绍陈垣的治学经验)》⑩,李瑚《谈近代史料的征集和整理》⑪,戴逸《谈清

---

① 山东人民出版社1985年11月版。
② 中共党史出版社1987年版。
③ 中共中央党校出版社1988年版。
④ 北京大学出版社1993年11月版。
⑤ 南开大学出版社1986年2月版。
⑥ 《社会科学战线》1978年第3期。
⑦ 《文汇报》1978年11月23日。
⑧ 《河北师院学报》1978年第2期。
⑨ 《社会科学研究》1980年第4期。
⑩ 《人民日报》1980年3月27日。
⑪ 《近代史研究》1982年第4期。

代书籍和史料的整理》①,苏双碧《论史料和理论的关系》②,来新夏《谈谈地方史志资料的搜集与整理》③等等,都是切身经验的理论升华。

二、史料整理、编辑

史料整理、编辑是史料学研究的重要任务之一。50年来,中国近代史史料的整理、编辑成绩卓著,为中国近代史研究作了重要的基础建设,提供了极大方便。

第一,档案史料整理。近代档案十分丰富,有清代档案、民国档案、海关档案、洋行、商行档案、银行档案、教会档案以及各省各地的公、私档案。这些档案是研究中国近代史的珍贵史料。整理、出版这些档案是功德无量的事。

清代档案现由第一历史档案馆保存。解放后,收藏单位对这批档案陆续整理出版了一部分,总数不下60余种,300多册。④ 有关中国近代史部分的,有《清代档案史料丛编》多辑、《戊戌变法档案史料》《义和团档案史料》《义和团档案史料续编》《宋景诗档案史料》《清末筹备立宪档案史料》《鸦片战争档案史料》《圆明园》《清政府镇压太平天国档案史料》《辛亥革命前十年间民变档案史料》等。此外,中国近代史资料丛刊《鸦片战争》《第二次鸦片战争》《洋务运动》《中法战争》《中日战争》中都收录了相当一部分整理出来的清宫档案材料。1980年创刊的《历史档案》上也刊发了大量整理出来的清宫档案。有关中国近代史方面的如《咸同之际赫德函札总案》(1990年第1期)、《袁世凯驻节朝鲜期间函牍选辑》(1992年第3、4期)、《清醇亲王奕谭信函选》(1983年第1期)、《张伯英日记零稿》(1983年第1、4期)、《载沣存札选刊》(1992年第4期)、《鸦片战争期间士民上书抗英史料》(1993年第1期)、《第一次鸦片战争之后福州问题史料》(1990年第2期)、《咸丰三年林俊等在福建抗清斗争史料》(1991年第4期、1992年第1期)、《天京事变与石达开的出

① 《光明日报》1982年2月15日。

② 见苏双碧:《阶级斗争与历史科学》,上海人民出版社1982年版。

③ 《地方志论文选》第一集。

④ 单士魁:《清代档案丛谈》,紫禁城出版社1987年版。

走》(1981 年第 1 期)、《咸丰末年清廷严禁中外商船接济太平军史料》(1993 年第 4 期、1994 年第 1 期)、《天津租界档案史料选》(1984 年第 1 期)、《同治年间总署查核中法条约底本》(1988 年第 4 期)、《康有为第三次上清帝书原本》(1986 年第 1 期)、《清末上海公共租界史料选编》(1991 年第 2 期)、《清学部成立档案史料》(1989 年第 1 期)、《光绪末年学政史料选载》(1988 年第 2 期)、《清政府镇压孙中山革命活动史料选》(1985 年第 1 期)、《光绪年间官员履历单选载》(1985 年第 1 期)、《清末汪兆铭被捕后的供单及有关史料》(1983 年第 2 期)、《清末筹备立宪档案史料补遗》(1993 年第 3 期)等。至 1994 年,15 年中,《历史档案》上共刊发从清宫档案中整理出来的有关中国近代史的史料 131 个专题组,具有很高的史料价值。

台湾也影印出版了一部分从大陆运往台湾的清宫档案,如中国近代史资料汇编《海防档》《矿务档》《四国新档》《教务教案档》《中法越南交涉档》等多种。

民国档案现由第二历史档案馆收藏。已整理成书出版的有:《中华民国史档案资料汇编》多辑、《北洋军阀统治时期的兵变》、《中国海关密档》、中华民国史档案资料丛刊《善后会议》、《民国外债档案史料》、《中国无政府主义和中国社会党》、中华民国史资料丛稿《拒俄运动》、《白朗起义》等。1985 年创刊的《民国档案》杂志上也不断刊发新整理出来的民国档案。《历史档案》上也刊发一部分二馆馆藏的民国档案史料和各省档案馆馆藏史料。

地方档案整理出版的有《清末川滇边务档案史料》《天津商会档案汇编》《近代康区档案资料》《福建华侨档案史料》《武昌起义档案资料选编》《辛亥革命在辽宁档案史料》《清代吉林档案史料选编 · 辛亥革命》《清代档案史料选编 · 工业》《四川保路运动档案选编》《北洋军阀天津档案史料选编》《四川教案与义和拳档案》《东北义和团档案史料》等。各省、市档案馆也主办有刊发本省、市档案史料的刊物,如《湖北档案史料》《四川档案史料》《云南档案史料》《档案与历史》(上海)《北京档案史料》《齐齐哈尔档案史料》《档案史料与研究》(重庆)等。

个人档案发现、整理出版的有《吴煦档案选编》、《吴煦档案中的太平天国史料选辑》,盛宣怀档案资料选辑:《辛亥革命前后》《湖北开采煤铁总局 · 荆门矿务总局》《甲午中日战争》《汉冶萍公司》《孙中山藏档选编》等。

第二,“三亲”史料征集、整理。“三亲”即亲历、亲见、亲闻。“三亲”史料即亲历、亲见、亲闻者所记述的史料,也称为“回忆录”。这方面史料的征集、整理,解放后也得到重视。20 世纪五六十年代征集的“三亲”史料主要是有关辛亥革命前后的史料。70 年代因“文化大革命”停顿。80 年代征集的“三亲”史料主要是民国史料,90 年代开始征集新中国成立前后的史料。这些史料有的汇集成书出版,有的在各级政协编的《文史资料》上发表。如成书出版的有:《辛亥革命回忆录》(共 6 册)《回忆辛亥革命》《辛亥首义回忆录》(共四辑)《浙江辛亥革命回忆录》《辛亥革命史料选辑》《湖南文史资料选辑》《辛亥四川争路亲历记》《陕西辛亥革命回忆录》《湖南反正追记》《四川保路风云录》《护国讨袁亲历记》《八十三天皇帝梦》《我的前半生》等数十种。

第三,史料选编。按中国近代一些重大事件如鸦片战争、太平天国、中法战争、中日战争、戊戌变法、辛亥革命等,选编有代表性史料,供高校历史学专业学生课外阅读参考。这些史料选编有杨松、邓力群原编、荣孟源重编《中国近代史资料选辑》,中国人民大学中国历史教研室编《中国近代史参考资料》,翦伯赞、郑天挺主编《中国通史参考资料 · 近代部分》,北京师范大学历史系编《中国近代史资料选编》,云南大学历史系编《中国近代史参考资料》,蒋世弟、吴振棣编《中国近代史参考资料》,佚名辑《中国近代史参考资料》,左舜生选辑《中国近百年史资料初编》《续编》等约 10 种左右。

第四,各种专门、专题史料书的编辑出版。如中国近代经济、思想、教育、出版、工业、农业、手工业、贸易、铁路、航运、外交、海军、鸦片战争、太平天国、捻军、回民起义、洋务运动、中法战争、中日战争、戊戌变法、义和团、辛亥革命、北洋军阀等,都编有史料书。① 其中尤以中国史学会主编的中国近代史资料丛刊为最出色,共 12 种。从 20 世纪 50 年代开始出版,至 1990 年出版最后一种《北洋军阀》,历经近半个世纪。这是一套研究中国近代史(前 80 年)的最基本资料。有位美国学者说:他们学术界利用这套资料丛刊培养了数百名博

---

① 详见郑剑顺编著:《中国近代史料学概论与史料书籍汇录》,厦门大学出版社 1996 年 5 月版。

士。从事中国近代史研究的汤志钧、戚其章等都十分称赞这套丛刊,认为是他们研究中国近代史的“入门书”。

粗略统计,50 年来出版的中国近代史各种专门、专题史料书 700 多种。这些史料书籍的编辑出版基本上有三种形式:其一,综合型。按专题将各种有关史料,包括档案史料、奏稿、文集、笔记、日记、函稿、传记、报刊、外文翻译等史料汇总编辑,如中国近代史资料丛刊《鸦片战争》《太平天国》《洋务运动》《辛亥革命》等,就属这类。其中,收录不少未刊手稿本、抄本。每种书末还附有“书目解题”,介绍史料来源、史料作者身份和史料价值,以供鉴别史料参考。这套丛刊书分则为专题史料书,合作为近代通史史料书。这是很有特色的史料编辑形式。其二,章节型。按专门史将有关史料摘录分章节编排。如《中国近代工业史资料》《中国近代农业史资料》《中国近代手工业史资料》《中国近代铁路史资料》《中国近代航运史资料》《中国近代对外贸易史资料》《中国近代货币史资料》《中国清代外债史资料》《中国近代教育史资料》《中国近代教育史资料汇编》《中国近代学制史料》《中国近代出版史料》《清末海军史料》等,都是分章节编排的史料书。章节型编辑的史料书,查阅、利用史料相当方便,一查便可查到所需史料,只是因为对号摘录史料,难免在取舍上出现偏颇。又因割裂史料,所以无法联系上下文加深理解史料。其三,影印型。按专题将有关史料影印编辑成书。如台湾出版的中国近代史资料汇编《海防档》《矿务档》《教务教案档》《四国新档》《中俄关系史料》《中美关系史料》《清季中日韩关系史料》《中法越南交涉档》等,所编史料都是清宫档案史料的影印件。台版近代中国史料丛刊《国朝先正事略》、《林文忠公政书》、《沈文肃公政书》、《国朝通商始末记》、《贼情汇纂》、《光绪政要》、三朝《筹办夷务始末》、《皇朝经世文续编》、《张文襄公全集》、《续碑传集》、《碑传集补》等共 991 辑,都是选择旧籍加以影印的。1986 年、1987 年,中华书局影印出版《清实录》(共 60 巨册);1987 年,上海古籍出版社影印出版《清代碑传全集》(全二册);80 年代,上海古籍书店影印出版清代历史资料丛刊《异辞录》《梦蕉亭杂记》《新世说》《春明梦录・客座偶谈》《南亭笔记》等,还有《李文忠公全集》《左文襄公全集》影印本,《申报》影印本,也都是以影印形式编辑出版的史料书籍。采用影印型编辑史料,优点是保持史料原貌,避免摘抄、排印中的差错,并能大大提高史料编辑出版效率。缺点是未经点校,尚须利用者自我鉴别、勘误。同时,有的或因文字缩小影印,或因影印效果不佳,字迹不清晰,使利用者阅读困难,影响利用。

第五,人物文集的编辑出版。文集,"一人之史也"。研究历史事件和历史人物,都少不了要利用当事者文集。50年来,对中国近代人物文集的整理出版也很有成绩。从林则徐、龚自珍、魏源到孙中山、黄兴、宋教仁,约有不下110种人物文集重新整理出版。

还有人物年谱史料书、旧方志点校重版史料书,也有不少。①

《近代史资料》是1954年创办的专门刊发近代史料的期刊,至今已出版100辑。所编发的史料基本上都是未刊稿或传钞本或稀有稿本,为近代史学工作者提供了难得的研究资料。

三、史料评介、编目

对史料评介、编目、索引,以便利用,这是史料学研究的另一重要任务。50年来,学界在这方面也做出了很大成绩。

前举陈恭禄著《中国近代史资料概述》、龚书铎、方攸翰主编《中国近代史学习手册》、张革非等编著《中国近代史料学稿》、林增平、林言椒主编《中国近代史研究入门》、郑剑顺编著《中国近代史料学概论与史料书籍汇录》,其中都评介了中国近代史料和史料书籍。郑著更是较系统、全面分类汇录、评介中国近代史料书籍。

姚佐绶、周新民、岳小玉合编《中国近代史文献必备书目》②,收录自1840年至1919年这段时期的作者所记述的文献史料5000多种。其中包括解放后重新整理、出版这些文献史料的书目。如1976年中华书局版《魏源集》,1986—1991年岳麓书社版《曾国藩全集》,1985—1987年上海人民出版社版《李鸿章全集》,1982—1988年上海人民出版社版《郑观应集》,1986年中华书

① 参见郑剑顺编著:《中国近代史料学概论与史料书籍汇录》,厦门大学出版社1996年5月版。

② 中华书局1996年版。

局版《严复集》，1981—1986年中华书局版《孙中山全集》，1987年上海人民出版社版《鸦片战争档案史料》，1982年海洋出版社版《清末海军史料》等。粗略统计，该书收录这类史料书目约680多种（包括港、台版）。与前几种评介史料著作比较，该书全部只列目，不作内容介绍。所以所列书目数量较多。

此外，中国社会科学院历史研究所编《八十年史学书目》①，复旦大学历史系资料室编《中国近现代史论著目录》②，徐舸主编《中国近现代史论著目录总汇》③，其中也收录有解放后至1980年或1990年以前出版的中国近代史料书籍目录。

上海图书馆编《中国近代期刊篇目汇录》④，专集1857年至1918年各种期刊共495种的文章目录。

王重民、杨殿珣等编《清代文集篇目分类索引》⑤，汇总了清代400多家文集的篇目，加以分类编辑。书中还编有《所收文集目录》《所收文集提要》。

陈乃乾编《清代碑传文通检》⑥，是一本清代人物碑传文索引。

来新夏著《近三百年人物年谱知见录》⑦，汇录清代和近现代人物年谱近800种。每种都加以简介。

李永璞主编《全国各级政协文史资料篇目索引》⑧，汇辑全国县级以上各级政协编的文史资料13000多辑（期），计30万条篇目，为查阅、利用数量众多的政协文史资料提供极大方便。

中国史学会主编的中国近代史资料丛刊《鸦片战争》《北洋军阀》等，除《太平天国》一种出版单行本《太平天国资料目录》外，其他11种书末都附有“书目解题”，评介有关史料书籍。

总计各类评介史料的目录书不下55种。

---

① 中国社会科学出版社1984年版。
② 上海人民出版社1980年版。
③ 南京大学出版社1992年版。
④ 上海人民出版社1965年、1980—1984年版。
⑤ 中华书局1955、1965年版。
⑥ 中华书局1959年版。
⑦ 上海人民出版社1983年版。
⑧ 1993年版。

还有在报刊发表和收在各种论文集中的评介史料的文章,如《文史》《读书》《史苑》《历史研究》《近代史研究》《光明日报》《文汇报》等报刊都发有评介史料文章。有蓝闻青《介绍中国近代史资料丛刊之九〈义和团〉》①,翦伯赞《中国近代史资料丛刊第九种义和团校后记》②,丁则良《翦伯赞编〈义和团〉书目解题中的几个问题》③,陈庆华《关于翦伯赞等编〈义和团〉一书中的若干问题》④,祁龙威《评〈捻军资料别集〉》⑤,张岂之《评介〈辛亥革命前十年间时论选集〉》⑥,栗式祖《一部有价值的近代史参考书〈洋务运动〉评价》⑦,王栻《〈严复集〉编辑工作中若干问题的说明和商榷》⑧,李瑚《读〈魏源集〉札记》⑨,王钟翰《读〈道咸以来朝野杂记〉》⑩,王学太《一幅封建末世的图画——〈道咸宦海见闻录〉》⑪,何双生、刘德麟《清代官修的外交档案资料汇编——〈筹办夷务始末〉》⑫,石继昌《谈〈世载堂杂忆〉》⑬,丁名楠《介绍〈中国海关与中法战争〉》⑭,张振鹍《介绍〈中国海关与中法战争〉(近代史工作者之一本重要参考书)》⑮,董健和《皇朝经世文编的历史价值》⑯,易孟醇《〈国朝先正事略〉述评》⑰,王艳芬《马士与〈中华帝国对外关系史〉》⑱,丁宁、周正山《梁廷枏与〈粤海关志〉》⑲,朱安平《〈道咸宦

---

① 《光明日报》1951 年 7 月 21 日。
② 《光明日报》1951 年 8 月 15 日。
③ 《大公报》1951 年 8 月 24 日。
④ 《大公报》1951 年 8 月 24 日
⑤ 《光明日报》1959 年 1 月 8 日。
⑥ 《光明日报》1960 年 9 月 29 日。
⑦ 《解放日报》1961 年 5 月 26 日。
⑧ 《南京大学史学论丛》1978 年第 1 期。
⑨ 《文史》第八辑。
⑩ 《史苑》第 1 辑。
⑪ 《读书》1983 年第 10 期。
⑫ 《学林漫录》第 5 集。
⑬ 《文史》第八辑。
⑭ 《光明日报》1957 年 3 月 28 日。
⑮ 《历史研究》1957 年第 9 期。
⑯ 《浙江师大学报》1991 年第 2 期。
⑰ 《长沙水电师院学报》1990 年第 2 期。
⑱ 《史学月刊》1993 年第 6 期。
⑲ 《学术月刊》1986 年第 6 期。

海见闻录〉的史料价值》①,李志英《一部有价值的近代史料书(介绍〈光绪朝东华录〉)》②,孟彭兴、林永俣《新发现的〈洋事杂录〉述论》③,李华兴《一部反映近代中国社会的重要文献——〈饮冰室合集〉》④,孙长江《当作一个时代来研究——读〈辛亥革命前十年间时论选集〉》⑤,闻少华《武昌首义的真实记录——介绍〈辛亥武昌革命工程第二营首义始末记〉》⑥,吕涛《一部有价值的资料书——〈辛亥革命时期期刊介绍〉》⑦,效愚《介绍〈走向世界丛书〉》⑧,于为刚《一部对研究近代史有用的工具书——介绍〈中国近代期刊篇目汇录〉》⑨,陈其泰《魏源〈圣武记〉的史学价值》⑩,景远《介绍一套重要的史料——〈盛宣怀档案资料选辑〉》⑪,王庆成《太平天国史料工作的重大成就——谈〈太平天国资料汇编〉》⑫,陈宝辉《海外珍本,清宫秘档——〈太平天国文献史料集〉简介》⑬,陈凤鸣《康有为戊戌条陈汇录——故宫藏清光绪二十四年内府抄本〈杰士上书汇录〉简介》⑭,绍德《〈申报〉——近现代史料的宝库》⑮,郑逸梅《史料丰富的〈洪宪纪事诗三种〉》⑯,朱金元《一套重要史料的第一本——评〈辛亥革命前后盛宣杯档案资料选辑之一〉》⑰,周庄《刍议〈山东义和团案卷〉史料价值》⑱,廖宗麟《〈刘永福历史草〉的史料价值》⑲,杨

① 《历史知识》1986 年第 3 期。
② 《文史知识》1985 年第 11 期。
③ 《学术月刊》1985 年第 12 期。
④ 《文史知识》1984 年第 9 期。
⑤ 《读书》1981 年第 10 期。
⑥ 《光明日报》1981 年 10 月 12 日。
⑦ 《历史研究》1982 年第 6 期。
⑧ 《求索》1981 年第 3 期。
⑨ 《图书馆学研究》1981 年第 10—12 期。
⑩ 《史学史研究》1981 年第 4 期。
⑪ 《光明日报》1981 年 1 月 20 日。
⑫ 《文汇报》1981 年 8 月 3 日。
⑬ 《羊城晚报》1981 年 9 月 30 日。
⑭ 《故宫博物院院刊》1981 年第 1 期。
⑮ 《文汇报》1982 年 7 月 26 日。
⑯ 《解放日报》1983 年 12 月 22 日。
⑰ 《文汇报》1979 年 10 月 19 日。
⑱ 《历史教学》1981 年第 12 期。
⑲ 《历史研究》1988 年第 5 期。

立人《经世文续编研究》①,蔡济生《给中国近代史学界提供广阔的用武之地(评介〈近代稗海〉第 1—5 辑)》②,李志英《〈光绪朝东华录〉研究》③,廖宗麟《试评姚锡光〈东方兵事纪略〉》④,皮明勇《近代奏议文献概述》⑤,陈胜粦《林则徐使粤督粤未刊奏稿的史料价值评介》⑥,江地《介绍几种捻军史料》⑦,张守常《〈筹办夷务始末〉·〈洋务纪事本末〉·〈总理衙门清档〉》⑧,戚其章《〈冤海述闻〉研究》⑨,朱金甫、庄建平《新发现的山东义和团运动史料——〈筹笔偶存〉述略》⑩,黄彦《介绍〈孙中山选集〉校订本》⑪。其他还有评介魏源《海国图志》、黄遵宪《日本国志》、刘鹗《老残游记》、阿英《鸦片战争文学集》等文章,总计在 100 篇以上。这些文章以近 20 年的成果居多。

四、史料考证

史料考证是史料学研究的又一重要任务。50 年来这方面研究也有丰硕成果。尤其是罗尔纲先生在考订太平天国史料方面做了大量工作,取得很多研究成果。如他花了毕生精力,以"皓首穷经"的精神,对《李秀成自述》的真伪作了考证,并进行详细注释,完成 25 万多字的注疏专著《李秀成自述原稿注》⑫。他还先后出版了 5 部考证太平天国史料的著作:《太平天国史记载订谬集》⑬,《太平天国史料辨伪集》⑭,《太平天国史丛考甲集》⑮,《太平天国史事考》⑯,《太平

---

① 《近代史研究》1990 年第 3 期。
② 《中国图书评论》1987 年第 1 期。
③ 《近代史研究》1986 年第 5 期。
④ 《文献》1986 年第 4 期。
⑤ 《文献》1987 年第 3 期。
⑥ 《中山大学学报》1988 年第 1 期。
⑦ 载江地《初期捻军史论丛》,三联书店 1959 年版。
⑧ 载《中国历史文献研究集刊》二,湖南人民出版社 1980 年版。
⑨ 载戚其章《中日甲午战争史论丛》,山东教育出版社 1983 年版。
⑩ 载《义和团运动史讨论文集》,齐鲁书社 1982 年版。
⑪ 载《学术论文选·史学下卷》,广东省社会科学院出版社 1983 年版。
⑫ 中华书局 1982 年版。
⑬ 三联书店 1955 年版。
⑭ 三联书店 1955、1985 年版。
⑮ 三联书店 1981 年版。
⑯ 三联书店 1955、1979 年版。

天国史料考释集》[1]。

史式著《太平天国史实考》[2],也是考证太平天国史料的重要成果。

姚薇元著《鸦片战争史实考》(修订本)[3],是一本考订魏源著《道光洋艘征抚记》的专著。

佟佳江著《清史稿订误》[4],对《清史稿》中《地理志》《职官志》《皇子世表》《公主表》《藩部世表》《诸王传》《藩部传》七部分进行考订和纠谬。

郭汉民主编《中国近代史实正误》[5]、王钟翰《清史杂考》[6]、林华国著《义和团史事考》[7]等,也是考证史料专著。

此外,还有刊发在报纸杂志上和收录在论文集里的考证史料文章。如荣孟源《曾国藩所存〈李秀成供〉稿本考略》[8],茅家琦《〈黄生才供词〉不可信》[9],张守常《〈虏在目中〉小考》[10],吴格《〈林文忠公手稿〉考释》[11],荣孟源《〈蒙时雍家书〉质疑》[12],陈旭麓《〈李秀成供〉原稿释疑》[13],戚其章《英人泰莱〈甲午中日海战见闻记〉质疑——兼与董蔡时同志商榷》[14],孔祥吉《〈戊戌奏稿〉的改纂及其原因》[15],李时岳《〈龙华会章程〉考释》[16],丁名楠《景善日记是白克浩司伪造的》[17],毛注青《"黄兴乙巳回乡历险"订谬》[18],实元《史坚如烈

---

① 三联书店 1956 年版。
② 重庆出版社 1991 年版。
③ 人民出版社 1984 年版。
④ 吉林大学出版社 1991 年版。
⑤ 湖南人民出版社。
⑥ 中华书局 1963 年版。
⑦ 北京大学出版社 1993 年版。
⑧ 《中华文史论丛》1979 年第 1 辑。
⑨ 《中华文史论丛》1979 年第 3 辑。
⑩ 《中华文史论丛》1980 年第 3 辑。
⑪ 《中华文史论丛》1984 年第 4 辑。
⑫ 荣孟源《历史笔记》,中国社会科学出版社 1983 年版。
⑬ 陈旭麓:《近代史思辨录》,广东人民出版社 1984 年版。
⑭ 《近代史研究》1982 年第 4 期。
⑮ 《戊戌维新运动史论集》,湖南人民出版社 1983 年版。
⑯ 《辛亥革命史丛刊》第一辑,中华书局 1980 年版。
⑰ 《义和团运动史论文选》,中华书局 1984 年版。
⑱ 《辛亥革命史丛刊》第二辑,中华书局 1980 年版。

士〈致妹书〉辨伪》①,赵矢元《史坚如及其供词、绝笔考辨》②,杨天石、王学庄《汤化龙密电辨讹》③,刘光胜《〈清史稿〉载刘永福史事舛讹举例辨》④,黄良元《〈道光洋艘征抚记〉并非魏源手定》⑤,林庆元《对〈洋务运动〉丛刊本若干史料的订正和补遗》⑥,史式《〈石达开致骆秉章书〉考伪》⑦,孔祥吉《甲午战争中一件重要史实订正》⑧,郭汉民《〈唐才常集〉辨误一则》⑨,方之光、崔之清《天京事变的史料与史实考辨》⑩,宋德华《〈戊戌奏稿〉考略》⑪,戚其章《甲午战争赔款问题考实》⑫等,总计不下 70 篇。

(原载《历史文献研究》总第 19 辑,华中师范大学出版社 2000 年版)

---

① 《文史》第三辑。
② 《辛亥革命史丛刊》第二辑,中华书局 1980 年版。
③ 见《纪念辛亥革命七十周年学术讨论会论文集》中册,中华书局 1983 年版。
④ 《社会科学辑刊》1986 年第 5 期。
⑤ 《安徽史学》1989 年第 2 期。
⑥ 《社会科学战线》1982 年第 4 期。
⑦ 《文史杂志》1987 年第 6 期。
⑧ 《光明日报》1988 年 1 月 20 日。
⑨ 《近代史研究》1986 年第 3 期。
⑩ 《南京大学学报》1987 年第 3 期。
⑪ 《华南师范大学学报》1988 年第 1 期。
⑫ 《历史研究》1998 年第 3 期。

后　记

费时一年多，将拟收入《晚清史专题研究》的文稿汇总，没有电子版的转换成电子版，再将电子版文稿统一字号，进行核对、校正，将注释一律整理成页下注，按目录编排。虽然是研究成果汇集，也颇费一番精雕细琢工夫。书稿清样反复仔细校阅、检核多遍。心里总想追求作品“止于至善”，时刻提醒自己，不能有半点马虎、丝毫疏忽。

2017年底，人民出版社赵圣涛同仁在收到我发去的书稿目录后不久，即给我回复，称该社同意出版我的《晚清史专题研究》，并告诉我出书流程。我即着手文稿的汇总、整理。承蒙人民出版社给我提供拙著出版机会，感激莫铭。赵圣涛同仁帮助我将21篇文稿纸质版转换为电子版，受惠良多，在此谨表谢忱。

在整理文稿中，得到我子女的诸多帮助，家人承揽了几乎所有家务，为我营造了专心致志的环境和条件，使《晚清史专题研究》成功面世，让我铭感于心。

限于作者水平，书中的论文错漏失误不足之处，恐不免存在，诚望读者不吝批评指正。

郑剑顺

2019年3月于厦门大学海滨东区寓所

责任编辑:赵圣涛
封面设计:王欢欢
责任校对:吕　飞

图书在版编目(CIP)数据

晚清史专题研究/郑剑顺 著. —北京:人民出版社,2019.4
ISBN 978-7-01-020540-3

Ⅰ. ①晚…　Ⅱ. ①郑…　Ⅲ. ①中国历史-清后期-文集　Ⅳ. ①K252.07-53

中国版本图书馆 CIP 数据核字(2019)第 049379 号

晚清史专题研究

WANQINGSHI ZHUANTI YANJIU

郑剑顺　著

人民出版社 出版发行
(100706　北京市东城区隆福寺街 99 号)

北京中科印刷有限公司印刷　新华书店经销

2019 年 4 月第 1 版　2019 年 4 月北京第 1 次印刷
开本:710 毫米×1000 毫米 1/16　印张:26.5
字数:380 千字

ISBN 978-7-01-020540-3　定价:79.00 元

邮购地址 100706　北京市东城区隆福寺街 99 号
人民东方图书销售中心　电话 (010)65250042　65289539